Jacques Gélis

Die Geburt

Volksglaube, Rituale und Praktiken
Von 1500–1900

Aus dem Französischen übertragen von
Clemens Wilhelm

Diederichs

Titel der Originalausgabe: *L'arbre et le fruit. La naissance dans l'Occident moderne XIVe–XIXe siècle* (erschienen bei Fayard, Paris)
© 1984 Librairie Arthème Fayard

Umschlagabbildung: *Die Niederkunft der Myrrha*, Majolikaschale, Urbino, 16. Jahrhundert. Petit Palais, Paris (Foto: Document Bulloz)

*Für Antoine,
der darauf wartet, eines Tages in seinen Enkeln
wiedergeboren zu werden.*

CIP-Titelaufnahme der Deutschen Bibliothek
Gélis, Jacques:
Die Geburt : Volksglaube, Rituale und Praktiken von
1500 – 1900 / Jacques Gélis. – München: Diederichs, 1989
   ISBN 3-424-00994-6

Erste Auflage 1989
© der deutschen Ausgabe beim Eugen Diederichs Verlag, München 1989
Alle Rechte vorbehalten

Umschlaggestaltung: Dieter Zembsch, München
Produktion: Tillmann Roeder, München
Satz: Hesz Satz, Augsburg
Druck und Bindung: Kösel, Kempten
ISBN 3-424-00994-6
Printed in Germany

Inhalt

Einleitung 11

TEIL I DIE MUTTER ALLER DINGE 23

Kapitel 1 *Kosmos, Erde und Mensch* 24
    Die Empfänglichkeit für die Umgebung 24
    Der Setzteich der Natur 25
    Ein Netz von Entsprechungen: Die Signaturen ... 28
    Der Mensch als Universum 29
    Der Leib als Bindeglied 31

Kapitel 2 *Mädchen, Frau und Mutter* 33
    Die Menstruation 33
      (Die »roten Blüten der Regelblutung«; Die Menarche; Menstruierende Frauen, gefährliche Frauen; Die »Stiefmutter« der Menstruation; Armer »Rotschopf«)
    Unfruchtbare Erde 41
      (Die Frau als Maulesel)
    Bevor es zu spät ist 43
      (Auf der Suche nach einem Mann; Die Braut ist in den Brunnen getreten)

Kapitel 3 *Wenn das Kind auf sich warten läßt* 55
    Die Natur wachrütteln 55
      (Wasser als Lebensquell; Den Baum umarmen; Rutschsteine, Reibesteine)
    Befruchtungsfördernde Kräuter 60
      (Alraun ...)
    Woher kommen die kleinen Kinder? 63
      (Kinderquellen oder -brunnen; Der »Mutterfelsen«)

INHALT

Kapitel 4 *Der Lebenszyklus* 69
   Der Lebensbogen 69
   Jahreszeiten, Lebenszeiten 72
   Bekommen und Empfangen 74
   (»Der Garten des Menschengeschlechtes«; Das Männerkindbett oder die Kunst, sich als Vater zu zeigen; Der Mond und die universelle Anschwellung)
   Die Seelen der Kinder und Vorfahren 78

TEIL II SCHWANGERSCHAFT: DIE ZEIT DER HOFFNUNG, SCHMERZEN UND SORGEN 82

Kapitel 1 *Der schwangere Leib* 84
   Wenn die Frau ein Kind erwartet 84
   (Die Harnprobe; Es bewegt sich!; »Das Herz klopft wie ein Specht ...«)
   Der Same im Körper 89
   (Das Kind als Gast der Gebärmutter; Das schlafende Kind; Eine besondere Frucht)
   Phantasien und Wunschvorstellungen 94
   (»Die Macht der Gedanken«; »Die weiblichen Gelüste«)
   Die Gebärmutter als Hülle der Frucht 102
   (»Der Garten der menschlichen Art«; »Die Gebärmutter ist wie ein Tier«; »Die Frau ist für die Gebärmutter geschaffen«)
   Die Dauer der Schwangerschaft 106
   (Der Glaube an Spätgeburten; Die Schwangerschaft und der Mond: Die Zeitmessung; Die Frau muß das Kind »zubereiten«; Lebensfähig mit sieben Monaten, aber nicht mit acht)

Kapitel 2 *Das Erlebnis der Schwangerschaft* 113
   Die Ängste der schwangeren Frau 113
   (Symbolische Verbote)
   Amulette, Talismane, Rituale 116
   (»Schwangere Steine«; »Aberglaube«; Schwangerschaft und Jungfräulichkeit; »Das schwangere Bild«; Verehrungsrituale)

Schwangerschaftshygiene 127
(»Gute, frische Luft für die Schwangeren«; »Körperliche Bewegung fördert die Gesundheit«; Die tägliche Körperpflege; »Brustwarzen und Bauch pflegen«; »Schlafen sollte sie nachts«; »Ihr Leib wird träge«; »Essen für zwei«; »Sie soll fröhlich und munter sein«)

Die Sorge um die schwangere Frau 139
(»Etwas rücksichtsvoller sein als sonst«; Sexuelle Gemeinschaft während der Schwangerschaft)

Das Kind, das man sich wünscht 141
(Das Idealbild des Kindes; Vorhersage des Geschlechts)

In Erwartung des Kronprinzen 149

TEIL III DIE FRAU WÄHREND DER GEBURT 152

Kapitel 1 *Die Welt der Geburt* 153

Der Ort der Niederkunft 153
(Der Wohnraum; Zwischen Ochs und Esel; Auf dem freien Feld)

Weibliche Solidarität 157
(Das Summen im Bienenkorb; Und wo ist der Vater?)

Die »Hebemutter« 163
(Wer kann Hebamme werden?; Wie stellt man sich eine gute Hebamme vor?; Hilfe aus Nächstenliebe; Wenig Geld und Geringschätzung; Stadthebammen, Dorfhebammen; Eine Persönlichkeit in der Gemeinschaft)

Kapitel 2 *Je schneller die Geburt, desto besser* 176

Die Vorbereitung auf die Geburt 176
(Eine Fülle von Arzneien; Amulette und Talismane, »Dinge die beruhigen«; Magische Gegenstände, die man sich auslieh; Ort und Zeit der Anwendung; Ein Haltungswandel bei den Ärzten)

INHALT

Die Frau während der Geburt: Eine Vielfalt von
Verhaltensweisen 187
(Die Kleidung der Gebärenden; Ängste)
Die Stellungen 189
(Niederkunft in der Hocke; Niederkunft auf den Knien;
Niederkunft im Stehen; Niederkunft im Sitzen; Nieder-
kunft im Liegen; »Eine regionale Methode«; Kultur und
Physiologie)
Eingriffe zur Beendigung der Geburt 208
(Der richtige Zeitpunkt; »Mit dem Finger und dem
Auge«; Der »Tatendrang« der Dorfhebamme; Purgieren
und erbrechen lassen)

TEIL IV DIE MUTTER UND IHR KIND 216

Kapitel 1 *Die Geburt – Eine doppelte Befreiung* 217
Gebären heißt »sich entbinden« 218
»Die Gebärmutter fangen« 221
Die sexuelle Symbolik bei der Geburt 222
Christliche Praktiken, traditionelle Praktiken: Eine
Osmose 224

Kapitel 2 *Leiden um Leben zu schenken* 231
Die Frau in Kindesnöten 231
Die Ursachen des Schmerzes 233
»Den Schmerz vermindern« 235
Der Schmerz als Symbol der Mutterschaft 238
Leidet auch das Kind? 240

Kapitel 3 *Die Phasen der Trennung* 242
Das Vorgehen der Hebamme 242
(Der Ofen und das Brot; Der Setzteich und der Fisch;
»Den Nabel zurechtmachen«; Die Ablösung der Nach-
geburt)

Kapitel 4 *Die Plazenta, der Doppelgänger des Kindes* . 253
   Eine instinktive Abscheu? 253
   Die Plazenta ist eine Realität 255
   Was geschieht mit der Plazenta? 256
   Die heilende Kraft der Plazenta 258
   »Der fruchtbare Kuchen« 260

Kapitel 5 *Die Sorge um Mutter und Kind* 263
   Die Versorgung des Kindes 263
      (Reinigung von innen; Die Toilette des Neugeborenen; Die Wiederbelebung des Neugeborenen)
   Die Versorgung der Mutter nach der Geburt 271
      (Gebärmutter und Darm entleeren; Kälte und Zug vermeiden; Eine Leibbinde für die Wöchnerin; Die »Diät« der Wöchnerin; Soll man die Wöchnerin schlafen lassen?)
   Ein Stück von sich selbst 277

TEIL V DIE SOZIALISATION DES KINDES 280

Kapitel 1 *Der Empfang des Kindes* 281
   Alle freuen sich 281
      (Besuch am Wochenbett; Essen, Trinken und Beisammensein; Adlige Kinder und Königskinder)
   Das Kind vor bösen Praktiken behüten 293
      (Metall und Rosenkranz; Salz und Kerzen)
   Was wird aus dem Kind werden? 297
      (Vorhersagen auf Grund des Mondstandes; Stunde, Tag und Monat)
   Die Rangfolge in der Familie 302
      (Mit der Haube geboren werden; Die Fußlage; Der gezeichnete Leib; Die Zukunft vorbereiten)

INHALT

Kapitel 2 *Der Name, ein Mittel zur Sozialisation* . . . 311
    Die Wahl eines Namens 311
    Der Vorname, ein Familiengut 316
    Der Klang der Vornamen 318
    Der Vorname ist nicht mehr, was er war 319

Schluß 323

Bibliographie 328

Quellennachweis 335

Bildnachweis 338

Einleitung

Dieses Buch ist das Ergebnis eines Jahrzehnts historisch-anthropologischer Forschungen über die Geburt. Die Absicht war weniger eine Darstellung der Meilensteine in der Entwicklung der medizinischen Wissenschaft, als vielmehr die Aufdeckung der Motivationen und Verhaltensweisen der Männer und Frauen – und vor allem der letzteren –, die im westlichen Kulturgebiet in früheren Jahrhunderten das Leben weitergaben.

Dieser Zeitraum umfaßt vier Jahrhunderte, die für die Mentalitätsgeschichte von entscheidender Bedeutung waren. Schauplatz der Handlung ist Westeuropa, ein Gebiet großer Vielfalt, wobei nicht so sehr versucht wurde, die regionalen Unterschiede herauszuarbeiten, als vielmehr, die wichtigsten Übereinstimmungen im Denken und Handeln aufzuzeigen. Zwar stammt das meiste Dokumentationsmaterial aus Frankreich, jedoch ist bei einigen Themen, so etwa in den Kapiteln über die Hebamme und die Plazenta, auch Material aus anderen westeuropäischen Ländern verarbeitet. Die Kosmologie der Menschen auf dem Lande weist durchgehend ein hohes Maß an Homogenität der Auffassungen und Verhaltensweisen auf, wo es um die fundamentalen Fragen geht: Der Lebenszyklus, die Bilderwelt im Umkreis der Geburt, das Zeiterleben und die Angst vor einer Fehlgeburt.

Die Art, wie ein Neugeborenes empfangen wird, läßt Rückschlüsse darauf zu, aus welchen Grundquellen sich eine Gesellschaft speist und welches ihre Lebensauffassung ist. In den letzten beiden Jahrhunderten hat sich in den westlichen Gesellschaften in dieser Hinsicht vieles verändert. Die wichtigsten Folgen dieser Veränderungen sind bekannt: Ein spektakulärer Rückgang der Sterblichkeit bei Wöchnerinnen und Säuglingen, ein Absinken der Geburtenrate, aber daneben auch eine stärkere Einflußnahme durch den Staat und die Ärzte.

Die Geschwindigkeit, mit der sich die Biologie entwickelt und die geburtshilflichen Techniken sich ändern, täuscht manchmal darüber hinweg, daß sich an den Umständen, unter denen Kinder geboren wurden, über lange Zeiträume hinweg erstaunlich wenig geändert hat.

EINLEITUNG

Im 17. Jahrhundert mußte ein Ehepaar die Kinder einfach akzeptieren, die Gott ihm schenkte. Der Erfolg einer Verbindung wurde an der Zahl der Kinder gemessen, die aus ihr hervorgingen. Nach dem Trienter Konzil wurde die Kirche nicht müde, die in legitimer ehelicher Gemeinschaft lebenden Männer und Frauen auf ihre Pflicht zur Erzeugung von Nachkommenschaft hinzuweisen, da die fleischliche Verbindung in ihren Augen nur zum Zwecke der Fortpflanzung gerechtfertigt war. Diese Aufforderung fiel bei den Ehepaaren auf umso fruchtbareren Boden, als sie ohnehin stets in der Angst vor Kinderlosigkeit oder vor dem Verlust ihrer Kinder lebten: Nur in ihren Nachkommen konnten sie weiterleben.

Zugleich aber empfanden die Eltern eine zu große Kinderzahl als Bedrohung, weil sie fürchten mußten, nicht alle Mäuler stopfen zu können. Da die Kirche jede Art von Geburtenkontrolle verbot, versuchte sie, den Eltern diese Angst dadurch zu nehmen, daß sie sie anspornte, auf die göttliche Vorsehung zu vertrauen. In dieser Gesellschaft voller Ungerechtigkeit, die sich ab dem 18. Jahrhundert ausgesprochen malthusianisch entwickelte, gehörte es zum guten Ton, die Vorteile einer großen Familie zu rühmen, die – eine arme Familie war. Kinder waren »der Reichtum der Armen«.

Wie aber sah dieser »Reichtum« aus? In den Großstädten, die durch die stürmische Industrialisierung der ersten Hälfte des 19. Jahrhunderts entstanden waren und in denen die Arbeitskraft kleiner Kinder in großem Umfang ausgebeutet werden konnte und wurde, konnte ein Kind als »Investition« betrachtet werden. Aber auf dem flachen Lande der Frühmoderne? Ohne Zweifel mußten die Kinder auch dort schon sehr früh mit anpacken: Sie halfen Holz hacken, Wildfrüchte sammeln und Ähren lesen, sie hüteten die Kuh, die Geiß oder die Schafe, so man welche hatte. Wenn irgend möglich, gab man sie bei einem Bauern in Dienst, in der Regel ohne finanzielle Vergütung. Sie erhielten Logis – im Pferdestall oder beim anderen Vieh – und Kost, weiter nichts, und damit waren sie wenigstens versorgt. Indem man sie bei einem Bauern unterbrachte, blieb mehr zu essen für die übrigen Hausgenossen. Ein Esser weniger, das war die Hauptsache ... »Reichtum der Armen«? Keine Rede davon: Kinder »lohnten« sich nicht, sie kosteten nur Geld. Das ganze Streben der Eltern war darauf gerichtet, die Kinder ihr Brot selbst verdienen zu lassen. Arme Familien waren den Launen der Jahreszeiten stets schutzlos ausgeliefert.

In den westeuropäischen Ländern ist die Demographie heute eine Demographie des »Mangels« geworden, während sie früher eine

Demographie des »Überschusses« war. Zudem ist es nötig, ihren wahren Wert abzuschätzen. Bis in die fünfziger Jahre dieses Jahrhunderts waren nicht wenige irrige Anschauungen über das demographische Verhalten der Bevölkerungsgruppen der Frühmoderne verbreitet. Mangels Volkszählung oder solider Statistiken verließ man sich auf Biographien oder einseitige Schriften, die ein verzerrtes Bild der Wirklichkeit gaben. So glaubte man, daß Frauen früher sehr früh heirateten. Diese Vorstellung hat ihre Wurzel vermutlich in der Literatur, denn in den Theaterstücken Shakespeares heiraten die Mädchen aus der Aristokratie schon mit fünfzehn oder auch mit zwölf Jahren. Auch war man der Meinung, daß die Ehen besonders fruchtbar waren, daß es in Burg und Bauernstube nur so von Kindern wimmelte. Nach der Auswertung der Tauf-, Ehe- und Sterbebücher mit Hilfe der Methoden der Familienrekonstruktion mußte man sich jedoch eines besseren belehren lassen: Früher wurde spät geheiratet. Die Mädchen mit fünfundzwanzig, während die jungen Männer noch ein oder zwei Jahre länger warten mußten. Geheiratet wurde übrigens meist »unter sich«, d. h. mit jungen Leuten aus demselben Dorf. Eine der Funktionen der Burschenschaften und Mädchenbünde bestand gerade darin, Kandidaten von »auswärts« fernzuhalten. Ein junger Mann holte seine Braut höchstens aus einer der umliegenden Gemeinschaften. Für eine Ehe reichte der Horizont höchstens zehn bis fünfzehn Kilometer weit. Allerdings gilt dieses Bild der Endogamie nicht generell: In den isolierten Gemeinschaften der Berge war sie viel stärker ausgeprägt als etwa in den Dörfern des Flachlandes, vor allem im 18. Jahrhundert.

Die Fruchtbarkeit der so gebildeten Paare war relativ hoch, denn aus diesen Verbindungen gingen durchschnittlich vier bis fünf Kinder hervor. Sehr kinderreiche Familien waren überall zu finden; sie waren aber nirgends die Regel. Ein Ehepaar bekam seinen ersten Sproß meist nicht lange nach der Heirat, in der Hälfte aller Fälle nach etwa dreizehn Monaten. Dagegen findet man Beispiele für lange Unterbrechungen von vier Jahren oder mehr zuhauf, ohne daß man hierfür den genauen Grund angeben könnte. Weiterhin ist festzustellen, daß dieser Abstand mit dem Zeitpunkt der Eheschließung der Mutter zusammenhängt: Er war länger bei denjenigen, die spät heirateten (vierzehn Monate bei einer Eheschließung um das fünfunddreißigste Jahr) und insbesondere bei Heranwachsenden (17 Monate bei Frauen, die vor ihrem zwanzigsten Lebensjahr heirateten), die vielfach an zeitweiliger Unfruchtbarkeit litten.

EINLEITUNG

Mit zunehmender Kinderzahl wurden die Intervalle länger und dauerten schließlich zwei bis zweieinhalb Jahre. Es ist also ein Mythos, daß die Frauen jedes Jahr ein Kind bekamen. Daß die Abstände so lang waren, liegt daran, daß es auf dem Lande üblich war, die Kinder lange zu stillen. Die Amenorrhoe – das Ausbleiben der Regelblutung – nach einer Geburt verlängerte sich dadurch, und da kein Eisprung stattfand, wurde die Frau auch nicht schwanger.

Im Jahresverlauf zeigt die Schwangerschaftskurve große Schwankungen. Dieses Phänomen war den Zeitgenossen nicht entgangen. So schrieb der Statistiker Moheau im Jahre 1778: »Juni ist der Monat, in dem den meisten Frauen das Recht zufällt, sich Mutter nennen zu dürfen, und im September geschieht dies am seltensten«. Die mit dem Frühling erwachenden Triebe verursachten in der Tat einen deutlichen Anstieg der Empfängnisse im Mai und insbesondere im Juni, während die entsprechenden Zahlen für die Herbstmonate September und Oktober wie auch für März und Dezember besonders niedrig waren. Die »geschlossene Zeit« der Fastenwochen und des Advents, in der die Kirche zu ehelicher Enthaltsamkeit aufrief, war die Ursache der Rückgänge im März und Dezember. Die Hirtenbriefe der Bischöfe und die Ermahnungen im Beichtstuhl scheinen also gefruchtet zu haben. Es ist allerdings schwierig festzustellen, ob dieser Rückgang der Fruchtbarkeit die Folge sexueller Enthaltsamkeit oder vielleicht der Wirkung des Fastens war, das bei manchen Frauen zu vorübergehender Unfruchtbarkeit geführt haben mag.

Überall sproß neues Leben. Aber auch der Tod war allgegenwärtig. Daß der Durchschnitt der Ehepaare nicht mehr als vier bis fünf Kinder hatte, liegt daran, daß mit dem Tod eines der Ehepartner die Ehen vielfach schon vor dem Ablauf des fruchtbaren Alters der Frau endeten. Wenn es einem Paar beschieden war, diese Grenze zu erreichen, dann brachte die Frau sechs bis acht Kinder zur Welt.

Die Familie des alten Typs war häufig eine »auseinandergerissene« Familie. Das »Sterben«, das die Gesellschaft früher in regelmäßigen Abständen heimsuchte, hatte schwere demographische Folgen. Die Krisen, die meist durch eine Epidemie ausgelöst wurden, wurden noch durch Nahrungsmangel und hohe Getreidepreise verschärft. Aber auch außerhalb der Krisenzeiten waren die Kinder diejenigen, von denen der Tod den schwersten Tribut forderte, denn jedes zweite von ihnen starb, ehe es das zwanzigste Lebensjahr erreicht hatte. Für einen Erwachsenen mußten zwei Kinder geboren werden. Daher waren vier bis fünf Kinder je Ehepaar gerade ausreichend, um den Generationswechsel zu gewährleisten. Vor allem wenn einer der beiden Eltern verstorben war, hatten die Hinterbliebenen meist eine schwere Zukunft vor sich.

Die Krisen wirkten sich auch auf die Zahl der Eheschließungen aus. Viele Ehen endeten vorzeitig, und diese Situation wurde teilweise durch Wiederverheiratung beendet. Diese Zweitehen, die jeder vierte Mann und jede fünfte Frau einging, wurden meist sehr bald geschlossen, insbesondere durch die Männer. Zwei von dreien gingen innerhalb eines Jahres nach dem Tod ihres ersten Ehepartners eine neue Ehe ein. In den Zeugnissen aus dieser Zeit ist die Stiefmutter eine häufig genannte Person, die in vielen Fällen eine böse Stiefmutter für die Kinder aus der ersten Ehe war. Die neue Mutter in der Familie bedeutete häufig das Ende des guten Verhältnisses zwischen Vater und Kindern, vor allem, wenn der Vater charakterschwach war und sich ganz in die Hände des »jungen Dings« gab, das er sich genommen hatte.

Nichts ist so kompliziert wie das Leben selbst, und wenn ein Historiker darangeht, eine Arbeit über die Geburt zu schreiben, entdeckt er sehr schnell, welch immense Aufgabe er sich gestellt hat. Kinder sind so sehr Mittelpunkt im Leben des Menschen, daß es ihm praktisch unmöglich ist, bewußt bestimmtes Material über die Ehe, die Familie oder den Tod unberücksichtigt zu lassen. Er sieht sich immer wieder gezwungen, seinen Horizont weiter zu stecken, sein Thema unter immer neuen Aspekten zu sehen und eine enorme Vielfalt von Dokumenten zu Rate zu ziehen, u. a. medizinische, ethnologische, kirchliche und juristische Quellen. Am Ende stellt er fest, daß er in einer Flut von Unterlagen zu einem unaufhörlich sich aufblähenden Gegenstand zu ertrinken droht.

Fast alle Dokumente liefern ein verfälschtes Bild der Geburt: Es ist das Bild der städtischen Elite und der Institutionen. Über die Frauen, die in den Dörfern niederkamen und die Hebammen, die ihnen dabei halfen, ist praktisch kaum etwas zu finden. Die Vergangenheit auf dem flachen Lande ist in weiten Teilen terra incognita, die nicht immer leicht zu erforschen ist, und die Geschichte der Geburt in ländlichen Gemeinschaften ist eine stumme Geschichte, wobei der Forscher seine ganze Aufmerksamkeit auf dasjenige richten muß, worüber gerade nichts gesagt wird.

Manuskripte und gedruckte Werke beschreiben stets eine Standardgeburt, wie sie nach Meinung der Ärzte verlaufen sollte, und nicht so, wie sie wirklich verlief. Gegen Ende des 16. Jahrhunderts beginnen einige Ärzte und Chirurgen damit, über die Geburten, bei denen sie zugegen waren, schriftliche Berichte abzufassen. Sie wollten damit die verschiedenen eingetretenen Fälle und die dabei angewandten Verfahren ihren Kollegen zur Kenntnis bringen, vor allem aber auch Material zu Vergleichszwecken sammeln, dieses ordnen und Lehren daraus ziehen, um so die Grundlagen für eine wissenschaftlich fundierte Geburtshilfe zu schaffen.

Die Herren (und Damen) der ärztlichen Kunst geben eine lebendige und lebensnahe Beschreibung der Geburt. Es ist ein ergreifendes und häufig dramatisches Ereignis. Ein Geburtshelfer wird ja immer erst gerufen, wenn der Zustand schon hoffnungslos ist. Dies bringt die Gefahr mit sich, daß ein verzeichnetes Bild vom Kindbett entsteht und die Aufmerksamkeit zu sehr auf die traurigen, im Grunde aber marginalen Fälle gerichtet wird, während der Gang der Dinge bei der problemlosen Niederkunft und der glücklichen Geburt größtenteils in Nebel gehüllt bleibt. Der gleiche Einwand gilt für die handgeschriebenen Protokolle, die im 18. Jahrhundert an die Académie Royale de chirurgie und an die Société royale de médecine eingesandt wurden, sowie auch für die Artikel, die in Zeitschriften wie der *Gazette de santé* und dem *Journal de médecine* erschienen sind.

Indirekt aber liefen diese weitschweifigen, von interessierten Ärzten verfaßten Texte einen Schatz an Informationen über die Praktiken der Dorfhebammen und die von ihnen benutzten Arzneien, über die Einstellung der Schwangeren und das Verhalten der sie umgebenden Menschen während der Niederkunft. Wenn es uns auch nicht möglich ist, die Realität der Geburt vollständig zu rekonstruieren, so können wir uns doch mit Hilfe dieser Berichte, wenn sie einmal der subjektiven Bemerkungen der Fachleute entkleidet sind, ein annähernd richtiges Bild der Wirklichkeit verschaffen. Auch aus indirekten Zeugnissen lassen sich ja stets Schlüsse ziehen.

Eine Informationsquelle besonderer Art ist der Sprachgebrauch. Bis in das 17. Jahrhundert wird das Denken der Ärzte noch stark von der Kultur des flachen Landes beeinflußt. So sehr sie bemüht sind, in Distanz zu ihr zu gehen, tritt sie doch in ihren Schriften immer wieder in einer sehr sinnigen Metaphorik zutage. Einige Texte des zu Rate gezogenen Dokumentationsmaterials zeichnen sich durch ihren inhaltlichen Wert aus und dadurch, daß sie aus einer Zeit stammen, in der die Entwicklung der medizinischen

Wissenschaft eine historische Wende nahm. Dies gilt für die Arbeiten des in Montpellier praktizierenden Arztes Laurent Joubert, für diejenigen von Jacques Duval aus Rouen und insbesondere für die Schriften der Hebamme Louise Bourgeois und der Geburtshelfer Jacques Guillemeau und Guillaume Mauquest de la Motte, denen wesentliche Verdienste daran zukommen, daß wir heute Einblick in die mentalen Strukturen und die Verhaltensweisen der damaligen Zeit haben.

Mit Hilfe der Texte, die die Historiker und die Volkskundler im vorigen Jahrhundert zusammengetragen haben, ist es möglich, die Fruchtbarkeitsriten und die Gebräuche bei der Schwangerschaft und Geburt genauer zu beschreiben und Vergleiche zu ziehen, sofern wir die Texte mit den üblichen Vorbehalten handhaben, d. h. Datum und Fundort überprüfen. Es steht z. B. außer Zweifel, daß wir uns eher auf Van Gennep als auf Sebillot verlassen können. Am meisten verdankt dieses Werk aber Pierre Saintyves, dem zuverlässigsten und scharfsinnigsten Forscher unter den großen französischen Volkskundlern.

Wenn sich der in den 80er Jahren des 20. Jahrhunderts lebende Historiker über etwas beklagen kann, dann darüber, daß er dreißig bis vierzig Jahre zu spät kommt. Felduntersuchungen über Fruchtbarkeitssteine oder -quellen und heilige Orte sind heute schwierig geworden. Eine reichliche Portion Geduld und bescheidene Erwartungen sind unabdingbare Voraussetzungen. Die Fundorte sind häufig zerstört, und in den Heiligtümern bleibt uns oft nichts anderes, als die vom Zweiten Vatikanischen Konzil ausgelöste Bilderstürmerei zu betrauern. Es gibt aber noch Orte, die uns etwas sagen können, so daß sie uns helfen, bestimmte alte Gebräuche zu ergründen.

Andererseits bieten die kirchlichen Quellen selbst reiches Dokumentationsmaterial, wie z. B. die Synodenbeschlüsse, die verschiedenen Rituale, die Berichte der Geistlichen über die Arbeitsweise der Hebammen, die Wöchnerinnensterblichkeit, die symbolischen Gebräuche, die Taufe und die Bestattung von Kindern, die vor dem Empfang des Taufsakraments gestorben waren. Sie unterstreichen die veränderte Haltung der Kirche im 17. und 18. Jahrhundert bezüglich Kind und Wöchnerin: Neben der Sorge um die zu rettenden Seelen findet man verstärktes Interesse, den Leib zu erhalten.

Diese Vorgehensweise Schritt für Schritt, dieses mühsame Zusammenfügen der Mosaiksteinchen bleibt unbefriedigend. Man kommt bezüglich der Bedeutung einer Gebärde, eines Ausdrucks nicht weiter. Oder die Frage bleibt ungeklärt, was sich hinter einem »Geheimnis« verbirgt, das ein Autor nicht preisgeben möchte, damit nicht böswillige Menschen damit Mißbrauch treiben können. Bei dieser Mönchsarbeit ist die Ernte immer mager, und der Flickenteppich bleibt ewig unvollständig.

Dieser Beitrag zur Anthropologie der Geburt basiert notwendigerweise auf den großen Strömungen der zeitgenössischen Geschichtsschreibung. Die Geburt ist ja nicht nur Spiegel der Gesellschaft, sondern auch Kreuzungspunkt vieler methodologischer Ansätze.

Der Historiker, der sich mit der Geburt beschäftigt, hat viel denjenigen zu verdanken, die vor ihm die gleichen Wege gegangen sind: Denjenigen, die die Geschichte der Frau, der Mutter und der Niederkunft geschrieben haben, die das Terrain der Geschichte des Kindes und des Familienlebens urbar gemacht haben, die die Geschichte des Menschen im Spiegel des Todes studiert haben, denjenigen, deren Werk auf dem Gebiet der Religionsanthropologie Licht auf den Sinn des Sakralen und die Bedeutung des Wallfahrens geworfen hat; denjenigen auch, überwiegend Kulturanthropologen, die sich insbesondere mit dem Menschen und seinem Leib in der traditionellen Gesellschaft befaßt haben, und schließlich den Kennern der Mythologie und des Geisteslebens, deren Anliegen es war, die Unterschiede zu definieren und ferne Übereinstimmungen festzustellen.

Zwei extreme Sichtweisen, die den Blick auf das Thema von vornherein verstellen, wurden bei dieser Untersuchung grundsätzlich ausgeschlossen. Die eine ist, daß die »traditionelle« Schwangerschaft und Geburt natürlicher und beruhigender für die Frau war, als sie angeblich heute ist, eine Art Ideal, das durch das Eingreifen des Mannes, des Geburtshelfers, der sich dieses Fachgebietes bemächtigt hat, zum großen Schaden der Frau verschwunden ist.

Die zweite Sichtweise mißt gerade der medizinischen Wissenschaft größte Bedeutung bei, verurteilt den Obskurantismus der Hebammen, die die größten Fehler begehen und versucht mit Statistiken nachzuweisen, daß die Risiken einer Niederkunft seit zwei Jahrhunderten erheblich kleiner geworden sind und daß es ein Segen für die Menschheit ist, daß die Geburt immer mehr eine Angelegenheit der Ärzte geworden ist. Diese gegensätzlichen und nicht selten auch radikal vorgetragenen Überzeugungen können beide ein Stückchen Wahrheit für sich beanspruchen. Was aber in beiden Fällen gleichermaßen stört, ist der moralische Unterton der Argumentation und insbesondere der beschränkte Blickwinkel. Wenn man nämlich verstehen will, was sich am Geburtsereignis im Verlaufe der letzten Jahrhunderte geändert hat, dann muß man sich erst ein Bild davon machen, was dieses Ereignis im damaligen Denken bedeutete und welcher Stellenwert dem Kind in den ländlichen Gesellschaften seit dem 16. Jahrhundert zukam. Beschreibung und Erläuterung der Auffassungen und der Gebräuche im Umfeld der Geburt, Erforschung der Riten und Rekonstruktion ihrer Zusammenhänge, Freilegung der jahrhundertealten Wurzeln, die unserer unmittelbaren Anschauung entzogen sind – damit wäre in groben Zügen das Anliegen dieses Buches umrissen.

Im 16. und 17. Jahrhundert ist die Bilderwelt im Umkreis der Geburt noch immer diejenige einer ländlichen Gesellschaft, deren Kosmologie auf dem Rhythmus der Jahreszeiten, der Verbundenheit mit der Erde und der Gemeinschaft mit den Vorfahren beruht. Die Art der Daseinsbewältigung, die für den Menschen draußen auf dem Lande charakteristisch ist, übt auch im 18. Jahrhundert noch einen erheblichen Einfluß auf die Bewohner der größeren Dörfer und kleineren Provinzorte aus, und durch den anhaltenden Zustrom von Landbevölkerung in die großen Städte gilt dies in nicht unerheblichem Umfang sogar auch für die eigentliche Stadtbevölkerung. Nach der Übersiedlung in die Stadt legen die Menschen ihre alten Gewohnheiten nicht einfach ab; in der Umgangssprache bleiben die Wörter und Metaphern aus dem Sprachgebrauch des flachen Landes erhalten, und auch die Körperhaltungen und die Ernährungsgewohnheiten bleiben dieselben. Erst bei der nächsten Generation spielt die Stadt die Rolle des Schmelztiegels. Die Kinder verfügen nicht mehr über den gleichen Bezugsrahmen, die gleiche Vergangenheit. Sie kennen die dörfliche Umgebung nicht, in der ihre Vorfahren aufgewachsen sind, sie schauen die Welt mit anderen Augen an, glauben an andere Dinge und verhalten sich anders.

Die Anschauungen der Landbewohner über das Leben und den eigenen Leib, die die Gesellschaft insgesamt vor etwas mehr als einem Jahrhundert noch stark prägten, sind uns heute weitgehend fremd geworden. Diese Lebenshaltung müssen wir uns aber Stück für Stück wieder vor Augen stellen, um verstehen zu können, was die Geburt früher bedeutete. Das Lebensgefühl, das Körperbewußtsein und die Bilderwelt im Umkreis der Geburt bilden ein geschlossenes Ganzes.

EINLEITUNG

Gerade weil diese Überzeugungen und Praktiken die Abspiegelung eines ursprünglichen Weltbildes und Lebensgefühls waren, konnten sie sich halten. Als in der neueren Zeit der wachsende Einfluß von Staat und medizinischer Wissenschaft eine ständige Bedrohung bildete, konnten sie nur durch Anpassung überleben. Auch die Kirche wußte, daß es nicht in ihrem Interesse lag, die Dinge zu übereilen. Man macht also Zugeständnisse, indem man eine Sprache sprach, die dem Analogiedenken der Landbevölkerung entgegenkam. Für die Vertreter der ärztlichen Zunft galt, daß sie, wenn nicht mit ihren Methoden, so doch zumindest mit ihren Arzneien bis in das 18. Jahrhundert hinein die »Hausmittel« in Ehren hielt, auf die die Dorfbewohner vertrauten, so daß der Übergang sich hier reibungslos vollziehen konnte.

Langfristig war es allerdings eine Konfrontation zwischen ungleichen Parteien, wobei sich eine Frontlinie zwischen der zukunftsorientierten Stadt und dem zurückgebliebenen, »abergläubischen« flachen Lande bildete. Aberglaube? Welch ein unseliges Wort: Es ist sowohl bequem, da es der Notwendigkeit des Nachdenkens enthebt, als auch verächtlichmachend, weshalb es jahrhundertelang im kirchlichen, medizinischen, ethnologischen und historischen Diskurs eine zentrale Stellung eingenommen hat. Als Aberglaube wurden alle diejenigen Überzeugungen und Praktiken gebrandmarkt, die der Klerus nach den Beschlüssen des Trienter Konzils ausradieren wollte, die Heilweisen, die die Ärzte jahrhundertelang angepriesen hatten, bevor sie sie verwarfen, und die Verhaltensweisen, die die Forscher am Ende des 19. Jahrhunderts nicht mehr verstanden. Indem man den »Aberglauben« an den Pranger stellte, verzichtete man darauf, die Existenz eines anderen Denksystems in Erwägung zu ziehen, die Logik eines Verhaltens zu erkennen, das von anderen Prinzipien geleitet war, den Faden der Komplexitäten aufzunehmen, die die Grundlage einer jeden Kultur sind.

Daß die Verurteilung der Praktiken, denen der Körper der Frau und des Geborenen unterzogen wurden, mit soviel Aufgebrachtheit und Nachdruck vorgetragen wurde, verlangte eine nähere Untersuchung. Verhaltensweisen, die so allgemein vorkamen, mußten in einem Zusammenhang mit tief empfundenen Erfahrungen stehen. Um den Zusammenhang zwischen diesen Gebräuchen zu ermitteln, war eine Vorgehensweise »von innen her« die Methode der Wahl. Wir wollten einen roten Faden finden, der uns durch Quellenvergleich weiterbringen sollte. Wir wollten uns in die unfruchtbare

Frau, die Wöchnerin, die Hebamme versetzen, in das Halbdunkel der Fruchtbarkeitsriten vordringen und die »aufregenden Zusammenhänge« zwischen Überzeugungen und Praktiken neu entdecken: Geheimnisse erlauschen.

Bei dieser schwierigen, aber spannenden Suche kam dem Detail große Bedeutung zu. Ein einziges Wort oder eine angelegentliche Bemerkung eines Volkskundlers lieferten oft die Erklärung für ein Ritual, dessen Bedeutung bis dahin unklar geblieben war. Um diese »Querschnittsbefunde« verstehen zu können, erwies sich ein Rückgriff auf die »diametralen Wissenschaften«, die Roger Caillois so am Herzen lagen, als unerläßlich. Das Spiel der Farben und Formen, die Bedeutung, die man bestimmten Gebärden und Körperteilen zumaß, die Hoffnung, die man auf »heilige Steine« und wundertätige Quellen setzte, haben uns in ein Universum von Empfindungen und Vorstellungen geführt, in eine kulturelle Bilderwelt, in den Mythos.

Das Wasser, das das Schicksal bestimmt. »Brunnen, der Wunder vollbringt in der Bretagne«, Gemälde von Eugène-François Fines, 2. Hälfte 19. Jahrhundert, Morlaix, Musée des Jacobins.

Parallel hierzu nahmen die Teile dieser Studie Kontur an. Die Beschwörung des Lebens von damals verwies uns immer wieder auf den Lebensquell, auf Gott, insbesondere aber auf die Erde mit ihrer langsamen Atmung und ihrem Rhythmus. Leben zu empfangen, die Frucht zu tragen und zur Ausreifung zu bringen und sie schließlich auszustoßen bedeutete für die Frau, zum Fortbestand der Art beizutragen und am großen Lebenszyklus teilzuhaben. Wie die Frucht des Baumes war das Kind das Symbol der Kontinuität schlechthin.

Bei der Beschreibung dieser Vorgänge, die den größten Teil dieses Buches ausmachen, haben wir bewußt den Schwerpunkt auf die dauerhaften Aspekte, auf die Strukturen, und weniger auf die Veränderungen gelegt.

Es hat freilich sehr lange gedauert, bis es zum Bruch dieser Kontinuität kam. Es vergingen einige Jahrhunderte, bis sich neue Beziehungen zwischen Mensch und Kosmos herausgebildet hatten und bis ein neues Lebensbewußtsein und neue Bande zwischen Eltern und Kindern gewachsen waren.

Teil I
Die Mutter aller Dinge

*Denn sie sind alle aus dem Schoß
von Mutter Erde hervorgegangen.*

TH. VULPINUS
Elsässischer Dichter

Der Mythos von der Erde als Mutter, von der Erde als Ernährerin und Spenderin allen Lebens hat die Denkweisen früherer Zeiten zutiefst geprägt. Alles Fragen nach dem Ursprung des Lebens, nach dem Wachstum und dem Fortbestand der Pflanzen, Tiere und Menschen sucht hier Antwort. Als Hort der Seelen, als Brutplatz der Arten, als Sammelstätte der Leiber, aus denen das Leben gewichen war, ist die Erde Hüterin und Umformerin, Gestalterin und Vollenderin; ihr fruchtbarer Schoß ist unermüdlich bestrebt, den Lebenszyklus in Gang zu halten.

Die Schlichtheit dieses Bildes verschleiert allerdings die hochgradige Komplexität der Beziehungen zwischen den Menschen und der Urmutter, zwischen dem Leib des Menschen und dem Leib der Erde und dem Kosmos überhaupt. Bei jedem wichtigen Wendepunkt des Jahres, bei jedem Meilenstein im Leben des Menschen nehmen diese Beziehungen sakrale Form an.

Es fällt uns heute schwer, die Ursprünglichkeit dieses Daseinsgefühls nachzuvollziehen, den subtilen Verästelungen eines Denkens nachzuspüren, in dem die Trennung zwischen heilig und weltlich kaum eine Rolle spielte, die »existenzielle Dimension des religiösen Menschen in den archaischen Gesellschaften nachzuvollziehen«. Die Entheiligung des Kosmos in der modernen Zeit hat sich parallel zu einer raschen Ablösung von den alten Denkstrukturen vollzogen. An ihre Stelle ist ein neuer Rationalismus getreten, der ein ganzes Universum von magischem Handeln und Analogiedenken zum Verschwinden gebracht hat, eine Welt, in der Mutter Erde Anfang und Ende aller Dinge war.

Kapitel 1

Kosmos, Erde und Mensch

Die Wahrnehmung von Übereinstimmungen setzt die Fähigkeit zu unbefangenem Staunen voraus.

ROGER CAILLOIS

Die Empfänglichkeit für die Umgebung

Die Landbewohner nahmen die Umgebung, in der sie lebten, mit scharfen Sinnen wahr: Das Land, die Heide, Wald und Feld, alles, was zu ihrem Lebensbereich gehörte. Sie lernten von Kindesbeinen an, sensibles Gespür für die Umgebung zu entwickeln. Die Welt, die uns im Laufe der letzten beiden Jahrhunderte verloren gegangen ist, ist vor allem die Welt der elementaren Triebe, eine bestimmte Art zu fühlen, zu hören, um die Sprache der Pflanzen, Tiere und der anorganischen Natur zu entschlüsseln.

Der Landbewohner der damaligen Zeiten sah, was der heutige Mensch nicht mehr sehen kann. Die Bilder, die er empfing, unterscheiden sich eigentlich nicht so sehr von den unsrigen; sie führten aber zu Deutungen, die uns heute weitgehend fremd geworden sind. Seine Vorstellungswelt beruht ganz auf Analogien: Ein Laut oder ein Wort, ein Geruch oder eine Form erregten Aufmerksamkeit, dienten gewissermaßen als Signal, das anschließend wieder in ein Universum mit einem großen Reichtum an Symbolen integriert werden mußte. Bis heute ist die Redeweise eines Landbewohners alles andere als kurzgefaßt; er wiederholt sich oft und redet bedächtig, wie ein Maler seinen Pinsel führt. Die Beharrlichkeit, mit der er in den Zügen eines Fremden eine Ähnlichkeit mit ihm bekannten Menschen zu finden sucht, und mit der er in einem Detail eines Baums, in einem Felsen oder einer Landschaft tierische oder menschliche Gestalten sieht, zeugt von dem Bedürfnis, die Natur sprechen zu lassen, die Welt in den Griff zu bekommen und in einen logischen Zusammenhang zu bringen. Sie zeugt von dem Verlangen, den Menschen in die Schöpfung einordnen zu können und auf die fundamentalen Fragen Antwort zu finden: Wer sind wir, woher kommen wir und wohin gehen wir?

Die Schöpfung war in erster Linie die Welt, die den Menschen direkt umgab, die er tagtäglich sah, die ländliche Welt mit ihrem Kreislauf der Jahreszeiten, ihren stillen Zeiten, in den alles erstorben schien, und den Perioden des üppig sprießenden Lebens. Alljährlich lieferte die »Erde mit ihren tausenden Brustwarzen« im Frühjahr den Beweis ihrer Kraft; überall erblühte das Leben in den vielgestaltigsten Formen. Man wußte sehr wohl, daß diese Emsigkeit, diese Eile, sich fortzupflanzen, die einzige Antwort war, die ein lebender Organismus dem unausweichlichen Untergang, dem Tode entgegensetzen konnte. Der sterbliche Mensch lebt in seinen Kindern fort. Kosmische Triebe, menschliche Triebe: der *Setzteich der Natur*.

Der Setzteich der Natur

Der Mensch weiß, daß ihm seit dem Sündenfall dasselbe Los beschieden ist wie der übrigen Schöpfung. Zwei Gewißheiten hat er in seinem Leben: Daß er geboren ist, und daß er eines Tages sterben wird. Als aber Gott, der »große Prometheus«, den Menschen zu seinem Meisterwerk machte, wollte er nicht, daß dieser sterben sollte, ohne eine Spur zu hinterlassen. Er gab ihm eine Gesellin, damit »derjenige, der als Individuum sterblich ist, durch die unaufhörliche Fortpflanzung als Art unsterblich werde« (21, 6).* Indem er in seinen Kindern fortlebt, stirbt der Mensch nicht: »Denn es kann derjenige nicht dem Tode anheimgegeben sein, der in seinem Nachfolger sein lebendiges und wahres Ebenbild hinterläßt« (21, 9).

Alle die im Schoße der ersten Frau veranlagten »ineinandergeschobenen« Generationen bilden die Antwort der menschlichen Art auf die große Herausforderung des Todes; ihr Zusammenhang untereinander bildet eine Kette, die über die Grenzen der Zeit hinausgeht. »So bleibt die Welt alle Zeit in ihrer Gänze und Vollendung bestehen, obwohl sie an allen ihren Gliedern an immerwährender Veränderung und Unbeständigkeit leidet« (71, 29–30).

Die medizinischen und philosophischen Texte aus dem 17. und 18. Jahrhundert sind ganz von dem Gedanken einer stets gefüllten

---

* Die Ziffern im Text verweisen auf die zitierten Werke (siehe Quellennachweis S. 335). Die erste Zahl bezeichnet das Werk, die zweite die jeweilige Seite.

Welt durchdrungen, die hier etwas verliert und dort etwas hinzugewinnt, einer Welt, die sich ständig ändert und stets auf der Suche nach einem Ausgleich ist; dieser Gedanke deckt sich hier mit dem Volksglauben.

Leben und Tod folgen in einem ununterbrochenen und wunderbaren Zyklus unerbittlich aufeinander; das eine muß sterben, damit das andere geboren werden kann. Das Getreidekorn, das in die Furche gesät wird, keimt und zerstört sich selbst, um dem neuen Halm Leben zu schenken. Ein wenig Samen, ein wenig Leben geht in der Gebärmutter zugrunde, dem »fruchtbaren Acker der Frau«, damit ein neues Wesen wachsen kann, dem es weichen muß. »Es gibt nichts, das in der Aufeinanderfolge der natürlichen Dinge vollständig ausgelöscht wird« (71, 29–30).

Der enge Zusammenhang zwischen Anfang und Ende, Geburt und Tod, neuem Leben und Verderbnis, Erneuerung und Auflösung taucht im alltäglichen Leben immer wieder auf. Die Erde liefert nur reiche Ernten, wenn sie gedüngt wird. Die Herkunft der Bienen im Aristaios-Mythos zeugt ebenfalls von diesem fortwährenden Zusammenhang zwischen Verwesendem und der Entstehung von neuem Leben, denn es heißt hier, daß ein Bienenschwarm aus dem Kadaver eines Stieres hervorging. Und wie verhält es sich damit, daß die menschliche Frucht neun Monate lang zwischen den Exkrementen im Bauch der Mutter verbleibt? Und doch wird zwischen Mastdarm und Blase, zwischen »Kacke und Pisse«, wie es der Volksmund drastisch ausdrückte, das schöne Menschenkind geboren.

Der Lebenstrieb treibt alle Paare in der tierischen Welt, also auch jedes Menschenpaar dazu, sich fortzupflanzen und durch Weitergabe des Lebens die Zukunft zu sichern. Bei diesem löblichen Streben kommt ihnen die Natur zu Hilfe: Die sexuelle Anziehungskraft ist »spontane Ausgelassenheit«, das »Vibrieren der Sinne« und »lustspendende Lockspeise«, durch die sich zum allseitigen Vorteil »das Angenehme mit dem Nützlichen« verbindet. In den Schriften der Ärzte finden sich viele Metaphern, die die verborgene Rolle der Natur bei der Erhaltung der Art zum Ausdruck bringen. Sie »reizt den Mann dazu, den menschlichen Acker zu bestellen«, und das männliche Glied ist »der Sämann mit der Saat« (21, 42–48).

Um aber ein Kind »in den Ofen zu schieben«, »zu schmieden« oder zu »setzen«, genügt der Same nicht. Er muß auch in ein gutes »Gefäß« kommen. Die Erde muß das Korn aufnehmen.

Die Landbevölkerung erlebte früher in der Praxis, wie die Befruchtung bei Pflanzen und Tieren vor sich ging. Ein besonders frappierendes Beispiel ist hier die Wasserpflanze Vallisneria mit ihrem komplexen Befruchtungsmechanismus. Seit dem Altertum ist bekannt, wie diese Pflanze sich fortpflanzt. Vallisneria spiralis wächst in Griechenland, Mesopotamien, Indien und Südfrankreich; es ist eine einjährige, zweihäusige Pflanze mit linealen Blättern, die in fließenden Gewässern vorkommt. Die männliche Pflanze hat nur einen Stiel, an dem die männlichen Blüten aufgereiht sind; die weibliche Pflanze trägt jeweils eine einzige Blüte auf spiralförmigen Stielen. Zum Zeitpunkt der Befruchtung entläßt die untergetauchte Blütenhülle ihre Blüten mit den Staubblättern, die wegen ihres Gasgehalts aufsteigen und sich an der Wasseroberfläche verbreiten. Die weiblichen Blüten steigen durch eine Streckung des Blütenstiels ebenfalls an die Wasseroberfläche; nach der Bestäubung taucht der Fruchtknoten wieder unter, indem sich der spiralförmige Stiel wieder zusammenzieht.

Die Völker der Antike haben dieses ungewöhnliche sexuelle Gebaren der Pflanze wahrgenommen und z. B. auf Vasen aus der mykenischen Zeit mit den klassischen Themen der kämpfenden Stiere, der Göttinnen und der von Seepferdchen gezogenen Wagen dargestellt. Eine Szene aus dem geheiligten Geschlechtsleben, in dem das Pflanzliche einen zentralen Platz einnimmt. Diese Darstellungen müssen im Zusammenhang mit den alten Vorstellungen über die Entstehung der Lebewesen gesehen werden, insbesondere den Lehren des Empedokles, nach denen die ersten Pflanzen und Tiere nicht in »fertiger« Gestalt zur Welt kamen, sondern sich nach und nach »in der Art eines Ausschneidbildes« aus Teilen zusammenfügten, die anderen Arten entliehen waren. Ungeachtet des Mythos, der Ungeheuer und ihrer Metamorphosen hält man aber doch an dem Gedanken fest, daß das Wasser der Ursprung des Lebens ist.

Die mythologischen Berichte lassen jedoch auch erkennen, daß man glaubte, daß Frauen durch Pflanzen befruchtet werden konnten. In dem von Pausanias überlieferten religiösen Erzählzyklus über Attis bewirkt die Frucht, die Sangarios' Tochter vom Mandelbaum pflückt, die Empfängnis der Gottheit; in manchen Volksüberlieferungen wird die Jungfrau durch den Verzehr eines Rosenblättchens schwanger. Die Pflanze ist die universelle Befruchterin: »Sie überschreitet die Grenze zwischen den Arten, um das Leben fortzupflanzen« (4, 665).

Ein Netz von Entsprechungen: Die Signaturen

In dieser Welt, die unaufhörlich in Bewegung ist und in der sich das Leben in so vielen unterschiedlichen Formen äußert, bestehen die Arten nebeneinander, ohne sich zu vermischen, denn es ist keine Gemeinschaft, keine Verbindung möglich zwischen der menschlichen Art und Tier- oder Pflanzenarten; es gibt aber jene eigentümlichen Entsprechungen, die »Signaturen«.

Die Signaturenlehre ist eine auf Analogien beruhende Erkenntnistheorie: »Der Gebrauch von Symbolen war allgemein; Denken war gleichbedeutend mit der unaufhörlichen Entdeckung verborgener Bedeutungen, einer ständigen ›Hierophanie‹. Die verborgene Welt war eine heilige Welt, und das Denken in Symbolen war nur die ausgearbeitete, fertige Form, die die Gelehrten dem magischen Denken gegeben hatten, von dem die gemeinschaftliche Mentalität durchtränkt war« (34, 304).

Diese Lehre, deren Wurzeln bis in die Antike zurückreichen, wurde in der Renaissance von Gerolamo Cardano, Paracelsus, Campanella und Giambattista Porta mit einem theoretischen Unterbau versehen. Bei Cardano z. B. steht die Naturlehre ganz im Zeichen der »analogen Gedankenspiele«, die in Wirklichkeit natürlich mehr sind als Spiele, da sie als ein »intuitives, unmittelbares Erfassen der Zusammenhänge in der Natur« zu verstehen sind. Alles in der Natur harmoniert miteinander und steht über feingesponnene Netze miteinander in Verbindung. Alles ist Kongruenz und Schein. Die Minerale liegen als »beerdigte Pflanzen« unter der Erde und gehen ihrer langsamen Reifung entgegen. »Metalle sind lebendig; man kann sogar sagen, daß sie in den Bergen wie Pflanzen wachsen, mit breiten Zweigen, Wurzeln, Stämmen und einer Art Blüten und Früchten« (Cardano).
Alles ist »genau wie«, alles »gleicht«, alles ist Abpiegelung. Für eine solche Vision der Schöpfung ist die Magie unentbehrlich: Diese ist sogar die Summe aller natürlichen Weisheit; sie stellt die Verbindungen her, sucht den Zusammenhang im Universum. »Wie der Winzer seinen Rebstock an einen Stützpfahl bindet, so verbindet der Magier Himmel und Erde und bringt das untere mit den Mächten der Höheren Welt in Berührung« (Pico della Mirandola).

Tiere wissen instinktiv, welche Pflanzen für sie gut sind; die Landbevölkerung vertraut seit Menschengedenken auf heilkräftige Kräuter, und sie fährt gut damit. Warum sollte man diese »sympathische Magie« nicht auch zur Grundlage der Heilkunde machen? Für jedes körperliche Gebrechen, für jede Krankheit gibt es auf der Erde ein Heilmittel. Wenn man gesund bleiben will, braucht man nur auf die Dinge in seiner Umgebung zu achten. Die Gestalt einer Pflanze, ihre Farbe oder ihr Duft weisen auf einen Körperteil oder eine Körperfunktion hin, und sie sind das Gegengift gegen das Leiden. Manche Pflanzen haben schädliche, andere heilsame Wirkung. Diejenigen der ersten Gruppe sehen kümmerlich und häßlich aus und verbreiten einen ekelerregenden Geruch. Die letzteren dagegen haben »eine schöne Erscheinung und duften angenehm«. Pflanzen, die einander ähneln, sind von gleicher Kraft. Wenn sie keine äußere Übereinstimmung aufweisen, dann sind auch ihre Kräfte unterschiedlich.

Für die Fortpflanzung der Art ist diese »Signaturenheilkunde« von unmittelbarer Bedeutung. So zeigen Pflanzen ohne Zweige, Blüten und Früchte dem Menschen an, daß sie für die Empfängnis ungünstig sind. Jene anderen, die reiche Samen tragen, werden denjenigen empfohlen, die sich eine zahlreiche Nachkommenschaft wünschen. Auch muß man auf das Geschlecht der anzuwendenden Pflanze achten, denn für Frauen eignen sich nur weibliche Pflanzen, wie z. B. das stark duftende *Chenopodium vulvaria*, das als gutes Mittel gegen Hysterie galt. Ein impotenter Mann braucht einen starken Auszug aus Orchideenknollen (Orchis = Hoden), die männlichen Hoden ähneln; dann kann er schon bald Venus sein Opfer bringen.

Der Mensch als Universum

Die Signaturenlehre geht von der Existenz einer höheren Ordnung in der Natur aus. Das kosmische Räderwerk bestimmte das Schicksal jedes einzelnen Menschen. »Indem der Mensch die Welt als eine Fortsetzung seiner selbst betrachtete, entdeckte er auch das Universum, das er selbst war: Das eine spiegelte sich im anderen« – der Mikrokosmos im Makrokosmos, die wesentlichen Kategorien der mittelalterlichen und frühmodernen Kultur waren (2, 47–95).

Allerdings bestand diese Unterscheidung schon sehr lange; es gab sie schon im alten Griechenland und Rom. Pythagoras behauptete, daß ein einziges Gesetz, dasjenige der Zahl, sowohl den Makro- wie auch den Mikrokosmos regierte, und Hippokrates erklärte, daß »die Natur im Menschen nach dem Bilde der Natur in der Welt gestaltet ist«. Für Theophrast war der Mensch »ein Abdruck des Universums«, und Plinius sah in ihm eine »Zusammenfassung der Welt«. Alle späteren Nachfolger Platons und Pythagoras' stützten sich auf dieses Bild des Menschen in seinem Verhältnis zur Welt. Alle mittelalterlichen Summen und Enzyklopädien sind von diesen Gedanken geprägt. Und doch verliert dieses Gedankengebäude zwischen dem 13. und 14. Jahrhundert an Kraft, oder es tritt vielmehr eine Veränderung ein. Der Arzt Arnauld de Villeneuve nahm diese Vorstellung zur Hilfe, um Religion und Naturwissenschaften, die immer schwieriger in Einklang zu bringen waren, miteinander zu versöhnen. Seine physiologischen Auffassungen basierten weitgehend auf seiner Idee des Menschen als einem Mikrokosmos: Der Gesundheitszustand des menschlichen Leibes, des Mikrokosmos, hing mit dem Gleichgewicht der elementaren Körpersäfte zusammen, die unter dem Einfluß der Himmelskörper, des Makrokosmos standen.

In der Renaissance wird die Theorie des Mikrokosmos zu neuem Leben erweckt. Der menschliche Leib wird zum vollkommenen Abbild des großen Leibes des Universums. Zwischen diesen beiden Welten erkennt man sehr unmittelbare Beziehungen. Jedes Element in der einen Welt hat sein Spiegelbild, sein symbolisches Pendant in der anderen. Alles deutet schließlich darauf hin, daß die Welt, in der man lebt, durchaus kein Chaos ist, sondern ein vom Schöpfer genau durchdachtes und organisiertes Ganzes bildet. Das Universum ist ein großer Leib, der mit dem Leib des Menschen korrespondiert; das Wasser ist für die Erde, was der Saft für die Pflanze und das Blut für den Menschen ist: »Die Quellen, die im Schoße des Erdballs strömen, spenden Leben, wie die Adern in einem lebenden Körper Leben spenden; die Felsen sind dabei die Gebeine. Der Mensch erhielt den Namen ›Kleine Welt‹ oder Mikrokosmos, weil er in sich offenbar alle Qualitäten der Natur vereinigt; in der Tat ist unsere Seele für unseren Leib, was Gott für das Universum ist« (73, 259).

Der Mensch ist also der Mittelpunkt, die Krönung dieses phantastischen Bauwerks der Schöpfung. Er hat eine bevorzugte Stellung inne, der allerdings die Tatsache gegenübersteht, daß die Sternzeichen, die Planeten und ihre jeweiligen Konstellationen sein Leben steuern und seine Rhythmen beeinflussen. Da er ständig den kosmischen Bewegungen unterworfen ist, ist der »zodiakale Mensch« ihnen im Guten wie im Bösen ausgeliefert.

Und doch ist im Universum nicht alles Harmonie. Nach Agrippa von Nettesheim, einem der größten Theoretiker der Signaturenlehre am Beginn des 16. Jahrhunderts, gibt es Disharmonien zwischen Gegensätzen, und es ist Aufgabe des Arztes, diese zu entdecken; das Studium der sichtbaren und verborgenen Sympathien und Antipathien ist daher auch die Grundlage der ärztlichen Kunst. Auch Paracelsus liefert grundlegende theoretische Beiträge; in seinem Buch über die Gebärmutter sagt er, daß es nicht zwei, sondern drei Welten gibt: »Die eine, Große, ist die ganze Welt«, auf der wir nur Sandkörner sind; die beiden anderen, kleinen Welten, »sind diejenigen des Mannes, »der höheren Kleinen Welt«, und der Frau, »der niedrigeren Kleinen Welt« (21, 36); so sieht sich die Frau an einem Wendepunkt der westlichen Ehegeschichte in eine minderwertige Stellung gedrängt.

Da der menschliche Leib an der großen Bewegung im Universum teilhatte, war seine Integrität unantastbar. »Ein äußeres und noch viel mehr ein inneres Eingreifen in diesen Mikrokosmos des Leibes bedeutete ein Eingreifen in ein transzendentes System von Formen« (54, 131). Die Eröffnung des Körpers zum Zwecke einer Operation oder Autopsie war eine Tollkühnheit, da man dabei die Organisation des Universums und die Macht des Schöpfers antastete. Die Geheimnisse des Leibes oder der Großen Welt erkunden zu wollen, galt als Sakrileg. Und doch war die Renaissance, wie das wiederauflebende Interesse an der Theorie des Mikrokosmos bezeugt, die Zeit des neuen Forscherdranges und Erkenntnishungers, die letztlich das ganze Gebäude des Wissens in seinen Grundfesten erschütterte. Zugleich mit der Erweiterung des Horizontes der bekannten Welt lernte der Mensch besser mit seinem Körper umzugehen. Das Analogiepaar Mikrokosmos-Makrokosmos geriet in den Sog einer dynamischen Bewegung, einer aufwärtsdrehenden Spirale. Die Entstehung eines anderen Körperbewußtseins hatte tiefgreifende Auswirkungen auf die Kosmologie des westlichen Menschen. Bis dahin sah man den menschlichen Leib als ein Bindeglied zwischen zwei Welten: Der himmlischen und der irdischen.

Der Leib als Bindeglied

Jahrhunderte- und jahrtausendelang erlebte sich der Mensch niemals getrennt von der ihn umgebenden Welt. Er war nur ein Teil der ständig sich ändernden und im Grunde ewig gleichbleibenden

Natur, in die er gestellt war. Der Leib wurde in seiner topographischen Realität erlebt: Das Obere, das Haupt, wurde zum Himmel gezogen, und das untere, die Genitalien und Eingeweide, zum Schoß von Mutter Erde, zur Hölle. Über seinen »unteren Leib«, seinen »grotesken Körper« trat der Mensch in eine »konstante Wechselbeziehung mit der Erde, die ihn im Wechsel verschlang und wieder hervorbrachte« (2, 366). Die Erde war sein Grab und sein Schoß zugleich. Unaufhörlich vernichtete und erneuerte sie das Leben.

Der Mensch betrachtete die Natur als Verlängerung seiner selbst; zwischen beiden gab es keine undurchdringliche Trennungslinie, die Übergänge waren fließend. Sein Leib war über seine Öffnungen, Gänge und Vorsprünge »zur Außenwelt hin geöffnet«: der Mund, die Genitalien, die Brüste, der Penis, der vorgewölbte Bauch, die Nase. Dieser Leib war mit der Welt, den Tieren und den Dingen verwoben: Es war ein kosmischer Leib.

Dieser Leib als Bindeglied zwischen zwei Welten besaß jedoch zwei konträre Aspekte. Er hatte durchaus Ähnlichkeit mit der »Venus von Lespugue«: einem angeschwollenen, aufgetriebenen und grotesk deformierten Frauenleib, der doch neues Leben in sich trägt als Doppelsymbol des künftigen Lebens und des nahenden Todes, als zwei Leiber in einem, »dem ersten, der Leben spendet und vergeht, und dem zweiten, der empfangen, getragen und zur Welt gebracht wird« (2, 35).

Das Bild des grotesken Leibes, das im mittelalterlichen Theater und im Werk von Rabelais zentral stand, war also ein wesentlich anderes als das Bild des Leibes, der »vollendet, fertig, zur Reife gelangt und im gewissen Sinne von allen bei Geburt und Wachstum sich bildenden Schlacken gereinigt ist«, wie es die Renaissance entwickelte. Es war ein Leib in Bewegung, ein sich verändernder Leib, der von Lebensströmen durchzogen war, »ein ewig unfertiger, ein ewig geschaffener und schaffender Leib« (2, 35).

Kapitel 2

Mädchen, Frau und Mutter

Wer ke Kinder het weiss net vorum 'r lebt.

Elsässisches Sprichwort

Keine der Pflichten, die die Natur Mann und Frau stellt, ist so unentrinnbar wie die Weitergabe des Lebens. Der Fortbestand der Art verpflichtet. Wenn ein Mädchen zum ersten Mal menstruiert, ist dies für sie ein glückliches Vorzeichen, denn »die roten Blüten der Monatsregel« tragen die Verheißung von Kindern an sich. Wenn die erste Regelblutung zu lange ausbleibt, gibt dies Anlaß zur Besorgnis, denn, wie ein französisches Sprichwort sagt: »Wer nicht blüht, wird keine Frucht tragen.«

Die Menstruation

Der weibliche Körper ist sehr stark kosmischen Einflüssen unterworfen; der »periodische Sturm« läßt erkennen, wie empfänglich er für die Rhythmen der »Großen Welt« ist. Sein innerer Haushalt gerät in Aufruhr und entledigt sich aller überflüssigen Stoffe, um wieder ins Gleichgewicht zu kommen.

Die »roten Blüten der Regelblutung«

Durch das periodische »Über-die-Ufer-treten« unterscheidet sich die Frau grundsätzlich vom Mann. Regelmäßig muß jedes Mädchen, jede Frau ihren Tribut entrichten; sie hat ihre »Periode«, ihre »Tage«, sie »steht in Blüte« wie man früher in Frankreich sagte. Die »Blüten« sind das Symbol schlechthin für ihre Fähigkeit, Kinder zu bekommen; dadurch wird aus dem Mädchen die künftige Mutter, und die »Blüten« kündigen an, daß sie Frucht tragen wird.

Wenn eine Frau sagt, daß sie ihre Monatsblutung hat, denkt sie vor allem an die Farbe der Ausscheidung, an den »roten Unterschied«.

Nichts ist so markant wie rotes Blut auf weißer Wäsche. Man sagte von einer Frau, die ihre Tage hatte, daß sie »zeichnet«, und in der Picardie hieß es im 19. Jahrhundert, daß sie »Spuren zieht«.

Sie lernte das Gesetz des Körpers kennen, wenn sie das befleckte Leintuch sah.

Das Rot war nicht nur das Symbol des Menstruationsblutes, sondern auch der Frau selbst. Das Rot wies auf ein anderes Rot hin, vor allem auf rote Erde. Im Südwesten Frankreichs wurde ein Zusammenhang zwischen ihrem Leib und der roten Erde der Rouergue hergestellt: Wenn sie menstruierte, sagte man von ihr nicht, daß sie »ihre Tage« hatte, sondern daß sie »aus Rodez kam«, der Hauptstadt des Gebietes Rouergue. Das Blaurot der Maulbeeren erinnerte ebenfalls an das Blut, das aus ihrem Schoß strömte, dem »Backofen« der Frau; in Minot-en-Châtillonnais gab es einen derben Ausdruck, der sich auf dieses »gegarte« Blut bezog: Dort sagte man für Unpäßlichsein »mit dem Hintern in der Weinsauce sitzen«.

Der Ausdruck »Regel« (les règles) wurde in Frankreich erst im 17. Jahrhundert allgemein üblich. Obwohl ursprünglich vermutlich aus der medizinischen Fachsprache stammend, fand das Wort bald Eingang in die Umgangssprache. Es weckt Assoziationen sowohl mit Regelmaß als auch mit Gleichgewicht. Eine regelmäßige Menstruation war ja Voraussetzung für ein gutes körperliches Gleichgewicht. Eine Frau konnte nur dann wirklich Frau werden – und in der damaligen Gesellschaft war das eben eine wirkliche Mutter –, wenn sie die »Regel« hatte. Diese Blutungen mußten ausreichend, durften aber auch nicht zu stark sein; wenn sich Unregelmäßigkeiten zeigten, nahm die Frau Zuflucht zu den »analogen« Arzneien, insbesondere Heilkräutern, um die Dinge wieder ins Lot zu bringen. Die Farbe der Pflanzen spielte bei dieser Heilweise eine wesentliche Rolle. So galt der rotstengelige Beifuß als probates Mittel gegen Gebärmutterblutungen, eignete sich aber andererseits auch dazu, die Regelblutung in Gang zu bringen. Die Ringelblume (calendula) verdankt ihren Ruf sowohl ihrem ausdauernden Blühen wie auch ihrem Geruch; man sagte, daß »die Pflanze einen Geruch verbreitet ähnlich demjenigen einer gesunden menstruierenden Frau« (33, 21). Manchmal suchte die Frau ihr Heil bei einem »Menstruationsstein«, der die Kraft besaß, die Regelblutung in Gang zu bringen, oder bei einer der Perlen einer Wunderkette.

Die Ärzte des 16. und 17. Jahrhunderts verordneten Mischungen, die nach Analogieprinzipien zusammengestellt waren, deren Sinn uns heute teilweise nicht mehr klar ist. Auf einem zur Zeit Ludwigs XIV. verfaßten Pergament aus der Gegend von Nantes finden sich die folgenden beiden Rezepte: »Um die Regelblutung bei Frauen in Gang zu setzen: Nimm eine Handvoll sorgfältig zerstoßener Hanfsamen und lasse diese mit einer Unze schönem weißem Zucker 24 Stunden in einem Schoppen Weißwein ziehen. Davon morgens auf nüchternen Magen ein großes Glas trinken; wenn sich nichts tut, dies an drei aufeinanderfolgenden Tagen wiederholen.«

»Um den Fluß bei Frauen aufzuhalten: Nimm von Granatapfelschalenpulver eine Drachme mit zwei Fingern Wegwartenwasser ein; nimm dazu einen Strang neues Garn, tauche ihn in recht starken Essig und lege ihn auf das Teil« (72, 413). Die enge Verwandtschaft zwischen Milch und Blut, die Sympathie zwischen Gebärmutter und Brüsten ist ein häufig wiederkehrendes Thema in den medizinischen Texten der Antike und des Mittelalters. »Wenn man die Regelblutung einer Frau stillen will, muß man ihr einen großen Schröpfkopf auf die Brüste setzen«, heißt ein Aphorismus, und ein anderer lautet:

»Wenn Milch aus den Brüsten einer Frau kommt, die weder schwanger noch im Wochenbett ist, dann ist dies ein Zeichen, daß ihre Regelblutung blockiert ist« (17, 453–457).

Die Muttermilch ist Menstruationsblut, das in die Brüste umgeleitet ist; es strömt durch verschiedene Adern:

»Durch deren verdauende Kraft schlägt seine Farbe von Rot in Weiß um, damit es in den Brüsten von gleicher Farbe ist, so wie der Chymus eine rote Farbe annimmt, wenn er vom Magen in die Leber wandert« (44, 59).

Man machte vielfältigen Gebrauch von der Signaturenheilkunde, häufig auch im Zusammenhang mit der Heiligenverehrung, denn die weiblichen Heiligen konnten den Unzulänglichkeiten der Natur abhelfen. Um 1820 war es in der Landschaft Perche üblich, daß Frauen, die an Unregelmäßigkeiten der monatlichen Reinigung litten, in der Kirche von Nogent-le-Rotrou an der Statue der hl. Venice ein rotes oder weißes Band befestigten; das weiße Band sollte verlangsamen, das rote stimulieren. Dies war durchaus kein Einzelfall, denn in Ceton im Departement Orne gab es ein identisches Bildnis, und »man sagte, wenn sich auf ihrem Gesicht eine zarte Rötung zeigte, soll das Gebet erhört worden sein« (42, 126). Die hl. Venice war eine der weiblichen Heiligen, die die Kirche nicht offiziell anerkannt hatte. Sie galt als die Frau, die Christus von langen Blutungen geheilt hatte; aus diesem Grund war sie in den Augen der Frauen die zuständige Heilige für die Behandlung von Unregelmäßigkeiten bei der Monatsblutung.

Noch bedeutungsreicher ist in diesem Zusammenhang die Wallfahrt zu Sainte Ylie (der hl. Eulalia) in Flacé-en-Mâconnais. Der Volkskundler Jeanton berichtet, daß junge Frauen und Mädchen im heiratsfähigen Alter gerne dorthin pilgerten; erstere legten ihren Brautkranz nieder, und die Mädchen »den Schleier ihrer Erstkommunion, in der Hoffnung ihre Tage zu bekommen«. Auch gaben sie rote oder weiße Bänder, die ein Wiedereinsetzen bzw. Aufhören der Periode bezwecken sollten. Die Erstkommunion, die früher erheblich später begangen wurde als heute, war ein für Mädchen besonders wichtiges Übergangsritual zur Adoleszenz, und die Anthropologin Yvonne Verdier sieht in der Absonderung vor der Kommunion das Äquivalent zu »der Periode der Abgeschiedenheit, die in zahllosen Gesellschaften typisches Merkmal der weiblichen Pubertätsriten ist«. Die Kommunion war indes eine symbolische Schwelle, die in Wirklichkeit nicht mit dem Zeitpunkt der Geschlechtsreife zusammenfiel, denn Mädchen bekommen nicht alle im gleichen Alter erstmals ihre Periode. Im übrigen hat sich der Zeitpunkt der Pubertät in den letzten beiden Jahrhunderten erheblich verschoben.

Die Menarche

Die seit der Mitte des 18. Jahrhunderts sorgfältig aufgezeichneten Beobachtungen von Ärzten und die statistischen Daten aus dem 19. Jahrhundert, die vor kurzem Edward Shorter untersucht hat, lassen erkennen, daß in Frankreich der durchschnittliche Zeitpunkt der Menarche von etwa dem sechzehnten Lebensjahr im Zeitraum zwischen 1750 und 1799 sich auf unter vierzehn Jahre im Zeitraum zwischen 1900 und 1950 verkürzt hat. Wann diese Veränderung genau eingesetzt hat, ist schwierig festzustellen – möglicherweise schon vor 1750. Seit dem Ende des 19. Jahrhunderts hat sich diese Verschiebung jedenfalls dank der quantitativ wie qualitativ verbesserten Ernährung noch beschleunigt.

Man glaubte lange Zeit, daß das Pubertätsalter durch ein warmes Klima gesenkt wird. Die »heißblütigeren« Mädchen aus dem Mittelmeergebiet oder aus Afrika sollten viel früher ihre Periode bekommen als die Mädchen aus den kühleren und feuchteren Ländern Nordeuropas. Dies alles stimmte sowohl mit der medizinischen Lehre von den Körpersäften wie auch der Klimatheorie überein. Auch hieß es, daß das Hormonsystem in der Stadt, in der freiere Sitten herrschten, rascher in Gang gesetzt wurde als auf dem flachen Land, jedoch gibt es hierfür keinen Beweis. Wenn es schon Unterschiede gab, dann waren diese in Wirklichkeit eher gesellschaftlicher Art und hingen auf diesem Wege mit der Ernährung zusammen. Nicht nur die Menarche, sondern auch das vorübergehende Ausbleiben der Menstruation war beeinflußt durch die Armut der am stärksten benachteiligten Klassen in der Stadt und auf dem Lande, sowie durch die jährlich stark schwankende landwirtschaftliche Gesamterzeugung, die die Menge der verfügbaren Nahrung bestimmte. Die Perioden der Amenorrhoe, die durch Hungersnot bedingt waren, hatten einen Einfluß auf die Fortpflanzung, der sich jedoch nur schwer quantitativ abschätzen läßt.

Es steht nicht fest, ob die Folgen der Ernährungsschwankungen sich auch am anderen Ende der fruchtbaren Phase auswirkten; die Menopause trat etwa um das fünfundvierzigste Lebensjahr ein, manchmal etwas später, jedoch war man allgemein davon überzeugt, daß bei fülligeren Frauen die Menstruation schon früher aufhörte: »Bei sehr dickleibigen Frauen hören die Blutungen früher auf; ihre Regel dauert nur bis zum fünfunddreißigsten Jahr. In jedem Fall bleiben diese Blutungen bei ihnen früher aus als bei anderen Frauen«, bemerkt Van Foreest.

Zweifellos glaubte man häufig, daß Korpulenz die Fruchtbarkeit behinderte. Man hatte ein negatives Bild von starkleibigen Mädchen und Frauen und sagte ihnen vielfach Unfruchtbarkeit nach: Weil sie schon dick waren, konnten sie keinen »dicken Bauch« mehr bekommen.

Viel mehr als heute war früher die Menstruation das entscheidende Barometer im Leben der Frau; mit der ersten Periode begann die Blütezeit ihres Körpers, mit der letzten trat sie plötzlich in die Lebensphase des Alters und damit in das Vorzimmer des Todes ein. Wenn die Frau ihre »Blüten« verloren hatte, verwelkte ihr Leib; »die Gebärmutter sowie die beiden Brüste schrumpfen langsam ein und werden so klein wie vor der Pubertät«, behauptete der im 16. Jahrhundert lebende Arzt Joubert. Der Leib hatte seinen Zyklus durchlaufen.

Ein Körper, der menstruiert, ist ein aktiver Körper. Die Unpäßlichkeit ist der Beweis eines intensiven inneren Lebens. Hört die Menstruation auf, dann ist es von diesem Augenblick an ein ausgeglichener, neutraler Körper.

DIE MUTTER ALLER DINGE

Menstruierende Frauen, gefährliche Frauen

Dem Menstruationsblut schreibt man allerlei schädliche Eigenschaften zu, »z. B. daß Fleisch verdirbt, Milch sauer wird, Saucen gerinnen, Melonen verkümmern, Brotteig nicht gehen will und Wein trübe wird« (46, 207). Alles, was eine menstruierende Frau berührt, ist beschmutzt und verdorben. Durch ihre bloße Anwesenheit drohen die Familienvorräte zu verderben, zumindest diejenigen Lebensmittel, die noch roh oder frisch sind. Während der kritischen Tage bleibt ihr daher auch der Zugang zu Speisekammer und Keller verwehrt. Ein solches Verbot gibt es überall in Europa; um 1920 darf in Westfrankreich keinesfalls eine menstruierende Frau mit dem Salzen von Butter und Schweinefleisch betraut werden. Zur gleichen Zeit schiebt man in der Braunschweiger Gegend das Schlachten eines Tieres auf, wenn eine Frau ihre Tage hat. In Nordfrankreich schärft man ihr ein, keinen Fuß über die Schwelle von Raffinerien zu setzen, wenn der Zucker kocht oder abkühlt, da er sonst schwarz werden würde...

Menstruationsblut ruft Verderbnis und Fäulnis hervor; seine auflösende Kraft »beschleunigt den natürlichen Zerfall und stört das häusliche Gleichgewicht«. »Dieses Blut versengt die Pflanzen: die Kräuter sterben davon, soviel ist klar«, sagt der Dichter Eustache Deschamps im 16. Jahrhundert. Es kann sogar den Tod eines Tieres verursachen, das etwas davon aufgenommen hat; zumindest führt es zur Tollwut: »Hunde werden auf der Stelle toll, wenn sie mit solchem Zeug in Berührung kommen.« Wenn in der Gegend um Limoges der Honig geerntet wird, darf keine menstruierende Frau in die Nähe des Bienenkorbs kommen, da sonst der Honig verdirbt und die Bienen sterben.

Durch diese Ausscheidung, diesen »Blutschweiß« und dessen Ausdünstungen wird der ganze Körper der Frau unrein; ihr Atem, aber auch ihr Blick und ihre Berührung haben außergewöhnlich schädliche Wirkung. In seiner *Naturalis Historia* berichtet Plinius, daß allein der Blick einer menstruierenden Frau genügt, einem Spiegel seinen Glanz zu nehmen oder ein Schwert stumpf zu machen, und daß Kupfer zu stinken anfängt und sich grün verfärbt, sobald sie es anfaßt...

Der »große biologische Sturm« der Menstruation macht die Frau zu einem gefährlichen und zugleich verletzlichen Wesen. Ihr Körper, der innerlich in heftigem Aufruhr ist, kann Wasser und insbesondere kaltes Wasser nicht vertragen, da dieses das Blut stocken läßt und den Blutstrom hemmt. Während ihrer »Tage« wäscht sich eine Frau also nicht und reinigt auch nicht das Hemd, das sie trägt und mit dem sie sich abtrocknet, da sie stets fürchtet, daß die Blutung dadurch heftiger oder langwieriger wird, denn es herrscht die Überzeugung, daß weiße Unterwäsche Blut anzieht.

Die »Stiefmutter« der Menstruation

Man war immer davon überzeugt, daß der Mond für die regelmäßig wiederkehrende Blutung der Frau und den Fortbestand der Art eine entscheidende Rolle spielte. Für Jacques Duval, einen Arzt aus dem Beginn des 17. Jahrhunderts, der noch stark unter dem Einfluß der alten Naturlehre stand, ist Vollmond für eine »fröhliche, gesunde, aufgeweckte Frau in guter Verfassung« der geeignetste Zeitpunkt, zu dem ihr Blut aus dem »menschlichen Garten« fließen kann, denn dann hat das Himmelslicht die kräftigste Wirkung auf den weiblichen Körper. Mädchen und junge Frauen haben wegen ihrer empfindlicheren und schwächeren Konstitution dünneres Blut und bekommen deshalb früher im Mondmonat ihre Regel, »ungefähr im ersten Viertel«. Ältere Frauen dagegen »haben einen verhärteten Leib, weshalb sie die kräftigen Strahlen dieses Himmelskörpers nicht so leicht aufnehmen«. Der Mond muß deshalb mindestens voll »und häufig sogar im letzten Viertel stehen«, bis das dickere Blut sich schließlich löst. Deshalb sagt das Sprichwort:

> La vieille lune purge les femmes agées
> En la nouvelle sont les jeunes purgées.

> Der alte Mond reinigt die alten Frauen,
> die jungen müssen auf den jungen Mond vertrauen.

Im Laufe des Jahres erscheint der Mond einige Male zum falschen Zeitpunkt. Am gefährlichsten ist der »rote Mond«, der gegen Ende April auftritt. Dann beginnt eine Periode von Frost und Kälte, eine plötzliche Rückkehr des Winters mitten im Frühling. Wie Menstruationsblut versengt er die Knospen und jungen Triebe, begünstigt aber das Legen der Hühner und die Milchleistung der Kühe. Der Mond hat also »seine Tage«, und der Tau im Mai, der die Pflanzen versengt, »soll das Menstruationsblut des Mondes darstellen«. Weil man von dem engen Zusammenhang zwischen den Mondphasen und den weiblichen Rhythmen überzeugt war, galt es daher als unklug, zur Zeit des roten Mondes in den Stand der Ehe zu treten; hieraus konnte nichts anderes als eine faule Frucht hervorgehen. Die Abneigung, im Mai zu heiraten, hängt letztlich mit der Angst zusammen, während dieser verschobenen Mondphasen ein Kind zu zeugen.

Armer »Rotschopf«

In Westeuropa war jahrhundertelang die Meinung verbreitet, daß Empfängnis während der Menstruation möglich war. Laurent Joubert berichtet, daß manche in den Muttermalen und Sommersprossen von Kindern den Beweis sahen, daß sie während der Periode ihrer Mutter gezeugt worden waren. Andere behaupteten, daß der Mann, der mit seiner Frau in der Zeit verkehrte, in der sie »besudelt und unrein« war, die Geburt eines leprösen Kindes zu verantworten hatte. Aus diesen populären Irrtümern, die Joubert, ein Arzt aus Montpellier, im 16. Jahrhundert an den Pranger stellte, geht zumindest hervor, daß man seit der Antike dem sexuellen Umgang mit Frauen während der Menstruation ablehnend gegenüberstand.

Aber mehr noch als das Kind mit Sommersprossen und Lepraflecken war es der »Rotschopf«, der rothaarige Nachkömmling, der bewies, wie wenig sich seine Eltern in der Zucht hatten. Das Bild des rothaarigen Kindes ist immer negativ. Der »Rotfuchs« ist Zielscheibe des Spotts. In der Champagne schilt man ihn »Klinkerkopf«, im Elsaß ist er »griserli blunt«, und anderswo hat er Karottenhaar. Er ist der lebende Beweis dafür, daß seine Eltern das sexuelle Verbot nicht beachtet haben, und deshalb ist er fortwährend dem Spott der anderen Kinder und der Erwachsenen im Dorf ausgeliefert. Da er aus Menstruationsblut geboren ist, dichtet man ihm allgemein schlechte Eigenschaften und böse Neigungen an. Er ist widerwärtig und gemein, und nach einer alten Redeweise aus dem Elsaß »darf man einem Menschen mit rotem Haar nicht vertrauen«. Man braucht ja nur an Judas zu denken mit seinem roten Haar und roten Bart...

Verachtung schlägt dem »roten Hund« entgegen, der unwiderruflich zum Bösen und zur Krankheit verurteilt ist; Kinderlieder gehen sogar so weit, ihm den Tod zu wünschen:

Roti Figür
Spring iwwer d'Mür
Brich Hals und Bein
Kumm nimmi heim!

Man kann sich vorstellen, mit welchem Mißtrauen gar die Rothaarige während ihrer Regelblutung betrachtet wurde. In ihr waren alle gefährlichen Eigenschaften vereinigt: Sie war eine Frau, sie war unrein, und sie war noch dazu ein »Menstruationskind«. Ihr feuerrotes Haar und ihr verdorbenes Blut weckten das Teuflische in ihr. Sie »hatte starken Geruch«, wie die Erde, die nach einem Regenschauer den scharfen Geruch der Fäulnis verbreitet. Ihr Einfluß auf »die Welt« war stets zu fürchten. Sie galt als wollüstig und leidenschaftlich; der »Gifthauch ihres Atems« verzögerte die Heilung von Wunden und erregte das Wöchnerinnenfieber bei denjenigen, die gerade niedergekommen waren. Wahrlich, eine solche Frau war eine Ausgestoßene.

Unfruchtbare Erde

Kinder zu bekommen ist ein uraltes und weltweites mystisches Bedürfnis. Rachel rief weinend zu Füßen ihres Mannes: »Gib mir Kinder, oder ich werde sterben!« Da die Frau die Erwartungen des Ehepaares und der Familie trägt, da sie den Samen empfängt und ihn bis zu dem Augenblick reifen läßt, zu dem schließlich das ausgewachsene Kind »zur Welt kommt«, gibt man meist nur ihr die Schuld, wenn Nachkommenschaft ausbleibt. Nach einigen Jahren wird die Verwandtschaft unruhig, stellt Fragen und bedrängt die noch junge Frau, eine Wallfahrt zu unternehmen und »das Nötige« zu tun. Die Umgebung kann allerdings noch viel unmenschlicher sein, denn Unfruchtbarkeit wird nicht nur als körperlicher Fehler betrachtet, sondern die Frau wird manchmal auch verdächtigt, widernatürliche Praktiken oder Hexerei zu betreiben.

Die Frau als Maulesel

Eine kinderlose Frau war die bevorzugte Zielscheibe von Erniedrigungen. »Sie ist ein Maulesel!«, hieß es verächtlich, und man stellte sie damit auf eine Stufe mit jenem Bastard, der dazu verurteilt ist, ohne Nachkommenschaft zu sterben. Und um dieses böse Schicksal abzuwenden, gab man ihr – Mauleselurin zu trinken. Auch die Tradition der Heiligenlegenden pflegt eine ähnliche Symbolsprache. Daß Geistliche, die aus Berufung unfruchtbar sind, weil sie das Keuschheitsgelübde abgelegt haben, sich zur Fortbewegung regelmäßig des Maultiers bedienen, das aus genetischen

Gründen unfruchtbar ist, ist gewiß kein Zufall. Wenn die Reliquie eines Heiligen an einen anderen Ort verbracht werden muß, geschieht dies stets mit Mauleseln. In der Legende vom heiligen Bertrand von Comminges wird berichtet, wie der Heilige eines Tages die Bewohner des Tales von Azun mit einem Bann belegte. Hatten seine Schäflein nicht auf schändlichste Weise ihren Spott mit ihm getrieben, indem sie den Schwanz seines Maulesels abschnitten? Der Zorn des Heiligen strafte diese Schmach in angemessener Weise: Fünf Jahre lang verloren die Bäume ihre Blüten, ohne Frucht zu tragen, verfaulte das Saatgut in der Erde und keimte nicht, waren die Weibchen der Tiere und die Frauen unfruchtbar ...

In Frankreich wurden die kinderlosen Frauen zwischen dem 15. und 18. Jahrhundert häufig auch »brehaigne« genannt; mit dem Ausdruck »baraine« oder »baraigne« bezeichnete man ab dem 12. Jahrhundert ein Stück Brachland, und im 19. Jahrhundert waren die Tierweibchen, die keine Jungen bekamen, »brehaignes«. So wurde das Wort vom Mittelalter bis in das 19. Jahrhundert zur Bezeichnung von Unfruchtbarkeit bei Mensch, Pflanze und Tier benutzt. In jeder ländlichen Gesellschaft werden die mentalen Strukturen vom Feldbauzyklus beeinflußt, der so sehr gestört werden kann, daß das Leben bedroht ist; eine Unterbrechung der Generationskette wird vom Familienstamm als Angriff auf den Fortbestand empfunden. Für junge Ehepaare ohne Kinder war dies eine kaum erträgliche Situation; sie fühlten sich schuldig, da sie nutzlos waren. Der Tod wird leichter akzeptiert, wenn man die Hoffnung hat, in seinen Kindern fortzuleben. Ein Mann und eine Frau ohne Kinder sind eine Abnormität: Sie sind gewissermaßen schon tot, weil sie keine Zukunft haben.

Da Unfruchtbarkeit als Schande, als Fluch empfunden wurde, versuchte man natürlich, diesen körperlichen Defekt frühzeitig festzustellen und zu beheben. Die Chroniken berichten nichts darüber, ob Mädchen nach Untersuchungen mit positivem Ergebnis in allen Fällen dazu verurteilt waren, unverheiratet zu bleiben; wir wissen allerdings, daß bei der Diagnose Urin häufig eine wichtige Rolle spielte, wie etwa folgendes Verfahren zeigt, das im 18. Jahrhundert angewandt wurde: »Um zu erfahren, ob eine Frau schwanger werden kann: Lasse sie an drei aneinanderfolgenden Tagen auf eine Malve urinieren; wenn diese eingeht, dann ist die Frau »brehaigne«; wenn die Pflanze wieder grün und lebendig emporkommt, dann kann sie schwanger werden.« Die Vorstellung, daß der Urin einer unfruchtbaren Frau alles, was damit in Berührung kommt, versengt, austrocknet und damit unfruchtbar macht, muß im Zusammenhang mit der inneren Natur dieser Frau gesehen werden: wie ein glühend heißer Wind, wie sengende Sonnenstrahlen verbrennt sie die Lebenskeime und vernichtet, was sie zur Reifung bringen sollte. Aber mehr noch als eine Störung der Lebensgeister betrachtete man die Unfruchtbarkeit als etwas Widersinniges und Ungehöriges; uralt und mächtig ist die Assoziation Weiblichkeit-Fruchtbarkeit ... In Sprachen wie dem Lateinischen und dem Deutschen sind die Namen von Bäumen, die Symbole der Fruchtbarkeit sind, in aller Regel weiblich, ebenso die Namen von Flüssen und allen »aktiven Kräften«: Die Nacht, die Sonne, die Wolke. Die unfruchtbare Frau stellt sich wider die Natur. Indem sie ihre Pflicht versäumt und die Unterbrechung der Generationenfolge verschuldet, versündigt sie sich am Werk des Schöpfers selbst.

Bevor es zu spät ist

Es gibt nur spärliche Quellen darüber, welchen Fruchtbarkeitsriten sich die Frauen auf dem Lande früher unterzogen. Hierfür ist insofern auch die Kirche verantwortlich, als sie alles daran gesetzt hat, diese Riten in Vergessenheit geraten zu lassen. Da man diese Praktiken verfolgte, wurde innerhalb der Kirche nur indirekt über sie gesprochen, damit sie nicht weiter Schule machen sollten. Wenn der Bischof bei seinen Pastoralvisiten oder der Pfarrer in einem Bericht über den Zustand seiner Pfarrei über bestimmte »abergläubische«, »unsittliche« oder »schamlose« Gebräuche seiner Schäflein sprach, dann geschah dies nur ganz verhüllt. Selbst die redseligsten Geistlichen, z. B. Abbé Thiers, zeigen sich in diesem Punkt äußerst zurückhaltend. Vor allem den Berichten der Geschichtskundler am Ende des 18. und zu Beginn des 19. Jahrhunderts und den Aufzeichnungen der Volkskundler haben wir eine gewisse Kenntnis dieser Riten zu verdanken, die u. a. die völlige oder teilweise Entblößung des Leibes, die Nachahmung des Geschlechtsaktes, Rutschpartien oder das Werfen von Stecknadeln beinhalteten. Allerdings ist die Kirche nicht die einzige Verantwortliche für dieses Totschweigen. Für die Dorfbewohner selbst gehörten die Fruchtbarkeitsriten zu den Dingen, über die man nicht sprach, zu den Worten und Gebärden, die zwar in irgendeiner Weise weitergegeben wurden, aber nie Gegenstand umfassender

Erörterung waren. Diese Riten bedeuteten ihnen zu viel, als daß sie leichtfertig mit ihnen umgegangen wären. Daß man in Berichten aus dem Ende des 19. Jahrhunderts dagegen Anzüglichkeiten und versteckte Andeutungen zuhauf findet, beweist nur eines: daß man zu dieser Zeit den uralten Gebräuchen und Überzeugungen bereits weniger Wert beimaß als ehedem.

Aber es waren nicht nur die unfruchtbaren Frauen, die Zuflucht zu Fruchtbarkeitsriten nahmen. Die Notwendigkeit, das Leben weiterzugeben und das Schreckbild der Unfruchtbarkeit waren so stark, daß es bare Selbstverständlichkeit war, allen Pflichten nachzukommen, auch wenn noch gar kein Anlaß zu der Befürchtung bestand, daß »die Natur der Nachkommenschaft nicht günstig gesinnt war«. Der Anteil der unverheiratet gebliebenen Männer und Frauen war in etwa gleich und betrug etwa zehn Prozent, jedoch war die ledige Frau mehr als der Mann ein Paria in der gesellschaftlichen Ordnung; ohne Mann und Kinder war sie zu einem Dasein am Rande der Gesellschaft verurteilt. »Sie hat Wurzeln geschlagen«, spottet man in der Bretagne und im Perche. »Sie ist hängengeblieben«, heißt es in der Gegend von Bordeaux.

In den fruchtbaren Jahren der Frau waren drei Zeitpunkte besonders wichtig, um sich der Nachkommenschaft zu vergewissern. Während der Adoleszenz begab sie sich auf die Suche nach einem Mann, und zwar weniger deshalb, weil sie nicht als Ledige ein Leben in Einsamkeit führen wollte, sondern vielmehr deshalb, weil ihr ein Leben ohne Nachkommenschaft unvorstellbar war. Wenn der Tag der Hochzeit gekommen war, mußte sie sich – teilweise zusammen mit ihrem Mann – bestimmten Gebräuchen unterwerfen, die eindeutig einen sexuellen Hintergrund haben. In den ersten Monaten danach lebte sie ständig in der Angst, keine Kinder bekommen zu können, und um zu vermeiden, daß sie dann in Verzweiflung wallfahren gehen mußte, war es wichtig, das Unglück so früh wie möglich abzuwenden.

Auf der Suche nach einem Mann

Auch wenn es dem Mädchen nicht zusteht, ihren künftigen Gemahl auszuwählen, möchte sie doch zweierlei gerne wissen: Wer wird es sein, und wann wird er kommen? Wahrsagerei ist überall verbreitet, und wenn auch die Praktiken von Gebiet zu Gebiet unterschiedlich sind, werden hierfür doch stets die gleichen Elemente eingesetzt, nämlich die Urstoffe, die für die Angehörigen einer Gemeinschaft von Bedeutung sind: Stein, Holz und fließendes Wasser.

Überall gebrauchten die Mädchen, die auf der Suche nach einem Ehemann waren, große oder kleine Steine, die jedoch nicht von beliebiger Form sein durften. Die »Glückssteine«, die die Mädchen von Le Pollet, einem Vorort von Boulogne-sur-Mer, am Strand suchten, waren weiß und hatten eine besondere Gestalt. Den Steinen wurde die Kraft zugeschrieben, den Mädchen in Zukunft Nachkommen zu geben, sie aus allen Gefahren zu erlösen und ihnen zu gegebener Zeit einen guten Mann zu besorgen.

Bei diesem Brauch, der mit dem Suchen von Glücksklee verwandt ist, wurde viel dem Zufall überlassen. Dies war nicht immer der Fall; bei manchen, an strenge Regeln gebundenen Ritualen wurde von der jungen Frau sogar körperliche Anstrengung verlangt. Im Dauphiné, in der Nähe von Alpe d'Huez, wo im vorigen Jahrhundert die Begegnung mit einem Sankt Nikolaus als günstiges Vorzeichen für eine bald bevorstehende Verheiratung galt, gingen die Mädchen im Juni nach der Schneeschmelze zu der hochgelegenen Kapelle von Brandes, die 1768 von zwei alten Jungfern erbaut worden war. Dort verrichteten sie, auf einem kantigen Stein in Form eines flachen Kegels knieend, ihr Gebet. Bei der Beschreibung, die der Volkskundler Pilot de Thorey hiervon gibt, betont er ausdrücklich, wie unbequem diese Haltung war: »Sie mußten beim Knien diesen Stein, dem sie die Kraft zuschrieben, ihnen einen Mann zu besorgen, zwischen ihren Knien eingeklemmt halten. Auf dem Wege zur Wallfahrtskapelle wählten die frömmsten unter ihnen sogar den spitzesten Stein, den sie finden konnten, und legten diesen zusammen mit ihrem Opfer der Heiligen zu Füßen« (50, 53).

Manchmal handelte es sich auch um einen größeren Stein, der von der Heiratskandidatin andere Fähigkeiten verlangte. In der Bretagne lag in der Nähe der Kapelle von Saint Eustache in Saint-Etienne-en-Coglès ein Felsbrocken mit Vertiefungen. Das Mädchen mußte auf diesen Felsen klettern und am höchsten Punkt aufrecht stehen, ohne das Gleichgewicht zu verlieren. Dieses Ritual fand in der Öffentlichkeit – was ungewöhnlich war – am Jahresfest der Errichtung der Kapelle statt.

Nicht immer war es ausreichend, den Gesetzen der Schwerkraft zu trotzen; manchmal mußte das Mädchen auch ihre Geschicklichkeit unter Beweis stellen. Im Jahre 1832 beschrieb der normandische Volkskundler Mangon de La Lande die Fruchtbarkeitsriten, denen sich die Mädchen aus der Gegend von Bayeux einige Zeit zuvor noch unterzogen hatten: »In der Hoffnung, schon bald mit den Wohltaten Hymens Bekanntschaft zu machen, legten die Jungfern noch vor kurzem ihre bescheidenen Münzen auf den Stein von Saint-Nicolas-de-La-Chesnaie, wobei sie sorgfältig ihre Finger auf das Loch hielten, das sie zuvor in die Mitte der Opfergabe machen mußten, damit diese alle notwendige Kraft bekam.«

In der Basse-Normandie, wo dieser Brauch früher ziemlich weit verbreitet gewesen zu sein scheint, wurde er noch um 1933 bei dem Menhir von Colombiers, etwa 15 km von Caen entfernt, gepflegt. Diese Beispiele lehren uns, daß ein durchbohrtes Geldstück zu verschiedenen Zwecken diente: Es ist ein Symbol des weiblichen Geschlechtsorgans, des Wunsches, durch die bevorstehende Heirat die Jungfernschaft zu verlieren, und der Hoffnung auf Nachkommen; bei den durchbohrten Steinen werden uns ähnliche Vorstellungen begegnen.

Um zu erfahren, wann die Hochzeit stattfinden würde, ließ man die Steine sprechen. Die jungen Leute, die in Orcival den »Weg des Grabes der Jungfrau« hinaufgingen, ließen einen Stein den Berg hinabrollen: »So oft der Stein aufsprang, so viele Jahre sollte es noch dauern, bis man heiratete« (52, 630). In der Bretagne opferten die Mädchen dem Megalithen; um 1820 stopften sie »Büschel rosa Wolle, die mit Flittergold umwickelt waren« in die Ritzen eines Dolmen bei Guérande, in der Hoffnung, dadurch innerhalb eines Jahres einen Verehrer zu finden. Bei den Menhiren von Long-Boël in der Normandie bestand derselbe Brauch, und zu Beginn des 20. Jahrhunderts steckte in fast jedem Loch und jeder Ritze des Menhirs von Pierre-Frite im Tal von Lunain (Departement Seine-et-Marne) ein Nagel oder zumindest eine Stecknadel, die von jungen Leuten aus der Gegend stammten, deren Hoffnung es war, dadurch bald einen Ehepartner zu finden.

Berichte aus dem Ende des 17. Jahrhunderts lassen erkennen, daß die Nadel bei Fruchtbarkeitsriten eine wichtige Rolle spielte. Im Laufe des 19. Jahrhunderts, als dieses Ritual an Bedeutung verlor, begnügte man sich damit, Nadeln in einen Spalt des geweihten Felsens zu legen oder auch auf eine Steinplatte, häufig einen alten Polierstein aus dem Neolithikum. Die Gewohnheit, die Nadeln darauf zu reiben, bestand noch verschiedenenorts, jedoch waren es häufiger die geschnitzten Statuen von Schutzheiligen, zu denen sich die heiratslustigen Mädchen getrieben fühlten.

Der Brauch, eine Nadel in ein Heiligenbild zu stechen, ist uralte, orakelhafte Praxis. Wie hätte ein Mädchen auf den Gedanken kommen können, sich diesem Brauch zu entziehen, wo doch soviel für ihre Zukunft auf dem Spiel stand? In einen Körper oder eine Nachbildung desselben zu stechen, ist überall und in den verschiedensten Bereichen üblich. Stechen um zu heilen, stechen, um jemandem durch Fernzauber oder Hexerei zu schaden, stechen, um den Tag der Hochzeit zu erfahren ... Hier ist die Nase, der Hals oder der Kopf das Ziel, dort ist es die Ferse oder das Bein. Immer aber ist es ein Wagnis, da die Art der Ausführung Einfluß auf das Ergebnis hat: Wenn falsch gestochen wird, dann rückt die heißersehnte Verbindung in weite Ferne.

Soll man in diesem Ritual ein »Gebet durch Zeichen« sehen, wie der Volkskundler Henri Gaidoz vorschlägt? Eine Art Memento: »Heilige, vergiß nicht mein«? Auch dem Ritual des Stechens muß man sicher phallische Bedeutung beimessen; daß die Nothelfer überwiegend männliche und nicht weibliche Heilige sind, ist kein Zufall. In der Bretagne werden Sankt Nikolaus, Sankt Christoph, Sankt Lorenz, Sankt Guénolé oder Sankt Gildas gestochen, während in Guimiliau Sankt Barbara das Ziel ist. Die im Laufe des 19. Jahrhunderts zunehmende Marienverehrung lenkt den Blick mehr auf die Gnaden, die die Mutter Gottes durch ihre Fürbitten erlangen kann; der Klerus achtet aber doch darauf, daß an ihrem Namensfest die Nadeln nur in das Kleid des verehrten Bildes gesteckt werden.

Wenn der Ritus vollzogen ist, hat der um Fürbitte angerufene Heilige seine Pflicht zu tun, denn wenn er versagt, ergeht es ihm übel; zu Beginn des Jahrhunderts zogen die Mädchen in einer Pfarrei im südfranzösischen Minervois nach jeder Hochzeit im Gänsemarsch an einer Statue des hl. Sicre vorbei, die im Portal der Kirche stand, und schwangen drohend ein kleines Beil:

Grand Saint Sicre, si au bout de l'an
Tu ne nous donnes pas un galant
Voilà pour t'entailler le flanc.

O heiliger Sankt Sicre, gib uns einen Mann
ist's übers Jahr noch nicht getan
geht's Dir mit diesem Beilchen dran.

Ähnlich verfuhren die Mädchen im Departement Ain, die den heiligen Blasius in die Pflicht nahmen und schworen, ihn in die Rhône zu werfen, wenn er nicht dafür sorgte, daß sie innerhalb eines Jahres unter die Haube kamen; von den heiligen Gattenbeschaffern wurde erwartet, daß sie ihrem Namen Ehre machten. Hinter diesem Bild des heiligen Schutzpatrons steigt dasjenige des Namensgebers auf, des mythischen Vorfahren, des Gründers und Erhalters der Gemeinschaft, den die Kirche recht und schlecht christianisiert hat.

Vor allem die Riten, die an heilkräftigen Quellen gepflegt wurden, bekam die Kirche nur schwierig in den Griff. Solche Quellen liegen an abgelegenen Talhängen, in Wäldchen verborgen und abseits der Straße, weshalb man dort in der Abgeschiedenheit ungestört seine Andacht verrichten kann; man kann dort Dinge sagen oder tun, die einen Bund besiegeln. Das Mädchen nimmt dort Verbindung mit den lebendigen Naturkräften auf. Das Wasser, das dort entsprechend der Jahreszeit schneller oder langsamer sprudelt, symbolisiert die Atmung der Erde. Indem sie andachtsvoll in dieses Wasser blickte und eine Nadel – früher einen Dorn – hineinwarf, fühlte sie sich eins mit der Erde, der Quelle aller Erneuerung. Wenn die Nadel wieder an die Oberfläche kam, dann sollte die Heirat nicht mehr fern sein; schlimm aber für das Mädchen, wenn die Nadel sofort unterging, denn dann war es noch lange nicht so weit!

Manchmal mußte man, um der Liebe zu begegnen, aus bestimmten Quellen trinken: der Quelle im Bergmassiv von Sainte-Baume in der Provence, von St. Abraham im Beaujolais, von St. Antonius im lothringischen Bussy-la-Côte. An anderen Orten mußte das Mädchen, um dem Ritus Wirkungskraft zu geben, ihren linken Fuß in das Wasser stecken. Bei der Quelle von Saint-Martin-aux-Tourailles in der Basse-Normandie mußte diese kultische Handlung mit einem Stoßgebet zum Apostel der Gallier verbunden werden. Daß dieses Gebet nur Makulatur ist, durchschauen wir indes leicht, denn in manchen Fällen ist die Vergöttlichung der Quelle unverkennbar. Man redet sogar mit diesen »sprechenden Quellen«. Das Mädchen, dessen Erwartungen enttäuscht wurden, kniet in Jussy in Morvan vor der Quelle nieder und spricht: »Ich bringe Dir mein Unglück, gib mir Dein Glück«, steht dann auf, dreht sich um und wirft eine kleine Münze, ein Stückchen Käse oder eine Nadel über ihre Schulter.

Fruchtbarkeitsriten, an denen auch die jungen Männer beteiligt sind, sind seltener. Sie werden meist erst dann vollzogen, wenn sich die Partner bereits gefunden haben. Dann wird eine richtige

Zeremonie abgehalten, um das Band zu besiegeln. Im vorigen Jahrhundert begaben sich Verlobte in Braye-lès-Pesnes in Haute-Saône zu Mariä Lichtmeß zu einer Quelle, wo sie sich Gebäck schenkten, das ihren jeweiligen Geschlechtsorganen nachgebildet war; nachdem sie sie in das Wasser der Quelle getaucht hatten, verzehrten sie sie bei einem symbolischen Mahl, womit die Verlobung vollzogen war. Bei den jungen Leuten aus Draché in der Touraine genügte es, sich mündlich durch das Loch in dem Stein, der das Symbol der Gemeinschaft war, das Treueversprechen zu geben.

Es empfahl sich, daß das Mädchen diese kultischen Handlungen bis zur Hochzeit regelmäßig wiederholte. In der Nähe von Cravant im Morvan besaß die Quelle bei der örtlichen Kapelle die Kraft, Mädchen fruchtbar zu machen; sie »kamen ein halbes Jahr vor dem Hochzeitstermin, um das Wasser zu trinken oder zur heiligen Jungfrau zu beten« (40, 105). Dann kam endlich der Hochzeitstag ...

»Die Braut ist in den Brunnen getreten«

Der Hochzeitstag war der günstigste Termin für Fruchtbarkeitsriten. Der genaue Zeitpunkt und die Form des Rituals konnten unterschiedlich sein. Immer aber erwartete sich das Paar davon Schutz und schöne Kinder. Während der Feier, bei der der Bund vor Gott und den Menschen besiegelt wurde, war dieser Schutz auch besonders nötig. Man fürchtete sich vor dem bösen Blick und den üblen Praktiken von Zauberern, die es auf die Potenz des jungen Mannes abgesehen hatten, indem sie sein Wams verknoteten oder ihn »banden«: Durch »Nestelknüpfen« oder »Binden« konnte man den Bräutigam schwächen, ihn impotent und die Verbindung unfruchtbar machen.

Die Geistlichkeit schritt unverzüglich gegen diejenigen ein, die sich finsterer Mächte bedienten, wobei sie nicht immer dagegen gefeit war, sich selbst gelegentlich bei der Wahl ihrer Mittel in Widerspruch zur Glaubenslehre zu setzen; so mußte der Bischof von Mende im Jahre 1650 bei einer Pastoralvisite in seiner Diözese zu seiner Entrüstung feststellen, daß ein älterer Priester Nestelknoten mit Hilfe von Praktiken unschädlich machte, die nach Ketzerei rochen.

Wenn eine Frau ihren Gemahl »lendenlahm« fand und ihn »losmachen« wollte, nahm sie gerne zu bestimmten Pflanzen Zuflucht, die die Fruchtbarkeit förderten und als wirksame Mittel gegen das

Binden galten, z. B. der »am 23. September bei Sonnenaufgang gepflückte Sonnentau« oder der Beifuß, der am 24. Juni zur gleichen Zeit gepflückt, »zusammen mit einer Mistel von der Eiche um den Hals« getragen wurde (16, 73). Aber auch die Hauswurz leistete gute Dienste.

Zu Beginn dieses Jahrhunderts war die Angst vor dem Nestelknüpfen auf dem flachen Land noch nicht völlig verschwunden, aber man hatte neue Mittel gefunden, um die Anschläge, die Unfruchtbarkeit herbeiführen sollten, scheitern zu lassen; nun spielten Getreidekörner eine wesentliche Rolle im Beschwörungsritual. Wenn in der Gegend von Bordeaux ein frisch vermähltes Paar nicht »gebunden« werden wollte, mußte die Frau, bevor sie zur Hochzeitsfeier ging, Hirse in ihre Schuhe streuen. Im Périgord tat sie sie in ihre rechte Tasche, um zu verhindern, daß die Kraft ihres Gemahls in der Hochzeitsnacht durch Zauberei dahinschwände. Anderenorts, wie etwa in der Provence, verlangte der Brauch, daß das Getreide in die Tasche des Mannes gesteckt wurde. Dem »Nestelknüpfer« konnte dann sein Anschlag nur noch gelingen, wenn er gewitzt genug war, alle Getreidekörner zu zählen, ohne sich zu irren ... Daß Getreide eine so wichtige Rolle beim Beschwörungsritual spielte, ist nicht erstaunlich, denn es war ja das Symbol der Fruchtbarkeit schlechthin und seit jeher fester Bestandteil des Hochzeitsrituals. Die heutige Sitte, Reis über das Brautpaar zu streuen, wenn es die Kirche verläßt, ist nur mehr die äußere Hülle eines Ritus, der noch bis zum Ende des 19. Jahrhunderts große symbolische Bedeutung hatte.

Meist galt das Getreideopfer nur der Frau. Die Früchte der Erde, die man über ihr Haupt streute oder die man ihr anbot, waren ein Sühneopfer. Alle Hochzeitsgäste, manchmal die ganze Dorfgemeinde, wünschten ihr, daß die Saat keimen möge und daß sie die »kostbaren Früchte der Ehe«, die ihr Schoß hervorbringen würde, ernten möge. Diese Verknüpfung der weiblichen Fruchtbarkeit mit den Früchten der Erde kommt exemplarisch in einem korsischen Ritual aus dem vorigen Jahrhundert zum Ausdruck. Nach der Feier, aber noch vor dem Hochzeitsmahl, schickten die Frauen die Männer und Kinder weg. Dann nahm jede von ihnen eine Handvoll Weizen, die sie über das Haupt der Braut streuten, wobei sie ein Lied sangen, in dem sie ihr wünschten, daß sie ohne Schmerzen männliche Nachkommen gebären sollte. Anschließend mußte sie auf einem Maß Weizen sitzen, so daß ihr Körper in Berührung mit dem Saatgut kam.

Bei dem Bestreuen mit Weizen, wie es um 1840 im Morvan üblich war, drückte man durch die Wahl der Getreidesorte entsprechend ihrer sexuellen Symbolik aus, ob man der Braut männliche oder weibliche Nachkommen wünschte. Runde Getreidekörner wie etwa von Hirse oder auch Kohlsamen bedeuteten Knaben, längliche, eingekerbte Getreidekörner wie von Roggen oder Hafer bedeuteten Mädchen.

In Lothringen und der Haute-Provence gab ein naher Verwandter die Weizenkörner der jungen Frau, die sie sofort über die Anwesenden ausstreute. Indem sie das Getreideopfer nicht für sich selbst behielt, brachte die junge Frau ihre Abhängigkeit von der Gemeinschaft zum Ausdruck. Sie zog Nutzen aus dem, was man ihr gab, und ließ davon wiederum die Anwesenden profitieren. Im Nivernais war in Luzy und Lormes das »apogne« oder »époigne« genannte Ritual mit einer ähnlichen Gebärde des Nehmens und Gebens verbunden. Braut und Bräutigam mußten einen herzhaften Bissen von einem mit Knoblauch und Hanf gefüllten Rundgebäck nehmen, das man ihnen angeboten hatte. Anschließend rauften sich die jungen Leute um die Kruste, »in der Hoffnung, als nächste zu heiraten«. Der Rest des Gebäcks ging an diejenigen, die später ihrerseits für den Fortbestand der Gruppe sorgen sollten (20, 123).

Die Riten, die die Fruchtbarkeit des Ehepaars fördern sollten, wurden während des Hochzeitsmahls vollzogen. Hiermit kam zum Ausdruck, daß Geselligkeit, Essen und Fortpflanzung eng zusammengehörten. Dieser Zusammenhang wurde auch durch die Fleischstücke bekräftigt, die man auswählte, um die Analogie zwischen Essen und Sexualität anzudeuten. Im Jahre 1897 reichte man in der Gegend von Gerzat in der Auvergne der Braut zwischen zwei Gängen das Endstück einer Hammelkeule oder das Zungenbein eines Geflügels, die sogenannten »Hörner«. Manchmal war die sexuelle Symbolik mit deutlichen Hinweisen auf das Kind gepaart: in Charbonnières-les-Vieilles sowie auch in der Gegend von Ambert und Le Puy-en-Velay gab man der jungen Frau eine Puppe in einem Holzschuh, ein vielsagendes Bild, das sowohl das Ende der Jungfernschaft als auch die Hoffnung auf ein Kind bezeichnete, wobei der Holzschuh für die erotischen Aspekte und die Fortpflanzungsfunktion der weiblichen Sexualität stand.

Manche Riten, denen man die junge Frau an ihrem Hochzeitstag unterzog, dienten dazu, ihre Jungfräulichkeit zu prüfen. In der Gegend von Soissons zog man nach dem Mahl gemeinsam zum »Brautstein«, den die Frischvermählte erklettern mußte. Sie setzte sich dann auf einen Holzschuh und »ließ sich die abschüssige Bahn hinabgleiten; je nach dem, ob sie links, rechts oder in der Mitte ankam, wurden Vorhersagen gemacht ..., und wenn der Schuh bei ihrer Ankunft unten brach, dann rief man: Sie hat ihren Schuh gebrochen!; der Ehemann wußte damit Bescheid« (22, 105). Das Brechen des Schuhs bedeutete, daß sie keine Jungfrau mehr war. Der Holzschuh war übrigens nicht das einzige Mittel, um den symbolischen Bruch oder Riß auszudrücken; im Armagnac führt man die »nobi« [Braut] am Tage nach der Hochzeit zum Brunnen, und auf dem Rückweg zerbrach man den Krug auf ihrem Kopf.

Häufig wurde auch der Mann in die Riten einbezogen, die sich bei den »Brautsteinen« abspielten und die dann »Bräutigamssteine« genannt wurden. Es handelte sich meist um alte Menhire, die etwas außerhalb des Dorfes und meist auf einem Hügel standen; durch die Bemühungen der Kirche im 17. und 18. Jahrhundert und die Aktivitäten von Steinbrechern war hiervon manchmal nur ein kleines Stück übriggeblieben, das dann, wie z. B. in Albepierre bei Murat, als Sockel für ein Kreuz diente. Es kam sogar vor, daß der Stein überhaupt beseitigt und durch ein Marienbild ersetzt wurde. Auf dem Plateau von Puy-de-Mouton in der Provence bildeten die Gäste einen Kreis, und das Brautpaar tanzte dreimal um das Bild, das an der Stelle des ehemaligen »Pierre-Fade« stand, »damit ihre Verbindung fruchtbar werde und die Milch der Frau reichlich flösse« (5, 189). Wenn der ursprüngliche Stein noch stand, tanzte man auf ihm.

In Poitou ging die Braut an ihrem Hochzeitstag immer zu einer bestimmten Quelle, wie etwa derjenigen der Roche-Rufin bei Pamproux, um ihren Fuß in das fruchtbarmachende Wasser zu tauchen; die Anwesenden zwangen die junge Frau, ihren Fuß ganz einzutauchen (bei solchen Riten ist immer ein gewisser Zwang vorhanden, wenn er auch nur symbolischer Art ist) und riefen:

La mariée a botté
Elle aura un drôle dans l'année!

Die Braut tritt in das Brünnelein
Über's Jahr hat sie ein Knäbelein! (67, 15)

Manchmal ging die Frau alleine um die Quelle herum oder sprang über den daraus fortfließenden Bach, wie z. B. an der Quelle von Saint-Arnaud-Tallende in der Auvergne, über deren Ritual und Bedeutung Van Gennep berichtet: »Die magische Kraft des Sprunges; die Braut zeigt ihre Beine; das Wasser ist das Symbol anderer Flüssigkeiten.« (70, 225) Gelegentlich mußten auch beide Eheleute über das Wasser gehen; sie mußten dann gemeinsam das kleine Wasserbassin vor der Quelle überschreiten. In Exoudon in Poitou war dies der Augenblick, in dem die Knaben und Mädchen aus dem Hochzeitsgefolge das Paar naßspritzten und versuchten, Wasser zwischen ihre Beine zu gießen.

In vielen Gegenden hielt man am Hochzeitstag das Ritual des weißen Huhns in Ehren. In der Frühe machten sich die Knaben, die »Geflügelhändler« genannt wurden, auf, um ein weißes Huhn zu stehlen, möglichst bei den Brauteltern, wie es der Brauch vorschrieb. Der arme Vogel wurde dann den ganzen Tag über an einer langen Stange durch die Straßen getragen. In den Vogesen und in Teilen von Berry wurden dazu noch die Flügel mit Bändern geschmückt, an denen man ab und zu zog, um das Tier kreischen zu lassen und um so zum Ausdruck zu bringen, daß die Braut den baldigen Verlust ihrer Jungfernschaft betrauerte. In der Tat diente das Ritual des Brauthuhns dazu, auf das Ende der Jungfernschaft und den Kinderwunsch aufmerksam zu machen. Am Abend nach der Hochzeit wurde das Huhn zu Tode mißhandelt: In der Marche schlug man mit ihm die Gäste, und in der Gegend von Bordeaux machten ihm Knaben bei einem öffentlichen Blindekuhspiel den Garaus.

Für die Neuvermählte wurde der Verlust der Jungfernschaft in gewisser Weise durch die Hoffnung auf eine ansehnliche Nachkommenschaft wettgemacht; in Berry wurde das Huhn während der Hochzeitsmesse zur Kirche gebracht, damit das Ehepaar viele Kinder bekam. Nachdem das Huhn umgebracht war, wurde es gebraten und den Frischvermählten am Bett serviert. In der Gegend um Castres kam es mit einem ebenfalls gestohlenen Kohlkopf, mit dem man es erschlagen hatte, in einen Topf. Bei diesen Ritualen waren Jungfräulichkeit und Fruchtbarkeit eng miteinander verbunden, weil der Kohl die künftige Nachkommenschaft symbolisierte.

Auch das Ausreißen des Hochzeitskohls wurde zu einer Zeremonie gemacht. In Anjou wurden am Morgen nach der Hochzeitsnacht alle Ochsen des Gehöfts vor den besten Wagen gespannt, und anschließend zog man gemeinsam zu einem Kohlfeld. Dort suchte man den schönsten und rundesten Kohl aus und hob rings um ihn einen Graben aus. Jeder half nach Kräften mit und tat, als ob er die schwerste Arbeit verrichtete, doch kam schließlich dem Ehemann die Ehre zu, den Kohl auszugraben. Die Gruppe hievte dann den Kohl mit Seilen und Hebezeug auf den Karren und führten ihn in Triumph zum Haus des Brautpaars, wo sich die Frauen über ihn hermachten. Wegen seiner Form ist der Kohlkopf eines der Symbole des fruchtbaren Schoßes geworden, der sich allmählich »Blatt für Blatt« rundet. So erklärt es sich, daß im vorigen Jahrhundert, als die strengen Moralvorstellungen alle körperlichen Vorgänge verschleierten, die mit der Geburt zu tun hatten, und die Kinder, die bis dahin aus einem Schoß geboren wurden, der an einen Kohl erinnerte, jetzt aus dem Kohl selbst kamen.

Kapitel 3

Wenn das Kind auf sich warten läßt

Das düstere Gefühl einer mythischen Verbundenheit mit dem Heimatboden.

MIRCEA ELIADE

Wenn sich eine junge Frau nach einigen Ehejahren Sorgen zu machen beginnt, weil sie noch keine Kinder hat, nimmt sie Zuflucht zu allerlei kultischen Handlungen bei heilkräftigen Quellen, heiligen alten Steinen oder heiligen Bäumen. Bei diesen Ritualen, die eine eindeutige sexuelle Komponente haben, ist immer irgendein Körperteil beteiligt, denn die Berührung mit den Urelementen der Natur ist von wesentlicher Bedeutung. Solche Verhaltensweisen verraten den Glauben an den mythischen Ursprung der Kinder.

Die Natur wachrütteln

Wenn auch das hölzerne oder steinerne Bild für die Dorfbewohner nicht die unmittelbare Entstehungsquelle ihrer Gemeinschaft war, so sahen sie darin doch das Medium, von dem die Lebenskräfte ausgingen. Über die Statue wandten sie sich mit ihren Bitten an die lebensspendenden Mächte der Natur und gliederten sich der kosmischen Zeit ein. Deshalb konnten nur die Urelemente, d. h. die Steine, die Bäume, das Wasser und der Wind – die Knochen, die Muskeln, das Blut und die tiefe Atmung von Mutter Erde – anhaltende Unfruchtbarkeit beenden, die als Störung der weiblichen Natur angesehen wurde. Durch einen intimen Kontakt mit dem mächtigen Leib der großen Erweckerin hoffte die Frau, etwas von ihrer unerschöpflichen Fruchtbarkeit mitgeteilt zu bekommen. Jedes Ritual zielte darauf ab, diese symbolische Übertragung zu fördern.

Wasser als Lebensquell

Wasser bedeutet Leben, und man weiß, welche Rolle dieses Element bei den Fruchtbarkeitsriten spielte, denen sich heiratslustige

Mädchen und Bräute am Tag der Hochzeit unterzogen. Man glaubte, daß Wasser die Hitze der Gebärmutter mäßigen oder umgekehrt eine schwache Gebärmutter gerade kräftigen könne, jedoch galt es auch als Träger von Lebenskeimen, die die Frau empfangen mußte. Die kinderlose Frau vollzog die rituellen Waschungen im »lebendigen Wasser« eines Flusses oder einer Quelle, denn vom »toten Wasser«, von Pfützen und Teichen hatte sie keine heilkräftige Wirkung zu erwarten.

Die Behandlung der Unfruchtbarkeit durch äußerliche Anwendung von Wasser war in Frankreich eher selten. In Spanien war dies anscheinend häufiger der Fall, insbesondere in Andalusien, was mit dem günstigeren Klima zusammenhängen dürfte. Es gab aber eine Reihe von Quellen, in denen unfruchtbare Frauen Sitzbäder nehmen konnten. In Plombières in den Vogesen, wo die Quelle an einem Felsen entsprang, stellte man Bänkchen mit einer speziellen Form so in die Strömung, daß das Wasser auf die weiblichen Organe geleitet wurde. Am häufigsten war jedoch das Ritual, bei dem eine bestimmte Menge Wasser aus einer Wunderquelle getrunken werden mußte. Die Flüssigkeit, die tief in einer Grotte aus der Wand sickerte, weckte Assoziationen mit der feuchten und dunklen Vagina der Großen Mutter.

Die Frauen bevorzugten eisenhaltige Quellen mit rötlichem Wasser als einer Art verdünntem Blut, das dem Schoß der Erde entsprang. Diese rostfarbenen Brunnen, die häufig mit einer fettigen, kohlensäurehaltigen Schicht bedeckt waren und einen starken Schwefelgeruch ausströmten, waren »Quellen des Lebens« und hatten den Ruf, Frauen und Tiere fruchtbar zu machen.

Den Baum umarmen

Der Baum war zu allen Zeiten ein Inspirationsquell für Mythen. Durch seine Wurzeln gehört er der chtonischen Welt an, der Welt des Todes, aus der er seine Lebenskraft bezieht. Sein Stamm ist ein mächtiges Symbol der Kraft und Ruhe. Mit seinem alljährlichen Laubwechsel ist der Baum das Urbild jeglichen Lebens: Der Blüte der Jugend, der Fülle der reifen Jahre, des Verdorrens im Alter und des Abbaus beim Nahen des Todes. Immer aber besteht die Erwartung einer neuen Blüte, eines unaufhörlichen Neubeginns.

Die Fruchtbarkeitsriten, bei denen Bäume eine wichtige Rolle spielten, waren zahllos und dienten stets dem Zweck, die Fruchtbildung zu begünstigen. Am Fackelsonntag (dem ersten Sonntag der Fastenzeit) ging man mit brennenden Fackeln unter den Bäumen umher. Man flehte sie um eine gute Ernte an; man drohte ihnen, schüttelte sie heftig und schlug auf sie ein. Es gab eine »Baumsprache«, der bei Vorzeichen und Träumen, bei der Suche nach einem Ehepartner und zum Zeitpunkt der Eheschließung große Bedeutung beigemessen wurde. Weit verbreitet war der Brauch, Maibäume zu pflanzen, auch in den Städten.

Das besondere Interesse der jungen Eheleute galt hohlen Bäumen; indem sie durch sie hindurchkrochen, drückten sie ihre Hoffnung auf eine fruchtbare Verbindung aus. Auch das Schütteln eines Baums zu einer bestimmten Zeit des Jahres brachte den Kinderwunsch zum Ausdruck. In der Champagne wurden am Weihnachtstag bestimmte Bäume rituell geschüttelt. Ein sehr intimes und anrührendes Bild des Wunsches, Kinder zu haben, war die weitverbreitete Gepflogenheit, einen Baum zu umarmen.

In der Regel war es nicht irgendein beliebiger Baum, dem diese Geste galt. Der auserwählte Baum zeichnete sich meist durch eine besondere Höhe, breit ausladende Zweige und einen mächtigen Stamm aus, aber auch seinen besonderen Standort; als Wahrzeichen an einer Wegkreuzung oder einer hochgelegenen Stelle war er Teil einer mythischen Geographie, die nur der örtlichen Bevölkerung vertraut war.

Rutschsteine, Reibesteine

Über die Jahrhunderte hin haben sich die Männer und Frauen mit ihrem Kinderwunsch an das erstarrte Universum der anorganischen Natur gewandt. Mehr noch als ein Baum schien ein aufgestellter Megalith oder eine umgestürzte Felsplatte der Zeit zu trotzen. Ein solcher Stein war beeindruckender als eine Quelle, denn seine eigentümlichen Falten, Ausbuchtungen, Löcher und Adern führten den Menschen in eine fremde und faszinierende Welt. Ein Schatz an uralten Überzeugungen, die niemals ganz durch jüngere Lehren verdrängt werden konnten, machte die Steine zu bevorzugten Objekten für Fruchtbarkeitsrituale.

Der derbe und »primitive« Brauch, sich an einem Stein hinabgleiten zu lassen, war zweifellos ein sehr alter Ritus. Dabei kletterten kinderlose Frauen auf einen glatten und abschüssigen Felsen; oben angelangt, schürzten sie Rock und Hemd, setzten sich mit dem bloßen Hintern auf den Stein und ließen sich nach unten gleiten. Aus Anstandsgründen, aber auch deshalb, weil der Ritus sonst wirkungslos geworden wäre, durfte kein Fremder das Ritual stören, das man als heilige Zeremonie sehen muß; die Frauen suchten hierfür die Einsamkeit, denn nur der Stein allein durfte davon wissen ... Vor dem Weggehen vergaßen sie nie, ein Stückchen Stoff oder ein Band auf dem Rutschstein zurückzulassen.

An »Rutschfelsen« war an der Ostseite der Vogesen kein Mangel. Der bekannteste von allen war die »Gailer Liss«, die mitten im Wald bei Niederbronn an den Hängen des Großen Wintersbergs lag. Dieser große Sandsteinblock war jahrhundertelang die beliebteste Zuflucht der unfruchtbaren Frauen des Elsaß. Er ist dort noch heute zu besichtigen: »An der Südostwand ist das Relief einer fast lebensgroßen sitzenden Frau mit bloßem Oberkörper ausgehauen, die ein Stück Stoff über ihre Beine drapiert hat. Mit ihren Händen, die stark beschädigt sind, hält sie auf den Knien eine Art Schale mit konzentrischen Kreisen, die als Symbol des weiblichen Fortpflanzungsapparates gedeutet werden. Diese Schale geht in eine breite Furche über, die unter den Resten der Arme hindurch zum Rand des Steins hin ausläuft. Eine weitere Rinne, die erheblich breiter und glatter ist, beweist, daß der Stein als Rutschbahn gedient hat.« (64, 4) Auch der Brauch, sich mit entblößtem Bauch oder Nabel an einem Stein zu reiben, war weit verbreitet. Menhire mit behauenen Flanken wiesen in entsprechender Höhe runde oder längliche Vorsprünge auf, die an den Phallus erinnerten; zu diesen Steinen, die von Menschenhand aufgerichtet wurden, aber der Erzählung nach aus der »Schürze« einer Fee gefallen waren, kamen die Frauen, um den Geschlechtsakt zu simulieren.

Durch das Rutschen und Reiben – Nachahmungen des Intimverkehrs – versuchten die Frauen, die Tätigkeit ihres Schoßes zu stimulieren. Nicht immer mußte aber die Frau in dieser Weise ihren Körper bewegen; bei bestimmten Riten mußte sie sich dem Stein überlassen und passiv bleiben. Sie legte sich dann auf den Megalithen und blieb dort eine oder mehrere Nächte. Dieser nächtliche Körperkontakt mit dem heiligen Stein war zweifellos die »primitive« Form des Inkubationsrituals, das im Mittelalter häufig auf dem Grab heiliger Männer ausgeführt wurde und von dem man sich Heilung des Leibes versprach.

Die Frau vertraute dabei gewissermaßen ihren Körper dem »warmen Stein« an, damit die geheimnisvolle Kraft des Steins die Hemmnisse wegnähme, die dem Kinderwunsch entgegenstanden, und die Befruchtung erleichtere.

Wasser und Steine, Wasser und Bäume, Steine und Bäume waren häufig zusammen Ziel von Fruchtbarkeitsritualen. Einige besondere Orte, an denen sogar alle drei dieser Urelemente vorhanden waren und wo man »ohne Vermittlung des Geistlichen direkt mit Gott in Kontakt tritt« wurden schon sehr früh von Paaren ohne Nachkommenschaft aufgesucht.

Fruchtbarkeitsstein, Menhir, angelehnt an die Kathedrale von Mans. Frauen, die gerne Kinder bekommen wollten, rieben mit dem Finger über die Einkerbungen des Steins.

Befruchtungsfördernde Kräuter

Wegen ihrer natürlichen Eigenschaften oder ihrer Symbolgestalt wird bestimmten Kräutern die Kraft zugeschrieben, die Befruchtung zu erleichtern. In guten wie in schlechten Jahren machen sich Pflanzen nützlich und liefern den Beweis für die unerschöpfliche Reproduktionskraft der Erde.

Der Volksglauben lastet die Unfruchtbarkeit meist einem ungesunden Temperament der Gebärmutter an. Ist sie zu heiß, dann verbrennt sie die keimende Frucht, wie eine sengende Sonne das Land ausdörrt und unfruchtbar macht. »Dieses Gebrechen ist häufig bei wollüstigen, unersättlichen Frauen zu finden ...«, meint der Arzt Primerose am Ende des 17. Jahrhunderts. Von warmen Bädern wird solchen Frauen nachdrücklich abgeraten, da sie davon nur noch leidenschaftlicher würden. Aber auch eine zu kalte Gebärmutter ist ungünstig, denn wie in einer zu feuchten, kalten Gegend kann der Same dort ebenfalls nicht keimen. Er verfault, oder die Frucht fällt unreif ab. In beiden Fällen ähnelt die Gebärmutter »in ihrer Sterilität einem Stück sandiger Erde, das keine Frucht hervorbringen kann« (55, 679).

Kräuter, die die Fähigkeit hatten, die Gebärmutter zu »temperieren«, waren bei den Frauen immer sehr beliebt. Wer keine Kinder bekommen konnte, verließ sich auf die guten Eigenschaften von Heilkräutern. Manche Pflanzen, die man in der Johannisnacht an einer Quelle, in der Nähe eines heiligen alten Steins oder auf einem Hügel sammelte, der die Grenze zwischen zwei Regionen oder Ländern bildete, besaßen fruchtbarmachende Kräfte, die schon sehr lange bekannt waren. Der weibliche Beifuß, das Kraut Artemisia, war eine von ihnen; er war, wie Walfridus Strabo sagt, »die Mutter aller Kräuter«. Er förderte aber nicht nur die Befruchtung, sondern man schrieb ihm auch die Eigenschaft zu, die Menstruation anzuregen, die Geburt zu erleichtern und Fehlgeburten zu verhindern.

Die Pflanze *Agnus castus* oder *Keuschlamm* stand ebenfalls im Ruf, die Empfängnis zu begünstigen; Autoren wie etwa Leo Africanus schrieben dieser Pflanze früher die Eigenschaft zu, »das männliche Glied zum Leben zu erwecken und den Beischlaf zu erleichtern«, und sie empfahlen, etwas davon unter das Essen zu mischen. Im 16. Jahrhundert behauptete man, daß Frauen schwanger würden, wenn sie den »bitteren, heißen« Saft der Pflanze tränken. *Agnus castus* konnte übrigens eine recht heimtückische Wirkung haben; es war eine gefährliche Pflanze, vor der sich Mädchen sehr hüten mußten: »Man versichert uns«, schrieb Leo Africanus, »daß, wenn man auf diese Wurzel uriniert, das Glied sich sofort aufrichtet und nicht wenige Mädchen nur deshalb, weil sie auf diese Wurzel urinierten, ihre Jungfräulichkeit verloren haben.«

Die Frauen gaben einen Auszug von allen »hitzigen Kräutern des Johannistages« in das Badewasser; andere flochten sie am Tag der Ernte zu Girlanden, die sie sich um den Leib schlangen. Diese Kräuter standen im Ruf, daß sie Frauen »fruchtbar machten oder ihnen ihre Fruchtbarkeit erhielten, auch wenn man sie nur auf den Kleidern trug«. Statt dieser mehr symbolischen Erwärmung der Gebärmutter hielten sich manche lieber an Kräutergetränke und Salben, oder aber an den Alraun.

Alraun ...

Wurzel und Kraut zugleich ist der Alraun. Der Name allein rief das Universum des Magischen auf den Plan. Als Pflanze mit Menschengestalt, legendärer Talisman und Hexenkraut war der Alraun in Westeuropa jahrhundertelang aus der Bilderwelt im Umkreis von Geburt und Leben nicht wegzudenken.

Der Alraun verdankt seinen Ruf vor allem seiner Gestalt; der dicke Wurzelstock ähnelt stark einer Kohlrübe, jedoch »gabelt er sich in der Mitte, so daß es aussieht, als ob er Schenkel hätte, wie Menschen« oder als ob er »einem Mann ohne Arme gleiche«. Über diesem behaarten »Rumpf« mit »Beinen« erheben sich große Blätter und, zur Zeit der Fruchtbildung, große Samenkapseln. Zweifellos repräsentiert diese Gestalt den menschlichen Körper, und man versteht, daß das analogische Denken schon seit dem Altertum dieser Pflanze außergewöhnliche Fähigkeiten zuschrieb. Manche glaubten, im Alraun ein menschliches Haupt zu erblicken. Er war der »Baum mit dem Menschengesicht«, »die Pflanze, die ein menschliches Antlitz hatte«, das »Adamshaupt«.

Wegen ihrer aphrodisischen, hypnotischen und narkotischen Eigenschaften war die Pflanze im Mittelalter fester Bestandteil von Liebestränken und Schlafmitteln. Sie war das »Kraut der Magier« oder das »Zauberkraut«. Die Goten gaben ihm den Namen *alruna*, womit sie sowohl die Pflanze selbst als auch eine Zauberin bezeichneten. Auch in dem vom lateinischen *mandragora* abgeleiteten altenglischen Namen *man-drake* (Drachenmann) drückte sich die Beziehung zwischen dem Unterirdischen und der Zauberkunst aus.

Mandragora. Kupferstich von Abraham Bosse aus dem 17. Jahrhundert.

In den Bergen in der Nähe des italienischen Pistoia nannte man ihn *herba mandragola, la maestra della stregoneria* (die Meisterin der Hexerei). In Frankreich war er *la fée Maglore,* die *mandragole,* die *mandagloire* oder auch *main de gloire.*

Die Symbolik seiner Gestalt und seine halluzinatorische Wirkung machten den Alraun zu einer mythischen Pflanze, die Teil zweier Welten war, der irdischen und der unterirdischen. In einer eigenartigen Synthese repräsentiert er aber auch die drei Lebensformen: er war Pflanze/Mensch/Tier; er war ein Wesen der Finsternis. Seine »menschliche« Natur überwog jedoch; weil es zwei Varianten gab, konnte man sogar zwischen einem männlichen-weißen und einem weiblichen-schwarzen Alraun unterscheiden.

Im 17. Jahrhundert glaubte man, daß das menschliche Äußere des Alrauns einen ungewöhnlichen Ursprung hatte: Die Pflanze wuchs aus dem Sperma eines gehängten Diebes, das auf die Erde tropfte. In den deutschsprachigen Ländern wurde der Alraun daher auch als »Galgenmännlein« bezeichnet.

Das Ritual des Ausziehens von Alraun aus der Erde verstärkte noch das Mythische des Pflanzenmenschen: Es war ein Stück Fleisch, das man aus der Erde riß, eine Geburt mit einem radikalen Kaiserschnitt, die mit einem furchtbaren Schrei endete. Die Gebrüder Grimm berichten in ihrer *Deutschen Mythologie:* »Es ist sehr gefährlich, ihn aus der Erde zu ziehen, denn wenn er ausgerissen ist, ächzt und stöhnt er und stößt so unerträgliche Schreie aus, daß derjenige, der ihn ausgegraben hat, auf der Stelle stirbt.«

Wenn er einmal herausgezogen war, wurde der Alraun als Götze verehrt; er wurde mit Rotwein gewaschen und anschließend in ein Kästchen gelegt. Jeden Freitag wurde der Alraun gebadet, und bei Neumond bekam er ein frisches weißes Hemdchen. Im 18. Jahrhundert glaubten die Bauern, daß »der Finder verpflichtet war, ihm etwas zu essen zu geben, ob es nun Brot, Fleisch oder etwas anderes war«. Dann brachte der Alraun seinem Herrn Reichtum und Glück, enthüllte die Geheimnisse der Zukunft und sorgte dafür, daß jegliche Unternehmung glückte.

Woher kommen die kleinen Kinder?

Durch den täglichen Umgang mit Tieren und die fehlende Privatsphäre im Hause wissen die jungen Leute auf dem Lande schon sehr früh über die Dinge des Lebens Bescheid. Sie sehen, wie sich die Tiere des Bauernhofs paaren, und es kommt niemand auf den Gedanken, das Schauspiel der tierischen Brunst vor ihnen zu verbergen. Täuschen wir uns aber nicht: Für die Landjugend lagen die

»Homunculus«. Aus der Spätantike stammt die Idee der Alchimisten, die durchsichtige Silhouette eines kleinen Menschen erzeugen zu können ... der Mythos vom »Kind aus dem Reagenzglas«. Gemälde von David Rychaert III., 17. Jahrhundert (Städtisches Reiss-Museum, Mannheim).

Geburt eines Menschen und die Geburt eines Tieres nicht auf derselben Ebene. Die Kinder wußten, daß Tiere ihre Jungen »machen«. Und doch glaubten sie ohne weiteres, daß die Eltern ihre Babys von einem geheimen Ort in der Umgebung holen. Das Geheimnis des Ursprungs des Lebens wirft für jeden, groß und klein, Fragen auf.

Bei vielen Völkern war der Schoß der Erde ein Schmelztiegel, aus dem alles hervorging: In Estland und Rußland glaubte man, daß der Mensch »aus der Erde« geboren wird, und in Mitteleuropa kam er aus der Tiefe, den Quellen und Teichen, den Höhlen und Felsspalten, oder auch aus Bäumen und Wäldern. In Legenden und Metaphern lebt in Deutschland, in den Vogesen und im Wallis der Glaube an den Ursprung der Kinder aus der Erde noch fort.

Kinderquellen oder -brunnen

Kinder kamen aus dem Wasser, aus einer abgelegenen oder in einem Wald verborgenen Quelle, die man durchaus kannte, aus einem sehr tiefen Brunnen, der »mit dem Schoß der Erde« verbunden war, oder aus einem einsamen Kolk oder See.

Im Norden und Osten Frankreichs und eigentlich in ganz West- und Mitteleuropa kannte man bis zur Jahrhundertwende Kinderquellen und -brunnen. Im Elsaß behaupteten die Mütter, daß sie ihre Babys aus einem solchen Kinderbrunnen holten, aus dem überhaupt alle Kinder der Dorfgemeinschaft kamen. Da diese Brunnen in bestimmten Teilen des Elsaß sehr häufig sind, muß man davon ausgehen, daß sich früher jedes Dorf mit seinem »Geburtsbrunnen« identifizierte. Es waren wirkliche heilige Brunnen.

Schilfgesäumte Teiche oder Seen, Wasserfälle oder Bäche waren ebenfalls Orte, an denen sich die ungeborenen Kinder aufhielten. Der Titisee in der Nähe von Freiburg war der See, von dem alle Kinder aus der Gegend herkamen.

Der »Mutterfelsen«

Im Inneren von Mutter Erde, jenem gewaltigen Brutofen, sind die Steine wie Embryonen, die unter dem Einfluß der Wärme allmählich umgewandelt werden. Die westeuropäischen Völker hegten dieses Bild einer sich unaufhörlich bewegenden Steinwelt. In einem Zeitraum von zwanzig bis dreißig Jahren ist die langsame Verwitterung eines Felsens durchaus feststellbar. Auch im 20. Jahrhundert gibt es noch Landbewohner, die davon überzeugt sind, daß Steine Leben haben. Es ist natürlich ein verlangsamtes, ein gedämpftes Leben, aber es ist Leben. Bestimmte Zeichen legen Zeugnis davon ab, daß die Steine, die seit Menschengedenken bestehen, ein geheimnisvolles Leben führen.

Der Landmann, der seinen Acker bestellt, sieht, daß immer wieder Steine nach oben kommen, daß eine Kraft sie unwiderstehlich nach oben treibt, denn jedes Jahr fördert sein Pflug wieder neue Steine zutage. Neben diesen gewöhnlichen Steinen, die den Beweis für die Lebenskraft des Unterirdischen lieferten, gab es noch Steine von ungleich größerer Bedeutung. Die menschliche Gestalt mancher Sandstein- oder Granitblöcke auf einer Hügelkuppe oder einem abgelegenen Hang ließ die Menschen aus der Umgebung nicht unbeeindruckt.

Die Überlieferung will, daß diese Steine von Feen an ihren Platz gesetzt wurden, daß sie jedes Jahr an Umfang zunehmen, und daß einige von ihnen sogar sprechen. Sie sind grau oder häufiger rot und liegen manchmal bei einer Quelle mit eisenhaltigem, rötlichem Wasser, das gut sein soll gegen rheumatische Erkrankungen und Rachitis bei Kleinkindern. In Irland sondert Lia Fâil, der »Stein von Fâil«, Milch ab, wenn eine Frau zu ihm kommt, die Mutter werden wird. Wenn die Frau aber unfruchtbar bleiben muß, dann tritt Blut aus: Die Knochen und das Blut der Erde.

Die Verehrung, die die Dorfbewohner dem »Kinderstein« entgegenbrachten, war zweifellos eine Folge der Überzeugung, daß sie alle aus ihm hervorgegangen waren. Man behauptete, daß der trächtige Stein für die Kinder sorgte, die er in seinem Bauch trug, und daß er sie jeden Tag zum Bach brachte, um sie trinken zu lassen; wenn eines von ihnen »gar« war, kam eine Frau (die Hebamme?) und holte es gegen entsprechenden Lohn für die Familie ab, bei der es erwartet wurde.

Es scheint, daß die Mehrzahl dieser »Gebärmuttersteine« gleichzeitig auch als »Heiratsstein« für die Jugend, als »Rutschstein« für kinderlose Frauen und als »Heilstein« für zurückgebliebene oder nicht ausgewachsene Kinder diente. Die Steine, die man auch aufsuchte, um eine gute Fruchtbildung bei den Gewächsen und Vermehrung des Viehbestandes zu sichern, sorgten dafür, daß der Kreislauf nicht unterbrochen wurde und die Arten erhalten blieben. Alle Gebräuche konzentrierten sich um diesen magischen Stein als einem Bündel von Lebenskräften.

Durch den Stein konnte man mit der Welt der Ahnen Kontakt aufnehmen. Er bildete die Verbindung zwischen zwei komplementären Reichen, demjenigen der Lebenden auf der Erde und demjenigen der toten und noch ungeborenen Kinder unter der Erde, wie das Ritual belegt, das bei den »durchbohrten Steinen« vollzogen wurde.

Die »durchbohrten Steine« waren meist an abgelegenen Orten, inmitten der Felder oder in unzugänglichen Heide- oder Waldgebieten an der Grenze zwischen verschiedenen Gemeinschaften zu finden. Fast immer waren es Grenzsteine, »Markpfähle«, »Grenzsäulen«, »Bannpfähle« oder »Gemarkungssteine«, aufrechtstehende, quadratische oder rechteckige Blöcke von eineinhalb mal zwei Metern Größe mit einer Dicke von zwanzig bis vierzig Zentimetern, in die ein annähernd ovales Loch von zwanzig bis fünfundzwanzig Zentimetern Höhe und dreißig bis vierzig Zentimetern

Stein des Lebens und der Wiedergeburt. »*Der durchbohrte Stein*« *in Courgenay bei Porrentruy (Schweiz). Romantische Lithografie aus der Werkstatt Engelmann nach einem Entwurf des Baron Taylor, 1825.*

Breite gebohrt war. Von den durchbohrten Steinen, die es an zahlreichen Orten Westeuropas gegeben haben muß, sind heute nur mehr wenige Exemplare erhalten, die über ein Gebiet von der französisch-schweizerischen Grenze bis zur Bretagne und in Irland verstreut sind.

Wenn ein Kind geboren war, brachten es die Eltern zum durchbohrten Stein und zogen es durch das Loch. Dieses Übergangsritual, diese »Taufe durch den Stein« wiederholte die Geburt und hatte eine dreifache Funktion. Der Stein mußte dafür sorgen, daß das Kind körperlich unversehrt und wohlgestalt war. Auch mußte er das Neugeborene vor der ständigen Gefahr bösen Zaubers schützen. Das Durch-das-Loch-Ziehen war schließlich auch das Ritual der Anerkennung, der Einwilligung durch diejenigen, die nicht mehr waren: Die Sozialisierung des Kindes war undenkbar, ohne daß es in der Öffentlichkeit dem Stein der Ahnen gezeigt wurde. Dort fand die Verbindung zwischen den Generationen, dem Heute und dem Gestern, physischen Ausdruck. Innerhalb dieser Kosmologie war es die Aufgabe der Eltern, dieses Band zu bekräftigen und die Überlieferung fortzuführen.

Im kollektiven Gedächtnis hat sich lange Zeit die Vorstellung gehalten, daß die »durchbohrten Steine« Gräber, »Pforten des Todes« waren; dies rundet das Bild einer mächtigen Kette zwischen den Angehörigen desselben Geschlechts oder derselben Gemeinschaft ab, des engen Zusammenhanges zwischen zwei Welten, die deshalb eine einzige waren.

Kapitel 4

Der Lebenszyklus

»War«, »ist« und »wird sein« sind Aspekte einer Zeit, die die Ewigkeit nachahmt und nach dem Gesetz der Zahl umläuft.

PLATON, Timaios

Die »durchbohrten Steine« und die Grotten oder Höhlen spielten eine wesentliche Rolle bei den beiden großen Schwellenereignissen im Dasein, der Geburt und dem Tod. Niemand in der Gemeinschaft zweifelte daran, daß er von diesen Steinen oder Höhlen herstammte und eines Tages durch den Tod dorthin zurückkehren würde. Noch im 18. Jahrhundert, als es schon längst üblich war, die Toten auf dem Pfarrfriedhof zu bestatten, war die Erinnerung an den alten Bestattungsplatz beim Stein oder in der Grotte nicht völlig verblaßt. So drückte sich am Stein ein Lebensbewußtsein aus, das bis zum 19. Jahrhundert typisch war für die Mehrzahl der westeuropäischen ländlichen Gemeinschaften, ein Lebensbewußtsein, das untrennbar verbunden war mit dem Bewußtsein des Todes und mit ihm eine Einheit bildete. Es war das Bewußtsein eines Zyklus, in dem eins aus dem anderen hervorgeht, in dem das Leben mit dem Tod endet, einem Tod, der umso leichter zu akzeptieren ist, als es kein »wirklicher Tod« ist und als man nicht im Nichts verschwindet, weil aus dem Tod ja wieder neues Leben geboren wird.

Der Lebensbogen

Man kann sich das menschliche Leben als einen längeren oder kürzeren, mehr oder weniger dauerhaften Lebensbogen vorstellen, den der einzelne auf seiner Erdenreise zurücklegt.

Geboren zu werden heißt, aus dem Dunkel ans Licht zu treten. Daß die alte Kosmologie Mitte des 17. Jahrhunderts noch immer die Wissenschaft beeinflußte, zeigt u. a. eine eigentümliche Darstellung in einer Abhandlung mit dem Titel *De nutritione foetus in utero paradoxa*, die der Leibarzt der Königin von Polen, Jean

Frontispiz von Frans Allen aus der Abhandlung »De nutritione foetus in utero paradoxa«, von Jean-Claude de La Courvée, Danzig 1655.

Claude de La Courvée, 1655 in Danzig veröffentlichte. Der Schöpfer des Frontispizes, der holländische Künstler Frans Allen, hat seinen Stich in drei horizontale Ebenen gegliedert. Oben befindet sich der Titel, flankiert von zwei Seraphim. Die mittlere Ebene zeigt einen Himmel mit Wolken, durch den ein von zwei Tauben gezogener und von einem Cupido gelenkter Wagen fährt, links und rechts sieht man einen von der Sonne bestrahlten Vogel (einen Phoenix?), zweifellos eine Allegorie des unaufhörlichen Wechsels von Tag und Nacht und des Fliehens der Zeit. Unter dieser Szene ist zu lesen *Ubicumque* (Überall). Im unteren Drittel des Stichs ist die Erdoberfläche in Halbdunkel gehüllt. Ein schlafendes Kind in Embryohaltung scheint noch eins zu sein mit dem Felsblock, an den es gelehnt ist. Unweit des Kindes zeichnen sich die Umrisse eines mit Blumen bedeckten Hügels ab. Darunter steht geschrieben *Qui quasi flos egregitur,* »der wie eine Blume hervorkommt«. Das Kind kommt, wie alles, das ins Leben tritt, aus dem Dunkel des Unterirdischen, um seinen irdischen Zyklus zu durchlaufen.

Dieses Thema war im 17. Jahrhundert recht beliebt. Wir finden es u. a. auch auf dem Titelblatt des zweiten Drucks eines geburtshilflichen Handbuchs von Hendrik van Roonhuyse, das 1672 erschien (60). Im Vordergrund scheint ein von Blumen umgebener Fetus aus einem in Dunkel gehüllten Schacht herauszukommen. Den Hintergrund bilden Berge. Zu beiden Seiten der Szene stehen zwei Frauen mit geöffnetem Leib (von denen eine schwanger ist). Durch die Umhüllung, von der sich das Kind zu befreien sucht, verlaufen Blutgefäße, wie um dadurch die »Nahrung« des Kindes, seinen Mutterkuchen anzudeuten.

Man kann solche Darstellung des neugeborenen Kindes, das aus der Muttererde kommt, vergleichen mit der häufig auf Pfennigdrucken zu findenden »Lebenstreppe«. Vom 15. bis zum Ende des 19. Jahrhunderts erfreut sich dieses Thema in allen europäischen Ländern großer Beliebtheit. Die erste Abbildung dieser Art wurde 1474 in Basel gedruckt, und seit 1482 waren in den deutschsprachigen Ländern farbige Stiche davon in Umlauf. Ihr schematischer Aufbau ist bekannt: Die Lebensbahn ist in Treppenstufen unterteilt, die zuerst nach oben und dann wieder nach unten führen – ein Bild des Lebens selbst. Jede Stufe steht für ein Jahrzehnt, und auf jeder Ebene steht ein Mann, eine Frau oder ein Ehepaar, symbolische Tiere oder Pflanzen oder Sinnsprüche. Was hierbei jedoch auffällt, ist das völlige Fehlen von unterirdischem Leben. Die Lebensbahn wird nur in seltenen Ausnahmen im Unterirdischen fortgesetzt. Ein Unterbau, die Andeutung eines Fundaments macht es den Menschen sogar unmöglich, in irgendeine Beziehung mit dem dunklen Schoß von Mutter Erde zu treten, wie wenn man dadurch zum Ausdruck bringen wollte, daß sich das Leben im

DIE MUTTER ALLER DINGE

Die Lebenstreppe der Frau. Kupferstich, herausgegeben von Gerhardt Altzenbach aus »Deutsches Leben« um 1650.

Himmel und auf der Erde abspielt, nicht aber darunter. In diesen Drucken spiegelt sich eine neue, in den Städten entstandene Lebensauffassung.

Jahreszeiten, Lebenszeiten

Der Kreislauf des menschlichen Lebens entspricht dem Kreislauf des Kalenderjahres. In der ländlichen Gesellschaft ist der kurze Zyklus des Erntejahres in der Tat eine Art Kurzfassung des Menschenlebens. Zwischen Frühjahr und Winter erlebt der Dorfbewohner, wie die Pflanzenknospen schwellen, die Blüten sich öffnen, das Laub sich färbt und die Zweige stärker werden. Dann wird er Zeuge der Fruchtbildung und des Laubfalls und schließlich des langen Todeskampfes der Gewächse. In Entsprechung hierzu, wenn auch in zeitlicher Dehnung, »kommen die Kräfte seines eigenen Leibes in einer kraftvollen Jugend zur Entfaltung und nehmen wieder ab, wenn er die Höhe des Erwachsenenalters überschritten hat, bis ihn schließlich der Tod ereilt, der Tod, gegen den »kein Kraut gewachsen« ist (3, 76).

DER LEBENSZYKLUS

Kindheit, Jugend, Erwachsenenalter und Alter des Menschen wie der Natur bilden eine lange Spirale fortwährender Erneuerung. Die Verknüpfung von Tag und Nacht, der Kreislauf der Jahreszeiten, die Aufeinanderfolge von Lebenszyklen – alles ist Teil des großen Räderwerks des Universums, der gewaltigen Jakobsleiter von unauflöslich miteinander verbundenen Kettengliedern.

Wegen seines Symbolgehalts war Mariä Lichtmeß (2. Februar) ein bedeutender Höhepunkt des Jahres. An diesem Tag wurde das Fest der Reinigung der Jungfrau Maria gefeiert, das Ende der vierzig Tage dauernden Absonderung nach der Geburt Jesu. Für die Bauern war dies aber vor allem das Ende des Winters, der Nacht, der Beginn des Frühlings, eines neuen Arbeitsjahres auf dem Felde, während die Natur allmählich wieder zum Leben erwachte. Die Kerze, die jede Familie aus diesem Anlaß weihen ließ, symbolisierte das wiederkehrende Licht. Im gesamten christlichen Westen wurde zumindest seit dem 17. Jahrhundert ihre Schutzkraft geschätzt. Die geweihte Kerze sollte die Nachtdämonen und drohendes Unwetter vertreiben. Sie sollte vor allem schwierige »Übergänge« erleichtern und war Trost der Kreißenden und Sterbenden.

Auch das Jahr selbst hatte seine eigene Entsprechung im Kleinen, da nämlich jeder Tag der »kleinen Monate« zwischen Weihnachten und dem Dreikönigstag für einen bestimmten Monat des darauffolgenden Jahres stand, und aus diesem Grund eignete sich diese Zeit besonders gut für die Divination. Im Jahre 1850 versuchten die schwangeren Frauen von Illzach im Elsaß in diesen Tagen eine Antwort auf die Ängste zu finden, die sie quälten: »Wenn drei Tage nach Weihnachten die Sonne noch scheint und ein Kind stirbt, werden ihm im nächsten Jahr noch viele folgen«, hieß es.

Diese Weihnachtszeit, die heiligste der Quatember, war auch die Zeit der »Wilden Jagd«, die in einem rasenden Reigen diejenigen mitnahm, die vorzeitig gestorben waren, deren Lebenslauf jäh abgebrochen wurde, weil sie ermordet wurden oder im Kampf gefallen waren, durch Krankheit oder Unfall hinweggerafft, »bevor ihre Zeit erfüllt war«. Unter diesen unschuldigen Opfern befanden sich auch die Kleinsten: Die Neugeborenen, die gestorben waren, kaum daß sie das Licht der Welt erblickt hatten. In den deutschsprachigen Ländern hat das Heer der umherziehenden Toten, angeführt vom Trio Freyja-Fro-Holda (vor allem der

Letztgenannten, die sowohl die Göttin der toten Seelen als auch der noch ungeborenen Kinder war) die Bevölkerung jahrhundertelang in Angst und Schrecken versetzt: Die zu früh Gestorbenen störten die Aufeinanderfolge der Generationen und unterbrachen den natürlichen Zyklus, dessen Gesetz lautete, daß die Kinder an die Stelle ihrer verstorbenen Vorfahren traten.

Bekommen und Empfangen

Die Kosmologie der Natur und die Fruchtbarkeitsriten ergeben das – für uns – überraschende Bild, daß sich die Frau auf die Suche nach einem Kind begibt. Die Vorstellung, die die Landbevölkerung jahrhundertelang vom Ursprung der Saat und den Umständen seiner Keimung hatte, legten den Schwerpunkt vor allem auf die Rolle der Frau. Die Empfängnis fand gewissermaßen in zwei Phasen statt: Die Frau setzte zuerst ihren Leib den Kräften der Natur aus, woraufhin die Paarung erfolgte, die in gewisser Weise den Nachkömmling »vermenschlichen« und »familiarisieren« sollte. Indem die Frau zur heilkräftigen Quelle oder zum heiligen Stein oder Baum ging, versuchte sie, die Essenz, die Anfangsgründe des Kindes, jenen menschlichen Keim aufzufangen, den die Natur verborgen hielt.

»Der Garten des Menschengeschlechtes«

Der Leib der Frau war wie ein Feld, ein Acker, der sich öffnete, um den Keim des Kindes zu empfangen. Er war der »Pflanzgarten des Menschengeschlechtes«, in den geheimnisvolle Kräfte den Samen einbrachten. Eine Frau wurde Mutter durch die direkte Einpflanzung des Kindes in ihren Schoß. Wenn sie den Keim aus dem Schoß der Erde empfing, ließ sie ihn in ihren eigenen Schoß eintreten, der diesem menschliche Form geben sollte. Bis dahin war der Mann noch gar nicht in Erscheinung getreten. Natürlich sah man durchaus einen Zusammenhang zwischen dem Liebesakt und der Befruchtung, jedoch verkannte man die biologischen Ursachen der Empfängnis. Ohne Vater ging es zwar nicht, jedoch kam er erst an zweiter Stelle: Er half bei der Fixierung des Keims, den er anschließend »bearbeitete«, indem er seine Frau während der Schwangerschaft weiterhin »erkannte«, und es war gewiß, daß er dadurch dem Kind seine familiäre Prägung gab. Die Frau selbst war nicht mehr als Trägerin, der Nährboden, die Keimschale des Fetus. Allerdings war sie mehr Mutter als der Vater Vater war, weil sie durch »Bereitstellung« ihres Leibes dem Embryo die Möglichkeit gab, sich zu entwickeln und zur Welt zu kommen. Letztendlich aber war es doch die Frage, ob die Menschen nicht eher die Kinder ihres Landes, des Bodens ihres Vorfahren als diejenigen ihrer eigenen Eltern waren ...

Auch als diese Vorstellungen über den Ursprung des Lebens zu versinken begannen und immer mehr von dem Gedanken verdrängt wurden, daß Mann und Frau die alleinigen biologischen Erzeuger sind, blieb diese alte Auffassung vom Ursprung des Lebens bis Mitte des 19. Jahrhunderts bestimmend für viele Verhaltensformen der westeuropäischen Landbevölkerung. Daher wird auch verständlich, warum dem Ritual der »Couvade« so große Bedeutung zukam, dem Männerkindbett, nach dem Beischlaf und der Formung *intra utero* der letzte Versuch des Vaters, sich als solcher zu manifestieren.

Das Männerkindbett oder die Kunst, sich als Vater zu zeigen

Reisende und Volkskundler wollten in der Couvade häufig nicht mehr als eine Parodie dieses alten Brauches sehen; sie waren freilich alle Männer, die lediglich die »komischen« und »bizarren« Seiten des Brauchs sahen. Es wäre allerdings falsch, in diesem Ritual des Männerkindbetts nichts weiter sehen zu wollen als ein amüsantes Beispiel für eine »verkehrte Welt«.

Die Frau kommt nieder und steht bald danach wieder auf; dann nimmt der Mann ihren Platz im Bett ein und »macht« die Niederkunft »durch«: Er windet sich und übergibt sich, und sein Gesicht ist vom Schmerz gezeichnet. Wenn die »Geburt« vorüber ist, gibt man ihm das Kind, das er herzt und bevatert; manchmal gibt er ihm zum Schein die Brust, und bei den Arapesh in Neu-Guinea enthält er sich, um die Gesundheit des Kindes nicht zu gefährden, derselben Speisen wie die Mutter. Er ist es, der die Glückwünsche der Freunde entgegennimmt, und er bekommt die Geschenke. Seine Frau bleibt im Hintergrund oder führt schlicht den Haushalt weiter: »Schenk' Godard ein, seine Frau kommt gerade nieder!«, rief man spottend im 17. Jahrhundert.

Das Männerkindbett ist ein altes Ritual. Strabo berichtet über sein Vorkommen in Spanien, Diodoros von Sizilien belegt es in Korsika, Apollonios von Rhodos zeichnete diesen Brauch im

Schwarzmeergebiet und Plutarch auf Zypern auf. Er tritt jedoch auch anderswo in der Welt auf. Im 17. Jahrhundert kannte man das Männerkindbett auf den Antillen und in Brasilien, und im 19. und zu Beginn des 20. Jahrhunderts wurde die Couvade bei den Indianern Nordamerikas, in der Tartarei und in Indien beschrieben. Reste des Rituals waren noch im 19. Jahrhundert im Baskenland, in Navarra und Béarn und um 1905 noch in der Gegend von Nevers vorhanden.

Ein Ritual, das so alt und so weit verbreitet ist, gibt natürlich Anlaß zu verschiedenen anthropologischen Interpretationen. Zunächst einmal wissen wir, welche nicht richtig sind: Es ist nicht die Spiegelung des »Übergangs vom Matriarchat zum Patriarchat«, wie Bachofen meint, oder das Zeichen der »aufkommenden väterlichen Macht«, wie Von Dargun behauptete. Was nun die tatsächliche Bedeutung ist, darüber gehen die Meinungen weit auseinander. Frazer sah das Ritual als den Wunsch des Vaters, auf dem Wege einer Übertragung, die zur sympathischen Magie gehört, seinen Teil der Schmerzen der Mutter auf sich zu nehmen. In der Tat zog sich bei den Arapesh der Mann zusammen mit seiner Frau in die Isolierung des *post-partum* zurück. Zmigrodski und Bastian meinten wiederum, daß der Mann dadurch, daß er die Stelle seiner Frau einnahm, die Gefahren abwenden wollte, die ihr und ihrem Kind in der Zeit der Isolierung nach der Geburt drohten; um die Dämonen noch besser in die Irre führen zu können, zog die Frau dann die Hosen ihres Mannes an, setzte seinen Hut auf und machte einen rituellen Rundgang um das Haus. Claude Lévi-Strauss zufolge spielte der Vater gar nicht die Rolle der Mutter, sondern diejenige des Kindes. Die Psychoanalytiker haben das Männerkindbett in einen direkten Zusammenhang mit dem »Fortpflanzungswunsch des Mannes« gebracht. Hatte nicht schon im 17. Jahrhundert der Arzt Primerose von dem Vorurteil gesprochen, nach dem »der Mann während der Schwangerschaft seiner Frau die gleichen Unpäßlichkeiten verspürte wie sie«?

Möglicherweise sind diese unterschiedlichen Interpretationen jeweils für eine bestimmte Gegend richtig; das Ritual des Männerkindbetts tritt bei so vielen verschiedenen Völkern auf, daß man unmöglich eine dieser Interpretationen als die einzig richtige hinstellen kann. Jedenfalls führte in Westeuropa die Vorstellung, die man sich in den alten ländlichen Gemeinschaften über den Ursprung des Lebens machte, folgerichtig zu einem Ritual der Anerkennung der Vaterschaft. Ursprünglich bildete das Männerkindbett wohl ein Annahmeritual, bei dem der Vater in einer symbolischen oder nachahmenden Zeremonie so tat, als ob er selbst das Kind geboren hätte, das er dadurch öffentlich und mystisch als das seinige anerkannte und akzeptierte. Unter diesem Gesichtspunkt wird deutlich, daß das Männerwochenbett ein Sozialisierungsritus des Mannes als Vater war.

Der Mond und die universelle Anschwellung

Nicht nur bestimmte Orte, sondern auch bestimmte Zeiten waren für die Empfängnis günstig, und man mußte sich ihrer zu bedienen wissen. Die Natur stand ganz und gar unter dem Einfluß kosmischer Kräfte, wobei der Mond eine wesentliche Rolle spielte. Er legte fest, wann die Saat der Pflanzen, aber auch die der Menschen ausgesät werden mußte. Dem Mond schrieb man Einfluß auf alles irdische Leben zu; ob Pflanzen keimten oder Tiere wuchsen, hing von diesem Gestirn des Nachthimmels ab.

Man war sich der Anziehungskraft auf das Meerwasser, aber auch auf die Pflanzenschößlinge, die im Saatbeet erschienen, allgemein bewußt. Der Mond war die Ursache einer Art universellen Anschwellung. Auch der Schoß der Frau war diesem Einfluß unterworfen, da man der Anziehungskraft des Neumondes die stärkste und günstigste Wirkung zuschrieb, unterzogen sich kinderlose Frauen während dieser Mondphase den Fruchtbarkeitsritualen.

Bauern und Gärtner richteten sich genau nach dem Mondzyklus. Sie säten und pflanzten bei Neumond, der dafür sorgte, daß die Pflanzen mit »äußerer« Fruchtbildung gut wuchsen und samten. Der »alte« Mond war nur gut für Pflanzen mit »innerer« Fruchtbildung, d. h. für die Knollen und Wurzeln, die sich unter der Erde entwickelten. Er gewährleistete gute Haltbarkeit »toter« Produkte und solcher Produkte, die »absterben« mußten. So fällte man Bäume bei abnehmendem Mond, weil sich das Holz dann besser konservieren ließ. Dies war auch die beste Zeit, um alles zu kürzen, was der Körper hervorbrachte: Das Haupt- und Barthaar wurde in dieser Zeit geschnitten, da es dann weniger schnell nachwachsen sollte. Schließlich mußte man, um zu verhindern, daß eingemachtes Schweine- oder Gänsefleisch zu schnell verdarb, die Tiere bei abnehmendem Mond schlachten. Diese Regeln wurden so streng eingehalten, daß noch um 1930 die Märkte im Südwesten Frankreichs bei Neumond wie ausgestorben waren. Obwohl das Kind neun Monate lang an einem abgeschlossenen, dunklen und feuchten Ort wächst, der daher mit dem Schoß der Erde vergleichbar ist, galt der Fetus doch als eine Pflanze mit äußerer Entwicklung, weil er nach der Geburt weiterwuchs.

Neumond galt aber vor allem deshalb als günstiger Zeitpunkt für die Empfängnis, weil man dann Knaben zeugte. Der Mond hatte bestimmenden Einfluß auf das Geschlecht. Neumond war positiv, während abnehmender Mond negativ war, weil er Mädchen brachte oder zumindest Erzeugnisse minderer Qualität. »Es ist gängige Meinung, daß eine Frau, die bei Neumond schwanger wird, einen Knaben zur Welt bringt, und *daß sie nur dann ein Mädchen bekommt*, wenn sie die Zuneigung ihres Gemahls im letzten Viertel empfängt«, schrieb Salgues im Jahre 1811 (63, 130). Knaben gehörten zur äußeren Welt und zum Licht, Mädchen zur inneren Welt, zum Dunkel der Erde.

Die Seelen der Kinder und Vorfahren

Nach einem alten Glauben, der noch im 19. Jahrhundert an verschiedenen Orten in den Vogesen lebendig war, brachten neugeborene Kinder die Geister ihrer Vorfahren wieder zum Leben. Eine solche Tradition gab es allerdings nicht nur in dieser Gegend, sondern auch in der Schweiz und in Deutschland. Man glaubte, daß die Seelen der auf die Reinkarnation wartenden Vorfahren in den hohlen Steinen wohnten. Wie in der Natur, in der die abgestorbenen Pflanzen unter der Erde die Grundlage für eine neue Ernte legten, warteten die Ahnen voll Ungeduld auf den Augenblick, daß der Fortbestand des Geschlechts durch die Geburt eines neuen Kindes gesichert werden würde. Für eine solche Auffassung des Lebenszyklus gibt es zahlreiche Hinweise, und wenn auch die christliche Lehre und das wachsame Auge der Kirche den Gesamtzusammenhang dieser Denkbilder stark ausgehöhlt haben, hat dies doch nicht dazu geführt, daß alle Äußerungen dieser Denkweise vollkommen verschwunden sind.

Das Schicksal des »Ahnen« und dasjenige des Neugeborenen scheinen häufig eng miteinander verbunden zu sein; durch eine Art regulierenden Mechanismus verschwindet der eine, wenn das andere erscheint, jedoch hängt es von der Gegend ab, durch wen dieser Ablauf in Gang gesetzt wird. Im sog. »Krummen Elsaß« glaubt man vielfach, daß in der Verwandtschaft eine Geburt bevorsteht, wenn es einen Sterbefall gegeben hat. In der Basse-Normandie ist es das Kind, das sich zuerst ankündigt, und seine Geburt wird in Bälde zum Ableben eines älteren Verwandten führen; wenn der »Alte« nicht sterben will, dann stirbt das Kind; daher die Redeweise »die Alten müssen den Jungen Platz machen«. Wenn am Todestag eines Hochbetagten ein Kind geboren wurde, galt dies als glückliches Vorzeichen; um 1900 glaubte man in Loir-et-Cher, daß das Neugeborene ein ebensolanges Leben vor sich hatte wie der soeben Verstorbene. Mitte des vorigen Jahrhunderts bezeugten bestimmte, auf den ersten Blick befremdliche Verhaltensweisen Schwangeren gegenüber in Lothringen einen ähnlichen Hintergrund: Wenn man am Morgen einer schwangeren Frau begegnete, sah man dies unvermeidlich als Zeichen drohenden Unheils, das nur abgewandt werden konnte, indem man der Frau eine Grobheit sagte, wie wenn das werdende Kind eine direkte Bedrohung der eigenen Existenz wäre. Diese einfachen Tatsachen verdienen besondere Aufmerksamkeit, da sie die Überreste eines sehr alten Glaubens an »den Umzug von Geistern von einem Körper in den anderen« sind. An Allerheiligen und Allerseelen, d. h. in der Nacht vom 1. zum 2. November ereignete sich die periodische Wiedergeburt der Welt und der Menschenwesen. Jede Familie gedachte dann ihrer Vorfahren, die ja nur vorübergehend verschwunden sein konnten. Der Tod war nicht mehr als der Übergang von einem Zustand in einen anderen, in ein neues Leben. Deshalb wurde auch der Tod eines Neugeborenen leicht akzeptiert, sofern es nur getauft war. Im Val-d'Ajol in den Vogesen wurden im 19. Jahrhundert bei solchen Anlässen die Glocken mit aller Macht geläutet, denn es war *Renannaio*, Neugeburt.

Bestimmte Ausdrücke, die für uns ihre tiefere Bedeutung verloren haben, sind noch ein Nachhall dieser alten Auffassungen. So sprechen wir von einer »ruhelosen Seele«, und wenn jemand stirbt, heißt es immer noch, daß er »seinen Geist aufgibt«, was usprünglich bedeutete, daß dieser vom Verstorbenen an den Hort der Geister zurückgegeben wurde, wo er auf seine kommende Reinkarnation wartete.

Hinter diesen Rede- und Verhaltensweisen dämmert das Bild einer noch wirklich zusammenhängenden Welt auf, einer großen

Familie von Lebenden und Toten, deren Zahl stets gleich ist, von einem »gleichbleibenden und umlaufenden Kapital an Geistern«, das über beide Welten verteilt ist, zwischen denen ein Austausch »Leben um Leben, Seele um Seele« (64,40) stattfindet, einer unaufhörlich sich wandelnden Menschheit, die unter der doppelten Umhüllung des Lebens und des Todes doch immer ein Ganzes bleibt, wie die Natur mit ihren köstlichen Früchten, denen die Winterruhe vorangeht und nachfolgt.

Die Löcher, Aushöhlungen oder Vertiefungen im heiligen Stein stellten den Geburtsort des Menschen dar, symbolisierten den Aufenthaltsort derjenigen, die gerade nicht inkarniert sind. Diesem »Stein des Weltmittelpunkts«, diesem »Omphalos« der Gemeinschaft, diesem »Hort der Seelen« entsprang in regelmäßigen Abständen eine Lebenskraft, die die Schöpfung erneuerte. Diese Steine konnten auch der Ort sein, an dem man die Toten begrub; einen Verstorbenen in sein Grab legen, bedeutete, ihn in den Schoß zurückkehren zu lassen. Der Dolmen war gleichzeitig der Übergangsort, an dem das neue Leben entstand, das die Fortsetzung des Zyklus sicherstellte. Hierdurch wird deutlich, was die tiefere Bedeutung der Fruchtbarkeitsriten an den alten Steinen war: Indem die Frauen an ihnen hinabrutschten oder ihren Leib an dem heiligen Felsen rieben, wollten sie den Samen, die Seelen derjenigen empfangen, die auf Reinkarnation warteten. Nun ist auch die Enttäuschung und die Angst der Eltern bei einer Totgeburt zu verstehen: Der Lebenszyklus war unterbrochen, und die Frucht konnte nur Unheil bringen. Ein solches Kind war umso gefährlicher, als es keinen Namen hatte. Die noch heute bestehende Tradition, den Kindern die Vornamen ihrer Großeltern zu geben, zeugt von dem Wunsch, Vergangenheit und Zukunft miteinander zu verbinden, gewissermaßen dafür zu sorgen, daß diese zyklische Struktur, die für die Denkwelt der Landbewohner charakteristisch ist, erhalten blieb.

Die Aufeinanderfolge der Generationen lief in drei Phasen ab. Die Erwachsenen, die im fortpflanzungsfähigen Alter waren, schufen das Band zwischen den Vorfahren und den Kindern, zwischen Tradition und Zukunft, zwischen der vergangenen und der kommenden Menschheit. Auf ihnen lastete die große Verantwortung, den Zyklus trotz der Wechselfälle ihrer Zeit weitergehen zu lassen. Insofern zählte die Gegenwart kaum; sie hatte nur Sinn im Verband mit dem Vorangegangenen und dem Folgenden. Die Erwachsenen, die in der Lage waren, Kinder zu bekommen, bildeten ein Bindeglied und nahmen eine Verantwortung auf sich, angesichts derer der bloße Gedanke an eine Geburtenkontrolle eine Absurdität war. Man kann sich fragen, ob auch heute noch bestehende Vorstellungen, daß etwa Enkel ihren Großeltern ähneln, nicht Überreste dieser alten Kette der Verbundenheit sind. Eine solche Auffassung der Lebensdynamik stand freilich in fundamentalem Gegensatz zu den bevölkerungspolitischen Bestrebungen des Staates im 18. Jahrhundert.

Teil II

Schwangerschaft:
Die Zeit der Hoffnung, Schmerzen und Sorgen

Im Leib ihrer Mutter sind Kinder wie zarte Pflanzen, die in einem Garten Wurzeln schlagen ... Sie sind gezwungen, sich von den Kräften zu ernähren, die ihnen dort zur Verfügung stehen.

JACQUES DUVAL, 1612

Ein Kind zu erwarten, entspricht der Ordnung der Natur. In früheren Zeiten war die Schwangerschaft ein mehr oder weniger regelmäßiges Ereignis im Leben einer verheirateten Frau. Die »Ernte« hing von der »Bodenqualität« ab, aber auch von jahreszeitlichen Einflüssen: Wie auf dem Acker oder im Garten gab es auch für die Schwangerschaft gute und schlechte Jahre. »In der Hoffnung sein« war daher ein ganz normaler Zustand, und keine Frau dachte daran, sich ihm zu entziehen. Eine jungverheiratete Frau lebte so sehr in der Angst, unfruchtbar zu sein, daß die Feststellung einer Schwangerschaft als Erlösung empfunden wurde. Daß die Frau während des gebärfähigen Alters mehrmals schwanger war, stellte die Zukunft sicher: Je mehr Kinder geboren wurden, desto gewisser war es, daß man nicht ohne Nachkommenschaft sterben würde. Die Natur hat die Frau als die Sachwalterin der Art angestellt – eine schwere Verantwortung, die weder Unvorsichtigkeit noch Irrtümer erlaubt. Die werdende Mutter muß ständig auf der Hut sein. Unaufhörlich ist sie in Sorge. Zudem wird sie ständig von einem Schuldgefühl gequält, das die jüdisch-christliche Glaubenstradition nur verstärkt hat und im 16. und im 17. Jahrhundert wohl seinen Höhepunkt erreichte.

Wir können heute nicht mehr genau nachvollziehen, wie die Schwangerschaft in früheren Zeiten erlebt wurde. Aus Scham und aus Furcht, dem Kind zu schaden, sprachen die Frauen in der Stadt wie auf dem Lande wenig über ihren Zustand. Über ihre Freuden,

SCHWANGERSCHAFT: ZEIT DER HOFFNUNG, SCHMERZEN, SORGEN

Schwangerschaftsmotiv in der Mythologie: »Die Nymphen der Göttin Diana entdecken die Schwangerschaft Kallistos«. Kupferstich von Jean Pieter Saenredam nach einem Gemälde von Hendrik Goltzius um 1600.

Sorgen und ihr Alltagsverhalten erfahren wir nur angelegentlich etwas durch Äußerungen von Ärzten. Ein Paradoxon, das für sich spricht: Sowohl die Schwangerschaft als auch die Geburt sind »Frauensache«, aber es sind die Männer, die darüber sprechen und uns Auskunft geben. Zudem sind es noch Männer aus der Stadt, die mit ihrem Wissen, ihrer Voreingenommenheit und häufig auch ihrem Unverständnis ab dem 17. Jahrhundert mehr und mehr den Wunsch erkennen lassen, ihre persönliche Anschauung zur Regel zu erheben.

Auch wenn die Frauen über ihre Schwangerschaft Stillschweigen bewahren, bleibt diese selten unbemerkt. Kaum einer Frau gelingt es, ihren Zustand zu verbergen: Schon bald weiß die Nachbarschaft Bescheid. Eine schwangere Frau ist niemals allein: Ihre Schwangerschaft wird kollektiv erlebt, denn im Dorf oder Viertel sind immer mehrere Frauen – manchmal einige Dutzende – gleichzeitig in der Hoffnung. Dieses ständige Umgebensein mit der Schwangerschaft war Bestandteil des Daseins in den vergangenen Jahrhunderten. Die Gesellschaft geht ständig mit sich selbst schwanger.

Kapitel 1

Der schwangere Leib

Die Hebamme kann vorsichtig fühlen, ob die Gebärmutter fest geschlossen ist, wie der Hintern eines Huhns, in den man kein Weizenkorn stecken könnte.

LOUISE BOURGEOIS, 1626

Die Schwangerschaftszeichen sind häufig so undeutlich oder schlecht zu interpretieren, daß man eine Frau fälschlich für schwanger hält. In anderen Fällen wird eine Schwangerschaft umgekehrt erst sehr spät erkannt. Nicht nur die Hebammen und die Frauen selbst irren sich, sondern auch die Ärzte wußten bis zum 18. Jahrhundert kaum über die körperlichen Anzeichen Bescheid. Noch immer unter dem Einfluß der traditionellen hippokratischen und galenischen Medizin, unterlaufen ihnen viele Fehler. Die besten unter ihnen geben allerdings gerne zu, daß »es schwierig ist, eine echte Schwangerschaft schon zu Beginn zu erkennen«.

Wenn die Frau ein Kind erwartet

In seinen *Observations sur la pratique des Accouchements*, die 1674 veröffentlicht wurden, begnügt sich der Chirurg Cosme Viardel mit der Wiederholung dessen, was die medizinische Tradition seit Jahrhunderten verkündet. Es gibt vier Schwangerschaftszeichen: Den »kleinen Schauer«, den die Frau im Augenblick der Befruchtung angeblich empfindet; das kräftige Zusammenziehen des Muttermundes unmittelbar danach; das Aufhören der »monatlichen Reinigung«, und schließlich das »Anschwellen der Brüste« (71, 10). Einige dieser Schwangerschaftsmerkmale hat zu Beginn des 17. Jahrhunderts auch die Geburtshelferin Louise Bourgeois aufgezeichnet, jedoch mit erheblich mehr Nuancen. Ihr zufolge kommt es vor allem auf die Regelblutung der Frau an: »Man muß in Erfahrung bringen, wann sie ihre letzte Periode hatte und ob die Menge und Farbe beim letzten Mal anders waren als sonst« (7, 51). Das Ausbleiben der Menstruation ist für Frauen das wichtigste

Kriterium einer Schwangerschaft. Vorsicht ist jedoch geboten, denn bei manchen wird die Menstruation auch durch Krankheit unterbrochen, bei anderen durch »Angst und Trübsal«. Dem kann man hinzufügen, daß Frauen, die ihre Kinder früher bis zum zweiten oder sogar bis zum dritten Jahr stillten, zwischen zwei Schwangerschaften nicht unbedingt wieder ihre Periode bekamen. Im Languedoc hieß es von Frauen im gebärfähigen Alter, daß sie ständig »auf Milch und Eiern lebten«. Louise Bourgeois nennt eine große Anzahl von Erscheinungen, die auf Schwangerschaft hindeuten: Verlust des Appetits (vor allem der Lust auf Speisen, die sie gewöhnlich gerne aßen), Übelkeit (»sei es, daß sie sich morgens übergeben, sei es, daß sie den ganzen Tag ein Würgen im Hals verspüren«), Reizbarkeit (»sie neigen mehr zum Aufbrausen und sind verdrießlicher als sonst«), Veränderungen der Brüste (»wenn ihre Brust größer und härter geworden ist, wenn sich die Farbe der Brustwarzen geändert hat, bei hellhäutigen Frauen z. B. rot, bei anderen brauner«), Änderungen des Bauches (»an der einen Seite runder als an der anderen«) und Verdauungsschwierigkeiten (»wenn sie sich nach dem Essen aufgebläht und schläfrig fühlt«) (7, 53).

Wenn eine Frau aus Scham oder Vorsicht ihren Zustand so lange wie möglich verschweigt und die äußeren Merkmale zu verbergen trachtet, so wird sie doch häufig durch ihre »Schwangerschaftsmaske« verraten. »Im zweiten Monat«, schreibt der Geburtshelfer Jacques Guillemeau, »bekommt sie tiefliegende stumpfe Augen mit kleinen Pupillen, schlaffe und hängende Lider, und die Äderchen in den Augenwinkeln sind dicker und geschwollener als sonst.« Außerdem verändert sich ihr Blick: »Wenn es auf keine andere Weise zu sehen ist, daß eine Frau schwanger ist, sagen es Dir ihre Augen« (29, 7). Im Auge spiegelt sich die Schwangerschaft.

Auf dem Lande verlassen sich die Frauen vielfach auf andere Mittel. Das Sicherste ist nach ihrer Meinung das Messen der Taille; mit einer einfachen Schnur ist meist die kleine Veränderung des Leibesumfangs leicht festzustellen. Aber auch hier ist Vorsicht am Platze, denn die Volksmeinung besagt, daß sich in den ersten Monaten der Schwangerschaft die Organe zusammenziehen. Die Gebärmutter »umarmt dann den Samen, den sie nicht mehr loslassen will, so heftig, daß der Leibesumfang abnimmt«. Deshalb ist seit dem 17. Jahrhundert die Redeweise üblich: »Hinter einem flachen Bauch verbirgt sich ein Kind« (29, 6). Auch die »Knoblauchprobe« ist weit verbreitet: Vor dem Zubettgehen steckt sich die Frau, die sich über ihren Zustand im unklaren ist, eine Knoblauchzehe in die Scheide. Wenn sie am Morgen den typischen Geruch ausatmet, kann sie nicht schwanger sein: Die Anwesenheit eines Embryos würde eine solche Ausbreitung durch den Körper verhindern. Ein frischer Atem ist der Beweis, daß die Frau befruchtet ist. Diese Vorstellung war umso überzeugender, als die Knoblauchzehe wegen ihrer Form vielfach als Symbol des zusammengekauerten Fetus gilt.

Weiterhin glaubt man, daß der Gesang bestimmter Vögel die baldige Geburt eines Kindes ankündigt. Wenn der Hahn den Ruf des Kuckucks beantwortet – so heißt es im Nivernais –, dann bedeutet dies, daß die Frau in diesem Haus schwanger ist ... oder ihren Mann betrügt. Von den Alpen bis zum Atlantik sind Eule und Waldkauz die Herolde der Schwangerschaft. Wenn einer dieser Nachtvögel auf einem Baum am Hause oder auf dem Dach sitzt, macht er mit einem Geheul publik, was die Frau bis dahin vor jedermann verbergen konnte. Häufig kommt es aber auch auf die Art seines Rufs an, der auf zweierlei Art gedeutet werden kann. In Saintonge kündigt sein »Gelächter« das Leben an, sein »Schluchzen« den Tod. Im nahen Limousin sagt man, daß dieser Vogel »für Taufkleid und Totenhemd« singt, bei Geburt und Tod. Das Thema des Vogels, der aus der Nacht auftaucht, um wachsendes Leben zu verkündigen, ist uralt.

Im Périgord versuchen sich die Frauen im 19. Jahrhundert, solche Anzeichen von demjenigen bestätigen zu lassen, der das unterirdische Leben offenlegen kann, dem Rutengänger. Ein Volkskundler berichtet über die Fähigkeiten eines um 1920 verstorbenen Bauern, der ein weithin berühmter Rutengänger war und »behauptete, sich niemals zu täuschen, ob eine Frau schwanger war oder nicht, und daß er sogar schon zu Beginn der Schwangerschaft das Geschlecht des Kindes wußte« (59, 35). Von den tiefen, lebensspendenden Wassern unter der Erde zu den dunklen, verheißungsvollen Wassern des Mutterleibes: Die Symbolik liegt auf der Hand. Man befaßt sich aber auch mit dem »Wasser«, das die Frau ausscheidet: ihrem Urin.

Die Harnprobe

Die Uroskopie war im 16. und 17. Jahrhundert außerordentlich beliebt; es gab keine Gegend, die nicht ihren eigenen »Wasserbeschauer« hatte. Wer ihn zu Rate zog, erwartete sich von ihm

Auskunft darüber, woran der Patient litt. Frauen wandten sich häufig bei Gebärmutterbeschwerden oder Anschwellung der Milchdrüsen an diese Quacksalber, oder wenn sie glaubten, schwanger zu sein. Eine »gare« Farbe und ein Niederschlag wie »gekrempelte Baumwolle« galten als positive Schwangerschaftszeichen. Heute weiß man in der Tat, daß Schwangere häufig einen hohen Eiweißspiegel haben, so daß man den Harnguckern nicht *a priori* jegliche Kompetenz absprechen kann, denn dank ihrer Erfahrung konnten sie im trüben Urin vielleicht doch Hinweise auf eine Befruchtung finden.

Das Thema der Uroskopie hat die Maler und Stecher des 17. und 18. Jahrhunderts vielfach inspiriert; Bilder wie *Die Ohnmächtige, Die Konsultation* oder *Der Arztbesuch* lassen ein großes Interesse an solchen Genreszenen erkennen, die häufig recht ironisch dargestellt sind und die Patientinnen nicht in besonders günstigem Licht erscheinen lassen. Junge, herausgeputzte »Beschauer« machen, während sie das Urinfläschchen examinieren, ihrer halb ohnmächtig hingebreiteten Patientin den Hof. Und wenn ein erläuternder Text Auskunft über die seltsame Unpäßlichkeit der »liebeskranken« Frau gibt, dann stellt sich heraus, daß ihre Liebe nichts Platonisches hat und sie an einer sehr gesunden Krankheit leidet ... Die Ärzte waren lange Zeit über die Aussagekraft des Urins sehr unterschiedlicher Meinung. Während Rondelet im 17. Jahrhundert in seinem *Tractatus de Urinis* (Kapitel 15, *De Urina Praegnantium*) ebenso wie Davach de La Rivière in seinem *Miroir des urines* den diagnostischen Wert des Urins bejaht, kommt Guy Patin, der 1626 diesem Problem eine Dissertation widmet (»Kann man im Urin einen Beweis für die Schwangerschaft finden?«) zu einem negativen Ergebnis.

Es bewegt sich!

Im vierten Monat beginnt sich das Kind zu bewegen und bestätigt damit, was die Frau bis dahin nur vermuten konnte. Die Bewegung des Kindes in der Gebärmutter ist der erste unwiderlegliche Beweis, daß die Frau schwanger ist. Freilich ist auch dann noch zwischen Bewegung und Bewegung zu unterscheiden, wie Louis Bourgeois betont:

»Ein Kind bewegt sich nur ein klein wenig, wie der Flügelschlag eines Vögleins, oder der zarte Stoß, den man beim Einsetzen bestimmter Empfindungen verspürt, und dies bestätigt, daß das Kind wächst.« Bei einer Scheinschwangerschaft dagegen, wenn »das gestaute Blut seltsame Dämpfe in das Gehirn aufsteigen läßt«, wird der Bauch durch eine Bewegung erschüttert, die »derjenigen einer Katze ähnelt, die die Wärme des Feuers verspürt und ihren Rücken krümmt und sich streckt«. Um die Ungewißheit zu beseitigen, muß also ein kundiger Geburtshelfer abtasten. »Um völlige Gewißheit zu schaffen, kann die Hebamme vorsichtig fühlen, ob die Gebärmutter gut geschlossen ist, wie der Hintern eines Huhns, in den man kein Weizenkorn mehr stecken könnte; dabei braucht sie nur an der Innenseite der Öffnung zu tasten, ohne zu versuchen, in das Innere zu gelangen, und darauf zu achten, daß der Muttermund nicht schwielig oder verhärtet ist« (7, 9).

Hippokrates glaubte, daß Knaben sich schon im dritten und Mädchen erst im vierten Monat bewegten, denn Knaben sollten sich eher bilden als Mädchen. Die Meinung, daß Mädchen langsamer wuchsen, führte zu der Vorstellung, daß schon in den ersten Monaten nach der Empfängnis eine Hierarchie zwischen Mann und Frau besteht. Cosme Viardel, dessen Werk einen guten Überblick über die in der Mitte des 17. Jahrhunderts verbreiteten Vorstellungen gibt, bringt dies auf seine Weise zum Ausdruck: »Knaben bilden sich am dreißigsten Tag und müssen sich am neunzigsten Tag bewegen, d. h. nach einem Zeitraum von drei Monaten. Mädchen dagegen, die erst am zweiundvierzigsten Tag gebildet werden, brauchen sich entsprechend erst nach sechs mal zwanzig Tagen zu bewegen; das ist genau nach vier Monaten« (71, 15). Dieser Gedanke, daß der Fetus erst ab dem dritten oder vierten Monat lebte, war im Volk allgemein verbreitet.

»Das Herz klopft wie ein Specht ...«

Ob eine Frau wirklich schwanger ist, läßt sich auch durch Abhören des kindlichen Herzschlags feststellen. Diese subtilere Vorgehensweise war auch früher schon bekannt. Lejumeau de Kergaradec beschreibt in seinem *Mémoire sur l'auscultation appliqué à l'étude de la grossesse* (1822), wie er diesen Schwangerschaftsnachweis entdeckte:

»Madame L. ging auf das Ende ihrer Schwangerschaft zu. Eines Tages, als ich aufmerksam die Bewegungen des Fetus verfolgte, überraschte mich ein Geräusch, das ich bis dahin noch nicht festgestellt hatte: Es schien, als ob ich das Ticken einer Uhr ganz in meiner Nähe hörte. Ich entfernte mein Ohr von der Bauchwand, und das Geräusch war gänzlich verschwunden. Ich dachte zunächst, daß ich mich getäuscht hatte; als ich mich aber wieder in diese Richtung bewegte, hörte ich dasselbe Geräusch wieder. Die Wiederholung dieses Versuchs ergab stets dasselbe Ergebnis. Ich beschloß, dieses Phänomen sorgfältig zu untersuchen und stellte bald fest, daß es sich um doppelte Pulsationen handelte, in regelmäßigen Intervallen wiederkehrend, wie die Kontraktion eines Herzens. In meinem Erstaunen wollte ich mich nicht festlegen, was die Ursache dieser Pulsation war. Ich zählte eine Weile die Schläge und stellte fest, daß sie 143 bis 148 Mal pro Minute wiederkehrten. Madame L. hatte einen Puls von nur 70. Eine so ausgeprägte Störung der Isochronie und der Ort, an dem das Klopfen zu hören war, verboten mir die Annahme, daß es vom Herzen der Mutter stammte. Ich kam daher nicht umhin zu konstatieren, daß es durch die Kontraktion des Herzens des Fetus zustande gebracht wurde.«

Schon 1818 hatte der Genfer Arzt Mayor die Aufmerksamkeit auf dieses Körperphänomen gelenkt. Lejumeau, ein Schüler von Laënnec, hatte mit Hilfe des von letzterem erfundenen Stethoskops bereits bestätigt, daß obstetrische Auskultation möglich war. Das ist jedenfalls das, was die Medizingeschichte hiervon weiß. Nicht wenige Hebammen konnten aber schon lange den Herzschlag des Kindes erkennen, und schon um 1630 bis 1640 waren die Ärzte Lussaud, Marsac und Le Goust in der Lage, das »Gebärmuttergeräusch« durch die Bauchwand einer Schwangeren festzustellen. Diese Ärzte aus dem Limousin standen mitten im (Land-)Leben. Daher ihr Vergleich des fetalen Herzrhythmus mit dem Klappern einer Mühle. Sie konstatieren, daß »das Herz pocht wie eine Mühlklapper«, das ist jenes senkrecht angeordnete Stück Holz, das den Trog mitführt, so daß das Korn stets in gleichen Mengen zwischen die Mahlsteine fällt. Das Klappern der Holzteile erreicht häufig eine Frequenz von 300 Schlägen pro Minute; dies entspricht fast der Schlagzahl des fetalen Herzens: durchschnittlich 140 Doppelschläge pro Minute. Man versteht, daß sich diese Klangmetapher den Landärzten geradezu aufdrängte.

Der Same im Körper

Nach der Befruchtung muß die Frau alles tun, um dafür zu sorgen, daß der Fetus reifen kann. Das Kind ist im Mutterleib wie eine

Blume in einer Vase mit lebensspendendem Wasser, wie ein Sämling, der in fruchtbarer Erde gezogen wird: Es entzieht dem Leib den Saft, den es zum Wachsen braucht.

Das Kind als Gast der Gebärmutter

Wo befindet sich nun genau das Kind im Bauch mit seinen geheimnisvollen Nischen, in jenem Labyrinth feuchter Eingeweide, die es von allen Seiten umgeben? In den ersten Schwangerschaftsmonaten hat es noch genügend Platz; je schwerer und größer es aber wird, desto mehr ist seine Bewegungsfreiheit eingeschränkt. Es fühlt sich immer mehr als Gefangener; dadurch erst wird der Fetus, der solange »im Mutterleib zu Gast war« dazu getrieben, sein fleischliches Gefängnis zu verlassen.

Im allgemeinen gilt, daß eine Frau umso »höher trägt«, je größer und schlanker sie ist; dies ist kein Vorteil bei der Geburt, denn das Kind muß dann einen längeren Weg zurücklegen, so daß »es die Mutter viele Wehen kostet, bis es da ist«, d. h. bis das Kind geboren ist. Wenn die Frau dagegen so gebaut ist, daß sie »von der Taille ab nach unten breiter wird, während sie nach oben schmaler wird«, hat das Kind mehr Platz und »kriecht ganz nach unten«, so daß es leichter zur Welt kommt, denn »schon bei der ersten Wehe stemmt es sich gegen das Becken und zwingt die Mutter, ihm zu helfen und sich aufs Äußerste anzustrengen«.

Der Fetus im Mutterleib wird in den medizinischen Büchern in zweierlei Weisen dargestellt. Am häufigsten sind Abbildungen des Kindes unmittelbar vor der Geburt. In den ersten geburtshilflichen Handbüchern aus dem 16. Jahrhundert, unter denen dasjenige von Roeßlin herausragt, wird der Fetus im Zustand der Schwerelosigkeit in einer Gebärmutter dargestellt, die die Form eines »Pulverhorns für ein Jagdgewehr« hat. An diesem Bild hat sich im Grunde seit der Antike, d. h. seit Soranus von Ephesus, nichts geändert. Bei den Abbildungen der anderen Art ist das Kind während der Schwangerschaft zu sehen: Es ruht und schläft.

Diese beiden Darstellungen haben eines gemeinsam: Sie zeigen ein fertiges, ein ausgetragenes Kind. Bis in das 17. Jahrhundert gab es eigentlich kaum Abbildungen, in denen die verschiedenen Entwicklungsstadien des Embryos zu sehen sind. Das Bild, das man sich vom Kind im Mutterleib macht, ist das eines ausgewachsenen, vorzeigbaren, menschlichen Kindes, nicht das eines Abgänglings.

Das schlafende Kind

Während der langen Schwangerschaftsmonate liegt das Kind im Dunkeln und wartet. Langsam, aber sicher reift es. Der Volksglaube aus dieser Zeit und die alte medizinische Tradition seit Sokrates stellen den Fetus stets gleich dar: Ein sitzendes Kind, das mit geschlossenen Augen im Mutterleib schlummert.

Vom vierten Monat bis zum Augenblick der Niederkunft macht das Kind Phasen der Ruhe und der Erregung durch. Wie ein kleines Tier, das müde und erschöpft ist, braucht es Ruhe und Schlaf; danach erwacht es plötzlich und beginnt sich unkontrolliert zu bewegen, bis es wieder in Schlaf fällt. Diese Vorstellung des schlafenden Kindes besteht nicht nur in der westlichen Kultur; noch heute berufen sich Frauen in Marokko, die keine Kinder bekommen können, auf ein imaginäres schlafendes Kind, um nicht verstoßen zu werden. Die Ruhehaltung und die »runde oder ovale Umgebung« bereiten den Leib des Kindes bestmöglich auf das Leben als Erwachsener vor; schon im Mutterschoß empfängt es die guten Eigenschaften, die es als Mensch später braucht: Kraft, Geschicklichkeit, und wie ein Arzt zu Beginn des 17. Jahrhunderts bemerkt, eine Dominanz der rechten Seite: Dies ist die Ursache der Kraft, Geschicklichkeit und Fertigkeit, die gewöhnlich mehr im rechten Arm und Bein zu finden sind als im linken, da sie sich seit dem Zeitpunkt, zu dem sie sich zu formen begannen, besser strecken konnten und einen besseren Platz eingenommen haben. Die Schneider stellen daher auch häufig fest, daß die rechte Schulter höher und besser geformt ist als die linke (63, 130).

Dieser Gedanke der Formgebung innerhalb der Gebärmutter wird von der christlichen Tradition übernommen. Erasmus meint in seinem Diskurs »Über die Christenpflicht der Mutter«, daß sowohl die körperlichen als auch die geistigen Eigenschaften im Mutterleib entstehen; die Erziehung beginnt daher auch schon vor der Geburt des Kindes: »Diese Sorge für die Kinder, die man noch im Schoß trägt, ist der erste Teil ihrer Erziehung. Auch wenn sie noch nicht geboren sind, darf man nicht darin nachlassen, sie möglichst gut zu formen und schon in diesem Stadium auf ehrbare und christliche Sitten vorzubereiten.«

Das Bild eines sitzenden, schlafenden Kindes ist für die Mutter nicht unbedingt beruhigend; sie weiß, daß dies eine instabile Haltung ist. Sie fürchtet häufig, daß das Kind, das mit nach vorne geneigtem Kopf schlummert, nach vorne stürzen könnte, wobei erst der Kopf und dann der übrige Körper aus ihrem Leib herausfallen könnte. Sie muß auf der Hut sein, daß das Kind nicht vorzeitig einen Purzelbaum macht und zu früh geboren wird. Um dies zu verhindern und um das Kind, insbesondere den Kopf, »hoch« im Leib zu halten, tragen schwangere Frauen als Talisman einen Adler- oder Magnetstein um den Oberarm oder den Hals, oder eine metallene Halskette.

Eine besondere Frucht

Im allgemeinen denkt man also, daß der Fetus im Mutterleib schläft, wie der Engerling, der im Schoß der Mutter Erde eingerollt liegt, oder ein Bär, der tief in seiner Höhle zusammengekauert auf den Anbruch des Frühlings wartet. Ein Kind, das wach ist oder gar redet, muß daher auch ein ganz besonderes Kind sein. Schon zu Beginn der Schwangerschaft macht es Geräusche und sagt dadurch seiner Mutter, daß es eine außergewöhnliche Bestimmung hat. Die Abweichung von der Norm ist in diesem Fall ein glückliches Vorzeichen.

Daß der Mutter oder den Eltern die Ankunft eines Kindes mit besonderer Bestimmung angekündigt wird, wird mehrfach im Alten und Neuen Testament berichtet; das bekannteste Beispiel ist natürlich die Verkündigung Mariä. Ein solches Kind wird, wie wir wissen, häufig schon bejahrten Eltern geboren, die nicht mehr auf Nachkommenschaft zu hoffen wagten. Diese traditionelle Verkündigung von Menschen, die einen großen Namen haben werden, war lange Zeit unabdingbarer Bestandteil der Heiligenlegenden.

Es lassen sich eine Reihe von Elementen aufzeigen, wie die Verkündigung zu erfolgen hat. Zu einem bestimmten Zeitpunkt während der Schwangerschaft – unmittelbar nach der Empfängnis oder kurz vor der Geburt – wird der werdenden Mutter mitgeteilt, welche Ehre ihr widerfahren wird. Diese Offenbarung erfolgt häufig im Schlaf: Die Mütter des hl. Eucherius aus Lyon, des hl. Samson aus Dol-de-Bretagne und des hl. Taurinus von Evreux vernahmen die Stimme eines Engels, der ihnen die Bestimmung der Frucht ihres Leibes vorhersagte. Daneben kommt es auch vor, daß das Kind der Mutter selbst erscheint: Enea Silvio de Piccolomini, der spätere Papst Pius II., erscheint seiner Mutter mit der Tiara auf dem Haupt; ein anderes Kind, das später Königswürde erlangen sollte, erscheint auf einem Thron. In einigen Fällen meint die Schwangere, Fackeln oder Flammen in sich zu verspüren; dann wird das Kind, das sie zur Welt bringt, später eine bedeutende Rolle in der Kirche spielen. Das Thema des bellenden Hundes, das schon bei Jesaia zu finden ist, weist auf einen großen Prediger hin: »Der seligen Jeanne von Aza träumte, daß sie unter ihrem Herzen ein Hündchen trug mit einer Fackel im Maul, die nach seiner Geburt die ganze Welt in Brand setzen sollte. Sie schenkte dem großen hl. Dominikus das Leben, dem Gründer des Predigerordens. Der Mutter des hl. Bernhard träumte, daß sie mit einem weißen Hündchen mit roten Flecken niederkommen müßte, das mit schrecklicher Stimme bellte, zum Zeichen seiner künftigen Rolle als Bekämpfer der ketzerischen Lehre« (62, 160). Ähnliche Visionen hatten die Mutter des hl. Dominikaners Vincentius Ferrerius im 14. Jahrhundert und die Mutter des berühmten französischen Priesters Jean-Jacques Lier im 17. Jahrhundert.

Ein weiteres Thema, das in den Heiligenlegenden häufig auftaucht, ist das Bild der Frau, die einen Baum mit köstlichen Früchten aus ihrem Schoß hervorsprießen sieht. Bei der Mutter des hl. Fulcran ist es ein unbekannter, aber herrlich grüner Baum, der mit Früchten beladen ist. In anderen Fällen ist es ein Baumriese; wenn es ein kleiner Baum ist, erfüllt er die Luft mit herrlichen Düften. Der Mutter von Roseline de Villeneuve träumte, daß sie eine süß duftende Rose ohne Dornen gebären sollte.

Schwangerschaft führt zu organischen Veränderungen im Körper der Frau, die auch ihren Schlaf und ihre Träume beeinflussen, insbesondere im neunten Monat, wenn die Unterleibsorgane durch die Größe und das Gewicht des Fetus zusammengedrückt werden. Deshalb gilt zu Recht: »Welche Mutter hat nicht hin und wieder grundlose Erwartungen bezüglich des Kindes in ihrem Schoße gehegt? ... Träume, die rasch vergessen waren, Gedanken, die die Wirklichkeit vertrieb? Wenn aber das Kind, das sie geboren hat, sich eines Tages zu einem edlen, heiligen Vorbild entwickelt, sollte sich dann die Mutter oder der Vater, vor dessen geistigem Auge just dieses Bild einst erschienen war, sich dann nicht wieder seiner Träume erinnern?« (39, 94)

Die Verkündigung erfolgt nicht immer im Traum. Ein besonderer Mensch kann sich auch durch heftige Bewegungen ankündigen, oder dadurch, daß er aus dem Mutterschoß spricht. Ein schönes Beispiel für das Thema, bei dem das Kind etwas sagen will, indem es sich im Mutterleib bewegt, ist die Bibelstelle, in der Maria ihre Base Elisabeth besucht: Als die beiden heiligen Frauen einander begrüßen, hüpft Johannes im Leibe der Elisabeth. Dies ist keine unkontrollierte Bewegung, sondern ein Zeichen, daß Johannes der Täufer die Heiligkeit Jesu vorhersieht.

Auch das Thema des Kindes, das aus dem Mutterschoß spricht, ist sehr alt: Isaak z. B. ließ seine Stimme an einem Tage dreimal vernehmen. Dieser Glaube bleibt bis zum Ende des 18. Jahrhunderts bestehen, in dem man sogar behauptet, daß es Kinder gibt, die schon vor der Geburt singen: In der *Luciniade* erzählt der Arzt Sacombe die Geschichte von einem fürwitzigen Fetus von sieben Monaten, der in der Gebärmutter ein lustiges Volksliedchen anstimmte! In Heiligenlegenden spielen solche sprechenden Feten eine große Rolle, vor allem wenn ein solches Ereignis die Erzählung bildhafter macht und die Moral festigt, wie z. B. im *Leben des hl. Fursey*. Gelges, die Mutter dieses irischen Heiligen aus dem 7. Jahrhundert, war eine Prinzessin. Sie hatte ohne Wissen ihres Vaters geheiratet, der hierfür Rache nehmen wollte. Als sie von Fursey schwanger war, verurteilte er sie zum Scheiterhaufen. »In diesem Augenblick«, berichtet der Hagiograph des 11. Jahrhunderts, »sprach das Kind, das Gelges trug, mit klarer Stimme und tadelte seinen Großvater heftig wegen seiner Grausamkeit, seiner Mutter und ihm selbst gegenüber.« Die Tränen, die Gelges vergoß, verwandelten sich in einen wunderbaren Strom und löschten die Flammen des Scheiterhaufens. So wurde beider Leben gerettet. Der hl. Fursey, der zunächst Mönch und später Einsiedler war, erweckte mehrmals verstorbene Kinder zum Leben. In der St.-Peters-Kirche in Lagny wird sein Kult mit demjenigen der unschuldigen Kinder verbunden. Das auserwählte Kind, das aus dem Mutterleib gesprochen hat, unterhält Zeit seines Lebens und noch nach seinem Tode eine besondere Beziehung zu der Welt der kleinen Kinder.

Phantasien und Wunschvorstellungen

Im allgemeinen glaubt man, daß das Kind während der Schwangerschaft sieht, was die Mutter sieht, hört, was die Mutter hört, und riecht, was sie riecht. Jeder unerfreuliche Anblick, jeder unerfüllte Wunsch wirkt sich mehr oder weniger stark auf den Körper des Fetus aus. In dieser Hinsicht spielt der Leib der Mutter eine doppelte Rolle. Zum einen ist der Leib ein Mantel, eine Hülle, die das Kind vor Kälte und Hitze schützt; andererseits ist er ein Überträger, der die verschiedensten und manchmal auch widrigsten Einflüsse an das Kind weitergibt. Durch ihre Wunschvorstellungen und Träume prägt die Mutter ihr Kind in nachhaltiger Weise.

»*Die Macht der Gedanken*«

Unter »Einbildungskraft« kann man verschiedenes verstehen. Die Schreckensvision eines Ungeheuers oder mißgestalteten Wesens, das der Frau nachts im Traum erscheint, ist »Einbildungskraft«. Dies gilt auch für das sehr konkrete Schauspiel der öffentlichen Räderung eines Menschen oder für den Anblick eines Mannes, der bei einem Unfall einen Arm oder ein Auge verloren hat. Das Ergebnis ist letztlich dasselbe: Das Kind, das die Frau trägt, läuft beide Male Gefahr, mit verstümmelten Gliedmaßen, ohne Arme oder Beine oder einäugig geboren zu werden. Der Anblick eines Gespenstes oder einer Leiche bringt sie so aus dem Gleichgewicht, daß sie unvermeidlich eine Totgeburt zur Welt bringt.

Man ist der Meinung, daß schwangere Frauen zu häufig »melancholisch gestimmt, von düsteren Ideen erfüllt« sind. Dies kann für die Gebärmutter und die Frucht, die die Frau trägt, schädlich sein, wie Claude Quillet in seinem Versepos *La Callipédie ou l'Art de faire des beaux enfants* betont: »Die Geister, die aus dem Gehirn absteigen, vermischen sich in der Gebärmutter mit dem Lebensgeist der Frucht, in die sie tief eindringen; sie graben ihr mit unwiderstehlicher Kraft die Bilder ein, von denen sie durchdrungen sind.« Die Frucht ist wie ein Teig in den Händen des Bäckers: »Wie das Mehl im Backtrog, vermischt mit warmem Wasser und durch die Hefe in Bewegung gebracht, sich aufbläht und eine feste Masse bildet, wenn es der Bäcker in seine Hände nimmt und verschiedene Kuchen unterschiedlichster Form daraus bereitet, so rufen die Vorstellungen der Frauen die nämlichen Eindrücke auf den Fetus hervor« (56, 92).

In bestimmten Stadien der Schwangerschaft ist die Frau dabei besonders für die Einflüsse der Phantasie empfänglich. Ambroise Paré z. B. meint, daß nur vor der eigentlichen Bildung des Kindes die Gefahr besteht, das heißt nach dem damaligen medizinischen Wissensstand vor dem dreißigsten Tage bei Knaben und vor dem vierzigsten bei Mädchen. In einem späteren Stadium hat der »menschliche Teig« bereits eine festere Struktur und ist daher weniger empfindlich. Die Eltern müssen sich bewußt sein, daß der Augenblick der Befruchtung am kritischsten ist. Paré gibt hierfür ein Beispiel, das den Leser leicht überzeugt, weil es ... die Phantasie anregt! Im Jahre 1517 wird in Blois-le-Roy ein Kind mit einem Froschgesicht geboren. Ein Chirurg und die Justiz werden beigezogen, um »die Ursache dieser Monstergeburt« zu ergründen. Der Vater erklärt dann, daß, »als seine Frau Fieber hatte, eine der Nachbarinnen den Rat gab, das Fieber zu vertreiben, indem man ihr einen lebendigen Frosch in die Hand gäbe, den sie festhalten sollte, bis er tot war. In jener Nacht ging sie mit ihrem Mann zu Bett, wobei sie noch immer den Frosch in der Hand hielt. Der Mann und sie hatten zu beider Ergötzen Umgang miteinander, und so wurde durch die Kraft der Phantasie dieses Ungeheuer gezeugt« (47, 935).

Indem die Ärzte solche Fabeln ganz ernsthaft wiedergeben, tritt ihre Unkenntnis unverhüllt zutage. Wenn sie keine Erklärung für ein ungewöhnliches Phänomen oder eine angeborene Abweichung haben, berufen sie sich auf die Kraft der Phantasie. In der Folgezeit hängen sogar aufgeklärte Geister bis tief in das 19. Jahrhundert solchen Überzeugungen an. Voltaire räumt mit einer gewissen Geringschätzung ein, daß »diese passive Phantasie leicht zu beeinflussender Geister hin und wieder dazu führt, daß die auffälligsten Merkmale eines Eindrucks von der Mutter auf das Kind übertragen werden. Beispiele hierfür gibt es unzählige, und der Schreiber dieses Artikels hat so viele und so frappierende gesehen, daß er seine Augen Lügen strafen müßte, wenn er daran zweifelte« (74).

Niemand ist gegen die Unruhe gefeit, die durch die Geheimnisse der Schwangerschaft ausgelöst werden kann. Als Napoleon im Jahre 1810 mit Marie-Louise die Niederlande bereist, werden sie von einer Gruppe bizarrer Gestalten, den »Riesen von Wetteren« (bei einem Umzug mitgeführte, aus Weide geflochtene Riesengestalten) willkommen geheißen. In Sorge um die Kaiserin, die schwanger ist, ruft Napoleon aus: »Fort mit den Ungeheuern!« und er läßt seine Husaren gegen die geflochtenen Bäuche sprengen ... zur maßlosen Enttäuschung des Empfangskomitees, das dem Kaiser eine Freude machen wollte!

Das Vorstellungsvermögen kann jedoch auch eine günstige Wirkung haben, wenn man es nur zu steuern versteht. Von allen Sinnen hat der Gesichtssinn zweifellos den größten Einfluß. Der Blick der Frau ist wie ein Objektiv, das auf ein Bild gerichtet wird; was könnte sie also Einfacheres tun, wenn sie wirklich ein schönes Kind will, als im Augenblick der Befruchtung die Augen fest auf das Bild eines schönen Mannes oder einer schönen Puppe zu heften, die zu Füßen des Bettes oder an der Decke befestigt ist? Man muß dabei allerdings sicherstellen, daß keine Einzelheit die Aufmerksamkeit der Frau in gefährlicher Weise festhalten kann, daß das Modell keine körperlichen Eigentümlichkeiten aufweist, oder wenn wir Montaigne folgen wollen, keine eigentümlichen Kleider trägt. König Karl von Böhmen wurde einmal »ein Mädchen aus der Gegend von Pisa vorgestellt, das am ganzen Leibe dicht behaart war. Ihre Mutter sagte, daß sie dieses Aussehen hatte, weil über ihrem Bett ein Bild von Johannes dem Täufer gehangen habe« (41), der meist in ein Tierfell gehüllt dargestellt wird. Im Volksglauben überwiegen jedenfalls die negativen Auswirkungen der Macht der Phantasie. Hat das Kind, das geboren wird, eine schwache Konstitution, eine schwere Mißbildung? Dann will man dafür eine Erklärung finden, eine Ursache angeben. Warum soll nicht die Mutter an diesem Unglück schuld sein? Man hilft ihr dabei, sich aller schlechten Gedanken zu erinnern, die sie während der Schwangerschaft aus dem Gleichgewicht gebracht haben, und schließlich liefern diese tatsächlich, zur großen Erleichterung aller, eine Erklärung, die das Geschehene befriedigend erklärt.

Gelegentlich sucht man auch beim Vater die Schuld. Hat er sich während der Schwangerschaft tierisch benommen oder seiner Frau Abscheu eingeflößt? Dies hat sich auf sie ausgewirkt, so daß sie ein monströses Kind zur Welt bringen mußte. »Die Hebamme Elisabeth Tomboy entband am 21. September 1677 eine Frau von einem in Häute gehüllten Hund, der gesund und wohlbehalten war. Das Tier war unbehaart, hatte wohlgestalte Glieder und war so lang wie ein kleiner Finger.« Der Gewährsmann dieses Berichts, der Chirurg Planque, gibt folgende Erläuterung: »Folgendes ist geschehen, soweit ich den Berichten unparteiischer Menschen und denjenigen der Mutter entnehmen konnte, die ich nicht der Übertreibung zeihen möchte: Der Mann war ein Kerl aus dem gemeinen Volk, grobschlächtig und dem Trunk ergeben. Eines Tages wollte er sich seiner Frau in einer Weise nähern, die ihren Abscheu erregte, jedoch erzwang dieser üble Mensch seinen Willen, wobei er sich mit Fleiß wie jenes Tier gebärdete, nach dessen Gewohnheit er tat. Dieser Eindruck blieb tief in ihrer Seele eingegraben, und die Lebhaftigkeit ihrer Phantasie brachte jenes Tier hervor, von dem ich gesprochen habe« (51, 72).

Die Einbildungskraft einer Schwangeren vemag es, einen Mann, der sich an ihr vergangen hat und die Vaterschaft abstreitet, zu überführen. Im Jahre 1817 entdeckt ein Mädchen im schottischen Gallway, daß sie schwanger ist; sofort benennt sie den Schuldigen: John Woods, einen angesehenen Bürger. Vor Gericht weist er die Anschuldigung nachdrücklich zurück und ruft aus:»Ich erkenne das Kind nur an, wenn mein Name auf seinem Gesicht geschrieben steht!« Dem Mädchen, das bei der Verhandlung anwesend ist, prägt sich dieser Auftritt zutiefst ein; während der ganzen Schwangerschaft denkt sie immer wieder an diese Szene. Das Kind wird geboren, und der Name seines Vaters erscheint deutlich lesbar auf dem rechten Auge, und die Bemerkung »geboren im Jahre 1817« auf dem linken Auge. Als der angebliche Vater hiervon erfährt, ergreift er die Flucht und wird nie wieder gesehen. Dr. Munro aus Edinburgh, der diese Geschichte im Jahre 1825 aufzeichnet, erklärt, daß er das Kind mehrmals von Professoren und Wissenschaftlern aus der Stadt untersuchen ließ. Alle sahen hierin eine erstaunliche Äußerung der Vorsehung: Dieses Beispiel sollte die Jugend beiderlei Geschlechts ermahnen, sich vor schlechtem Benehmen und Meineid zu hüten.

Der Anblick eines Gegenstandes, eines Tieres oder einer Person, oder das Hören einer Geschichte können also Angst oder Kummer erzeugen, was sich auf den Körper des Kindes auswirkt. Dabei spielt die Hand der Mutter eine wichtige Rolle; die Stelle, an der sich diese im Augenblick des Schreckerlebnisses befindet, bestimmt den Platz des späteren Mals. Wenn eine schwangere Frau in Lothringen nach Sonnenuntergang einem Hasen begegnet, einem unglückbringenden Tier, darf sie nicht ihr Gesicht anfassen, da sonst ein Kind mit einer Hasenscharte geboren wird. Wenn ein Neugeborenes Abnormitäten aufweist, dann sind diese die Folge mangelnder Selbstbeherrschung der Frau. Jede Mutter fürchtet sich vor bestimmten Tieren, wie auch das folgende Beispiel des im 18. Jahrhundert wirkenden Arztes Van Swieten zeigt: »Eine schwangere Frau erschrak wegen eines Affen, da sie fürchtete, von ihm gebissen zu werden. Diese Angst quälte sie drei Monate lang. Sie war aber im Augenblick des Geschehnisses sofort weggelaufen, wobei sie über die Stelle rieb, an der sie vom Affen gebissen zu werden fürchtete. Nach der üblichen Zeit gebar sie eine gesunde Tochter. Der Rücken ihrer rechten Hand war aber braun gefärbt und dicht behaart. Einige Jahre nach der Geburt rieb man die Stelle mit Seifenwasser ein und rasierte die Haare ab. Wenig später erschienen Pusteln an dieser Stelle, und der ganze Arm entzündete sich; man fürchtete selbst, daß er brandig werden würde. Mit guten Arzneien wurde dieses Übel behoben. Danach wuchsen die Haare wieder, und dieses unangenehme Zeichen, ein deutlicher Beweis für die Wirksamkeit der Phantasie der Mutter, war in seinem früheren Zustand wieder hergestellt« (12, 97).

»*Die weiblichen Gelüste*«

Ein solches Mal am Körper des Babys ist jedoch in den meisten Fällen nicht das Ergebnis der mütterlichen Phantasie: Das Muttermal wird in der Regel dem »Gelüst« der Frau zugeschrieben.
  Bis in das 19. Jahrhundert galt allgemein die Regel, daß man einer schwangeren Frau ihren Willen lassen müsse. Wer sich ihr widersetzte, lud eine schwere Verantwortung auf sich, da man glaubte, daß die unbefriedigten Wünsche einer Schwangeren sich in Form von »Muttermalen« auf dem Leib des Kindes niederschlagen würden. »Frauen gebrauchen das Wort *Drang*«, schreibt der Arzt Chambon de Montaux im Jahre 1785, »für ein unmäßiges Verlangen, einem Bedürfnis nachzugeben, einer leidenschaftlichen Aufwallung, einem Anfall von Haß und Wut usw. Das Volk lebt noch in der Überzeugung, daß man es sich nicht erlauben darf, den Neigungen, die sie erkennen lassen, sich auch nur im geringsten zu widersetzen, da man den Fetus dadurch der Gefahr aussetzt, die Merkmale der begehrten Sache zu tragen oder mit monströsen Gebrechen geboren zu werden« (12, 97). Freilich ist nicht nur das Volk in dieser Überzeugung befangen: Der »weibliche Drang« erfährt in allen gesellschaftlichen Klassen Rücksichtnahme. Saint-Simon berichtet, daß bei einem großen Diner, das Kardinal Noailles im Jahre 1711 zu Ehren des Kronprinzen gab, wozu auch das Volk geladen war, der Prinz Anweisung gab, sich »einer Schwangeren anzunehmen, die sich mitten im Gewühl befand, und ihr ein bestimmtes Gericht bringen ließ, da er gesehen hatte, daß sie des starken Dranges, hiervon zu essen, nicht mächtig werden konnte.«
  Der häufigste »Drang« ist in der Tat der Drang, eine bestimmte Speise zu essen. Gelüstet es der Schwangeren nach einer erlesenen Frucht oder nach Obst, das außerhalb der Saison nicht zu bekommen ist? Möchte sie von einem Gericht kosten, das ihre Umgebung nicht bieten kann? Der Leib des Kindes wird davon gezeichnet sein. Amboise Paré sagt, daß die Male des Kindes manchmal an Kirschen oder Trauben, manchmal an Feigen oder Melonen erinnern. Im 18. Jahrhundert entdeckt man vor allem verborgene Gelüste nach Kaffee oder Schokolade!

Ein Mal in der Form einer Frucht oder eines Gemüses hat die Besonderheit, sich mit den Jahreszeiten zu verändern. Die Farbe ist auch, je nach der Farbe, die die begehrte Frucht am Baum aufweist, jedes Jahr eine andere. Am 7. November 1862 berichtet die Zeitung *Le Siècle* ganz ernsthaft: »Vor einigen Tagen hat sich in Château Thierry ein recht eigenartiger Fall von Begehrlichkeit ereignet. Eine Frau kam mit Zwillingen nieder. Beide Kinder trugen das Abzeichen einer Rübe, das eine auf dem Bauch, das andere im Gesicht. Ein solches Merkmal hat wissenschaftlichen Quellen zufolge die Besonderheit, daß die Stelle am Körper, die diese Frucht darstellt, dieselben Reifungsphasen durchmacht wie die Pflanze in der Natur: Die Haut wird also matt und bläulich, beginnt sich zu verändern und wird auch die übrigen gesunden Teile des Körpers in Mitleidenschaft ziehen, wenn man das Übel nicht mit dem Eisen ausbrennt und mit diesem extremen Mittel die Bildung neuer Haut in Gang setzt.«

Der Drang nimmt manchmal sogar pathologische Züge an. »Durch eine bestimmte säuerliche oder salzige Flüssigkeit, die die Magenwand abscheidet«, so der Geburtshelfer Guillemeau, »bekommen Frauen, die in der Hoffnung sind, einen so verderbten Appetit – sie essen z. B. Kohlen, Kreide, Asche und gepökelten Fisch, der weder gekocht noch entsalzt ist, und trinken sauren Wein oder Essig oder sogar den Hefesatz – daß es unmöglich ist, ihnen den Genuß dieser Dinge zu verwehren« (29, 35). Der Drang zum Verzehr von rohem blutigem Fleisch, von dem einige schreiben, erinnert unmittelbar an alte kannibalistische Mythen, ein anthropophages Ritual; es kommt vor, daß Frauen sogar hierzu getrieben werden.

Im 16. Jahrhundert schreibt der Moralist Vives, daß er selbst gesehen habe, wie eine Frau einen jungen Mann in den Hals gebissen und ihm unerträgliche Schmerzen zugefügt habe; »sie hätte wohl, wie es schien, durch den Anfall von Raserei eine Fehlgeburt erlitten, wenn sie diesem fieberhaften Verlangen nicht nachgegeben hätte.« Der Arzt Langius berichtet über die entsetzliche Tat einer schwangeren Frau aus der Gegend von Köln, die den Drang verspürte, das Fleisch ihres Mannes zu essen. »Sie ermordete ihn, um ihr grausiges Gelüst befriedigen zu können; einen großen Teil des Fleisches hatte sie in Salz gelegt, um länger davon genießen zu können. Nachdem sie sich an dieser barbarischen Fleischspeise gesättigt hatte, gestand sie das Verbrechen den Freunden ihres Mannes, die vergeblich nach ihm gesucht hatten« (12, 112).

Die großen historischen Umwälzungen lassen auch die Symbolsprache der »Gelüste« nicht unberührt. Mit der Revolution weicht die französische Lilie der phrygischen Mütze, und auf den Augen der Neugeborenen liest man jetzt die Aufschrift *Napoléon empereur* und nicht mehr *Sit nomen Domini benedictum* aus der Glanzzeit des Katholizismus.

Die medizinische Theorie hatte schon längst von den populären Interpretationen der Muttermale Abschied genommen. Weder durch Gefäßwucherungen verursachte Naevi noch Pigmentflecken können ernsthaft unbefriedigten Gelüsten der Frau zugeschrieben werden. Ungeachtet dessen sind die tierischen und sogar pflanzlichen Formen, die die Ärzte in ihnen sehen, durchaus der Phantasie und den unbefriedigten Gelüsten der Frauen zuzuschreiben! Werden denn nicht täglich Kinder mit sogenannten Himbeer- oder Weinflecken in Ländern geboren, in denen es diese Produkte nicht gibt?

Nach Amboise Paré werden Muttermale jedoch sehr wohl durch die Frau verursacht. Es ist ganz einfach: Sie hat während ihrer Menstruation empfangen. Die blutrote oder weinrote Farbe der meisten Naevi sagt genug. Die Ärzte des 17. und 18. Jahrhunderts mutmaßen gar, daß es sich wohl eher um eine Wirkung der Bösartigkeit des weiblichen Geschlechts überhaupt handelt. Frauen sollten sie als Druckmittel benutzen, um ganz ungestraft ihren angeborenen Gelüsten frönen zu können; sie würden die Welt im Glauben an den »Drang« halten, »um sich einer Freiheit zu erfreuen, die man ihnen niemals einräumen würde, wenn es nicht einen so besonderen Grund dafür gäbe«. Sollen die gutmütigen Ehemänner ihr Schicksal in Geduld tragen! Hinter dieser frauenfeindlichen Haltung verbirgt sich der Wunsch, die Freiheiten zu beschneiden, die sich die schwangere Frau herausnehmen durfte. Eine ganz andere Erklärung findet Louise Bourgeois. Von ihrer eigenen Erfahrung als Mutter ausgehend, meint sie, daß die natürliche Befindlichkeit des weiblichen Leibes durch die Schwangerschaft gestört wird, wodurch »Lustlosigkeit, Schwäche und Appetit auf ungewöhnliche Speisen« entstehen, worüber die Frau, wie Louise Bourgeois unterstreicht, »nur mit großer Scham spricht« (7, 30). Mit großer Scham ...

Schwangere Frauen sind sich dessen bewußt, daß sie nicht ganz Herr ihres Körpers sind. Sie mißtrauen allem, was die Frucht gefährden könnte. Hinter der »Macht der Phantasie« und dem »Drang« verbirgt sich daher im Grunde die Angst vor Abnormität.

Die Gebärmutter als Hülle der Frucht

»Das Kind ist eine Frucht, die einem Samen entsprungen ist und in der Gebärmutter wie in einer Erbsenschote reift, die zum Zeitpunkt der Reife aufplatzt und die Frucht entläßt« (55, 222). Schote oder Hülse, Birne oder Flasche, schwarzes Loch, Kloake oder Ort der Finsternis und des Schreckens, Keller, Quelle oder fruchtbarer Acker: Die Gebärmutter wird mit Metaphern beschrieben, die sich auf ihre Form, ihre Funktion oder ihren Ort im weiblichen Leib beziehen. In den Tiefen ihres Leibes befindet sich dieser magische Schmelztiegel, die Gußform, in der sich die menschliche Art unaufhörlich erneuert, jener geheimnisvolle Ort, an dem das Leben seinen Ausgang nimmt.

»Der Garten der menschlichen Art«

Die Gebärmutter ist ebenso faszinierend wie irritierend. Erstaunen und Verwunderung erregt ihre Fähigkeit, einige Tröpfchen Samen in ein kleines lebensprühendes Wesen zu verwandeln: »Dort wird der Mensch in seinen Anfängen geformt, genährt und unterhalten ..., zwischen den Bereichen, die für die schmutzigsten und stinkendsten Ausscheidungsprodukte des Körpers bestimmt sind ... zwischen dem Rektum oder dem After und der Harnblase!« (21, 107) Welch eine Umgebung! Aber ist die Gebärmutter nicht selbst eine Kloake? Scheidet sie nicht regelmäßig das unreine, verdorbene Blut der Frau aus, wenn sie nicht mit einem Kinde schwanger geht? Sollte der Mensch aus der Gosse kommen? Sah Aristoteles zu Recht nur Knechttum und Erniedrigung in diesem Körperteil? Dann würde man die Tatsache übersehen, daß »der große Baumeister der Natur ihr die Ehre verliehen hat, seine Werkstatt zu sein«. Die Gebärmutter hatte »die Ehre, das erste Haus und Obdach nicht nur der größten, edelsten, vortrefflichsten und heiligsten Menschen gewesen zu sein, die jemals gelebt haben, sondern sogar des Heilands und Erlösers der Welt, der dort neun Monate seinen Aufenthalt nahm, bevor es ihm gefiel, das Werk unserer Erlösung zu beginnen« (21, 104). Man muß es also denjenigen verwehren, »die die Gebärmutter gedankenlos einen schändlichen und unehrenhaften Ort nennen«, denn sie vergessen, daß der Mensch vielleicht im Schmutz geboren wird, aber doch das vortrefflichste aller Geschöpfe ist.

Eine gute Gebärmutter hat nach Laurent Joubert »den richtigen Bau und die richtige Wärme«; dann ist sie »ein sehr fruchtbarer

Acker für die Fortpflanzung der menschlichen Art« (31, 364). Ihr Temperament ist jedoch im allgemeinen so wechselhaft wie das Wetter. Kurz bevor die Frau ihre Regelblutung bekommt, ist die Gebärmutter »kalt und feucht durch die Flüssigkeit, die sie umgibt wie ein See« (31, 172); nach der Menstruation »wird sie trocken und warm und enthält dasselbe Blut wie der übrige Körper«; dies ist der ideale Zeitpunkt für die Empfängnis. So gibt es auch im »Garten der Natur« gute und schlechte Jahreszeiten, er hat seinen ganz eigenen Rhythmus.

»Die Gebärmutter ist wie ein Tier«

Die großen Veränderungen, die die Schwangerschaft im Verhalten der Frau bewirkt, führen dazu, daß man die Gebärmutter als selbständiges Organ mit besonderer Autonomie und eigenem Willen betrachtet. Schon seit der Antike versuchen Philosophen und Ärzte dahinterzukommen, was ihre wahre Art ist. Der Arzt Jacques Duval glaubt wie die meisten seiner Zeitgenossen im 17. Jahrhundert, daß sie für Gerüche besonders empfindlich ist: »Platon und Paracelsus haben sie ein Tier genannt, da sie entdeckt haben, daß sie Bewegungen ausführt, die von einem Willen inspiriert zu sein scheinen. Es verhält sich so, daß dieses Körperteil, wenn man der Frau etwa Aromatisches zu riechen gibt, nach oben steigt; wenn man es an ihr Oval (die Scham) hält, steigt sie nach unten; wenn man es an die Seite ihres Leibes hält, fühlt man, wie sie sich derjenigen Seite zuneigt, an die es gehalten wird. Den erzeugenden Samen nimmt sie als ihren Lebensbalsam auf mit dem Ziel der Empfängnis.« Schlechten, unbrauchbaren Samen stößt sie aus, guten und nützlichen Samen zieht sie an. Es ist gefährlich, diese Vorlieben ständig zu mißachten, denn dann »wird sie traurig, gereizt und zornig«; sie begehrt mit »eigentümlichen, heftigen Bewegungen auf, die der Frau schaden«; dies kann zu ernsthaften Gesundheitsstörungen führen: »Eine Art Gelbsucht, die Bleichsucht genannt wird (Chlorose?), Erstickung oder Raserei der Gebärmutter und ähnliche Leiden« (21, 104).

Solchen Aufruhr kann nur ein Tier erregen, ein Tier, das umso rätselhafter ist, als man es nicht sehen kann. Im populären wie im medizinischen Sprachgebrauch ist der Vergleich mit einem Tier gängig; die Vulva hat z. B. »die Form des Maules eines neugeborenen Hündchens«; man nennt sie manchmal *rictus caninus* oder »Hundeschnauze«; es heißt, daß sie »dem Maul eines Fisches ähnelt, den der Volksmund Schleie nennt«, eine Ansicht, die heute noch in der französischen Bezeichnung des Gebärmuttermundes fortlebt, »museau de tanche« (Schleienmaul). Die Gefräßigkeit dieses Tieres äußert sich am deutlichsten beim geschlechtlichen Umgang: »Dieser Mund öffnet sich leicht und begehrlich, wenn es darum geht, das männliche Sperma zu empfangen, auf das er besonders begierig ist. Aus diesem Grund fühlt der Mann ihn während des Beischlafs flattern wie einen Schmetterling oder sich bewegen wie eine Schleie, die rhythmisch am Ende einer Seepocke lutscht und saugt, wie wenn sie ihren natürlichen Lebensbalsam enthielt« (21, 109).

Weil die Gebärmutter stets in den dunklen Tiefen des Leibes verborgen bleibt, stellt man sie sich im Nordosten Frankreichs und in einer Reihe deutschsprachiger Länder als Kröte vor, ein ebenfalls im Dunkeln lebendes Tier. Die Kröte ist geheimnisvoll und unheimlich, von mystischem Aberglauben umgeben, ein beunruhi-

Votiv-Kröte aus Eisen. Die Kröte symbolisierte die Gebärmutter; niedergelegt in einem Heiligtum (Grotte von Saint-Vit oder Kapelle von Thierenbach, Elsaß), wurde er überstiegen, um eine leichte Niederkunft zu haben. Musée alsacien, Straßburg.

gendes Element in der Psychologie des Volkes; sie steht in einer Beziehung zur unterirdischen Welt, zur unendlich fruchtbaren Gebärmutter der Erde. Eine ferne Ähnlichkeit mit der Form des menschlichen Organs hat dazu beigetragen, daß sich dieses Bild lange halten konnte. Von der Antike bis in das 20. Jahrhundert haben im Elsaß unfruchtbare Frauen und solche, die ein Kind erwarteten oder an einer Gebärmuttererkrankung litten, Votivgaben in Form einer Kröte an heiligen Orten dargebracht, zu Füßen eines Kreuzes oder in einer Höhle. Diese aus Stein oder Lehm geformten, geschnitzten oder gegossenen und im 19. Jahrhundert aus Blechen geschnittenen Figuren drückten die Hoffnung dieser Frauen aus oder zeugten von ihrer Dankbarkeit für erwiesene Gnaden. Sie waren häufig zusammen mit Votivgaben zu finden, die schwangere Frauen darstellten.

Der Vergleich der Gebärmutter mit einer Kröte muß besonders treffend sein, denn sonst hätte der Volksglauben es wohl niemals akzeptiert, daß ein menschliches Organ mit einem so abstoßenden Wesen gleichgesetzt wurde. Ihr starrer Blick, ihre trägen oder ruckartigen Bewegungen, ihre Scheu vor Licht und Wärme erregen bei jedermann Schauder: Die Kröte wird gehaßt und gefürchtet. Wie das Fleisch Gehängter und das Herz von Säuglingen ist ihr zuckender und giftiger Leib Bestandteil der meisten Hexenphiltren. Als ständiger Gast der Hölle hockt sie auf den meisten *memento mori*-Darstellungen des 15. und 16. Jahrhunderts auf einem menschlichen Schädel. Schon seit dem Mittelalter ist dieses bösartige Tier daher auch der Begleiter von Hexen und Verführer irregeleiteter Jungfrauen; die Inkarnation Satans, der Bettgenosse lüsterner Frauen, deren Brüste und Geschlechtsorgane es verschlingt.

»Die Frau ist für die Gebärmutter geschaffen«

Die Schwangerschaft hat besonders tiefgreifende Wirkungen auf das Verhalten der Gebärmutter. Sie kommt vorübergehend zur Ruhe und beschäftigt sich nur mehr mit der Reifung des Fetus; sie verändert ihre Form und Abmessungen. »Sie wird größer und dehnt sich in wunderbarer Weise, wie wenn sie neun bis zehn Kinder samt ihrem Mutterkuchen oder der Nachgeburt aufnehmen müßte, und zieht sich anschließend wieder völlig zusammen, so daß sie nicht größer ist als ein Handballen« (21, 105). Diese spektakuläre Veränderung gibt wiederum der Vorstellung Nahrung, daß es sich um ein völlig selbständiges Organ handelt. Paracelsus bewundert ihre »Eigenschaften und Tugenden« und spricht von »einem vollkommenen Tier«; er glaubt, daß der ganze weibliche Leib, »eine niedrigere kleine Welt«, nur für die Gebärmutter geschaffen ist; »es ist eine Welt, die für dieses Tier geschafffen ist« und völlig unter dessen Gewalt steht. »Die Gesundheit und die gute Verfassung [der Frau] hängen von der Zufriedenheit und dem Behagen dieses Tieres ab« (21, 105). Wenn mit der Gebärmutter alles in Ordnung ist, geht es auch der Frau gut, und sie erfreut sich bester Gesundheit.

Tota mulier in utero, die ganze Frau ist in der Gebärmutter zusammengefaßt, heißt es in der Nachfolge des hl. Augustinus, der schon in dieser »Mutter« ein Tier sah, das sich im Bauch verborgen hielt, einer finsteren Höhle. Im Gegensatz zum Mann, der gleichmäßiger und vernünftiger ist, da er sich nur vom Verstand leiten läßt, ist die Frau beeinflußbar, wankelmütig, instabil, orientierungslos... Durch ihr Zutun triumphieren die finsteren Mächte, die niedere Leiblichkeit, die Materie über den Geist. Bis in das 19. Jahrhundert hält sich die Vorstellung, daß die Gebärmutter im Grunde ein Tier im Tier ist.

Und obwohl Du Chesnel im Jahre 1856 im *Dictionnaire des superstitions populaires* [Enzyklopädie des Volksaberglaubens] betont, daß es »ebenso übertrieben wie phantastisch« ist, die Gebärmutter als Tier zu betrachten, beeilt er sich doch hinzuzufügen, daß »dieses Organ unbestreitbar eine wichtige, beherrschende Rolle im Dasein der Frau spielt. Man könnte sagen, daß sie zwei Nervenzentren hat: zum einen das Gehirn zur Erweckung der Intelligenz, zum anderen die Gebärmutter für die sinnlichen Triebe und die seelischen Abweichungen.«

Die Dauer der Schwangerschaft

Bis zum Ende des 18. Jahrhunderts glaubt man, daß die Schwangerschaftsdauer beim Menschen nicht festliegt. Der Zeitraum von 270 Tagen gilt nur als Idealwert, an den sich die Natur nicht zu halten braucht: Man spricht häufig von einer vorzeitigen oder verspäteten Niederkunft. Der tatsächliche Geburtstermin kann einige Wochen oder sogar Monate früher oder später liegen.

Diese angeblich stark schwankende Schwangerschaftsdauer bei der Frau steht im Gegensatz zu der festen Tragezeit bei lebendgebärenden Tieren; dies wußten die Landbewohner, den Ärzten des 18. Jahrhunderts zufolge, schon immer, da sie täglich mit ihren Tieren Umgang haben. Die Menschen auf dem Lande vergleichen die Schwangerschaft der Frau daher auch eher mit dem Gang der Dinge in der Pflanzenwelt, wobei sie »die Unterschiede im Auge haben, die sie bei der Keimung von Samen der gleichen Art in derselben Erde wahrnehmen, beim Sprießen von Blumen und dem Reifen der Früchte an derselben Pflanze oder demselben Baum. Sie leiten hieraus ab, daß der Fetus früher oder später fertig ist, je nachdem, wie schnell er in der Gebärmutter wächst, und daß hiervon auch der Zeitpunkt der Niederkunft hängt« (12, 151).

Seit der Antike benutzen die Ärzte immer wieder dieselben Metaphern und haben dieselbe Auffassung von der Schwangerschaftsdauer. Aristoteles z. B. betrachtet die außergewöhnlich lange Dauer als charakteristisches Merkmal des Menschseins. Im 16. Jahrhundert fragt sich Laurent Joubert in seinen *Erreurs populaires* [Volksirrtümer], »ob eine Frau mehr als neun Monate schwanger sein kann und welche Dauer man für die Schwangerschaft ansetzen muß«. Er räumt ein, daß »die Frau keine bestimmte Frist hat, in der sie ihre Kinder trägt, wie es bei anderen Tieren doch der Fall ist. Sie kommt manchmal im siebten Monat, meist im neunten, manchmal auch im zehnten oder elften Monat nieder; immer aber ist das Kind wohlbehalten und lebensfähig«. Pythagoras unterscheidet zwei Typen von Schwangerschaft: »Die kurze, sogenannte siebenmonatige Schwangerschaft, die am 213. Tag nach der Empfängnis beendet ist, und die lange, sogenannte zehnmonatige Schwangerschaft, die nach 274 Tagen beendet. ist.« Hypokrates meint wiederum, daß alles von dem Tag abhängt, an dem sich das Kind zum ersten Mal bewegt; diese Zeit braucht man nur noch mit drei zu vervielfachen: Wenn es sich am 70. Tag bewegt, kommt es am 210. zur Welt; bewegt es sich am 90., dann wird es erst am 270. Tag geboren.

Der Glaube an »Spätgeburten«

Frühgeburten kamen zwar relativ häufig vor, jedoch war dies bei den Geburtshelfern kein besonderes Thema. In den Handbüchern werden sie mit Zurückhaltung behandelt, meist zugleich mit den Fehlgeburten. Dagegen fanden Spätgeburten, die die Ehre der

Familie ins Gerede bringen oder die Erbfolge stören konnten, viel häufiger die Aufmerksamkeit von Ärzten und Juristen. Deshalb verfügen wir zu diesem Problem über reichliches Material, vor allem aus dem 18. Jahrhundert, d. h. aus der Zeit, in der eine heftige Debatte ausgebrochen war zwischen denjenigen, die mit Antoine Petit und Bertin dachten, daß es keine »feste Frist« gäbe, und denjenigen, die in Nachfolge von Louis und Bouvard das Gegenteil behaupteten. Ärzte, die im 18. Jahrhundert die Möglichkeit einer verspäteten Schwangerschaft abstritten, stellten sich in Widerspruch zur gültigen Meinung; sie wiesen nur vorsichtig darauf hin, daß sie sich auf ihre Beobachtungen oder auch auf ihre eigenen Erfahrungen als Erzeuger stützten. Einer von ihnen, Chambon de Montaux, berichtet über einen Arzt, der des öfteren mehrere Tage hintereinander außer Haus bleiben mußte und »die richtigen Daten für die Zeitdauer der Schwangerschaft ermitteln mußte ... Um keinen Fehler zu begehen, schrieb er genau das Datum der Tage auf, an denen er seine erste Frau sah, mit der er fünf Kinder hatte«. Die Ergebnisse waren besonders überzeugend, schließt Chambon, denn obwohl »über die Geburt des ersten hinsichtlich der Anzahl der Tage Unsicherheit bestand, wurde das zweite auf den Tag genau neun Monate nach der Empfängnis geboren; das dritte überschritt den Termin von neun Monaten um zwei Tage, das vierte und fünfte Kind wurden genau nach neun Monaten geboren.« Eine Schwankung von wenigen Tagen ist häufig die Folge einer vorübergehenden Unpäßlichkeit der Mutter; dies war auch der Fall bei der Frau unseres ärztlichen Beobachters, die in der dritten Schwangerschaft einen leichten Fieberanfall durchgemacht hatte (12, 147).

Die Ärzte stellten im 18. Jahrhundert fest, daß auch bei den Tieren, deren Regelmaß man so sehr gepriesen hatte, Unregelmäßigkeiten auftreten konnten. Aus statistischen Aufzeichnungen über die Brutdauer bei Hühnern konnte der Pariser Arzt Darcet schließen, daß sie eindeutig in gestaffelten Zeiträumen schlüpfen. Im Jahre 1817 kommt Tessier nach langjährigen Beobachtungen an 575 Kühen, 277 Stuten, 7 Büffeln, 2 Eseln, 912 Schafen, 25 Säuen und 172 Kaninchen zu derselben Schlußfolgerung: »Die Dauer der Schwangerschaft ist bei allen Arten sehr unterschiedlich.«

Was jedoch diese Beobachtungen und die Untersuchungen an Schwangeren am Ende des 18. und Anfang des 19. Jahrhunderts vor allem erkennen lassen, ist die Tatsache, daß Spätgeburten die große Ausnahme sind. So erklärt J. F. Lobstein, Chefgynäkologe des Bürgerhospitals in Straßburg, daß von den 714 Geburten, die vom März 1804 bis Dezember 1814 in seiner Anstalt stattfanden, nur eine als Spätgeburt betrachtet werden konnte, während 630 Frauen nach der Regelzeit von neun Monaten niederkamen, sechzehn eine Fehlgeburt erlitten und bei 76 eine Frühgeburt zu verzeichnen war. Das Problem ist tatsächlich nicht die Verspätung, wie man jahrhundertelang dachte und sagte, sondern die Frühgeburt. Wie ist es zu erklären, daß sich diese doppelte Fehlauffassung so lange halten konnte, und zwar sowohl in der Welt der Wissenschaft als auch in der Volksmeinung? Oder sollte gar keine Fehlauffassung vorliegen?

Die Schwangerschaft und der Mond: Die Zeitmessung

Die Art und Weise, wie die Frauen selbst die Dauer ihrer Schwangerschaft ermittelten, hat zweifellos viel zu der Vorstellung beigetragen, daß diese Frist zehn Monate beträgt: Sie rechneten in Mondmonaten, die etwas mehr als 27 Tage zählen. Zehn Mondmonate entsprechen also neun Sonnenmonaten. Indem man vom Mondzyklus ausging, kam man zu einem völlig anderen Zeitmaß. Bekanntlich wurde die Zeit früher ja in Nächten, Monaten und Wintern gemessen, bevor man zu Tagen und Sonnenjahren überging; man orientierte sich also mehr an der Dunkelheit als am Licht. *Mâs*, die Bezeichnung des Mondes im Sanskrit, geht ja auch auf das Wort *mâ* zurück, messen. Der Mond war der Himmelskörper, anhand dessen man die Zeit maß. Zweifellos stand die Gewohnheit, die Schwangerschaft zu zehn Mondmonaten zu rechnen, völlig im Einklang mit den natürlichen Wahrnehmungen: »Die Frau konnte zehn oder sogar elf Mondwechsel wahrnehmen [einschließlich des Mondes, der zum Zeitpunkt der Menstruation vor der Empfängnis schien], bevor sie von Fruchtesbanden erlöst wurde« (61, 107). Diese Gewohnheit war natürlicher Ausfluß einer bestimmten Denkweise; in Rom etwa wurde die Dauer der Schwangerschaft sogar zum Eichmaß der Zeit. An verschiedenen Stellen seiner *Fasti* legt Ovid dar, warum man das Jahr zu zehn Monaten mißt, wobei er vor allem die Dauer der Schwangerschaft als Argument vorbringt. Später wurden die Begriffe »Mond« und »Monat« in vielen Sprachen, wie auch im Deutschen, durch denselben Ausdruck bezeichnet oder durch sehr ähnliche Wörter: Heute noch bedeutet etwa im Rumänischen *luna* sowohl Monat als auch Mond, und auch im Englischen sind *moon* und *month* eng miteinander verwandt. Wenn man sagt, daß eine Frau ihre »Monatsregel« oder »Menstruation« hat, beinhaltet dies ebenfalls einen Hinweis auf den Mondzyklus. Es ist daher nicht verwunderlich, daß bis in das 19. Jahrhundert eine Schwangerschaft von zehn Monaten als normal galt. Man wußte schon seit der Antike, daß dieser Zeitraum neun Sonnenmonaten entsprach; man hatte einfach die Gewohnheit beibehalten, diesen Zeitraum in Mondwechseln zu berechnen und auszudrücken.

Nun wird uns auch klar, warum die Spätgeburten im 18. Jahrhundert so heftig diskutiert wurden; die juristischen Argumente – Vaterschaftsfeststellung, Erbansprüche – sind sicher nicht zu vernachlässigen, jedoch sind sie nicht die Hauptursache. Es geht in Wirklichkeit um die Zeitwahrnehmung. Die alte Zeitauffassung, die in Frankreich gegen Ende des 14. Jahrhunderts langsam eine geringere Rolle spielt, weicht der neuen Zeitrechnung: Die Sonnenzeit und die Uhr ersetzen die Mondphasen und die Sanduhr. Eine Schwangerschaft dauert nunmehr neun Monate!

Die Frau muß das Kind »zubereiten«

Der Gedanke, daß die Geburt verzögert oder beschleunigt werden kann, erhält auch durch die Vorstellung Nahrung, daß sich der Fetus aus seinem Gebärmuttergefängnis befreit. Dabei gelten die Beengtheit in der Gebärmutter und fehlende Wärme und Nahrung als Ursachen für eine Frühgeburt. Ein Fetus von sieben bis acht Monaten, der bereits eine ansehnliche Größe erreicht hat, fühlt sich von allen Seiten eingeschlossen und bedrängt; es treibt ihn unwiderstehlich ins Freie, um dort die Nahrung zu suchen, die ihm der Mutterleib und die Plazenta nicht mehr in ausreichendem Maße bieten können. Das Symbol vom Baum und seiner Frucht wird hier unbefriedigend. Die Frucht hängt nur *am* Baum, d. h. außen, während der Fetus *im* Mutterleib wächst. Ein vorzeitiges Kind ist ein »vor-reifer« Fetus, es ist *prae-maturus*. Es ist, noch plastischer ausgedrückt, »nicht gar«. Anstelle der Metapher von der Frucht am Baum gebraucht man diejenige vom Brot im Ofen, des Fetus als Teigkugel in der Gebärmutter; diese Metapher gibt die Vorstellung sehr viel genauer wieder, die sich die Landbewohner in den vergangenen Jahrhunderten von der Schwangerschaft machten. Ihre Anschauung teilten auch die Geburtshelfer bis in das 17. Jahrhundert: »Es heißt, daß es zahllose menschliche Temperamente gibt, und daß Kinder, die die meiste Wärme haben, schneller im Mutterleib geformt und früher geboren werden; so gibt es welche, die mit sechs Monaten zur Welt kommen« (37, 298).

Ganz allmählich nimmt die Teigkugel, die der Fetus ist, im Mutterleib Gestalt an; der Teig geht, bläht sich in der runden und abgeschlossenen Umgebung auf, bis der Fetusteig fertig ist. Alle seine Gliedmaßen sind gut geformt, und seine Haut, seine »Kruste« ist kräftig genug, so daß er zur Welt kommen kann. Im Hinblick auf die Dauer der Schwangerschaft meint Louise Bourgeois wie alle anderen Autoren seit der Antike, daß Kinder mit sieben Monaten lebensfähig sind. Daß sie noch zwei Monate länger in der Gebärmutter bleiben, liegt daran, daß »die Natur sie festhält, um ihre Haut zu kräftigen« (7, 221). An dieses Bild des garen Kindes mit einer schönen Farbe und Widerstandskraft gegen die Gefahren der Außenwelt erinnert heute noch die ländliche Redeweise »Er ist noch nicht ganz gebacken«, mit der man die fehlende Erwachsenheit und Urteilskraft eines jugendlichen Menschen andeutet.

Lebensfähig mit sieben Monaten, aber nicht mit acht

Dieses Bild des Mutterleibes, in dem das Kind zum Garsein gebracht wird, liefert auch eine Erklärung dafür, warum das Kind, das mit sieben Monaten als lebensfähig gilt, dies mit acht Monaten nicht mehr ist. Hippokrates konstatiert zwar, daß »wenige Siebenmonatskinder überleben«, merkt jedoch an, daß ein Fetus zu diesem Zeitpunkt voll ausgebildet und lebensfähig ist: »Durch den Aufenthalt in der Gebärmutter sind sie so weit genährt, daß sie alles haben, was ein fertiger, lebensfähiger Fetus besitzen muß.« Um diese Zeit machen die Kinder übrigens auch einen Purzelbaum: Sie versuchen zum ersten Mal, ins Freie zu kommen, was in Anbetracht der Tatsache, daß sie schon genauso kräftig sind wie ein Kind von neun Monaten, ganz normal ist. Wenn es ihnen gelingt, zur Welt zu kommen, entgehen sie den Gefahren, die ihnen bei einem Verbleib in der Gebärmutter drohen: Wenn es ihnen mit sieben Monaten nicht gelingt, zur Welt zu kommen, sind sie durch die Versuche, dem Gefängnis der Gebärmutter zu entkommen, so erschöpft und ist ihr Organismus so geschwächt, daß sie bis zum neunten Monat warten müssen, bis sie wieder zu Kräften gekommen sind und einen zweiten Versuch wagen können. Das Kind muß also »nochmals in den Ofen«, um ein zweites Mal gegart zu werden, wie Amboise Paré bemerkt: »Das Kind, das durch den vergeblichen Kampf und seine Versuche, ins Freie zu gelangen, umso schwächer ist, muß gewissermaßen erneut gebacken und vom Uterus festgehalten werden.« Wenn dann die Gebärmutter, irritiert durch die Bewegungen des Kindes im siebten Monat, sich im achten Monat unglücklicherweise seiner entledigt, hat das Kind keine Überlebenschancen: »Wenn das Kind während der Krankheiten des achten Monats zu allem Überfluß auch noch zur Welt kommt, ist es unmöglich am Leben zu erhalten«, heißt es bei Hippokrates. Die Vorstellung, daß eine Geburt im siebten Monat bessere Chancen hat als eine solche im achten, war bereits bei den Griechen, den Römern und den germanischen Völkern gängig. Apollo und Dionysos waren Siebenmonatskinder. Die Magie der Siebenzahl und der Einfluß der pythagoreischen Lehre dürften ebenfalls die Vorstellung einer vielversprechenden Zukunft eines frühreifen Kindes von sieben Monaten gefördert haben.

Die Qualität des »Ofens«, d. h. das Temperament der Mutter, spielt für die »Zubereitung« des Kindes eine wichtige Rolle. Aber auch der Leibesumfang des Kindes selbst ist ein wesentlicher Faktor. Es ist wie beim Wildbret oder Geflügel: Je fetter, desto länger muß es im Rohr bleiben, wie eine Grundregel der Kochkunst lautet. »Es gibt Kinder, die besonders dick und rund sind,« erläutert Laurent Joubert, »die dann länger drinbleiben müssen, bis sie fertig sind.« In der Tierwelt gibt es hierfür übrigens zahlreiche Belege: Aristoteles wies bereits darauf hin, daß »Elefanten wegen ihrer Dicke zwei Jahre in der Gebärmutter bleiben müssen«. Hierin glaubt man auch den Grund gefunden zu haben, warum Mädchen in der Regel länger in der Gebärmutter bleiben: »Während das eine Kind, das seit seiner Empfängnis oder den Anfängen seiner Bildung klein und mager war, eine warme und trockene Konstitution hat, beweglich ist und zappelt, mit neun Monaten und manchmal mit sieben auskommt, um ausgewachsen zu sein, braucht das andere zehn bis elf. So sieht man in der Regel, daß Mädchen die neun Monate vollmachen und Knaben zu Beginn dieses Monats geboren werden.«

Die Landbevölkerung war in früheren Zeiten davon überzeugt, daß der Mensch warten mußte, bis die Natur in der Zeit, die sie sich selbst dafür zumaß, ihr Werk vollendet hatte. Der Gang der Dinge durfte weder gestört noch beschleunigt werden. Der Mensch respektiert den Rhythmus der Natur, damit das Kind »zu seiner Zeit« kommen kann.

Kapitel 2

Das Erlebnis der Schwangerschaft

*Die Natur wacht sorgfältig über die kostbare Fracht,
die sie trägt.*

F. A. DELEURYE,
Traité des accouchements, 1770

Aus den Zeugnissen, die wir über Schwangerschaften in früheren Zeiten haben, geht nur indirekt hervor, daß die Frauen auf ihren Zustand stolz waren. Explizit wird dies nirgendwo ausgedrückt. Eine Frau, die ein Kind erwartet, ist diskret; häufig schämt sie sich sogar ihrer Schwangerschaft und verbirgt ihren Zustand, so gut es geht. Wer schwanger ist, verliert seine körperliche und geistige Freiheit, denn alles, was die Schwangere denkt oder tut, wirkt sich auf das Kind aus. Sie lebt fortan für zwei. Da sie die Verbindung des Fetus mit der Außenwelt darstellt, muß sie ihn beschützen, indem sie alles von ihm fernhält, das einen schädlichen Einfluß haben könnte. Sie muß Vorsicht und Rücksicht üben, sich in acht nehmen und Beschränkungen unterwerfen.

Die Ängste der schwangeren Frau

Schwangere Frauen lebten in der ständigen Angst vor Unglücksfällen; sie fürchteten, an einer Treppe zu stolpern, so daß sie sich Knöchel oder Knie unglücklich vertraten oder schwer stürzten. Sie konnten ihren Leib an der Tischkante stoßen, auf eine Baumwurzel oder einen Stein fallen oder im Gedränge auf dem Markt einen Stoß abbekommen. All dies konnte schlimme Folgen haben: Schwere Blutungen und anschließende Fehlgeburt sind keineswegs selten. Die Wässerchen und Salben, die auf Jahrmärkten von Quacksalbern feilgeboten oder in der Volksliteratur nachdrücklich empfohlen wurden, sollten dafür sorgen, daß Frauen, die sich verletzt hatten, ihre Frucht nicht verloren. Ein Beispiel, das für viele steht, ist das Rezept, das Madame Fouquet Ende des 17. Jahrhunderts in ihren *Remèdes charitables* gibt: »Es kommt häufig vor, daß eine schwangere Frau stürzt, meist in den letzten Monaten der

SCHWANGERSCHAFT: ZEIT DER HOFFNUNG, SCHMERZEN, SORGEN

Gynäkologische Untersuchung an einer stehenden Frau. Französischer Stich, Vorlagenzeichnung von Antoine Chazal, 1822.

Schwangerschaft, so daß die Gefahr einer Fehlgeburt besteht. Um solche Stürze zu vermeiden, soll sie folgendes Heilmittel anwenden: Man nehme drei Unzen Öl vom Johanniskraut oder Hypericum, das man beim Apotheker bekommt, und eine Unze Branntwein; man vermische dies und reibe damit morgens und abends die Schenkel und die Beine ein, bis sich eine Wärmeempfindung einstellt« (23, 70).

Frauen fürchten nicht nur Gebärmutterblutungen, sondern wissen auch, daß es während der Schwangerschaft häufig zu Entkalkungen kommt, die das Gebiß schädigen. Aber auch wenn Karies oder heftige Zahnschmerzen die Notwendigkeit begründeten, einige Zähne zu ziehen, weigerten sich die Zahnärzte häufig, etwas zu unternehmen: Es war besser, die Frau leiden zu lassen, als sie in Gefahr zu bringen und dafür verantwortlich gemacht zu werden!

Die Frau weiß, daß ungeachtet der Umstände immer sie diejenige sein wird, der man die Schuld an einem Unfall gibt: »Warum hat sie nicht achtgegeben?« »Was wollte sie da auch?« Durch solche Vorwürfe entstehen bei der Frau rasch Schuldgefühle. Wenn ihr Kind zu früh zur Welt kommt oder Abnormitäten aufweist, wird sie sich unvermeidlich fragen, welche Unvorsichtigkeit oder welche Fehler sie während ihrer Schwangerschaft begangen haben könnte. Durch das analogische Denken kommt man häufig zu unerwarteten Schlüssen. Zu Beginn des 17. Jahrhunderts berichtet die Geburtshelferin Louise Bourgeois von einer Frau, die während der Schwangerschaft an Wassersucht litt und mit einem Kind niederkam, das an derselben Krankheit litt; sie war überzeugt, für den Zustand ihres Kindes verantwortlich zu sein, weil sie während ihrer Schwangerschaft einmal bei einer Mahlzeit zu viel getrunken hatte ...

Symbolische Verbote

Um ihr Kind und sich selbst zu schonen, muß die Schwangere auch einige Verbote beachten. Es handelt sich hier meist um Verhaltensweisen oder Handlungen, die die Geburt unmöglich machen oder dem Säugling körperlich schaden können. Die werdende Mutter »muß es vemeiden, mit herabhängenden oder übereinandergeschlagenen Beinen zu sitzen, denn dies macht die Kinder mißgestalt und die Geburt schwer« (21, 167). Sie darf nichts um ihren Leib tragen, was an Umschlingung oder Einschließung denken läßt; keine überflüssigen Kettchen oder Bänder. Skapulier-Medaillen oder Schutzmedaillons kommen in ein Säckchen, das die Frauen in der Vendée noch zu Beginn des 20. Jahrhunderts auf ihr Korsett oder Unterhemd nähen. Wenn sie diese Vorsichtsmaßnahmen nicht beachten, dann wird bei der Geburt die Nabelschnur ebensooft um den Hals des Kindes geschlungen sein, wie die Mutter Schnüre oder Ketten getragen hatte. Die Furcht, daß das Kind durch die eigene Nabelschnur erstickt wird, ist weit verbreitet. Alles, was auch nur entfernt an die Form eines Kreises erinnert, wird aus dem Leben der Schwangeren verbannt. In Les Landes und der Gegend um Bazi̇ège südlich von Toulouse darf sie auf keinen Fall Kaffee mahlen oder Wolle oder Leinen zu Knäuel wickeln.

Eine zweite Gruppe von Verboten betrifft alles, was den natürlichen Ablauf stören könnte. Es ist z. B. nicht gut, wenn eine Frau, die in der Hoffnung ist, schon an der Babyausstattung arbeitet; damit greift sie dem Zeitpunkt der Geburt in gefährlicher Weise voraus und gefährdet das Kind. Eine schwangere Frau vermeidet auch jeglichen Kontakt mit dem Tode oder seinen Symbolen. Im 19. Jahrhundert hieß es im Nivernais, daß sie »nicht bei einem Leichenzug mitgehen darf, weil sonst das Baby so bleich sein wird wie der Tod«. Im Dauphiné darf sie kein totes Kind anschauen, »denn dann wird das ihrige bei der Geburt leichenblaß sein«. Aber nicht nur ein toter Leib kann einen schädlichen Einfluß haben; man fürchtet ebenso die nachteilige Wirkung von Dingen, die miteinander unvereinbar sind, die gewissermaßen Spiegelbilder voneinander sind. In der Gegend um Cambrésis »darf eine schwangere Frau nicht Patentante sein, da sonst das Kind, das sie zur Welt bringen soll, sterben wird«. Eine Variante hierzu findet man im Limousin und Périgord: Die Frau darf nicht Patin sein, weil dann eines der beiden Kinder sterben muß. Wer ein Kind trägt, darf keine weitere Beziehung mehr zur Fruchtbarkeit haben, auch nicht zu derjenigen von Tieren. Im Languedoc »darf eine schwangere Frau ihre Hühner nicht brüten lassen«.

Die Vielzahl der Ängste und Verbote erklärt, warum die Frauen Zuflucht zu Schutzmitteln und Ritualen nehmen, die es ihnen ermöglichen, diese schwierige Zeit ohne große Probleme durchzustehen.

Amulette, Talismane, Rituale

Mit allerlei Verrichtungen versucht die schwangere Frau, sich zu beruhigen und ihre Frucht zu schützen. Der Vielzahl an Verboten und Bedrohungen steht eine ebenso große Zahl an Schutzmitteln gegenüber. Während manche Praktiken Teil des von der katholischen Reformkirche propagierten Rituals sind, bei dem die jungfräuliche Mutter Maria eine wichtige Rolle spielt, sind andere die Fortsetzung alter Formen des Volksglaubens, denen ein naturnahes Körperbewußtsein zugrunde liegt.

»*Schwangere Steine*«

Eine schwangere Frau trug häufig an ihrem Leib einen symbolischen Gegenstand, der das böse Schicksal fernhalten und Unglücksfälle verhüten sollte. Bestimmte Steine wie z. B. Achate waren sehr gesucht, insbesondere solche, deren »Fleisch« durch rote oder gelbe Schlingen in geheimnisvoller Weise an den Fetus erinnert. In der Provence wurden diese Achate nach der Niederkunft durch andere ersetzt, *pater de la* oder *gardo la* genannt, Milchachate, die wegen ihrer Farbe die Milchbildung fördern sollten. Der Talisman, dem jedoch seit der Antike die meiste Kraft zugeschrieben wurde, war der Adlerstein oder Klapperstein, lateinisch »lapis praegnans«, schwangerer Stein, genannt, weil man in seinem Innern Steinchen umherrollen hört, was an den Mutterleib mit dem Fetus erinnert. Man trug ihn an einem Schnürband oder an einer Kette um den Hals oder am linken Arm, und zwar direkt auf der Haut. Direkt am Leib der Schwangeren befestigt, half er, das Kind festzuhalten und zu verhindern, daß es vorzeitig geboren wurde. Ein Adlerstein hatte wie alle Talismane eine gewisse Wirkung auf die psychische Verfassung der Frau: Der magische Gegenstand verschaffte ein Gefühl der Sicherheit, er beruhigte. Bis Ende des 17. Jahrhunderts kam es den Ärzten nicht in den Sinn, die günstige Wirkung, die die Frauen diesem Mittel zuschrieben, in Zweifel zu ziehen. Allerdings warnten sie davor, nicht zu sehr darauf zu vertrauen, um nicht leichtsinnig zu werden. Der Geburtshelfer Mauquest de La Motte klagte, ständig in der Furcht zu sein, daß »sich die jungen Frauen übermäßiger Lustbarkeit hingeben, wie z. B. Reiten, Laufen, Springen, Tanzen und anderen ungestümen Betätigungen . . ., weil sie so stark an die sogenannte besondere Eigenschafft des Adlersteins glauben« (37, 587).

»*Aberglaube*«

Noch im 17. und 18. Jahrhundert gibt es zahlreiche Bräuche mit heidnischem Einschlag, wie aus den Berichten der Bischöfe über ihre Pastoralvisiten in den Pfarreien ihres Bistums hervorgeht. Die Kirche unternimmt größte Anstrengungen, diese Gebräuche zu kanalisieren und Auswüchse einzudämmen, jedoch ist es ganz besonders schwierig, heidnisches Denken auszurotten, wenn es so tief im täglichen Leben verwurzelt ist und die Frauen es mit Unterstützung der Hebammen ständig weitergeben. Der »Altweiberglaube« ist wie eine Hydra, der unaufhörlich neue Köpfe nachwachsen; er verfälscht den Glauben und bringt Bevölkerungsgruppen, die schon zum wahren Christentum bekehrt waren, wieder auf falsche Wege. Die Schwangere ist ja zu allem bereit, um ihre nagende Furcht zu überwinden und während der Geburt nicht leiden zu müssen, und mag die Kirche die Vorsichtsmaßnahmen der Frau noch so sehr verurteilen, wie es etwa der Geistliche Jean-Baptiste Thiers tut: »Es ist sicher auch ein Aberglaube, daß eine schwangere Frau bei der Geburt nicht leiden wird, wenn sie beim Evangelium in der Messe sitzen bleibt, die sie einige Tage davor hört. Wie könnte wohl eine solche Haltung ihre Geburt erleichtern?« Diese auf dem Lande weitverbreitete Sitte ist zu verurteilen als »Aberglaube, unnützes Tun, vergebliche Sorge und Herbeizauberung von Ereignissen und Begegnungen« (68, 88). Man fürchtet, daß ein unvorhergesehenes Unglück die noch ungeborene Frucht das Leben kosten könnte, und daß insbesondere keine Zeit mehr wäre, das Kind noch zu taufen. Zwar ist diese Sorge um das Seelenheil des Kindes in den Augen der Kirche lobenswert, jedoch kann sie auch zu verwerflichem Tun führen. Pfarrer Thiers verurteilt die »schwere Verirrung« derjenigen, »die glauben, daß das Kind einer Schwangeren, die die heilige Eucharistie empfängt, dadurch so sehr gesegnet wird, daß es keine Taufe mehr braucht«. Für die Eltern ist diese Ansicht nur logisch: Steht der Fetus nicht fortwährend unter dem Einfluß seiner Mutter? Warum soll der Grundsatz »was gut ist für die Mutter, ist gut für das Kind« hier nicht mehr gelten, wo doch soviel auf dem Spiel steht?

Schwangerschaft und Jungfräulichkeit

In den Lebensbeschreibungen der heiligen Frauen, die in der Schwangerschaft angerufen werden, hat deren Martyrium fast immer etwas mit dem Ideal der Jungfräulichkeit zu tun: Um ihre Jungfernschaft zu bewahren, gehen sie willig in den Tod. Jacobus de Voragine erinnert in seiner *Legenda aurea* daran, daß »Margarete ihren Namen von einem gar köstlichen Edelstein hat, der Margerita genannt ist; dieser Stein ist weiß und klein und voller Kräfte. Also war Sankt Margareta weiß durch ihre jungfräuliche

Reinheit; klein durch ihre Demut; voller Kräfte durch die Wunder, die sie wirkte. »Weil sie Jungfrau bleiben will, weigert sie sich, die Frau des Präfekten Olibrius zu werden; sie wird von einem Dämon in Gestalt eines greulichen Drachen grausam gefoltert, bleibt aber ihrem Glauben treu. Auch die hl. Foy erleidet den Märtyrertod, weil sie sich weigert, ihre Jungfräulichkeit preiszugeben. Die Keuschheitsgürtel der hl. Margareta und der hl. Foy spielen daher auch eine wesentliche Rolle im Verehrungsritual schwangerer

Eine Heilige für die Entbindung Kreißender: die heilige Margareta. Polychrome Statue, Anfang 18. Jahrhundert, Kirche in Moutiers-au-Perche.

Frauen. Die Erzählung von der heiligen Nonne, die im bretonischen Dirinon verehrt wird, ist noch erhellender. Während einer »gottesfürchtigen Fahrt« wird sie nach der Legende von einem Fürsten vergewaltigt, von dem sie ein Kind bekommt, den späteren hl. Divy. In seinem 1725 erschienen *Vie des Saints de Bretagne* führt Dom Lobineau dieses Beispiel an, um zu zeigen, daß alle

Mädchen züchtig und zurückhaltend sein müssen: »Das Unglück, das über die heilige Nonne gekommen ist, kann allen christlichen Jungfrauen zur Lehre dienen, um sie von aller äußerlichen und übertriebenen Zurschaustellung von Frömmigkeit abzuhalten, durch die sie ohne Not alle Welt auf sich aufmerksam machen. In einem zurückgezogenen und unauffälligen Leben liegt ihr Heil.«
Sowohl in wissenschaftlichen Texten wie im Volksglauben steht die Verteidigung der Jungfräulichkeit in einem engen Zusammenhang mit einem guten Schwangerschaftsverlauf. Einige Frauen, die ihr Leben für ihre Ehre hingegeben haben, sind natürlicherweise gute Beschützerinnen der Frucht, die in der Ehe erzeugt wurde. Nur die Jungfrau Maria allein, von Gott zur Mutter des Erlösers auserkoren, konnte zwei unvereinbare Dinge miteinander vereinigen: Von einem Kind schwanger zu werden und es zur Welt zu bringen, ohne einen Mann erkannt zu haben. Dieses Dogma von der jungfräulichen Geburt führt in der zweiten Hälfte des 19. Jahrhunderts zu einer reichen Ikonographie, deren Wirkung sich die Frauen nicht entziehen konnten.

Ein Kirchenfenster in Montluçon zeigt Maria als Kind, wie sie von Sankt Anna unterwiesen wird; der erläuternde Text stellt sie als unerreichbares Vorbild dar:

Jungfräulichkeit und Mutterschaft seit Jahrhunderten im Schoße Mariens verbunden.

Natürlich gilt damit Maria auch als die mächtigste aller Fürsprecherinnen; sie ist die Schirmherrin der Schwangeren und Kreißenden schlechthin.

»Das schwangere Bild«

In bestimmten Ritualen zum Schutz der Schwangerschaft findet sich ein direkter Bezug auf den Bauch. Heilige, die sich als Helfer bei Leibschmerzen bewährt hatten, wurden häufig auch von schwangeren Frauen angerufen, so z. B. der hl. Mamertus, zu dem man im Westen Frankreichs bei Koliken und Magenblutungen betete. Er wird häufig mit aufgeschnittenem Leib dargestellt, wobei er seine Gedärme mit beiden Händen festhält; in Moncontour-de-Bretagne bitten ihn die Frauen in ihren Gebeten um eine schnelle, schmerzlose Geburt. Santez Gwentrok oder Wentrok (St. Ediltrudis) genießt das besondere Vertrauen der werdenden Mütter im nördlichen Finistère; das alte bretonische Wort *gwentr*, das

DAS ERLEBNIS DER SCHWANGERSCHAFT

*Wunderbare Empfängnis. »Die heilige Anna empfängt die Jungfrau«.
Auf dem Bauch der Heiligen erscheint die Jungfrau in einer Gloriole.
Gemälde von Jean Bellegame, Anfang 16. Jahrhundert.*

Krämpfe und Leibschmerzen bezeichnet, ist zweifellos mit ein Grund für diese Verehrung.

Am sinnfälligsten wird die Schwangerschaft aber doch durch den Bauch ausgedrückt, der eine Frucht in sich schließt. Heilige Frauen werden daher auch häufig schwanger abgebildet; der Leib wölbt sich dabei so unübersehbar, daß kein Zweifel möglich ist. Trotz ihrer Verehrung als Jungfrau wird die hl. Margareta in den Kirchen von Collorec und Bannalec schwanger dargestellt. Sogar die Jungfrau Maria entgeht erstaunlicherweise nicht dieser Symbolik des schwangeren Leibes.

Statuen und auf Holz oder Stein gemalte Bilder zeigen die Muttergottes während ihrer Schwangerschaft. Auf Darstellungen des

16. Jahrhunderts ist sie meist alleine. Auf einem Kirchenfenster, das am Ende dieses Jahrhunderts im Limousin geschaffen wurde, trägt sie ein weißes Kleid, das leicht geschürzt ist, so daß ihr roter, goldgesäumter Unterrock zu sehen ist. Auf dem Leib der Jungfrau ist in einem goldenen Strahlenkranz ein kleiner Mensch zu sehen, nackt und mit gefalteten Händen. Die gleiche Thematik findet man auf einem Kirchenfenster in Jouy, zu Füßen der Montagne de Reims, auf einem Altarbild in der Kirche von Chissey im Jura und bei einer Statue, die heute in der Bibliothek von Amiens steht. Diese Art von Darstellungen, die sogenannte »Menschwerdung Christi«, ist sehr alt. Die Jungfrau auf einem aus dem 13. Jahrhundert stammenden Fenster der Kathedrale von Chartres dürfte das Vorbild für die Glaser, Maler und Bildhauer späterer Zeiten gewesen sein.

Die Bibelstelle, die von dem Besuch Mariens bei ihrer Base Elisabeth berichtet, eignet sich vorzüglich für thematische Darstellungen dieser Art. Es sind meist die beiden schwangeren Frauen dargestellt, wie sie sich einander zuneigen, um sich zu begrüßen. Der Maler oder Bildhauer läßt das Kleid der Elisabeth offen, so daß ein kleiner Johannes sichtbar wird, der sich Jesus in Marias Schoß zuneigt und ihn mit der Rechten segnet. Dieses Thema ist u. a. in einem Gemälde aus der Deutschen Schule (15. Jahrhundert) im Museum von Lyon und auf einem Hinterglasbild in der Kirche von Saint-Nizier (16. Jahrhundert), ebenfalls in Lyon, dargestellt.

Bei einem dritten Typus von Darstellungen »schwangerer Jungfrauen« tritt die hl. Anna hinzu. Es sind dann zwei oder manchmal auch drei »einander umschließende Generationen« zu sehen: St. Anna und Maria, oder St. Anna, Maria und Jesus. Ein Kirchenfenster in Brennilis, *La Sainte Conception* (die heilige Empfängnis) betitelt, und eine Figur aus Marlaix, vermutlich aus dem Beginn des 16. Jahrhunderts, zeigen zwei aufeinanderfolgende Generationen. In Frankreich wurden vom 15. bis Mitte des 16. Jahrhunderts vor allem im Westen (Bretagne und Anjou) viele Darstellungen von »Anna Selbdritt« geschaffen. Im *Livre d'Heures à l'usage du diocèse d'Angers* (Stundenbuch für das Bistum Angers) aus dem Jahre 1510 ist St. Anna stehend dargestellt mit zurückgeschlagenem Mantel; in ihrem Schoß trägt sie die sitzende Jungfrau, die wiederum ein nacktes Jesuskind auf den Knien trägt. Diese Art von Darstellungen ist auch in Italien zu finden, wo sie möglicherweise auch ihren Ursprung hat. Mit dem Konzil von Trient endete die Ausführung und Verbreitung solcher Darstellungen, die fortan nicht mehr im Einklang mit der reinen Lehre standen. Bis in unsere Zeit hielt sich aber die Verehrung bestimmter »sich öffnender Jungfrauen«. So haben die Frauen aus dem Morvan jahrhundertelang ein solches Bild in der Kirche von Reclesne verehrt, um eine glückliche Geburt zu erflehen. Sie bestellten eine Messe und ließen die Brust einer alten Marienstatue öffnen, so daß sie das Jesuskind in ihrem Schoß bewundern konnten. Im 19. Jahrhundert verbot die Kirche schließlich diese Wallfahrten und ließ das Bild in Eisen schließen, um solche Praktiken ein für allemal zu unterbinden.

Die genannten Darstellungen der Heiligen Jungfrau verkörpern einen Archetypus der Schwangerschaft, der zweifellos sehr alt ist. Im bretonischen Morbihan in der Nähe von Baud steht die Steinfigur der »Venus von Quinipily«, im 17. Jahrhundert bekannt unter dem Namen »Die alte Memme« *(Er Groarch' Couard)* oder »Das Mensch«. Es ist die Darstellung einer alten heidnischen Göttin: einer griechisch-römischen Venus, einer irischen Dercith oder ägyptischen Isis? Man weiß es nicht. Fest steht, daß diese Statue, die Mitte des 17. Jahrhunderts in Castennec-en-Bieuzy auf einer grasbewachsenen Anhöhe am Flüßchen Blavet stand, Gegenstand einer Verehrung war, die mindestens bis in das Mittelalter zurückreichte. Die schwangeren Bäuerinnen aus der Gegend stellten ihr ungeborenes Kind unter ihren Schutz. Im Jahre 1660 beschloß der Bischof von Nantes, den die Beliebtheit dieses Wallfahrtsorts auf den Plan gerufen hatte, diese in seinen Augen unschickliche Verehrung zu verbieten – ohne Erfolg.

Wenig später warfen Missionare, die in Baud predigten, das antike Götzenbild in den Fluß; an seiner Stelle ließen sie ein Sühnekreuz errichten. Drei Jahre später wurde die »Alte Memme« jedoch wieder herausgefischt und heimlich am Ufer abgelegt. Die Kunde davon verbreitete sich schnell. Wieder strömten schwangere Frauen von nah und fern herbei. Im Jahre 1670 wurde die Figur erneut ins Wasser geworfen, bis sie 1696 schließlich Graf Pierre de Lannion in den Park seines Schlosses in Quinipily bringen läßt, wo sie schwangere Frauen bis in unsere Zeit heimlich besuchten und ihren Schutz anflehten.

Verehrungsrituale

Die Wallfahrt schwangerer Frauen zu solchen Heiligtümern fällt häufig mit liturgischen Ereignissen zusammen. Anläßlich des Festtages eines oder einer bestimmten Heiligen oder eines der großen

Marienfeste (15. August oder 8. September) versammeln sich viele Frauen, die ein Kind erwarten, soweit es ihr Zustand zuläßt. Wenn eine Frau nicht bis zu diesem besonderen Zeitpunkt warten kann, unternimmt sie außerhalb des liturgischen Kalenders eine Einzelwallfahrt, von der sie sich viel Gutes erwartet. Die Wallfahrt kann auch mit einem der großen ländlichen Feste zusammenfallen, was darauf hinweist, daß diese Bräuche schon sehr lange bestehen. Über dem Haupteingang der Commanderie von Braux in der Nähe von Ancerville im Departement Maas stand noch im 19. Jahrhundert ein altes Bild von St. Krispin, den die schwangeren Frauen in diesem Teil von Lothringen um Schutz bitten. Die Wallfahrt findet während der Karwoche statt, in der der Segen über die Früchte des Feldes herabgefleht wird, und die Frauen versäumen es dabei nicht, unter dem Tor hindurchzugehen. Sie erwarten natürlich, durch diesen symbolischen Gang ein schönes Kind zu gebären.

Bei einer Wallfahrt zu einem Bild oder einer Quelle muß die Frau – wie bei den Fruchtbarkeitsriten – manchmal mehrmals um den betreffenden Ort herumgehen. Frauen aus der westlichen Bretagne sind sich sicher, eine gute Schwangerschaft und eine leichte Niederkunft zu haben, wenn sie in Collorec »dreimal vor Sonnenaufgang oder nach Sonnenuntergang die Kapelle der hl. Margareta umschreiten. Nach jedem Rundgang in das Heiligtum eintreten und fünf Vaterunser und fünf Ave Maria beten. Danach den entblößten Nabel der (schwanger dargestellten) Heiligen berühren, die Beichte ablegen und ein Opfer geben« (36, 19).

BERÜHREN UND BERÜHREN LASSEN – Das letztgenannte Beispiel zeigt deutlich, daß die Berührung eine wichtige Rolle im Verehrungsritual spielt. Die Schwangerschaft betrifft den Bauch; auf diesen Körperteil müssen daher die Kräfte des schützenden Bildes durch Berührung übergehen. Die Kirche bekämpft Praktiken, die in der Öffentlichkeit stattfinden und die in ihren Augen unsittlich sind. In Saint-Pever konnte ein Pfarrer im vorigen Jahrhundert dem anstößen Verhalten seiner Pfarrkinder nicht andes als durch Entfernung der Statue der »Guten Heiligen« ein Ende machen.

Die Frauen müssen sich also damit zufriedengeben, die Kleider des Bildes zu berühren; manchmal wird ihnen auch zugestanden, den hölzernen oder steinernen Leib der Schutzheiligen zu küssen. Dann können sie in der Gewißheit nach Hause zurückkehren, daß sie die Schwangerschaft gut zu Ende bringen und eine leichte

Niederkunft haben werden. Manchmal nehmen sie das Leintuch mit, das sie bei der Geburt benutzen werden. Indem sie es segnen lassen oder besser noch mit dem Heiligenbild in Berührung bringen, verschaffen sie sich die Gewißheit, ihre schwere Stunde ohne Schwierigkeiten überstehen zu können.

Die schwangere Frau kehrt häufig von der Wallfahrt mit einer Schnur oder einem Band zurück, das sie mit den heiligen Reliquien in Berührung gebracht hat. Wenn sie dieses Band um ihre Taille schlingt, gibt ihr dies während der ganzen Schwangerschaft fortwährenden Schutz, dessen fühlbarer Beweis das Band ist. Teilweise besteht auch ein subtilerer Zusammenhang zwischen der wundertätigen Schnur und dem Heiligenbild: Bis zu Beginn dieses Jahrhunderts gingen schwangere Frauen nach Neufchâtel-en-Bray, um dort zur Notre-Dame-de-Délivrande zu beten; die Hälfte eines Bandes befestigten sie an der Statue, während sie die andere Hälfte selbst bis zur Niederkunft am Körper trugen.

Durch solche Riten wollten die werdenden Mütter nicht nur Schutz für sich selbst erflehen. Mußte nicht vor allem die Frucht, die sie trugen, vor allem Unglück und allem Bösen beschützt werden? Mit diesem Anliegen zogen die Frauen der Picardie in Scharen nach Gamaches, um dort die Statue des hl. Vinzenz zu verehren. Dabei nahmen sie stets ein für das kommende Kind bestimmtes Hemdchen und ein samtenes Band mit. Das Hemdchen wurde kurz mit der heiligen Statue in Berührung gebracht, während die Hälfte des Bandes als Memento um den Arm des Heiligen geschlungen wurde«. Dem Neugeborenen wurde sofort das Hemdchen übergestreift, das es neun Tage lang tragen mußte. Danach schlang die Mutter das Bändchen, das sie mitgebracht hatte, um den Hals des Kindes, wo es ebenfalls acht Tage lang blieb.

WUNDERGÜRTEL – Wegen ihres Symbolgehalts spielen die Gürtel der Jungfrau Maria oder anderer weiblicher Heiliger und die Leibschnüre männlicher Heiliger eine wichtige Rolle im Ritual zum Schutz der Schwangerschaft. Manche heiligen Orte, die jährlich Hunderte und Tausende von Schwangeren anzogen, verdankten ihre Popularität dem Gürtel von St. Margareta, St. Foy, St. Honorine oder der Heiligen Jungfrau Maria. In Südfrankreich, vor allem in der Provence, stehen die Leibschnur des hl. Dominikus oder Honoratius besonders hoch in der Wertschätzung.

Die Fülle von Legenden, die sich um solche Reliquien ranken, erhöhen noch deren Ansehen. In Nieygles im Haut-Languedoc schreibt die Bevölkerung im 18. Jahrhundert die Gründung des Dorfes einem Adler zu, der einen Gürtel der Heiligen Jungfrau in sein Nest getragen hatte; daher der Name Nids-Aigle (Adlernest, später zu Nieygles verstümmelt). »Die Pfarrei ist Mariä Geburt geweiht«, schreibt Pfarrer Malosse, »und durch die Legende von dem wunderbaren Adler lockt sie zahlreiche Pilger an, die mehrmals im Jahr aus den umliegenden Pfarreien hierher kommen..., um den heiligen Gürtel der Jungfrau zu berühren, was sie vor Fehlgeburten beschützen soll...«

Manche Kirchen wie z. B. Notre-Dame in Quintin besitzen nur ein Stückchen eines Gürtels. Dies schmälert ihren Ruf jedoch nicht; die Größe des Gürtels spielt keine Rolle, da bei Reliquien ein Teil für das Ganze steht. Umgekehrt muß der Besitz eines vollständigen Gürtels nicht automatisch zu großem Zulauf führen. Das Einzugsgebiet von Nieygles ist nicht besonders groß, ebensowenig dasjenige der Benediktinerabtei von Saint-Paul in der Nähe von Auneuil, die im 17. Jahrhundert ein Stück eines Mariengürtels besitzt, aber doch nur Schwangere aus der näheren Umgebung anzieht.

WASSERRITUAL – »Wunderquellen« wird häufig die gleiche Heilkraft zugeschrieben wie Heiligenbildern oder einem Mariengürtel. Die Quelle von Aiguevive in der Touraine wurde bis zu Beginn des 19. Jahrhunderts von allen schwangeren Frauen aus der Umgebung besucht. Sie ist St. Gilles geweiht, der insbesondere ganz kleine Kinder beschützt. Das noch ungeborene Kind wird der Quelle geweiht. Im allgemeinen genügt es, wenn die Frau aus der Quelle trinkt, damit die Frucht gesund und kräftig genug bleibt, um zur Welt zu kommen. Gelegentlich wäscht sich jedoch auch die werdende Mutter mit dem Quellwasser.

Daß sich schwangere Frauen im Wasser einer Quelle baden, ist Teil eines sehr alten Rituals, dem offenbar nur schwer beizukommen war. Als der Bischof von Vannes im Jahre 1660 beschloß, die Verehrung der »Alten Memme« in Castennec zu unterbinden, sah er sich hierzu vor allem durch die in seinen Augen skandalösen Vorgänge veranlaßt, die sich bei dem Bildnis abspielten: Halbnackte Frauen badeten in einem Sarkophag, der aus einer Quelle mit Wasser gefüllt wurde. Noch im vorigen Jahrhundert war ein solcher Badebrauch in der Bretagne in dem kleinen Ort Bonnamour-en-Trevé lebendig, wo die Quelle von St. Eutropius bei den Schwangeren sich besonderer Beliebtheit erfreute.

Als es verboten wurde, sich zu entkleiden und in der Quelle zu baden, tritt ein Ersatzritual auf, das immer einen Hinweis auf wesentliche symbolische Werte enthält. Im 18. und 19. Jahrhundert tauchten schwangere Frauen ihre Leibwäsche, ihren Gürtel oder einfach nur ein Band in die Quelle von St. Thouine in dem kleinen Ort Lanloup in der Basse-Bretagne, und sie hofften, daß dadurch die wohltätigen Wirkungen des heiligen Wassers auf sie übergehen würden: Wenn sie die Kleider trugen oder den Gürtel oder das Band um die Hüften schlangen, konnten sie sicher sein, zur rechten Zeit ein wohlgestaltetes Kind zur Welt zu bringen. Daneben war es vielerorts auch üblich, den himmlischen Schutz für das Kind zu erflehen, indem man die Kleider der Babyausstattung ebenfalls in das Wasser tauchte. Es gibt örtliche Varianten zu diesem Ritual, jedoch bleibt die Symbolik des schwangeren Leibes, der entbunden werden muß, immer erkennbar. Während Schwangerschaft sich in erster Linie in der Anschwellung des Leibes äußert, muß eine gute Niederkunft mit einer Abnahme des Leibesumfangs einhergehen. Dieser Gedanke liegt bestimmten Praktiken der sympathischen Magie zugrunde. Indem sie sich in der Quelle von Bonnamour-en-Trevé baden, hoffen schwangere Frauen, daß St. Eutropius, der Schutzheilige der Quelle, der bei Wassersucht helfen soll, auch Frauen seine Dienste nicht versagen wird, die nur vorübergehend einen geschwollenen Leib haben. In Moncontour rufen die Frauen St. Maudetus und St. Adrian an; sie messen den genauen Umfang ihrer Taille und opfern eine Kerze entsprechender Länge. Das Wachs ist an die Stelle des Wassers getreten, jedoch ist die Symbolik ganz ähnlich: Die Kerze soll ebenso abschmelzen wie – in einigen Wochen oder Monaten – der Leibesumfang.

Schwangerschaftshygiene

Die Mutter muß dafür sorgen, daß das Kind in ihrem Leibe »über die Kraft und die körperliche Konstitution verfügt, die es braucht, um den Anstrengungen gewachsen zu sein, die auf es zukommen und die es bestehen muß, wenn es sein enges Gefängnis verläßt und in eine neue Welt eintritt« (28, 177). Im 18. Jahrhundert beginnen sich die Ärzte für die »Lebensregeln für schwangere Frauen« zu interessieren; sie geben Empfehlungen, was sie tun und unterlassen sollen. Sie ziehen vor allem gegen neue Moden zu Felde, die in ihren Augen vor allem in den Städten die Gesundheit von Mutter und Kind gefährden. Nicht weniger heftig verurteilen sie die »populären Irrtümer«, die nicht mehr in ein aufgeklärtes Zeitalter passen. Man muß, wie sie sagen, die Vorurteile abschaffen und nahe an der Natur bleiben; einer Natur, von der man allerdings noch wenig weiß, die nur unzulänglich beschrieben und daher idealisiert ist.

Die Ärzte bekümmern sich in der Regel wenig um die gesellschaftlichen Umstände; sie richten sich in erster Linie an die bessergestellten Frauen in der Stadt, die über die Mittel verfügen, um »sich vernünftig zu verhalten«. Was soll eine Frau aus dem Volk mit einer »Lebensregel« anfangen, für die sie Geld und Freizeit braucht? Wandern, Ausruhen, das Haus zu einem »frischen und angenehmen Aufenthaltsort« machen, nichts Ungesundes essen, »sich im Gebrauch von Speisen mäßigen« ... Schöne Ratschläge für die Frauen der ärmeren Schichten, die sich abrackern müssen und heute nicht wissen, wovon sie morgen leben sollen! Nirgendwo treten die Vorlieben und Widersprüchlichkeiten der Vertreter der ärztlichen Zunft besser zutage als dort, wo es um die Schwangerschaftshygiene geht.

»Gute, frische Luft für die Schwangeren«

Im 17. und vor allem 18. Jahrhundert richtet sich die Aufmerksamkeit der Ärzte stark auf die lokale Hygiene, auf die gesundheitliche Topographie von Stadt und Land; sie äußern sich sehr besorgt über die Qualität der Luft und konstatieren, daß es für eine schwangere Frau an ihrem Wohnort geeignete und weniger geeignete Gegenden gibt. Sie raten daher, Flußufer und Sumpfgebiete zu meiden, denn die daraus aufsteigenden Dämpfe sollten Fehlgeburten verursachen.

Tiefergelegene Viertel in den Städten bergen dieselben Gefahren, die dadurch verstärkt werden, daß dort in die Hinterhöfe kaum ein Sonnenstrahl dringt. Freilich weiß dies jeder, vor allem die Menschen, die dort leben; was soll man aber tun, wenn man dort Wohnung und Arbeit hat?

Frauen in der Schwangerschaft müssen sich vor Wind hüten; vor allem der Südwind sollte gefährlich sein, da er das abrupte Ende der Schwangerschaft herbeiführen könnte, weil er die noch grüne, kaum ausgebildete Frucht des Baumes austrocknet ... Nicht weniger ist der Nordwind zu fürchten.

Da er den Husten mitbringt, kann auch er zum Abgang des Fetus führen. Außerdem führen diese Winde häufig »böse Gerüche und Dämpfe« mit sich, die für die Gesundheit der schwangeren Frau äußerst schädlich sind.

Aber nicht nur der Wind richtet Unheil an; Tag für Tag wird die Frau von »scharfen und ekelerregenden Gerüchen« bedroht. Die Verfasser von Handbüchern erinnern daran, was schon Aristoteles sagte: »Der Rauchgeruch einer gelöschten Kerze kann bei einer Schwangeren zu einer Fehlgeburt führen« (29, 32). Ratschläge gibt es zuhauf: »Eine schwangere Frau soll sich möglichst viel in reiner und temperierter Luft aufhalten«; der Arzt Nicolas warnt im Jahre 1775 dringlich davor, dem Beispiel der Frauen aus dem Dauphiné zu folgen, die sich bei Kälte »auf einem Becken mit glühenden Kohlen niederkauern. Diese abscheuliche Gewohnheit ist vor allem unter dem Volk und auf dem Lande verbreitet, wo sich die Frauen tagsüber in die Ställe zurückziehen; dort atmen sie den Geruch vom Urin und Kot der Tiere ein ..., sie sitzen fast unbeweglich auf einem Stuhl und bewegen nur ihre Arme und ihre Zunge; so inhalieren sie die verdorbenen Miasmen, von denen die Atmosphäre in diesen Ställen erfüllt ist, und durch die Poren ihrer Haut nehmen sie den Kohlendunst auf, der durch ihre Röcke kaum entweichen kann. Ich bin davon überzeugt, daß diese Mißstände die Ursache vieler Fehlgeburten sind ...« (45, 1).

Der Gedanke, daß die schlechten Ausdünstungen und die Hitze der Öfen für den Abgang der Frucht verantwortlich sind, ist uralt, und die Ärzte aus der Zeit der Aufklärung zögern nicht, ihn sich zu eigen zu machen. Es ist ja auch verständlich, daß den Arzt aus der Stadt die Entdeckung einer Welt von Gerüchen, die ihm völlig fremd ist, aus der Fassung bringt. »Wenn man einen solchen Stall betritt ..., ist man innerhalb weniger Augenblicke genötigt, sich die Nase zuzuhalten, und man fühlt sich wie von einer unsichtbaren Hand zurückgestoßen, so gräßlich ist die Luft und so zahlreich die Miasmen.«

»Körperliche Bewegung fördert die Gesundheit«

Was Nicolas den schwangeren Frauen ebenfalls vorwirft, ist die mangelnde Bewegung: »Schwangere Frauen brauchen körperliche Bewegung.« Nun ist es aber gerade so, daß eine Frau in den ersten Monaten ihrer Schwangeschaft sich möglichst wenig bewegt, da der Fetus dann noch nicht richtig »sitzt«. Wer sich in der Natur umsieht, weiß Bescheid: Die Früchte sind im Jugendstadium oder während der Blüte des Baums am stärksten bedroht; starke Niederschläge, späte Fröste oder Windböen, die den Stamm schütteln, bringen ohne weiteres die Ernte eines ganzen Jahres in Gefahr.

Eine Frau in den ersten Schwangerschaftswochen darf nicht mit der Kutsche fahren oder sich unnötig anstrengen: Diesen Rat gibt Madame de Sévigné ihrer schwangeren Tochter, als diese ihr mitteilt, daß sie ihren Mann, Monsieur de Grignan, auf einer anstrengenden Reise durch die Provence begleiten soll: »Setzt Euch in diesen Anfängen nicht den Erschütterungen einer Reise nach Marseille aus«, schreibt sie in ihrem Brief vom 27. April 1671, »laßt die Dinge sich einrichten; bedenkt Euren delikaten Zustand.«

Einig sind sich die Ärzte darin, daß nichts über einen Spaziergang geht. »Wenn eine Frau sich während ihrer Schwangerschaft recht verhalten und sich das unaussprechliche Glück bereiten will, ein kraftvolles Kind zur Welt zu bringen, muß sie Spaziergänge machen ... Spaziergänge sind die beste Bewegung für schwangere Frauen; sie sind ihrer Gesundheit äußerst zuträglich« (45, 20). Dem Tanz zu frönen, ist dagegen die größte Unklugheit. Wieviele jungvermählte Frauen mußten nicht einen vergnüglichen Abend mit einer Fehlgeburt bitter büßen? Dies ist der Grund, warum »Tänzerinnen ihr Kind selten bis zum Ende der normalen Schwangerschaftsdauer austragen«. Man muß »Übermaß und Mangel gleichermaßen meiden« (45, 19).

Auch völlige Untätigkeit ist nicht erwünscht. Frauen aus den besser situierten städtischen Ständen, dem Adel wie dem Bürgertum, machen es sich zu bequem; sie brauchen sich überhaupt nicht zu bewegen, und deshalb kann schon der kleinste Fehltritt schlimme Folgen haben. Warum folgen sie nicht dem Beispiel der Frauen auf dem Lande: Arbeit bringt den Körper in Bewegung und hält gesund! »Die Frauen auf dem Lande unterbrechen ihre Arbeit niemals, auch wenn sie wissen, daß sie ein Kind unter dem Herzen tragen; daß sie gewohnt sind zu arbeiten, schützt sie vor Unfällen, die von der Verweichlichung herrühren; ihre Fasern sind kräftiger, elastischer und weniger anfällig für Ermüdung als diejenigen der Frauen von Welt, die, sanft auf Daunen hingebettet, es degoutieren, daß man wohlgestaltete Kinder auf Stroh oder auch einfach auf der Erde zur Welt bringen kann« (45, 20). Ein idealisiertes Bild des Landlebens, Verherrlichung der Arbeit und des Glücks der Armen: Hier geben sich alle Elemente des »Landideals« der Aufklärung ein Stelldichein.

Die tägliche Körperpflege

Die Körperpflege der Schwangeren wird in Dokumenten kaum einmal erwähnt; selbst die Ärzte hüllen sich bezüglich der täglichen Sauberkeit meist in Schweigen.

Die Frau kümmert sich während ihrer Schwangerschaft nicht mehr um ihre Körperhygiene, als sie es bisher während ihrer Tage zu tun gewohnt war. Die schlechte Wasserversorgung in den Städten und in einigen Teilen des flachen Landes läßt sich hierfür kaum als Grund anführen. Es ist schlicht so, daß in allen Schichten dieser Gesellschaft die tägliche Körperreinigung eine höchst nebensächliche Rolle spielt. Warum sollte eine Frau, die ein Kind erwartet, hier eine Ausnahme bilden? Bis Mitte des 19. Jahrhunderts wurde die Intimpflege sogar aus moralischen Gründen verurteilt: »Nur die Damen der Halbwelt waschen und baden sich häufig.«

Ein anderer Grund, warum die öffentliche Meinung so streng über das Baden schwangerer Frauen urteilt, liegt darin, daß man böse Absichten dahinter vermutet. Man glaubt, daß durch das Baden alles schlaffer und weiter wird; es kann also zu einer Fehlgeburt kommen. »Die ersten Ärzte, die zu Bädern rieten, um die Entwicklung der Gebärmutter während der Schwangerschaft zu unterstützen, ... wurden als Mörder verschrien, die Mutter und Kind zugleich zugrunderichten wollten«, berichtet ein Arzt gegen Ende des 18. Jahrhunderts (12, 210).

Des öfteren monieren Ärzte die fehlende Hygiene und das ungepflegte Äußere von Frauen auf dem Lande; Nicolas, von dessen empfindlichem Geruchssinn wir bereits gehört haben, erwähnt in einem Abschnitt über die Frauen der Dauphiné ausdrücklich »den Geruch, den sie alle wegen der Ungepflegtheit ihres Körpers oder ihrer Kleider verströmen« (45, 1). Sie leben freilich in höchst beengten Verhältnissen und wissen nichts von den »Duftwässerchen«, die ihre besser gestellten Geschlechtsgenossinnen in den Städten reichlich zu gebrauchen pflegen.

Die meiste Aufmerksamkeit bei der Toilette gilt in allen Schichten der Frisur. Das Kämmen und Legen des Haars ist allerdings insofern eine schlichte Notwendigkeit, als man dadurch das Ungeziefer entfernt. Dennoch darf man die symbolische Bedeutung des Rituals, dem alle Frauen obliegen, nicht unterschätzen. Die Seiten, die Pierre-Jakez Héliaz dem Kopfputz seiner Mutter widmet, sprechen für sich (30, 419). Eine gekämmte Frau ist eine ordentliche, »vorzeigbare« Frau. In der Stadt tun die Koketterie und die Mode das Ihrige dazu; die »mondänen» Frauen sitzen den Ärzten zufolge viel zu häufig vor ihrem Frisiertisch, dem Möbelstück, das im 18. Jahrhundert eine so wichtige Rolle spielt. Tatsächlich »birgt ihre Toilette Gefahren«: »Ich habe Frauen gekannt, die zwei bis drei Stunden damit beschäftigt sind, sich zu frisieren«, bekräftigt einer der Ärzte. »Diese ‹wichtige› Arbeit der Frauen von Stand ist ein wunderbares Mittel, um Fehlgeburten auszulösen« (45, 22). Auch hier also wieder die Furcht, die Frucht zu verlieren.

»Brustwarzen und Bauch pflegen«

Während sich also die schwangeren Frauen wenig um die tägliche Hygiene kümmerten, taten sie doch etwas für ihren Körper. Sie machten, was uns überraschen mag, reichlich Gebrauch von »Ölen und Linimenten«, um die Fasern der Brüste und der Bauchwand während der Schwangerschaft geschmeidiger zu machen. Diese Fette sollten den Leib langfristig auf die Geburt und die Brüste für das Stillen vorbereiten. Gemeinsam war allen diesen Salben ihre weiße Farbe.

Die Frauen des Pariser Bürgertums, die um die Straffheit ihres Bauches fürchteten, rieben sich mit »Pomade« ein, die sie entweder selbst zubereiteten oder von ihrem Dienstmädchen herstellen ließen. Neben der »Pomade aus zerlassenem Speck, mit Rosenwasser versetzt«, die Louise Bourgeois bevorzugte, gab es noch viele andere Ingredienzen wie »das Mark aus der Hammelkeule, Gedärme des Zickleins, Fett von einer gemästeten Gans, Leinöl, Mandeln, Eibisch und Levkojen, die ebenfalls sehr gut wirken«. »Flämische Damen benutzen nur Lilienöl, mit dem sie ihren Leib in gutem Zustand erhalten, so daß er nicht häßlich wird« (7, 62). Im Laufe des 16. und 17. Jahrhunderts spielte diese zunehmende Besorgtheit um den Bauch zweifellos eine Rolle für die neue Einstellung der Frauen aus den besseren Kreisen hinsichtlich Schwangerschaft und Kind.

Der Gebrauch von Salben auf der Basis tierischer oder pflanzlicher Fette fand eine ideale Ergänzung in der Anwendung von Binden. Der Leib, der in den letzten Monaten der Schwangerschaft schwer und prall wurde wie ein gut gefüllter Rucksack, wurde zur Unterstützung mit breiten Bahnen Stoff umwickelt.

Die Frauen unterstützen ihren Leib des weiteren auch mit Leibbinden aus Hundeleder »oder einem anderen Leder, aus dem man Handschuhe machen kann«; ein solches Leder muß jedoch in geeigneter Weise zubereitet werden. Zu Beginn des 17. Jahrhunderts rät der Geburtshelfer Guillemeau, »es mehrmals in einfachem Wasser und anschließend in Rosenwasser zu waschen«, es drei bis vier Tage im Schatten trocknen zu lassen und anschließend geschmeidig zu machen, indem man es in »Fette und Öle« von Johanniskraut oder Süßmandeln oder auch weißen Rosenbalsam, frische Butter oder Walrat einlegt; danach läßt man es abtropfen und an der Luft trocknen. Dann kann es »nach der Größe und Form des Leibes geschnitten werden«. Einen solchen Schwangerschaftsgürtel können sich allerdings nur die bessergestellten Frauen leisten. Frauen aus dem Volk bleiben bis zum 19. Jahrhundert bei ihren einfachen Leibbinden.

Binden und Gürtel unterstützen den Leib und erleichtern das Tragen der Last. Zudem wirken sie bestimmten Erkrankungen der Harnwege entgegen, wie ein Arzt gegen Ende des 18. Jahrhunderts betont: »Wenn sich der Bauch zu stark senkt, wie das häufig geschieht, wird die Blase zusammengedrückt und der Harn gestaut; diesem Ungemach kann man begegnen, indem man den Unterleib mit Binden und Wickeln stützt, die jede Frau zu ihrem eigenen Vorteil leicht herstellen kann.« (45, 37) Alle einfachen Frauen, die häufig bis zur Niederkunft hart arbeiten müssen, fürchten einen solchen »Hängebauch« zu bekommen. Das Umwikkeln des Leibes – und manchmal auch der Brüste – ist die einzige auffallende Veränderung in der Kleidung der Frauen. Die Ärzte sind mit Ratschlägen bezüglich der besten Umstandskleidung stets zur Hand, jedoch finden sie kaum Gehör. Sie raten Frauen, die ein Kind erwarten, sich »eher luftig als schwer« zu kleiden, Kleider zu tragen, die »schlicht und weit«, »praktisch und bequem« sind. Sie dürfen den Ärzten zufolge »das Wachstum der Gebärmutter und des Fetus nicht behindern«. Andere treten dafür ein, die Kleider anders zu befestigen, »indem man die Röcke an über die Schultern geführten Bändern festmacht. So kann man die nachteilige Einschnürung des Leibes um die Taille vermeiden«. Einig sind sich die Ärzte auch in ihrem Kampf gegen »Schuhe mit hohen Absätzen, die den Körper aus dem Gleichgewicht bringen und zu Verspannungen führen«. Wenn die Ärzte über die beste Kleidung und das beste Schuhwerk während der Schwangerschaft reden, meinen sie natürlich die besser gestellten Frauen. Die Frauen aus dem Volk haben keine Möglichkeit, ihre Kleidung zu ändern; sie müssen sich damit zufriedengeben, die ärmlichen Kleider, die sie tragen, einigermaßen an ihre neuen Umstände anzupassen, was meist wenig mehr bedeutet, als daß sie ihre Taille weiter machen. Und sie gehen weiter auf Holzschuhen – sofern sie überhaupt welche haben ...

»Schlafen sollte sie nachts«

Schwangere Frauen brauchen »Ruhe, und sie sollte sie sich gönnen, wenn es notwendig ist«. Alle Handbücher für Geburtshelfer raten zu Vorsicht und betonen die Notwendigkeit der Ruhe. Ausreichend Schlaf ist eine Voraussetzung für eine glückliche Schwangerschaft. Eine Frau, die ein Kind erwartet, braucht etwas mehr Schlaf, vor allem wenn sie arbeitet und sich anstrengen muß. In diesem Fall sind eine bis eineinhalb Stunden zusätzlicher Schlaf zu empfehlen. Wer aber »Müßiggang treibt«, hat keinerlei Grund, die Nachtruhe zu verlängern, da »Untätigkeit eine Art Nachtruhe ist« (45, 24). Eine schwangere Frau muß sich mehr als andere Frauen in den Rhythmus der Natur fügen; die beste Ruhe ist für sie die Nachtruhe, denn nur diese bewirkt eine gute Verdauung. Auch auf die Qualität der Betten richtet sich die Aufmerksamkeit der Ärzte; freilich wenden sie sich nicht gegen die unbequemen Strohsäcke, mit denen die Frauen aus den Volksschichten sich zufriedengeben müssen, wohl aber gegen die Federbetten, die auf dem Lande erst in der zweiten Hälfte des 19. Jahrhunderts auftauchen und im 17. und 18. Jahrhundert auch beim städtischen Bürgertum noch kaum in Gebrauch sind. Sie sind ihrer Meinung nach gefährlich, weil sie die Transpiration übermäßig anregen und einen Hitzestau im Unterleib hervorrufen, was zu Fehlgeburten führen kann. Frauen dürfen abends nicht lange aufbleiben, denn dies »bringt das Blut zum Sieden und greift die Nerven an«. In keinem Fall darf sich die werdende Mutter wie eine »Dame von Welt benehmen, die den Tag zur Nacht und die Nacht zum Tag macht«. Sie muß sich darüber im klaren sein, daß ein unregelmäßiger Lebenswandel sich direkt auf ihr Kind auswirkt. Langes Aufbleiben verursacht »Hartleibigkeit und Krankheit, deren Folge Mißgeburten statt schöner, gesunder Kinder sind«.

»Ihr Leib wird träge«

Verstopfung ist eine der großen Plagen der vergangenen Jahrhunderte. Dies ist eine Folge der Ernährung: Man nimmt so viele »stopfende« Speisen zu sich, daß man von Zeit zu Zeit zu Purgiermitteln greifen oder Einläufe machen muß. Wenn Molière über die Ärzte spottet, die stets mit dem Klistier zur Hand sind, weist er auf ein großes Problem seiner Zeit hin. Durch die Schwangerschaft wird die Frau schneller »hartleibig«, so daß sie nur unter Anstrengungen und sehr unregelmäßig den Darm entleeren kann. Die Folge sind Bauchkrämpfe, Muskel- und Kopfschmerzen. Diese Verstopfung ist für die werdende Mutter umso beunruhigender, als sie Schaden für ihr Kind befürchtet: Eine zu lange Verhaltung der Exkremente kann zu einer Frühgeburt führen. »Wenn es lange dauert und sie viel Kraft aufwenden muß, um ihre Notdurft zu verrichten«, heißt es, dann »können die Bänder erschlaffen oder es kann eine Ader platzen, so daß es zum Blutfluß kommt« (29, 103).

Die Geburtshelfer, die Zeuge solcher Unglücksfälle geworden sind, sind um Ratschläge für Schwangere nicht verlegen. Zu Beginn des 17. Jahrhunderts rät Jacques Guillemeau zum Gebrauch »bestimmter Zäpfchen, die nicht scharf sein dürfen«, oder zu »Klistieren aus [einer Brühe vom] Kalbskopf [oder] Hammel mit etwas Anis oder Kerbel, worin man roten Zucker und Veilchenöl aufgelöst hat«. Im 18. Jahrhundert jedoch empfehlen die Ärzte Zurückhaltung; sie äußern ihre Besorgnis darüber, daß manche Frauen in der Stadt falschen Gebrauch von Darmspülungen machen. Auf dem Lande liegen die Dinge anders; dort hat man erhebliche Bedenken gegen Darmspülungen während der Schwangerschaft. Die Frauen fürchten, daß der Fetus durch den Einlauf in Bewegung gebracht wird, daß er dadurch angezogen und gleichzeitig mit dem Kot ausgestoßen wird. Ähnliches Mißtrauen hegt man gegen starke Abführmittel, die, wie man glaubt, »das Kind lösen« und aus dem Mutterleib treiben könnten. Man hält sich also an milde Laxantien. In Lothringen kennt man verschiedene »relaxierende Mittel wie z. B. Lauch, Spinat, Kopfsalat, frische Butter, Kalbfleisch, Honig und Backpflaumen«, oder auch »in Zwetschgensaft eingelegte Sennesblätter«. In der Umgebung von Paris gebraucht man einen Auszug aus »Borretsch, Ochsenzunge, Kopfsalat, Portulak, Ampfer und ein klein wenig Quecksilber« (29, 34).

Die Ärzte weisen jedoch darauf hin, daß das einzige wirksame Mittel gegen Verstopfung eine regelmäßige und ausgeglichene Ernährung ist. Dies muß allerdings in einer Zeit, in der Mißernten und Hungersnöte an der Tagesordnung sind, manchen wie Hohn klingen.

»Essen für zwei«

Es ist eine Erscheinung der neueren Zeit, daß die Schwangere auf ihre Ernährung achtet. Im 17. und vor allem 18. Jahrhundert bemühen sich die Ärzte vergeblich, die Einhaltung einer Schwangerschaftsdiät zu erreichen und ein Bewußtsein für die Schädlichkeit bestimmter Speisen zu schaffen. Die Ernährungsgewohnheiten sind indes kaum zu ändern, höchstens bei bestimmten Schichten in den großen Städten. Muß man sich darüber aber wundern?

Allgemein gilt die Auffassung, daß das, was die Mutter zu sich nimmt, direkt den Fetus beeinflußt; die Schwangere teilt die Mahlzeit mit dem Kind, das sie trägt. Als ein Schmarotzer, der sich in ihrem Bauch eingenistet hat, sucht sich das Kind aus dem Angebot dasjenige aus, was ihm zusagt; es hat sogar die erste Wahl. »Der erste Bissen ist für das Kind«, heißt es. Schwangere Frauen sind leicht davon zu überzeugen, daß sie »möglichst viel essen müssen«, selbst »wenn sie keinen Hunger verspüren« (65, 15). Sie müssen, kurz gesagt, von nun an »essen für zwei«. Die Ärzte ereifern sich über diese maßlose Gefräßigkeit von Frauen, die »fett sind bis zum Hals!« Schwangere Frauen essen aber so viel, weil sie gerade fürchten, »vom Fleisch zu fallen«. Um »sich zu kräftigen«, essen sie mehr als sonst und scheuen sich selbst nicht, »geistige Getränke« zu sich zu nehmen.

Dies ist ein »verheerender Irrtum«, sagen die Ärzte, denn diese »erhitzenden Mittel« können nur Unglück nach sich ziehen. Schwangere Frauen müssen sich des übermäßigen Gebrauchs »scharfer und austrocknender« Speisen und Getränke enthalten, die »das Blut melancholisch und dick« machen können, und hierzu gehören nach Jacques Duval »Rindfleisch, Hase, Aal und ähnliche Speisen, insbesondere solche, die gesalzen oder stark gewürzt sind: Wildpasteten, Cervelatwurst, Mainzer Speck und ähnliches. Gemüse, Käse, Knoblauch, Zwiebel, Quitten, Apfelquitten, Lambertshaselnüsse, Haselnüsse, Mispeln sowie hartgekochte Eier schaden ihnen« (21, 162). Guillemeau warnt ebenfalls vor »Salzkost« und stark gewürzten Speisen und erinnert in Nachfolge von Aristoteles und Plinius daran, daß »eine schwangere Frau, die zu stark gesalzenes Fleisch ißt, ein Kind ohne Nägel gebären wird, was ein Zeichen ist, daß es nicht lange leben wird«. Außerdem muß sie sich »aller harntreibenden Eßwaren« enthalten, die »den Harn zum Strömen bringen und die Monatsblutung auslösen, sowie auch aller blähenden Speisen wie Erbsen und Bohnen« (29, 34). Statt dieser Speisen, die die Existenz des Fetus, des »zarten Menschenpflänzchens« gefährden können, sollten schwangere Frauen belebende Kost bevorzugen. »Ihre feste Nahrung sollte daher aus Fleisch vom Kalb, Lamm, Kapaun, Huhn, Rebhuhn und ähnlichem bestehen, möglichst gekocht im Wechsel mit Salat, Sauerampfer, Ochsenzunge, Borretsch, Spinat und anderem grünem Gemüse, wovon sie häufig eine Brühe ziehen sollen, in welcher Form sie bekömmlicher sind denn als Ragout, gebacken, gebraten oder in der Teigkruste« (21, 162). Sehr wichtig ist auch, daß diese Speisen gut verdaut werden, denn »nicht alles, was man ißt, kräftigt, sondern nur das, was gut verdaut wird«. Falsche Ernährung ist die Ursache für die Übelkeit und das Erbrechen, an dem schwangere Frauen so häufig leiden. Schließlich spielt auch die Häufigkeit der Mahlzeiten eine Rolle; es ist besser, »häufiger zu essen als viel auf einmal«.

Vom 16. bis zum 18. Jahrhundert wenden sich die Ärzte immer wieder gegen die Eßgewohnheiten des Volkes und versuchen, die ideale Diät für schwangere Frauen festzulegen. Wer ihre Vorschriften für eine gesunde, reichliche, frische und regelmäßige Ernährung liest, in denen sie »als Getränk für die schwangere Frau« hellen Rotwein oder manchmal Weißwein in »angemessenen« Mengen empfehlen, bemerkt sofort, wie tief die Kluft zwischen der ärztlichen Theorie und dem täglichen Leben der meisten Frauen gewesen sein muß. Bei aller Gelehrsamkeit scheinen die Ratschläge der Ärzte an den materiellen Gegebenheiten ihrer Zeit völlig vorbeizugehen.

Einseitigkeit, Eiweißmangel und in manchen Fällen jahreszeitliche Unausgewogenheiten: so sieht die Ernährung schwangerer Frauen in früheren Zeiten aus. Essen für zwei? Es handelt sich wohl mehr darum, ein eher kärgliches Mahl zu teilen. Wie kann dem Kind etwas zugute kommen, wenn die Mutter kaum genug hat? Immerhin wird in den Schriften wenigstens gelegentlich von der Unterernährung Notiz genommen: So beschreibt der Arzt Nicolas die Lebensumstände der »Frauen auf dem Lande und anderer, die schwer arbeiten müssen [und] nicht die Mittel haben, die immer teureren Nahrungsmittel zu beschafffen« (45, 8). Was sie essen, spielt für sie eine sehr untergeordnete Rolle; sie sind froh, wenn sie überhaupt zu essen haben. In der Zeit der Knappheit vor der Ernte, wenn die Vorratskammer ebenso leer ist wie der Beutel, hilft das, was man in Feld und Flur sammeln kann, über die ärgste

Not hinweg. Zwar stillen die grünen Früchte den Hunger, doch kommt großes Unglück über den, der sie ungekocht und in großen Mengen verzehrt! Durchfall ist immer gefährlich. Und gibt es nicht im Sommer die meisten Fehlgeburten?

»Sie soll fröhlich und munter sein«

Eine Schwangere ist nicht immer Herr ihrer Gefühle, sagen die Ärzte, und dies ist weder für sie noch für das Kind gut. »Sie ist von Natur aus reizbar und mißgelaunt, mehr als zu anderen Zeiten«, betont der Geburtshelfer Deleurye im Jahre 1770. »Alles, was hierzu Anlaß geben kann, ist daher zu vermeiden« (15, 93). Jedes Übermaß ist gefährlich: »heftiges Weinen oder Lachen ist schädlich«. In acht nehmen muß sie sich auch vor »großem Lärm und Getöse wie Donnerschlägen, Gewehrschüssen und lautem Glockengeläut«. Hat man nicht schon von Schwangeren gehört, die das Erschrecken über einen Donnerschlag das Leben gekostet hat?

»Diese Aufwallungen der Seele« sind vor allem für das Kind fatal, da sie »häufig einen Abgang auslösen«. Zum Glück sind die Folgen nicht immer so dramatisch. Nicolas weist aber nachdrücklich darauf hin, daß die Mutter niemals vergessen darf, daß sich Gefühlsbewegungen »nachweislich auf den Fetus übertragen. Immer wieder sieht man Kinder, die bereits mit zahllosen Gebrechen behaftet sind, die sie sich im Schoß einer Mutter zugezogen haben, die verdrießlich, jähzornig, launisch und ungeduldig war. Schlechte Eigenschaften übertragen sich ebenso wie körperliche Gebrechen.«

Für die schwangere Frau kommt es also darauf an, die gute Laune zu behalten. Nichts ist mehr zu fürchten als »melancholische Anwandlungen und unerfreuliche Gedanken, die im Kopf bewegt werden«. »Ihr wißt, daß es nicht immer etwas zu lachen gibt«, schreibt Madame de Sévigné im Jahre 1671 an ihre Tochter, »hütet Euch daher vor der Schwarzgalligkeit«. Eine Frau, die in der Hoffnung ist, muß heiteren Geistes sein; sie muß »fröhlich und munter sein«. Freilich ist dies nicht einfach Willenssache: Für eine gute Schwangerschaft ist auch eine gute Umgebung nötig.

Die Sorge um die schwangere Frau

Einer schwangeren Frau wird heute alle Aufmerksamkeit zuteil, die sie sich nur wünschen mag; man versucht, Anstrengung und Aufregung von ihr fernzuhalten, nimmt ihr schwere Arbeit ab und bietet ihr gerne seinen Sitzplatz an. Früher änderte sich das Verhalten einer Schwangeren gegenüber praktisch nicht, und auf dem Lande, wo sie immer arbeiten mußte, hatte sie von niemandem Hilfe zu erwarten, wenn sie nicht für sich selbst sorgte. Im 18. Jahrhundert wurden indes die ersten Stimmen laut, daß die Umgebung etwas zuvorkommender sein sollte.

»Etwas rücksichtsvoller sein als sonst«

Das Dasein war früher für alle Mitglieder der Gesellschaft gleichermaßen hart. Bei der Erfüllung seiner Pflichten ging jedes Familienmitglied Risiken ein, vom Hütebuben, der inmitten seiner Herde unter freiem Himmel schlief, wo er von Wölfen bedroht war, bis zum Erwachsenen, der sein Leben riskierte, wenn er ungesichert ein Dach mit Stroh deckte oder sich ins Sumpfland wagte, ohne schwimmen zu können. Jeder mußte Gewalt und Unglücksfälle fürchten. Warum sollte die Frau, deren Schicksal es war, schwanger zu sein, hier eine Ausnahme bilden? Ihr Zustand, auch wenn er noch so »gesegnet« war, enthob sie nicht der Verpflichtung, den Lebensunterhalt zu verdienen und damit ebenfalls das Leben zu wagen. In vielen Erzählungen begegnen uns Hochschwangere beim Heuwenden, Ernten oder Dreschen, wobei sie schwere Körbe heben müssen. Ärzte wie auch Dorfpfarrer beklagen manchmal bitter die Folgen einer solchen Überanstrengung. Wie aber sollte die arme Taglöhnerin auf sie hören, die nur durch harte Arbeit ihr Dasein fristen kann?

Freilich helfen sich die Frauen untereinander, ohne darüber zu sprechen oder davon unnötiges Aufhebens zu machen. Die Mutter hilft ihrer Tochter, Frauen helfen einander am Waschplatz oder am Brunnen. Sie nehmen der werdenden Mutter eine schwere Last ab oder erledigen eine Besorgung für sie.

Männer verhalten sich dagegen ihrer Frau gegenüber längst nicht so wie man es von ihnen erwarten sollte; im 18. Jahrhundert erheben die Pfarrer gelegentlich ihre Stimme, um ihre ungehobelten Pfarrkinder an ihre Pflichten gegenüber »der Trägerin einer so kostbaren Last« zu erinnern. Im Jahre 1769 mahnt sie Pfarrer Froger aus Mayet im Bistum Le Mans, den Frauen gegenüber etwas zuvorkommender zu sein und ihnen bei schweren Arbeiten zu helfen. Am meisten haben die Frauen von jähzornigen Ehemännern zu fürchten, die schnell mit Drohungen oder Schlägen bei der Hand sind. Der eine schwingt einen Säbel über dem Kopf seiner Frau, die jeden Tag niederkommen kann; ein anderer greift zum Stock und verursacht eine Frühgeburt, wobei ein Kind mit völlig abgeplattetem und skalpiertem Hinterkopf geboren wird, das wenig später stirbt. Die untröstliche Mutter berichtet Louise Bourgeois: »Sie erzählte mir, daß ihr Mann sie sechs Wochen vor der Geburt dreimal mit einem großen Stock auf das Gesäß geschlagen hat; hierauf führt sie die Mißbildung zurück« (7, 71). Dies dürften allerdings Extremfälle sein.

Sexuelle Gemeinschaft während der Schwangerschaft

Wenn auch die Meinungen der Ärzte darüber auseinander gehen, ob sich ein Mann während der Schwangerschaft seiner Frau »nähern« soll, gibt es keinen Zweifel daran, daß dies üblich war, wie die Abschnitte über die sexuelle Gemeinschaft in verschiedenen geburtshilflichen Handbüchern belegen. Ein Grund für die Fortsetzung der sexuellen Gemeinschaft ist natürlich das Verlangen des Mannes, seine Frau zu besitzen, jedoch dürfen auch die kulturellen Hintergründe nicht unterschätzt werden. Liefert der Mann dadurch nicht auf seine Weise einen Beitrag zur Bildung des Kindes? Der Vater drückt dem formlosen Teig in der mütterlichen Backform seinen Stempel auf.

Bis zum Beginn des 18. Jahrhunderts nehmen die meisten Ärzte eine relativ tolerante Haltung bezüglich der ehelichen Gemeinschaft während der Schwangerschaft ein; viele von ihnen glauben ebenfalls, daß der Koitus zur Formung des Kindes beiträgt. Zudem weisen sie darauf hin, daß ein solches Verhalten den Menschen vom Tier unterscheidet: »Keine einzige Frau, die in der Hoffnung ist, weist ihren Gemahl zurück«, schreibt Guillemeau, »was von den wilden Tieren sehr wohl gesagt werden kann, die, wenn sie trächtig sind, gewöhnlich das Männchen fliehen.« Laurent Joubert weiß sogar von einem besonderen Appetit der Schwangeren auf Sex zu berichten: »Gefüllt bis zum Busen, legt [sie] häufig mehr Sinnlichkeit, ja sogar eine rechte Begehrlichkeit an den Tag, wie wenn ihr Leib flach ist.« Ohne ein Verbot auszusprechen, sagen die Ärzte aber auch, daß es unklug ist, »zu häufig ehelichen Umgang zu pflegen, da dies der Gebärmutter schaden kann« (45, 38). Guillemeau warnt die Frau auch davor, in den ersten vier Monaten dabei die Knie zu sehr hochzuziehen, »da sonst eine zu starke Erschütterung der Frucht zu befürchten ist«. Einige weisen auch auf Superfetation hin, d. h. das Vorhandensein mehrerer Kinder unterschiedlichen Alters im Mutterschoß infolge einer neuen Befruchtung während der Schwangerschaft der Frau.

Populationistische Ideen führen in der zweiten Hälfte des 18. Jahrhunderts zu einer Veränderung des Tons in der medizinischen Diskussion. Im Namen der Zukunft des Königreiches ziehen die Ärzte gegen alles zu Felde, was einem schnellen Bevölkerungszuwachs entgegensteht. Sie verurteilen nunmehr die sexuelle Gemeinschaft während der Schwangerschaft, da diese dem Fetus schaden könnte. Während der Französischen Revolution, als die Bildung einer »gesunden und kräftigen Generation« als erste Bedingung für den Wiederaufbau des Staates dargestellt wird, appellieren sie an das Gewissen der Väter, wie z. B. der Geburtshelfer Saucerotte: »Sobald Anzeichen einer Schwangerschaft vorhanden sind, müßt Ihr darauf achten, der Frucht Eurer Liebe im Mutterschoß keinen Schaden zuzufügen. Ehemänner, seid zurückhaltend mit allem, was sich auf die Person bezieht, die, wie man sagen könnte, mit zwei Leben begabt ist, d. h. ihrem eigenen und demjenigen des Wesens, das sie zur Welt bringen soll.«

Auch die Kirche wird im 18. Jahrhundert nicht müde, auf die moralische Verwerflichkeit des Geschlechtsaktes während der Schwangerschaft hinzuweisen. Sie sieht in einem Ehemann, der sich hier keine Zurückhaltung auferlegt, nichts als ein Untier, das seine Frau mißbraucht, ein »Ungeheuer in Menschengestalt, das jedermanns Abscheu erregt und aus der Gesellschaft ausgestoßen werden muß« (24, 221). Dieser gewalttätige Ton macht deutlich, wie scharf solches Tun verurteilt wird und wie weit diese Praxis auf dem Lande bis zum 19. Jahrhundert offenbar noch verbreitet ist.

Das Kind, das man sich wünscht

Bis zum Augenblick der Niederkunft birgt der Mutterschoß ein Geheimnis: Was wird es für ein Kind sein, das dort, vor allen Augen verborgen, dem Tag der Geburt entgegenreift? Das Geheimnis nährt die Spekulationen.

Wie kann man vor der Zeit wissen, was für ein Kind sich dort verbirgt?

Jahrhundertelang, ja jahrtausendelang gab es in der westlichen Kultur einen Archetypus des idealen Kindes; noch vor wenigen Jahrzehnten hatten praktisch alle Frauen auf dem französischen Lande dasselbe Bild vor Augen. Seltsamerweise hat sich hiermit bisher kaum noch jemand beschäftigt, vielleicht deshalb, weil in der Literatur der Schwerpunkt mehr auf der Geschlechtsbestimmung des kommenden Kindes liegt. Dies belegt ein Blick in die zahlreichen Ausgaben des *Grand Albert* [ein bekanntes Blaubuch mit Volksweisheiten und Ratschlägen, das dem hl. Albertus Magnus zugeschrieben wird] und die Ausgaben der *Petite Bibliothèque bleue* [Sammelname für Blaubücher mit Volksliteratur]. Junge oder Mädchen? Heute ist es möglich, dieses Geheimnis mittels Fruchtwasserpunkturen und Ultraschall zu lüften. Für Träume ist kein Platz mehr; wir wollen es wissen, und wir wollen immer größere Sicherheit haben.

Das Idealbild des Kindes

Man möchte, daß aus dem Bauch-Ofen ein »gares« Kind zum Vorschein kommt, weder »zu lang« noch »zu kurz gebacken«. »Zu lange gebacken« ist ein Kind, das mit stumpfer Haut, bräunlichem Teint und einem dichten schwarzen Haarschopf zur Welt kommt; ein solches Kind ist zu lange in der Gebärmutter geblieben. Es kann natürlich auch sein, daß seine Mutter zuviel Temperament hat, so daß das Kind zu schnell gebacken wurde, oder daß es nach der Geburt in zu heißes Badewasser getaucht wurde. Ein zu früh geborenes Kind ist dagegen zu blaß, zu klein und zu mager, wie ein Brot, das zu kurz im Ofen war und kaum aufgegangen ist. Zwischen diesen beiden Extremen liegt das Wunschkind: Ein rosiges Baby, strotzend vor Gesundheit und »blondgelockt«: Das Kind, von dem alle schwangeren Frauen träumen.

Auf das Kind mit lockigem Haar richten sich die meisten Fruchtbarkeitsriten und Gebräuche zum Schutz der Schwangerschaft in Burgund, in Bresse, in der Bretagne und in der Touraine. An den Orten, die von Frauen aufgesucht werden, die ein solch schönes Kind zur Welt bringen wollen, gibt es häufig eine Fruchtbarkeitsquelle, die einem Heiligen geweiht ist. An der Quelle von Saint-Jean-des-Eaux in der Nähe von Tournus rufen die Frauen von Bresse Johannes den Täufer an. In der Kapelle von Beaumont-en-

Dombes, die nahe einer berühmten Quelle steht, wenden die Frauen sich an eine wundertätige Jungfrau, Notre-Dame-des-Mouches (Unsere Liebe Frau von den Fliegen). Ein solcher Kult ist häufig an der Grenze zwischen zwei Gemeinschaften angesiedelt: In Burgy in der Nähe von Mâcon gehen die Frauen zu einem Kreuz an der Grenze zwischen den Pfarreien von Péronne und Villé, um die hl. Barbara um ein Kind mit goldenen Locken zu bitten.

Vermutlich wegen ihrer isolierten Lage entgehen diese Kultorte häufig den wachsamen Augen der Kirche; hier können sich »falsche Heilige« behaupten, wie etwa St. Greluchon, der in Burgund, Berry, in der Touraine und Bretagne um ein goldgelocktes Kind angerufen wird, oder St. Frecluchot im Morvan. Alle diese Fruchtbarkeitsriten zeugen von der Existenz einer Schicht Volksüberzeugungen, die bis in das Mittelalter zurückreicht, in dem die Frauen schon von einem Kind mit blonden Locken träumten, vielleicht sogar bis zur gallisch-römischen Zeit. In Saint-Sernin-du-Bois bei Le Creusot wurde an der Stelle, wo sich die beiden Quellflüsse des Mesvrin vereinigen, im 19. Jahrhundert Ausgrabungen durchgeführt, die bestätigten, daß es schon in der gallischen Zeit solche Kulte gab. Der Gott Cornu Cernunnos, Symbol des Zusammenflusses, wurde in der gallisch-römischen Zeit von Belen-Borvo verdrängt, dem Gott der heilenden Quellen, der als nackter Jüngling mit Lockenhaar dargestellt wird. St. Servatius trat wiederum an die Stelle Borvos, und noch um 1880 kamen jeden Freitag Frauen dorthin, um Heilung ihrer Kinder oder Beendigung ihrer Unfruchtbarkeit zu erflehen; diejenigen unter ihnen, die schwanger waren, brachten ihren Wunsch vor, ein blondes Kind mit Lockenhaar zu bekommen.

Seit der Antike gilt das Haar als wesentliches Schönheitselement; noch im 18. Jahrhundert sagte man von einer Frau mit schönem Haar, daß sie »ein hübsches Köpfchen« hatte. Die tiefere Bedeutung dieses Idealbildes eines Kindes entgeht uns allerdings. Ist es als Überrest des alten Sonnenkultes des gallischen Apollo zu betrachten? Ist nicht immer das Gegenteil des idealen Kindes »das kleine schwarze Männlein mit dem gebräunten Gesicht, der Kobold, der bretonische Gnom, der durch die Finsternis der unterirdischen Welt spukt«?

Es ist aber auch möglich, daß das Lockenhaar einfach ein Symbol der Kraft war. Hierauf deutet der Kult hin, der an einigen Quellen zu Ehren des »heiligen« Greluchon oder verwandter Heiliger gepflegt wurde. Die Frauen riefen den »guten Heiligen« an, um schöne Kinder zu bekommen, und unverheiratete Mädchen baten um einen treuen, kräftigen Gemahl, das heißt einen Mann, der bei der Umarmung stark war. Daher können wir den Wunsch nach schönen Kindern als Folgereaktion der Angst der Mütter sehen: Ein kümmerndes, schwächliches, nicht wirklich »menschliches« Kind ist ja die Folge einer Art von bösem Zauber, den man, wie das Nestelknüpfen am Hochzeitstag, fürchten und bekämpfen muß.

Auch ein hübsches Gesicht ist wichtig. Jede Frau hofft, daß ihr Kind einen schönen Teint haben wird. Bestimmte Speiseverbote und Geburtsgebräuche sind nur dadurch zu erklären. In Lothringen zögert man nicht, das Gesicht des Neugeborenen mit der Plazenta oder der Nabelschnur abzureiben, »um ihm einen hellen Teint zu geben und ihn von eventuellen Flecken auf der Haut zu befreien«. Auch legt man dreimal hintereinander die Nabelschnur über die Augen, um den Blick klar zu machen. Den Augen gilt überhaupt große Aufmerksamkeit, insbesondere ihrem Ausdruck. Tiefliegende Augen werden nicht sehr geschätzt; sie sagen alles über den Vater: »Diejenigen, die eingesunkene Augen haben, sind von einem alten Mann gezeugt«, meint Laurent Joubert. Auch heißt es, daß das Kind »tiefliegende Augen haben wird sowie einen mageren Körper ohne Saft und Kraft, wenn dies auch beim Vater der Fall war«. Daneben achtet man auch auf die Farbe der Augen. Im Elsaß liebt man dunkle Augen, und die Frauen zweifeln nicht daran, daß dieser Wunsch in Erfüllung gehen wird, wenn sie zu Beginn der Schwangerschaft große Mengen Kirschwasser trinken.

Tatsächlich gilt im 17. und 18. Jahrhundert fast überall die Meinung, daß Branntwein und Wein vorteilhaft sind für eine schöne Nachkommenschaft. Vor der Niederkunft trinkt die Frau manchmal Branntwein, um »das Kind zu entfetten«, es von der talgigen Schicht, von der Käseschmiere zu befreien, die, wie man allgemein glaubt, vom Sperma des Vaters herrührt. Vielfach glaubt man auch, daß anregende Getränke wie Kaffee, Tee oder Kakao für gesunde, kräftige Nachkommen sorgen. Schokoladenmilch wird allerdings nicht überall gleichermaßen geschätzt; Madame de Sévigné bittet ihre Tochter, sich diesbezüglich im Hinblick auf die Gesundheit ihres Kindes zurückzuhalten: »Die Marquise von Coëtlogon, die viel davon getrunken hat, bekam einen Sohn, der so schwarz war wie der Teufel und bald starb.« Überhaupt ist mit allen Substanzen, die den Fetus »färben« können, Vorsicht geboten.

Da die Mutter durch ihre eigene Ernährung zur Formung des Kindes beiträgt, versucht sie natürlich, auf dessen Äußeres Einfluß zu nehmen, indem sie besondere Speisen mit bewährter Wirkung zu sich nimmt. Frauen, die Unmengen des rosafarbenen, dicken und köstlichen Quittengelees vertilgen, tun dies nicht immer aus Naschsucht, wie Primrose gegen Ende des 17. Jahrhunderts bemerkt: »Es gibt fürsorgliche Frauen, die während der Schwangerschaft viel Quittenmarmelade essen, damit, wie sie sagen, ihre Kinder einen gesunden Geist haben sollen; sie haben vielleicht davon gehört, daß dies das Aufnahmevermögen des Gehirns erhöht, weil es davon austrocknet, denn da es nun noch weich wie Wachs ist, ist es umso empfänglicher für die heilsame Wirkung der Quittenmarmelade.«

Vorhersage des Geschlechts

Wird es ein Knabe? Wird es ein Mädchen? Diese Frage beschäftigt jede werdende Mutter. Doch ist meist nicht sie diejenige, die es unbedingt wissen will, da sie so sehr mit der Bildung des Fetus beschäftigt ist, daß sie eigentlich keine Vorliebe äußern kann. Es ist vielmehr die Umgebung, die dies am Leib der Schwangeren herausfinden will.

Wie sehr der Körper auch versucht, das Geheimnis zu hüten, so gibt er doch demjenigen, der beobachten und folgern kann, Hinweise auf das Geschlecht. Die bekannteste Informationsquelle ist die Schwangerschaftsmaske, da diese am leichtesten zugänglich ist: In der Bretagne und Touraine deutet ein Gesicht mit »Sprenkeln« unverkennbar auf ein Mädchen hin. Auch auf die Form des Bauchs wird geachtet. Ein spitzer Bauch kündigt ein Mädchen an, ein breiter Bauch einen Knaben. Das wichtigste Kriterium ist jedoch, welche Seite des Leibes sich während der Schwangerschaft entwickelt: Die rechte Seite gilt stets als die edle, starke und positive Seite; sie symbolisiert das männliche Element. Die linke Seite ist »linkisch«, schwach und negativ, das heißt also weiblich. Trägt die Frau rechts? Dann bekommt sie einen Knaben. Links wird es dagegen ein Mädchen. Ein Teil des Körpers kann indes schon für den ganzen Körper »sprechen«. Im Morbihan sagt man Ende des 19. Jahrhunderts, daß eine Frau sicher sein kann, daß sie einen Knaben trägt, wenn sie ihr rechtes Bein anschwellen sieht.

Da Beobachtungen allein nicht immer ausreichen, provoziert man Körperreaktionen. Wenn eine Frau nach entsprechender Aufforderung einen Schritt nach vorne mit dem rechten Fuß macht, bekommt sie einen Knaben; stützt sie sich beim Aufstehen vom Boden auf dem linken Arm auf, dann wird es ein Mädchen. Man macht auch die Probe mit dem Schlüssel, den man auf den Boden wirft und den die Frau dann spontan mit der rechten oder linken Hand aufhebt. Der Mann spielt häufig eine aktive Rolle bei der Vorhersage des Geschlechts; er muß z. B. seine Frau auf die Knie nehmen, die er genau waagrecht halten muß, während ein Dritter nachsieht, ob der rechte Fuß oder der linke tiefer hängt. So ließen sich noch eine Vielzahl ähnlicher Beispiele anführen. Auch gibt es regionale Unterschiede, jedoch sind die Bezüge immer dieselben, denn der Gedanke, daß das Geschlecht des Fetus das Verhalten der Mutter beeinflußt, ist schon seit der Antike gängig. Je nach dem, ob es ein Knabe oder ein Mädchen wird, »spricht« das Kind rechts oder links.

Auch mit Münzenwerfen versucht man manchmal das Geschlecht zu bestimmen. Meist wird ein Geldstück oben in den Hemdausschnitt gesteckt und zwischen den Brüsten losgelassen; fällt es mit der Kopfseite nach oben, dann wird es ein Mädchen, erscheint die Zahlseite, wird es ein Knabe. In der Gegend um Cambrésis nimmt man hierfür im 19. Jahrhundert einen Sou, in der Normandie bis kurz vor 1914 ein Fünf-Francs-Stück. Eine Variante hierzu gibt es in der Gegend von Bordeaux: Dort wirft die Frau ein Geldstück über ihre Schulter.

Auch das Geschlecht der ersten Person, die einer Frau bei einem bestimmten Anlaß begegnet, kann einen Hinweis geben, z. B. wenn die Frau die erste Begegnung des Kindes spürt, oder wenn sie nach dem ersten Kirchgang nach der Niederkunft die Kirche verläßt. Letzteres ist wiederum ein Beispiel für die Vorstellung, daß ein Zusammenhang zwischen den Kindern innerhalb einer Familie besteht, indem das zuletzt geborene Kind in gewissem Sinne das nächste ankündigt oder dessen Ankündigung ermöglicht.

Durch seine sprachlichen Äußerungen gibt das zuletzt geborene Kind einen Hinweis auf das Geschlecht des nächsten Kindes. Wenn es als erstes »Papa« oder »Mama« sagt, dann gibt es seinen Eltern dadurch zu erkennen, ob es ein Brüderchen oder ein Schwesterchen bekommt; meist besteht zwischen dem Wort und dem Geschlecht ein direkter Zusammenhang, doch kann es auch umgekehrt sein, daß »Papa« ein Mädchen und »Mama« einen Knaben ankündigt. Der Zeitpunkt des ersten Neumonds nach der Niederkunft spielt ebenfalls eine wichtige Rolle für die Geschlechtsbestimmung des

Kindes. Wenn der Neumond innerhalb von sechs Tagen nach der Niederkunft erscheint, bedeutet dies in der Gegend um Lyon, daß das nächste Kind dasselbe Geschlecht haben wird; andernfalls wird es dem anderen Geschlecht angehören. In der Touraine muß der Neumond innerhalb von neun Tagen scheinen, wenn das nächste Kind das andere Geschlecht haben soll; ist dies nicht der Fall, dann hat es dasselbe Geschlecht. Im Morvan gilt wiederum eine andere Regel: Wenn das erste Kind »beim jungen Mond« geboren wird, das heißt in den ersten beiden Vierteln, wird das nächste Kind dasselbe Geschlecht haben. Wenn es »im alten Mond« geboren wird, das heißt in der Zeit vom Vollmond bis zum letzten Viertel, dann ist es umgekehrt.

Bei all den regionalen Interpretationsunterschieden dürfen wir den Kern der Sache nicht übersehen: Überall sucht man nach einer Regel, um die Zeichen zu »lesen«. Der Mond, der schon bei der Befruchtung eine besondere Rolle spielt, ist natürlich das Hilfsmittel der Wahl bei der Geschlechtsvorhersage. Auch hier gilt er wieder als Zeitmaß. Aber auch den Schwangerschaftsphasen kommt Aussagekraft zu; die ersten und die letzten Monate liefern wichtige Hinweise. Man achtet vor allem auf das Verhalten der Frau in der Anfangszeit. Wenn sie sich häufig übergibt, bekommt sie einen Sohn; dies kann ja auch nicht anders sein, denn es gilt die Meinung, daß nur der männliche Embryo in dieser Zeit bereits gebildet ist. Eine Schwangerschaft, die länger als erwartet dauert, weist ebenfalls auf einen Knaben hin. Dies wiederum deshalb, weil man glaubt, daß ein Kind männlichen Geschlechts eine längere »Garzeit« braucht . . .

Es wird noch manches andere versucht, um das Geschlecht vorherzusagen. An manchen Orten begibt man sich an eine magische Quelle, in die man zwei Hemdchen wirft, von denen das eine für ein Mädchen, das andere für einen Knaben bestimmt ist. Das Hemdchen, das am längsten oben schwimmt, zeigt das Geschlecht an. Andernorts unterzieht man die Farbe der Zotten an der Verwachsungsfläche des Mutterkuchens einer genauen Untersuchung: Rot kündigt einen Knaben an, weiß ein Mädchen. In der Praxis kann man allerdings nie sicher sein, und die besten Vorhersagemethoden versagen oft. Dann haben die Ärzte das letzte Wort.

Wenn die Mutter:

Blühend und fröhlich ist	Blaß und bedächtig ist
Rechts und hoch trägt	Links und tief trägt
Jung und »feurig« ist	Schon älter ist
Ein frisches und feuchtes Temperament hat	Ein trockenes und warmes Temperament hat

Hat die Mutter:

Leibschmerzen rechts	Leibschmerzen links
Eine härtere und festere rechte Brust	Eine größere linke Brust Blassere, weichere Brustwarzen
Dunkelrote, harte Brustwarzen	
Weiße, dicke Milch	Farblose, dünne Milch
Dann wird es ein Knabe	*Dann wird es ein Mädchen*

In den Städten befragt die Familie ab dem 17. Jahrhundert häufig einen Arzt, der sich hier, wie Guillemeau sagt, keine Blöße geben darf. Er muß »die Neugierigen zufriedenstellen, die den Chirurgen, der die Schwangerschaft festgestellt hat, sogleich fragen, von welchem Kind die Frau schwanger ist«; er muß aber vorsichtig sein. Denn »da es schon schwierig genug ist, eine Schwangerschaft gleich zu Beginn festzustellen, ist es noch viel schwieriger, das Geschlecht zu ermitteln und herauszufinden, ob es ein Sohn oder eine Tochter sein wird. Ich weiß, daß sich einige zugute halten, dies mit Sicherheit sagen zu können, jedoch ist dies meist eher eine Frage des Zufalls als der Vernunft und Wissenschaft.« In der Regel stützen sich die Ärzte doch immer nur auf die Vorhersageregeln der Antike, wobei sie versuchen, diesen eine gewisse Schlüssigkeit zu geben.

Was sich hinter diesen Vorhersagepraktiken immer verbirgt, ist der Wunsch, einen Sohn zu bekommen, einen Erben und Stammhalter. Zahlenmäßig ausgedrückt wiegt ein Junge zwei Mädchen auf; dies belegt u. a. der Aufruhr, der sich im Jahre 1691 in Montauban ereignete. In diesem Jahr gab es einen Proteststurm unter den Frauen des Volkes, da sie der Verordnung eines Steuereinnehmers entnommen hatten, daß sie von nun an für jedes Neugeborene steuerpflichtig waren: »Zehn Sous für jeden Knaben, den sie zur Welt brachten, fünf Sous für jedes Mädchen.«

In Erwartung des Kronprinzen

Mehr als sonst erhoffte man einen Knaben, wenn die Königin schwanger war. Da in der französischen Monarchie der Thron in der männlichen Linie vererbt wurde, fieberte man stets der Geburt eines Thronfolgers entgegen. Wenn sich der Fetus im vierten Monat der Schwangerschaft erstmals bewegte, wurde die frohe Hoffnung des Königspaars zur Gewißheit. Die Schwangerschaft wurde nun öffentlich verkündigt, und ab diesem Zeitpunkt lebten alle Untertanen mit dem Herrscherpaar in der Hoffnung auf einen Kronprinzen. Nach dem Brauch schrieb der Erzbischof von Paris an den Monarchen, daß dieser öffentliches Gebet anordnen möge. Im ganzen Königreich versammelten sich die Menschen zu inbrünstigem Gebet, daß Gott die Frucht beschütze und der Königin eine glückliche Geburt gewähren möge. Da die Königin mit der Hoffnung des ganzen Volkes schwanger ging, war diese königliche Schwangerschaft eine bedeutsame Angelegenheit. Alles fieberte jenem fruchtbaren und wunderbaren Augenblick entgegen: Der Geburt eines Erben.

Es versteht sich, daß der König die Auswahl der Hebamme mit größter Sorgfalt traf. Bei der Niederkunft ruhte die Zukunft der Dynastie und das Schicksal des Volkes in den Händen dieser Frau. Kommt es nicht »bei der Niederkunft vor allem darauf an, daß die Hebamme sich gut mit der Frau versteht, der sie beisteht?« Als Maria von Medici eine junge, aufgeweckte und erfahrene Hebamme wünschte, war dies eine Neuheit, die den Sittenwandel deutlich macht. Frauen aus dem Hochadel hatten zu Beginn des 17. Jahrhunderts geänderte Vorstellungen darüber, was eine gute Geburtshelferin ausmachte. Dies wurde zum Streitpunkt zwischen der Königin und Heinrich IV., der ihr eine alte Witwe als Beistand geben wollte, bis sich der König von dem Können der Louise Bourgeois überzeugen ließ und sich schließlich dem Wunsch seiner Gemahlin fügte.

Es war natürlich eine hohe Ehre, der Königin bei ihrer Geburt beistehen zu dürfen, jedoch hatte dies auch Nachteile. Wenn die Hebamme einmal in Dienst genommen war, mußte sie ständig verfügbar sein; sie erteilte Ratschläge gegen Ende der Schwangerschaft, kümmerte sich um die Gesundheit der Herrscherin, wobei sie vor allem kulinarische Exzesse fürchtete: »Ich hatte große Angst davor, daß die Königin während der Niederkunft Bauchkrämpfe bekommen könnte«, bekennt Louise Bourgeois, »da man mir gesagt hatte, daß sie große Mengen Eis, Melonen, Trauben, Hartpfirsiche und Pavien gegessen hatte. Ich flehte Ihre Majestät an, keine Melonen mehr zu essen. Dies versprach sie mir unter der Bedingung, daß man sie ihr nicht mehr auftrüge« (6, 140).

Erst acht Tage vor der Niederkunft lernte der König Louise Bourgeois kennen. »Ich glaube, daß sie Euch eine gute Hilfe sein wird«, sagte er zur Königin, »denn sie macht einen guten Eindruck«; anschließend wandte er sich an die Hebamme, um sie auf die Bedeutung ihres Amtes hinzuweisen: »Meine Liebe, Ihr müßt Euer Bestes tun; Ihr habt eine sehr bedeutende Aufgabe« (6, 142).

Durch das Salische Gesetz, das in Frankreich nur die männliche Thronfolge zuließ, wurde der Thronfolger mit besonders großer Spannung erwartet. Dadurch wurde die erste Schwangerschaft und Niederkunft der Königin zu einem ganz besonderen Ereignis. Für Heinrich IV. mußte die Geburt eines Sohnes die Thronfolge und damit die Erhaltung der Macht sicherstellen; für die Königin ging es darum, das Volk nicht zu enttäuschen, das sich nach den Leiden der Religionskriege nach Ruhe und Kontinuität sehnte.

Während der letzten Monate ihrer Schwangerschaft machte sich Maria von Medici sichtlich große Sorgen wegen des Geschlechts ihres Kindes; um sich darüber Klarheit zu verschaffen und sich zu beruhigen, nahm die recht abergläubische Königin Zuflucht zu den Resten des alten Volksglaubens: »Sie fragte häufig, wieviel noch vom Mond übrig war, da nach alter Volksmeinung während des zunehmenden Mondes Mädchen geboren werden«, schreibt Doktor Héroard. Eines Morgens teilte sie ihrer Hebamme sehr niedergeschlagen mit, »daß sie glaube, ein Mädchen zu bekommen, weil es heißt, daß Frauen, die einen Sohn erwarten, gegen Ende ihrer Schwangerschaft magerer werden«. Dagegen wandte Louise Bourgeois ein, daß sie doch sah, daß sie »so schön war, mit so strahlendem Teint und so hellen Augen, daß es nach den Regeln, nach denen die Frauen sich richten, ein Knabe werden mußte«.

Eine Frau, die das Schicksal der Nation in ihrem Schoß trug, fühlte eine ungeheure Verantwortung, und man versteht, daß es nicht leicht war, ihre Hoffnung lebendig zu halten. Um sie zu überzeugen, verwies die Hebamme darauf, wieviel für das Königreich auf dem Spiel stand, und daß Gott doch zu Ende führen müsse, was er begonnen hatte: »Das stärkste Argument, das ich hatte«, schreibt sie, »war, daß Gott, indem er unseren König zu einem guten Katholiken gemacht hatte, zu erkennen gegeben hatte, daß er Frankreich wieder zur Blüte bringen wollte; der

König war getraut und die Königin schwanger, ehe noch jemand dies zu hoffen gewagt hätte. Weil ich sah, daß dies alles große Werke von Seiner Hand waren, glaubte ich, daß Er alles auch zu Ende führen und uns einen Kronprinzen schenken würde« (6, 138). Welch tiefe Überzeugung kommt in diesen Worten zum Ausdruck, daß das französische Königshaus unter dem besonderen Schutz Gottes stünde!

Je näher der Zeitpunkt der Niederkunft rückte, desto größer wurde die Spannung. Louise Bourgeois ließ wissen, daß sie auf keinen Fall während der Geburt das Geschlecht des Kindes bekanntgeben würde; es dürften in diesem Augenblick »weder Freude noch Enttäuschung« geäußert werden, um den guten Ablauf der Entbindung nicht zu gefährden. »Der König«, schreibt sie, »antwortete, daß ich, wenn es ein Sohn wäre, dies nicht leise sagen würde, sondern aus Kräften schreien würde, weil es keiner Frau der Welt möglich wäre, bei einem solchen Ereignis stille zu sein.« Louise Bourgeois aber hatte ihren Stolz; sie wiederholte, daß sie sich beherrschen könnte, und sie hielt Wort, als es soweit war.

Im 17. und 18. Jahrhundert hielt die Zukunft der Dynastie immer wieder das ganze Königreich in Aufregung. Die Furcht, keinen Erben zu haben, war freilich nicht neu; schon König Philipp II. August und Königin Isabella, Ludwig VIII. und Blanca von Kastilien, Ludwig der Heilige und Margareta von Provence hatten früher vergeblich die Heilige Jungfrau um einen Sohn angefleht ... Den Bourbonen war das Aussterben des Hauses Valois noch frisch im Gedächtnis, und immer wieder wurden sie an die unsichere Zukunft der Familiendynastie erinnert. Die für lange Zeit unfruchtbare Ehe Ludwigs VIII. mit Anna von Österreich und in gewisser Weise auch diejenige von Ludwig XVI. mit Marie Antoinette und schließlich auch der Tod, der erbarmungslos die Nachkommenschaft des Sonnenkönigs hinwegraffte, ließen das Schlimmste fürchten.

Teil III
Die Frau während der Geburt

Ein kleines Wesen, das, soeben aus dem Blut und dem Bett der Mutter zum Vorschein gekommen, noch zarte Wärme an sich trägt und nichts weiter möchte als zur Blüte zu kommen.

JULES MICHELET

urch die Geburt vollzieht sich eine abrupte Trennung. Das Kind macht sich auf den Weg durch das dunkle Labyrinth des Mutterschoßes und kommt schließlich zur Welt. Indem es seine Mutter verläßt, durchbricht es einen symbolischen Kreis. Nach der langen Periode der Schwangerschaft, einer Zeit der Hoffnung und Ungewißheit, folgt die kurze Periode der Niederkunft, eine Zeit der Schmerzen, aber auch der Befreiung für Mutter und Kind. Die Frucht hat sich am Baum ernährt und löst sich nun von ihm.

Diese Trennung vollzieht sich im Rahmen eines sehr umfassenden Rituals. In der Vorbereitungsphase der Niederkunft werden Bänder und Gürtel abgelegt, Ringe und Reife abgestreift. Die Frau nimmt verschiedene Haltungen ein, um die Wehen zu beschleunigen und die Wirkung der Schwerkraft möglichst gut auszunützen. Nach der Geburt wird das Kind von seiner Mutter getrennt, »indem die Nabelschnur feierlich durchschnitten wird«.

Ergänzt werden diese Trennungsrituale durch solche, die der Aufnahme des Kindes in die Gruppe dienen. Indem die Umgebung das Kind bewillkommnet, indem es gewaschen und gekleidet und zum ersten Male an die Brust gelegt wird, wird es als »Menschenwesen« anerkannt.

Kapitel 1

Die Welt der Geburt

Ich finde es gut und vernünftig, daß die Frauen untereinander ihre Hausmittelchen austauschen, und daß die Hebammen ihre Erfahrungen und Fertigkeiten zur Anwendung bringen.

LAURENT JOUBERT,
Erreurs Populaires, 1579

Durch die Tatsache, daß seit einigen Jahrzehnten immer mehr Frauen in Frauenkliniken oder im Krankenhaus entbinden, haben sich die Umstände der Geburt tiefgreifend verändert. Kinder werden nicht mehr unbedingt dort geboren, wo die Familie lebt, und wo früher die vertraute Umgebung wichtig war, steht heute die moderne technische Ausstattung im Vordergrund. Dieser Bruch gegenüber der alten Auffassung der Geburt ist der Endpunkt einer Entwicklung, die vor einigen Jahrhunderten ihren Ausgang nahm; sie fällt mit der Auflösung jahrhundertealter Werte zusammen, einer Lebens- und Denkweise, eines Bezugsrahmens, den die industrielle Revolution gesprengt und im späteren Verlauf ausgelöscht hat, ohne daß etwas anderes an seine Stelle getreten wäre.

Der Ort der Niederkunft

Geboren werden heißt Wurzeln schlagen. Zwischen dem Menschen und »der Erde, die ihn zur Welt kommen sah« ist ein fast körperliches Band gewachsen. Früher hieß es von einem Menschen auf dem Lande, daß er »aus diesem oder jenem Dorf« stammte, und man brachte damit zum Ausdruck, daß nicht nur eine Beziehung zwischen dem Einzelnen und der Gemeinschaft, sondern auch auf einer tiefer liegenden Ebene zwischen dem Einzelnen und dem Boden der Vorväter bestand, der Gegend, in der man beheimatet war. Dieses intensive Gefühl der Verbundenheit macht verständlich, daß dem Dorfbewohner die Heimat heilig war, und daß Auswanderer sehr mit ihrem Vaterland verbunden blieben. Für die Menschen früher war es auch sehr wichtig, wo sie genau geboren

Frankfurter Wochenstube des 16. Jahrhunderts. Holzschnitt von dem Meister der Egenorffschen Offizin.

waren: Es war in diesem bestimmten Haus des Weilers oder Dorfs, in diesem Raum, an dieser Stelle.

Der Wohnraum

Normalerweise fand die Geburt im Wohnraum bei der Frau zu Hause statt. Bei den ersten Wehen begannen die Nachbarinnen, alle Ritzen von Fenstern und Türen zuzustopfen, die während der ganzen Geburt sorgfältig geschlossen bleiben mußten. Mehr als alles andere fürchteten sie den Zug, durch den sich die Gebärende erkälten konnte und der vielleicht sogar zu einer Stauung führen könnte. Kälte war der Todfeind der Kreißenden! Das Feuer wurde nachgeschürt, und man legte Reisigbüschel auf; man mußte schnell einen warmen und zugfreien Platz schaffen, an dem sich die Frau ihrer Schwangerschaft hart arbeiten, und nicht wenige von ihnen wurden am Waschplatz oder auf dem Felde von den ersten Wehen überrascht. Diese waren oftmals kurz, und das Kind kam so schnell, daß sie weder die Zeit noch die Kraft hatten, in ihr Haus zurückzukehren. Im 18. und 19. Jahrhundert berichten Pfarrer und Ärzte voller Erstaunen über Frauen, die auf freiem Felde oder am Straßenrand niederkamen und ihr Kind gewissermaßen »verloren«. In einem im Jahre 1837 erschienenen Buch berichtet Doktor Munaret, daß er »drei gekannt habe, die unterwegs von den Wehen überrascht wurden und die ungeduldige Frucht ihrer Liebe in ihrer Schürze mit nach Hause nahmen« (43, 373). Das stereotype Bild der gesunden Bäuerin, der Schmerzen nichts ausmachen, verstellte den Ärzten häufig den Blick dafür, wieviel Angst und Qual mit solchen Geburten verbunden waren. Waren es Einzelfälle, Ausnahmen? Sicher ist jedenfalls, daß es in vielen Fällen die Situation der Frau ist, die ihr Verhalten erklärt. Manche nehmen bewußt das Risiko in Kauf, auf dem Felde niederzukommen; das Leben auf dem Lande ist so hart, daß sie kaum auf ihren Körper Rücksicht nehmen. In Sainte-Gemme (Charente) bearbeitet noch zu Beginn dieses Jahrhunderts eine Frau ihren Rübenakker, obwohl sie jeden Tag niederkommen kann. Trotzdem arbeitet sie weiter; sie nimmt lediglich »eine Schere und ein Knäuel Garn in ihrem Beutel mit aufs Feld ... Eines Abends kehrt sie nach Hause zurück, ein Baby oben auf den Rüben in ihrem Karren. Alle ihre Geburten erfolgten in dieser Weise«, schließt der Berichtgeber. Ein Genrestück, wie es Millet hätte malen können. Im Rhythmus der Erde ...

Weibliche Solidarität

Die Umstände, unter denen Frauen niederkamen, waren je nach Gegend und Stand so unterschiedlich, daß eine Beschreibung der »typischen« Geburt unmöglich zu geben ist. Und doch gibt es Gemeinsamkeiten und Konstanten, und es lassen sich langfristige Entwicklungen nachzeichnen.

Der Kreis der Frauen um die Gebärende war eine dieser Konstanten. Natürlich kam es vor, daß eine Frau alleine niederkam, und es kam auch vor, daß der Mann der einzige war, der Hilfe leisten konnte, jedoch war dies die Ausnahme, denn die Niederkunft war Frauensache. In der Regel war die Gebärende von weiblichen Familienmitgliedern, Nachbarinnen und Freundinnen umgeben: Niederkommen war eine öffentliche Angelegenheit.

Das Summen im Bienenkorb

Sobald die ersten Wehen einsetzten, strömten die Frauen herbei. Bei der Niederkunft ist Hilfe nötig. Auch wenn »die Natur ihre Arbeit tut« und alles normal verläuft, müssen verschiedene praktische Dinge geregelt werden, wie z. B. das Feuer unterhalten, Wasser holen und erwärmen; später, wenn nötig, die Frau ruhigstellen, danach die Leintücher waschen, ausschlagen und am Feuer trocknen, das Kind versorgen, eine Brühe oder ein stärkendes Getränk zubereiten ... Die Arbeitsaufteilung geschieht spontan, und es versteht sich von selbst, daß die Mutter, die Schwiegermutter oder eine Tante hierbei die Hauptrolle spielen.

Diese praktische Hilfeleistung wurde sehr geschätzt; Hilfe war nur von dem Wissen und der Erfahrung innerhalb der Gemeinschaft zu erwarten. Hilfe von außerhalb zu erbitten war ein Gedanke, der den Frauen auf dem Lande jahrhundertelang völlig fremd war. Man machte diese Dinge unter sich ab. So ging es mit allen Beschäftigungen, vor allem mit der Arbeit auf dem Felde und insbesondere mit der Ernte, bei der einige Wochen lang alle Hände gemeinsam anpackten. Warum sollte gerade die Ernte eines neuen Menschleins hier eine Ausnahme bilden?

»Wechselseitiger Beistand« und »gegenseitige Hilfe« sind häufig wiederkehrende Begriffe in den Schriften der Verwalter und Pfarrer des 18. Jahrhunderts, wenn sie über die Umstände berichten, unter denen Frauen auf dem Lande niederkommen. Aus der großen Umfrage, die im Jahre 1786 in Frankreich bei den Hebammen durchgeführt wurde, um zu ermitteln, welche Hilfe den Frauen auf dem Dorfe damals zuteil wurde, geht klar hervor, daß man in weiten Teilen des Landes keine andere Vorgehensweise kannte. Diese archaische Form des Beistands am Vorabend der Französischen Revolution hielt sich auch in denjenigen Gebieten, in denen offenbar viel mehr Hebammen und Geburtshelfer zur Verfügung standen.

Es war eine Selbstverständlichkeit, einer Nachbarin bei ihrer Geburt zu helfen. Bald würde man ja selbst wieder ihre Hilfe brauchen. Dies war aber nicht der einzige Grund, und man hätte sich geschämt, so berechnend zu sein. Hier sprach vielmehr das Herz. Die Bande, die Tag für Tag am Dorfbrunnen, am Waschplatz und am Gemeindebackofen erneuert wurden, wo die Frauen warteten, bis sie mit dem Einschießen des Brotes an der Reihe waren, begründeten eine Verbundenheit der Frauen untereinander, die sich in den schwierigen Augenblicken des Lebens bewährte: Dem vorzeitigen Tod einer Freundin, deren Letztgeborenes man aufnahm, oder, wie in unserem Fall, der Entbindung eines Kindes. Eine Frau, die niederkam, hätte es nicht verstanden oder als grobe Nachlässigkeit empfunden, wenn ein weibliches Familienmitglied oder die Nachbarin nicht ihr Mitgefühl ausgedrückt, ihr nicht Hilfe und Trost angeboten hätte.

Meist sind bei der Niederkunft fünf bis sechs Leute anwesend. Manchmal sind es mehr, wenn Komplikationen eintreten oder das Kind nicht kommen will. Eine Lageanomalie erschüttert selbst die erfahrensten Frauen: sie können noch soviel Mitleid haben mit der Frau, die schon seit Tagen in Kindsnöten liegt, sie können beten, soviel sie wollen, es nützt alles nichts. Dann zieht ein Teil der weiblichen Bevölkerung des Dorfes durch den Raum, in dem es schon »nach dem Tod riecht«. Jede von ihnen erteilt einen Rat und erinnert im Vorbeigehen, ohne daß es die Sterbende noch hören würde, an einen ähnlichen Fall, der unglücklich ausging. Jede Frau trägt vor allem ihre eigenen Erfahrungen vor.

Aber auch wenn die Niederkunft normal verläuft, herrscht im Haus eine eigentümliche Atmosphäre. Das Haus gleicht durch die ein- und ausgehenden Frauen einem Bienenkorb, wobei sich allerdings Zeiten der Ruhe mit Zeiten emsiger Geschäftigkeit abwechseln. Alles ist auf die werdende Mutter abgestimmt; Zeiten der Aufregung und der Beruhigung, der Wehen und der Ermattung, des Rufens und des Flüsterns rhythmisieren die Niederkunft. Man weiß zuzuhören, aber es wird auch viel geredet. Das Wort ist allgegenwärtig.

Das Pamphlet *Les Caquets de l'accouchée* (Tratsch am Wochenbett) aus dem 17. Jahrhundert hält dem gewissermaßen den literarischen Spiegel vor. Der anonyme Autor schreibt für ein Männerpublikum und rügt die übertriebene Aufgeregtheit und maßlose Geschwätzigkeit dieser Frauen. In der Tat lieferte diese leicht frauenfeindliche Flugschrift einen Beitrag zu der Kampagne, die zu jener Zeit gegen die Hebammen geführt wurde, gegen den Kreis der Frauen, die bei der Niederkunft halfen, gegen die Frauen, die ein Gegacker wie im Hühnerstall veranstalteten, gegen die Kaffeetanten, die der Mutter halfen und dabei unaufhörlich ihr Mundwerk bewegten. Vor allem im 16. und 17. Jahrhundert werden die Ärzte nicht müde, auf die zu große Zahl von Helferinnen hinzuweisen. Sie finden den Lärm und die aufgeregte Geschäftigkeit unerträglich; für einen guten Verlauf der Niederkunft ist ihrer Meinung nach Ruhe unverzichtbar. Wenn man ihre Dienste in Anspruch nehmen muß, ist ihre erste Maßnahme stets, jeden, der im Hause nichts zu suchen hat, aus dem Zimmer zu schicken. Diese beiden so unterschiedlichen Auffassungen hinsichtlich der Gegenwart der Frauen sind sehr bedeutsam. Wir haben es mit zwei Verhaltensweisen, zweierlei Ethik, zwei verschiedenen Kulturen zu tun, die hier aufeinanderprallen.

In der Tat ist auch die Gebärende zwischen zwei einander widerstreitenden Wünschen hin und her gerissen. Meist verlangt sie durchaus nach der Gesellschaft von Freundinnen, die ihr helfen, der Angst Herr zu werden, jedoch besitzen diese nicht immer die Zurückhaltung und das Feingefühl, die in einer solchen Situation nötig sind. Geflüster kann sich ebenso schädlich auswirken wie eine etwas laute oder verletzende Bemerkung; bei einer Frau, die stets das Schlimmste fürchtet, kann dies zu einer Panikreaktion führen. Dabei ist das höchste Gebot, alles zu vermeiden, was ihr Furcht einflößen könnte. Es ist besser, »sich mit ihr über angenehme Dinge zu unterhalten«, erklärt Madame du Coudray, »ihr Mut zu machen und ihr zu sagen, daß alles gut geht. Und vor allem dürfen die Helferinnen nicht davon reden, fremde Hilfe zu holen, wenn das Kind auf sich warten läßt!« »Wenn Frauen in einer schwierigen Phase der Niederkunft nicht aus eigenem Antrieb den Arzt kommen lassen wollen, kann die Erwähnung des Arztes bei ihnen solchen Schrecken auslösen, daß sie glauben, ihr Leben stünde auf dem Spiel«, betont auch Louise Bourgeois (7, 107). Wenn man zu diesem Zeitpunkt von Hilfe spricht, wirkt sich dies auf die seelische Verfassung der Gebärenden nachteilig aus, so daß die Wehen noch stärker behindert werden. Auch darf keinesfalls das Wort »Zange« fallen, denn die bloße Erwähnung dieses Instruments läßt bei der Frau eine Welt zusammenbrechen und löst Panik aus.

Die Niederkunft ist ein Ereignis, das Feingefühl und Diskretion verlangt. Zwar braucht die Frau Unterstützung, aber sie leidet auch darunter, daß sie den Blicken all jener Frauen ausgesetzt ist, die sie sich nicht ausgesucht hat. Manche sind durchaus unerwünscht, so etwa eine »böse Nachbarin«, die nur aus Neugierde kommt, die Schwiegermutter und erstaunlicherweise manchmal auch die beste Freundin. Im Jahre 1698 wurde La Motte zu einer Frau gerufen, bei der die Wehen eingesetzt hatten. »Indes war eine Dame aus ihrer Nachbarschaft gekommen, allem Anschein nach ihre beste Freundin, um ihr einen Besuch abzustatten und trat ohne Umstände in das Zimmer, um ihr behilflich zu sein; in diesem Fall aber fiel das Angebot bei der kranken Dame nicht auf fruchtbaren Boden, die doch nicht wagte, sich hierüber mir oder den anderen Anwesenden zu erklären, was zur Folge hatte, daß die Wehen aufhörten.« Da es schon spät war, riet der Geburtshelfer allen, sich zu Bett zu begeben und sagte, daß er sie rufen würde, wenn es etwas Neues gäbe.»Dies geschah, kurz nachdem die Dame sich schlafen gelegt hatte. Die Kranke wollte aber keinesfalls, daß jemand die Freundin wecken ginge und war vielmehr sehr verstimmt, daß sie ungefragt gekommen war. Wenig später entband ich sie von einem wohlgestalten Sohn« (37, 278). Manchmal tun die Menschen Dinge, deren Motive uns im Dunkeln bleiben . . .

Und wo ist der Vater?

Der Mann ist nicht immer abwesend. Hierfür gibt es zunächst einige sehr einfache Gründe: Wenn das Paar an einem abgelegenen Ort wohnt, steht der Mann natürlich seiner Frau bei. Dies ist eine häufige Situation in dünn besiedelten Gebieten, aber auch in Landstrichen mit größeren Siedlungskernen, wenn das Gehöft abseits des Zentrums des Sprengels liegt und unmittelbarer Beistand durch andere Frauen unmöglich ist. Der Mann kann seine Frau nicht alleine lassen, um Hilfe zu holen, wenn er nicht das Risiko eingehen will, daß sie in seiner Abwesenheit alleine niederkommen muß.

Er wird gebraucht, wenn sich eine schwierige Geburt ankündigt, und zwar weniger, um seine Frau zu beruhigen, denn als Helfer, wenn es gilt, das Kind zu holen; wie die Anthropologin Françoise Loux ganz richtig beobachtet hat, braucht man dann seine Kraft, um die Frau festzuhalten. Dies wurde übrigens seit dem Beginn des 18. Jahrhunderts von einigen Geburtshelfern empfohlen, u. a. von Mauquest de La Motte, wenn es notwendig war, einen abgestorbenen Fetus zu entfernen oder einen Kaiserschnitt vorzunehmen.

Schließlich war es häufig auch der Mann, der seine Frau von dem Strohlager, auf dem die Niederkunft stattgefunden hatte, zum Ehebett trug; freilich brauchte man ihn in letzterem Fall erst zu bemühen, wenn schon alles vorüber war. In den meisten Fällen war also der Mann bei der Geburt nicht dabei, und seine Anwesenheit war auch gar nicht erwünscht. Wenn er zugegen war, dann handelte es sich meist um eine besonders schwere oder tragische Entbindung; seine Anwesenheit war daher meist ein ungutes Zeichen.

Möglicherweise hat sich im 19. Jahrhundert diese Situation allmählich verändert. Über diese Zeit liegt mehr Material vor, wobei der Vater immer häufiger erwähnt wird. Ist dies vielleicht ein Hinweis darauf, daß die Familie sich mehr auf sich selbst besinnt, daß die Medizinisierung zunimmt und sich die Hebammen und Ärzte lieber vom Vater als von den Nachbarinnen helfen lassen? Jedenfalls ist es nach Alexandre Bouet in der ersten Hälfte des 19. Jahrhunderts in der Bretagne so, daß jedem mit Ausnahme des Vaters, der Hebamme und einigen auserwählten Nachbarinnen der Zutritt zum Entbindungszimmer verwehrt wird (48, 26).

Aber auch wenn der Vater außerhalb des Raumes bleibt, in dem die Geburt stattfindet, ist er doch nicht untätig; er hat eigene Aufgaben. Er macht sich nützlich, indem er Wasser bringt, wenn man ihn darum bittet, er holt Hilfe, wenn es notwendig ist, und er ruft eventuell eine weitere Hebamme und seit dem 18. und vor allem 19. Jahrhundert den Arzt des nächsten Dorfes. Und wenn es zum Äußersten kommt, wenn es um die Frau so schlecht steht, daß man um ihr Leben fürchtet, eilt er auch zum Pfarrer, um dafür zu sorgen, daß die Sterbende mit den Sakramenten versehen wird.

Es ist nicht verwunderlich, daß dem Vater in der Regel der Zutritt zum Geburtszimmer verwehrt wurde. Die Niederkunft war Frauensache. Auf dem Lande spürte ein Mann sofort, daß er zwischen all den Frauen völlig unnütz war; er hätte sich wohl auch nicht besonders wohl gefühlt, wenn seine Frau zu schreien begonnen hätte oder wenn sie, schlimmer noch, in Gegenwart aller halb entkleidet wurde, damit man den Fortgang der Geburt besser verfolgen konnte, so daß ihre Schamteile sichtbar wurden. In einer Zeit, in der man sich schämte, seine Gefühle zu zeigen, vor allem in Augenblicken wie diesen, konnten solche Situationen für beide Parteien nur peinlich sein. Während es in anderen Kulturen Tradition war, daß der Mann bei der Geburt anwesend war, schätzte man dies im Westeuropa der Frühmoderne nicht. Und doch gibt es eine, allerdings wichtige, Ausnahme: Der König von Frankreich wohnte immer der Niederkunft der Königin bei.

Dabei gab es in den Dörfern, wo die Beziehungen häufig subtilerer Art waren als man gemeinhin glauben möchte, eine Art Rollenverteilung. Während bei der Geburt von Kindern die Hauptlast die Frauen trugen, fühlten sich für die Tiere auf dem Bauernhof die Männer zuständig. Die Geburt eines Kalbes oder eines Lammes war Männersache. In seinem Bericht über die Hochebenen der Auvergne schreibt Doktor Brieude im Jahre 1785: »Fast alle Kuhhirten der großen Bauernhöfe haben notwendigerweise gewisse Kenntnisse über die Geburt; nachdem sie ihren Arm mit Öl, Butter oder Schmalz eingerieben haben, drehen sie den Fetus in der Gebärmutter um, wenn sie sehen, daß es eine schwierige Geburt ist« (9, 123). Auf dem Lande, wo sowohl im Hause als auch in der Gemeinschaft alles und jedes in einer Weise durcheinanderzulaufen schien, die der oberflächlichen Stadtmentalität des 18. und 19. Jahrhunderts ein Greuel war, herrschte »gezwungenermaßen« (wie Brieude es ausdrückt) eine gewisse Aufgabenverteilung, um das Funktionieren des Gemeinwesens zu gewährleisten. Die Frauen sorgten für die Babys, während die Männer sich lieber um den Zuwachs bei den Herden kümmerten.

Diese Regelung schloß freilich einen »Wechsel« von den Menschen zu den Tieren und umgekehrt nicht aus. So wurde eine weibliche »Viehdoktorin«, die erst Kälbchen ans Licht der Welt verholfen hatte, in der zweiten Hälfte des 17. Jahrhunderts Hebamme in einem Dorf bei Laon. Im 19. Jahrhundert wußte der geheimniskundige Dorfschmied ebenso gut Tieren, die Junge bekamen, wie auch Frauen in Kindesnöten zu helfen. Für die Landbewohner, die mit und unter ihren Tieren lebten, war dies völlig normal. Die aufgeklärten Geister des 18. Jahrhunderts haben durchaus keinen Grund, sich hierüber zu mokieren, ließen sie doch an der Veterinärakademie zu Alfort die künftigen Tierärzte in Geburtshilfe unterrichten, damit sie gegebenenfalls auch einer Bäuerin beistehen konnten! Diese Vermischung von Aufgaben hatte allerdings nicht lange Bestand, da es die frischgebackenen Tierärzte vorzogen, wegen des höheren Prestiges und der finanziellen Vorteile Geburtshelfer zu werden, statt im Stall das Vieh zu versorgen.

Die »Hebemutter«

Unter all den Frauen, die ihre Freundin umgaben und kamen, sobald man sie rief, befand sich meist eine, die mehr Geduld und Takt hatte als die anderen und deren Rat gerne gehört wurde. Wenn sich ihr einmal bei einer schwierigen Geburt die Gelegenheit geboten hatte, ihr Können unter Beweis zu stellen, wurde sie von den Frauen als »weise Frau« akzeptiert und anerkannt; von diesem Augenblick an war sie die »Hebemutter«. Das Vertrauen wuchs schließlich mit den ersten Geburten, bei denen sie Hilfe leistete.

DIE FRAU WÄHREND DER GEBURT

Der Pfarrer ermunterte manchmal die Bereitwilligen und unterstützte diejenigen, die hierin eine keimende Berufung sahen. Der Pfarrer von Vouzy in der Champagne schrieb im Jahre 1772: »Es gibt hier eine Frau von 32 Jahren namens Marie Cellier, Ehefrau von Pierre Bare, die bei verschiedenen Geburten anwesend war, um später selbst zu praktizieren; mir will scheinen, daß sie vorzügliche Anlagen hat.«

Der Übergang von der nachbarschaftlichen Hilfe zum Amt der Dorfhebamme vollzog sich also gleitend. Die Dorfhebamme gab den Frauen Sicherheit und das Gefühl, daß sie die nötige Hilfe bekommen würden, wenn ihre schwere Stunde käme. Freilich war die Dauer dieser Einrichtung nicht für immer gewährleistet. Wenn die Dorfhebamme nach einigen Jahren starb, waren die Frauen wieder auf gegenseitige Hilfeleistung angewiesen, bis eine neue Frau aus ihren Reihen hervortrat, der sie sich gerne anvertrauten und die bereit war, die Verantwortung einer Dorfhebamme auf sich zu nehmen.

Gelegentlich ging diese Funktion auch von der Mutter auf die Tochter über; im Jahre 1786 wohnte in Lapeirouse bei Toulouse eine Dorfhebamme namens Antoinette Martin, Frau eines Pachtbauern, die »ihr Wissen einzig auf der Schule ihrer Mutter selig gelernt hatte«. In La Madeleine praktizierten zwei Frauen: Die eine »hat alle ihre Kenntnisse von einer ihrer Schwestern«, und die andere, die über langjährige Erfahrung verfügt, läßt nun auch ihre Tochter, die »gute Anlagen zeigt, nach den Grundsätzen ihrer Mutter mitarbeiten«. Die Tochter begleitet ihre Mutter bei allen Einsätzen und arbeitet mit ihr mit, bis sie eines Tages alleine praktiziert, wenn ihre Mutter zu alt geworden ist. In anderen Fällen nimmt die Dorfhebamme, wenn ihre Kräfte nachzulassen beginnen, eine Helferin mit, die später ihr Amt übernehmen wird. Diese trifft dann die notwendigen Vorbereitungen für die Geburt, kocht Wasser, bereitet das Bad und hilft gegebenenfalls der Hebamme bei einer schwierigen Geburt. Sie ist auch diejenige, die nach der Niederkunft Mutter und Kind versorgt.

Ihre Ausbildung erhielten die Frauen also ausschließlich in der Praxis, so wie der Sohn von seinem Vater lernte Furchen zu ziehen, und wie die Tochter von ihrer Mutter in Küche und Haushaltung unterrichtet wurde. Studiert haben die Hebammen nicht: »Es gibt Frauen, die Dorfhebamme werden, ohne jemals etwas über diese Kunst gelernt zu haben«, betont ein Verwaltungsbeamter im 18. Jahrhundert; »sie haben niederkommen sehen und kommen selbst nieder, das ist alles«. Sie geben sich damit zufrieden, ihr »Verfahren« und ihre »kleinen Geheimnisse« weiterzugeben, über die Pfarrer und Wundärzte so herablassend sprechen.

Wer kann Hebamme werden?

Vor allem keine unverheirateten Frauen! Dies wäre ein Skandal in der Gemeinschaft; die Frauen würden sich zudem sämtlich weigern, ihre Dienste in Anspruch zu nehmen. Geburtshelfer Dionis hielt dies für unschicklich: »Es steht einer jungen Frau, die gar nicht wissen kann, welche Anstalten für die Geburt eines Kindes zu treffen sind, nicht an, andere entbinden zu wollen« (19, 417). Der Pfarrer von Saint-Aubin de Vitrezai bei Bordeaux berief sich im Jahre 1782 sowohl auf den Anstand als auch auf die Tradition, als er schrieb: »Auf dem Lande üben unverheiratete Frauen den Beruf nicht aus; für sie ist es sogar ungehörig. Nur ältere Frauen oder Witwen widmen sich dieser Arbeit.«

Bis 1770 oder 1780 blieb es mit gebietsweisen Ausnahmen ungeschriebenes Gesetz, daß die Frau verheiratet sein mußte; danach kommt es unter dem Einfluß der nahen Städte ganz allmählich zu einer etwas veränderten Einstellung. Es wird akzeptiert, daß die Tochter der alten Dorfhebamme nach ihrem Tode ihren Platz einnimmt. Man kennt sie und hat erlebt, wie sie ihrer Mutter mithalf. Zudem sind die Frauen einfach auf Hilfe angewiesen. Gegen Ende des 18. Jahrhunderts kommt das Umdenken meist auf diesem Wege zustande. Allerdings ist man nicht überall so tolerant. In einer Gemeinschaft konnte ernsthaft Zwietracht über die zu treffende Entscheidung entstehen, »wie wenn es nötig wäre, selbst in Kindsnöten gelegen zu haben, um in der Lage zu sein, sie zu lindern oder sie anderen zu ersparen«.

Eben dies ist aber auf dem Lande die gültige Meinung. Meist wählten die Frauen die Dorfhebamme unter denjenigen aus, die die meisten Kinder hatten, »denn dies bedeutet, daß sie mehr Erfahrung haben«. Wer selbst ohne größere Schwierigkeiten mehrere Geburten überstanden hatte, galt seinerseits als geeignet, Entbindungen vorzunehmen. Im Jahre 1772 war es für die Frauen in einem Dorf in Valois eine Selbstverständlichkeit, einer 72jährigen Dorfhebamme volles Vertrauen entgegenzubringen, die ihren Beruf »dadurch gelernt hat, daß sie sich selbst von den zwölf Kindern entbunden hat, die sie bekommen hat«. Die Dorfhebamme verdankt ihr Amt ausschließlich ihrer Fruchtbarkeit.

Um so erstaunlicher ist es, daß man so viele Hebammen findet, die niemals Kinder geboren haben; da sie unfruchtbar waren, wußten sie weder, was es bedeutet, schwanger zu sein, noch hatten sie am eigenen Leib Wehen erfahren. Was ist der Grund für diese augenscheinlich widersprüchliche Wahl?

Wie stellt man sich eine gute Hebamme vor?

Die Frauen einer Dorfgemeinschaft waren der Ansicht, daß eine tüchtige Hebamme ungebunden sein mußte. Sie erwarteten von ihr, daß sie geschickt war, aber auch »sehr sorgfältig in ihren Angelegenheiten« und daß sie unverzüglich kam, wenn man nach ihr schickte. Sie sahen es also lieber, daß die Dorfhebamme frei war von den Verpflichtungen der Mutterschaft, daß sie keine Kinder hatte oder nicht mehr für sie sorgen mußte, insbesondere keine kleinen Kinder, durch die sie nur eingeschränkt verfügbar war. Im Jahre 1775 lehnten die Frauen von Rioz in der Franche-Comté die Dienste einer Frau ab, die Hebamme werden wollte, da sie »selbst in die Situation kommen könnte, daß sie niederkommen muß, und dann denjenigen nicht helfen kann, die sie während dieser Zeit brauchen«.

Das Bild der Dorfhebamme, die erst Mutter einer großen Familie war und später eine arme Frau, die von öffentlichen Almosen lebte, entspricht recht gut der Realität. Dies belegen auch die Ergebnisse einer Umfrage unter Hebammen, die im Jahre 1786 im französischen Königreich durchgeführt wurde. Nur eine von fünf Dorfhebammen ist jünger als fünfzig, und zwei von drei sind älter als sechzig. Es zeigen sich natürlich regionale Unterschiede, die mit den Voraussetzungen zu tun haben, unter denen die Frauen ihr Amt übernehmen. In Lothringen etwa, wo die Hebamme von den Frauen des Dorfes ausgewählt wurde, achtete man streng darauf, daß sie unabhängig war. Man wählte also immer jemanden, der bereits in fortgeschrittenem Alter war; in der Gegend um Soisson verfuhr man ebenso, auch wenn die Hebamme hier nicht gewählt wurde. Weniger genau nahm man es offenbar in der Gegend um Lyon und in der Provence, wo dieser Beruf nicht selten zwischen dem fünfundzwanzigsten und dem fünfunddreißigsten Lebensjahr ergriffen wurde. War hier der Nachweis der Fruchtbarkeit, auf den es in Nordfrankreich auf dem Lande so sehr ankam, weniger wichtig? Oder neigte man der Meinung zu, daß eine tüchtige junge Frau, auch wenn sie keine Kinder hatte, den Vorzug vor einer älteren verdiente, die schlecht zu Fuß war? Wiewohl sich nun innerhalb eines Gebiets übereinstimmende Verhaltensweisen zeigen, gibt es andererseits auch erhebliche regionale Unterschiede; der Grund hierfür ist einfach: Manchmal war eine Gemeinschaft, die sich immer auf ihre Hebamme verlassen konnte, nur zu gern bereit, die Dienste einer Frau anzunehmen, die sich anbot, in welcher Verfassung und in welchem Alter sie auch war, denn »Not kennt kein Gebot«.

Die Frauen nahmen in der Tat mit einer jungen Hebamme mit Anhang vorlieb, wenn sie nur entschlossen und selbstsicher auftrat, jedoch mußte diese Selbstsicherheit auf Erfahrung beruhen, »damit ihr die verschiedenen Geburten nicht zu nahe gingen«. Alles hing davon ab, ob die Dorfhebamme Vertrauen einzuflößen verstand; dieses Vertrauen verschaffte ihr die Legitimation. Vertrauen war das Schlüsselwort, das immer wieder aus dem Munde der Frauen zu hören ist. Und wenn etwa der Pfarrer der alten Hebamme das Arbeiten verbieten wollte, um eine neue durchzusetzen, die ihm mehr gewogen war, dann lehnten die Frauen diesen Wechsel der Hebamme im Namen dieses Vertrauens ab, denn »Vertrauen läßt sich nicht verordnen«.

Eine gute Hebamme versteht es, die Frauen zu beruhigen. Sie weiß immer, wie sie sich zu verhalten hat; sie sagt tröstende und ermutigende Worte, die die Gebärende aufrichten. Auch wenn sie nicht immer effizient arbeitete, hatte sie doch das Gespür für die Situation, und da sie viele Male Mutter geworden war, konnte sie sich zweifellos vorstellen, welche Wirkung ein bestimmter Blick oder ein Seufzer haben konnten. Sie war die weise Mutter, die anderen beistand und gebären half.

Man erwartete von der Dorfhebamme gewisse körperliche Eigenschaften, die sie in die Lage versetzten, ihre Aufgabe gut zu erfüllen; sie mußte kräftig gebaut sein, »stämmig«, »flink« und »liebenswürdig ohne körperlichen Mangel und mit schmalen, geschmeidigen Händen«. Die »geistigen Eigenschaften« waren jedoch nicht weniger wichtig. Man wünschte sie sich »tugendhaft, diskret, umsichtig, gesittet und von regelmäßigem Lebenswandel« oder auch »eifrig, geduldig und gutmütig«. Dies war die ideale Hebamme. Die Wirklichkeit war jedoch häufig ganz anders.

Die Arbeit einer Hebamme brachte wenig ein: Auf dem Lande war Geld ein knappes Gut, das zum Bezahlen der Steuern und für die notwendigen Einkäufe auf dem nahen Markt bestimmt war. Bis zum 18. Jahrhundert war es nicht üblich, die Anstrengungen durchwachter Nächte mit einem Geldstück zu entlohnen.

DIE FRAU WÄHREND DER GEBURT

Hilfe aus Nächstenliebe

Man war allgemein der Ansicht, daß diese Dienste aus Nächstenliebe gewährt wurden und nichts mit dem Umlauf von Geld zu tun hatten. Dies bedeutete freilich nicht, daß man der Hebemutter keinen Dank bezeigte – im Gegenteil. Nur blieb diese Erkenntlichkeit einfach im Rahmen symbolischer Gaben. Die Vergütung, wenn es eine solche gab, erfolgte in Naturalien. Die Dorfhebamme, die stundenlang um das Leben von Mutter und Kind gerungen hatte, wurde während der drei bis vier kritischen Tage des Wochenbettes gastfrei aufgenommen. Sie saß bei der Familie zu Tisch, und wenn sie von weither gekommen war, gab man ihr Obdach. Als Gegenleistung bekam sie dann einen Kapaun oder Eier, Brot, einen Kuchen und in waldreichen Gebieten in Lothringen auch Scheitholz oder Reisigbündel.

Es kommt natürlich immer darauf an, welcher relative Wohlstand im Hause herrschte. Im Prinzip bekam die Hebamme mehr von einem reichen Bauern als von einem armen Taglöhner, vor allem, wenn letzterer ohne Arbeit war. Häufig war es auch so, daß nur derjenige,»dem es am besten ging«, etwas gab. In den ärmsten Milieus kam es sogar vor, daß die Dorfhebamme das Wenige, das an Babyausstattung notwendig war, schenken oder leihen mußte. Insgesamt reichten die Gaben, die die Dorfhebammen empfingen, gerade zum Leben;»sie haben viele Sorgen und wenig Lohn«, schrieb der Pfarrer des lothringischen Pancré im Jahre 1786. Aber das machte nichts. Für viele war es eine echte Berufung, Gebärenden zu helfen. Nächstenliebe geht nicht nach Lohn.

Ab dem 18. Jahrhundert kommt es zu einschneidenden Veränderungen im Verhalten der Hebammen. Der Grund hierfür ist unter anderem wohl auch darin zu suchen, daß in der zweiten Hälfte des Jahrhunderts Bischöfe und Landesherren in zunehmendem Maße Kurse abhalten lassen. Hebammen mit Ausbildung wollen natürlich von ihrem Beruf leben und eine finanzielle Vergütung erhalten. Daß es hie und da Dorfhebammen gibt, die diesem Beispiel folgen wollen, ist nur verständlich. So gibt es nunmehr Hebammen ganz unterschiedlicher Einstellung. Im Bezirk Uzès im Languedoc halten es die Hebammen um 1780 noch mit der Tradition; in der Pfarrei von Castelnaud z. B. gab es drei Dorfhebammen, die »sich etwas auf ihre große Uneigennützigkeit zugute halten und für ihre Dienste keinerlei Lohn fordern«; unweit davon ist es in Saint-Dézery wiederum so, daß sich die drei Dorfhebammen »hartnäckig weigern, Frauen zu helfen, die nichts haben, um den Lohn zu entrichten, den sie für ihre Arbeit verlangen«. Diese Hinweise auf eine allmähliche Veränderung des Verhaltens finden sich vor allem in der Umgebung von Städten, von denen aus sich die Schulmedizin über das Land verbreitete. Dies führt zu einem völligen Mentalitätswandel. Die Dorfhebammen können sich noch lange Zeit gegenüber der Konkurrenz der offiziellen Hebamme oder des Geburtshelfers behaupten, lassen jedoch gleichzeitig ein kaufmännisches Denken erkennen, was ihnen bis dahin fremd gewesen war.

Wenig Geld und Geringschätzung

Die Haltung der Frauen aus der Dorfgemeinschaft gegenüber der Dorfhebamme war sehr widersprüchlich: Sie sollte immer gleich zur Stelle und zupackend sein, während man gleichzeitig aus den genannten Gründen sich häufig für eine ältere Frau entschied. Und dabei war das Leben einer Hebamme gewiß kein Honiglecken. Sie mußte zu jeder Tages- und Nachtzeit, bei gutem und schlechtem Wetter zur Verfügung stehen und bereit sein, Hitze und Kälte zu ertragen und sich auf schlechten Wegen Gefahren durch Menschen und Tiere auszusetzen, um einer Frau, die sie brauchte, zu Hilfe zu kommen. Sie mußte sich immer beeilen, immer drängte die Zeit, und wenn sie selber dabei zu Schaden kam. Elisabeth Tarche, Witwe eines Hilfsarbeiters aus Ménil-en-Xaintois bei Mirecourt konnte hiervon ein Lied singen: Als sie schon über siebzig war, wurde sie das Opfer ihrer Einsatzbereitschaft, »weil sie das Unglück hatte, in einer Winternacht bei starker Glätte von einer Brücke zu stürzen und sich in Ausübung ihres Berufes den Arm zu brechen, da man sie eilends zu einer Frau in Kindesnöten gerufen hatte«.

Es erstaunt daher nicht, daß es nicht jeden danach drängt, Hebamme zu werden, und daß dieses Amt auf dem Lande nicht in hohem Ansehen stand. Da es eine undankbare Aufgabe war, lehnten sie häufig gerade die Frauen mit der größten Befähigung ab. Sie mußten schließlich auch leben, und die Zeiten waren schwer genug; die Entbindungen nahmen diejenigen zu sehr in Anspruch, die einen eigenen Haushalt zu versorgen hatten und kräftig mit anpacken mußten, wenn auf dem Felde viel zu tun war.

Der tiefere Grund jedoch, warum Frauen darauf verzichteten, diesen Beruf zu ergreifen, war das fehlende Prestige. Seit jeher war diese Tätigkeit schlecht angesehen. Erstaunlicherweise zeigt sich diese Einstellung Ende des 18. Jahrhunderts sogar bei Angehörigen des Ärztestandes; so bezeichnet ein Arzt aus Limoges die Entbindung als »den schmutzigsten und gemeinsten Teil der Heilkunde«. Dieses Vorurteil spiegelt sich auch in den Äußerungen, die sich immer wieder in den Schriften von Pfarrern und Verwaltern finden und die auch das Empfinden des gemeinen Mannes zum Ausdruck bringen. Es ist »ein Beruf, der nur Schande und Armut mit sich bringt« (Castres), »ein Amt ohne Ansehen, der niedrigste aller Berufe« (Craponne), »das gemeinste aller Ämter« (Ginal); und da man »eine Abneigung gegen diesen Beruf hat« (Branne), überläßt man ihn den armen Frauen, denjenigen, die ganz unten auf der sozialen Leiter stehen (»die höchste Klasse findet ihn entwürdigend«), denjenigen, die ohnehin nichts zu verlieren haben und bloß hoffen dürfen, eine Vergütung dafür zu bekommen. Frauen zu entbinden ist eine Aufgabe, deren Wichtigkeit jeder anerkennt, die aber niemand auf sich nehmen will, um nicht seinen guten Namen zu verlieren.

Sollte diese Abneigung, Entbindungen vorzunehmen, mit dem »bösen Blut« zusammenhängen, das bei der Niederkunft fließt, und das man, wie das Menstruationsblut, für unrein und giftig hielt? Hieß es nicht, daß Hunde, die es aufleckten, daran eingingen? War nicht gerade dieses Blut das Symbol der Unreinheit der Wöchnerin? Diese Vorstellung hielt sich umso hartnäckiger durch die Haltung der Kirche, die bis zum 19. Jahrhundert an der Reinigungszeremonie des »ersten Kirchgangs« festhielt. Weil einerseits Hilfe bei der Niederkunft unbedingt notwendig war und man andererseits dieser Tätigkeit gegenüber eine ablehnende Haltung einnahm, befand sich die Dorfhebamme in einer zwiespältigen Situation. Ihr Status als arme Witwe verschaffte ihr nicht unbedingt die Achtung der Menschen. Im 18. Jahrhundert nahmen die wohlhabenden Bauern und die Landjunker bei der Niederkunft ihrer Frau immer weniger ihre Dienste in Anspruch; wenn es möglich war, gingen sie zu einer offiziell anerkannten Hebamme oder zu einem Arzt und Geburtshelfer. Dies war allerdings die Ausnahme, denn die Dorfhebamme genoß weiterhin das Vertrauen der meisten Frauen im Dorf, die ihr für ihre aufopferungsvolle Arbeit sehr dankbar waren.

Stadthebammen, Dorfhebammen

1. Im Juni 1666 wird der Arzt und Geburtshelfer Paul Portal zu einer Frau in der Pariser Rue Montorgueil gerufen. Sie ist selbst

Hebamme von Beruf und befürchtet Komplikationen bei der Niederkunft. »Sie hatte sich selbst untersucht und mit ihren Fingern nur Hartes gefühlt.« In der Tat ist der Fetus abgestorben, und der Geburtshelfer muß ihn in Stücken entfernen; »der Gestank war so unerträglich, daß ich fürchtete, davon verschlungen zu werden«, fügt er hinzu. Es ist eine lange und schwere Entbindung, bei der die Frau gut mitarbeitet und die wider Erwarten gut ausgeht.

Wie die Mehrzahl der Pariser Hebammen in dieser Zeit hat diese Frau ihr Fach vermutlich dadurch gelernt, daß sie »zwei Jahre mit einer Hebamme mitgegangen ist«. Vielleicht hatte sie sogar das Glück, in der Frauenabteilung des Hôtel Dieu ein Praktikum zu absolvieren? Ein seltenes Privileg! Nach der Zulassung begann sie in dem Viertel, in dem sie sich niedergelassen hatte, zu praktizieren; im März 1666, als sie um die Dreißig war und bereits eine gutgehende Praxis hatte, starb plötzlich ihr Mann; dieser »große Kummer« schadete ihrer Schwangerschaft und verursachte den Tod des Fetus. Sie ist nun Witwe mit fünf noch kleinen Kindern, die ernährt werden wollen. Und hierfür bleibt ihr nur die Ausübung ihres Berufs.

Beim Weggehen sagte Portal, der ein Gangrän in der Gebärmutter befürchtete, daß sie »an ihre Gemütsverfassung denken sollte«, jedoch hatte sie hierfür keine Zeit, denn »eine Dame aus dem Louvre ließ sie holen, um sie zu entbinden. Sie ging hin, ohne einen Augenblick daran zu denken, was sie vor drei Stunden selbst noch durchgemacht hatte. Sie erhob sich aus ihrem Bett, als ob sie keinerlei Schmerz gelitten hätte, und ging zu Fuß zu der Dame, die nach ihr gerufen hatte. Sie blieb die Nacht über bei ihr und kehrte erst am nächsten Tag nach Hause zurück«.

Einen Tag, nachdem er sie entbunden hatte, sah Portal bei ihr nach dem Rechten. »Ich fand sie im Bett«, schreibt er, »während sie mit der ganzen Familie das Mittagsmahl einnahm und Kalbskopf aß.« Als er hörte, daß sie die Nacht zuvor unterwegs gewesen war, machte er ihr Vorwürfe; sie antwortete, daß »was Gott behütete, gut behütet war, und daß der Hunger häufig genug den Wolf aus dem Wald treibt«. Portal fügt hinzu: »Ich sah also, daß sie zu diesem Schritt aus Not gezwungen war« (53, 46–48).

2. Im Jahre 1786 ist Marie Milliard, Witwe von Jean-Dominique Chapot und Dorfhebamme von Dombasle-en-Xaintois bei Mirecourt 42 Jahre alt. Sie hat ihre Kenntnisse in der Praxis erworben: »Nur die Hebamme, die ihre Vorgängerin war (und ebensowenig

studiert hatte), hat es ihr beigebracht.« Als diese zu alt geworden war, hatte sie gebeten, ihr das Amt übertragen zu dürfen, und die Dorfgemeinschaft hatte zugestimmt, daß Marie als Dorfhebamme Dienst tun sollte. Dies war im Jahre 1776; zwei Jahre später ließ sie der Pfarrer von Dombasle wissen, daß eine Hebamme aus Paris in Neufchâteau einen Kurs für Landhebammen abhalten wolle; Marie Milliard hätte gerne daran teilgenommen, aber sie mußte sich leider »um sieben kleine Kinder kümmern«:

Sie hat einen guten Namen im Sprengel; es heißt von ihr, daß sie ihr Fach mit großer Umsicht, Milde und Aufmerksamkeit ausübt und sehr sauber ist. Marie selbst meint, daß sie viel Glück hatte, denn »bisher ist unter ihren Händen noch keine Geburt unglücklich verlaufen«; hierbei ist allerdings zu sagen, daß sie nicht zögert, »die Hilfe eines Arztes oder Geburtshelfers in Anspruch zu nehmen, wenn sie dies für nötig hält«.

Sie ist jetzt sehr zufrieden mit ihrer Arbeit und hat bei den Frauen einen sehr guten Ruf. Ihre Arbeit verschafft ihr einige Einkünfte in Naturalien wie z. B. Brennholz für die kalte Jahreszeit, etwas Suppe, Obst oder ein wenig Schmalz; von einigen wohlhabenderen Familien bekommt sie 24 Sou für eine Entbindung, und es kommen noch ein paar Sou dazu, wenn das Kind getauft wird. In Lothringen ist es der Brauch, daß sie nach vierzehn Tagen die Mutter bei ihrem Kirchgang begleitet und dann ein kleines Geschenk bekommt. Mit dem wenigen, was ihr ihre Arbeit einträgt, kann sie sich so eben durchschlagen. Und dafür muß sie hart arbeiten: »Sie muß manchmal Tage und Nächte hindurch bei einer Frau bleiben, die kurz vor der Entbindung steht, manchmal ohne daß man ihr ein Stück Brot anbietet. Außerdem ist sie verpflichtet, an drei aufeinanderfolgenden Tagen bei Mutter und Kind nach dem Rechten zu sehen, manchmal auch länger, wenn es der Mutter nicht gutgeht.« Daß man sich so sehr nach der Decke strecken muß, liegt auch daran, daß vor fünf Jahren ihr Mann gestorben ist. Ihre »fünf kleinen Töchter, die Spitzen klöppeln«, leben bei ihr.

Marie Milliard hat wohl daran gedacht, »anderswo Unterricht zu nehmen«, in Mirecourt etwa, wo ein Arzt und Geburtshelfer unterrichtet; sie kann lesen und würde sicher davon profitieren. Aber »es ist ihr unmöglich, ihre Töchter ohne jegliche Leitung alleine zu Hause zu lassen«. Sie wird aber weiterhin ihr Bestes tun, solange ihre Beine sie tragen wollen.

DIE WELT DER GEBURT

Eine Persönlichkeit in der Gemeinschaft

Es ist daher auch nicht erstaunlich, daß man der Dorfhebamme unendlich dankbar war, ihr die Treue hielt und keine andere an ihrer Stelle wollte. Manche übten ihren Beruf noch aus, als sie schon blind waren; andere, die an Rheuma litten, steife Glieder hatten oder manchmal sogar lahm waren, ließen sich zum Haus der Gebärenden bringen, um dort Rat zu geben und die anderen durch ihre Anwesenheit zu beruhigen.

Jeder in der Dorfgemeinde brachte der Hebamme Ehrerbietung und Respekt entgegen. Jeder kannte sie und sie kannte jeden. »In Paris weiß man nicht, daß in unseren abgelegenen Dörfern, wo man die besten Sitten in Ehre hält, die »Hebemutter« ebensosehr geachtet wird wie die Vestalischen Jungfrauen in Rom. Man sagt zu ihr nicht – oder jedenfalls höchst selten – Madame, noch nennt man sie jemals bei ihrem eigenen Namen oder demjenigen ihres Mannes; sie ist die Bonne mère, und dieser Titel versichert sie der zartesten Zuneigung« (57, 90). Bei allem Pathos läßt dieser Text von Rétif de La Bretonne (18. Jahrhundert) deutlich werden, wieviel Achtung man auf dem Lande der Dorfhebamme noch entgegenbrachte.

»Bonne mère«, Hebemutter, weise Mutter oder Kindsmutter – alle diese Bezeichnungen drücken die Wertschätzung aus, die man der Hebamme entgegenbrachte.

Auch die Männer hielten große Stücke auf ihre praktische Erfahrung. Sie erwarteten, daß sie ihre Frau aus der Gefahr rettete, in der sie sich befand, und daß sie ihnen nach der Entbindung wohlgestalte und lebenskräftige Kinder zeigte. Freilich hielten sie auch nicht mit bitteren Vorwürfen zurück, wenn sie statt Sachkundigkeit bloß Mut besaß, insbesondere, wenn sie die Frau durch unkundige Eingriffe verletzte oder einen Dammriß nicht verhindern konnte, so daß sie danach keine »richtige Frau« mehr war.

Es kam vor, daß die Dorfhebamme von dem Ansehen profitierte, das sie in der Gemeinschaft genoß, und manchmal nützte sie ihre Stellung sogar aus. Einige Jahre vor der französischen Revolution gab es in Cazejourdes bei La Couvertoirade auf dem Kalksteinplateau von Larzac im Süden des Massif Central eine Hebamme, deren Verhalten nach dem Bericht des Pfarrers ein Skandal war: »Launenhaftigkeit und Rachsucht beeinflußten ihr Betragen. Es macht ihr nichts aus, die Frauen ohne Hilfe zu lassen.« Ein Grenzfall zweifellos, der dennoch für sich spricht.

DIE FRAU WÄHREND DER GEBURT

Die Aufgabe der Dorfhebamme war nicht immer mit der Geburt des Kindes beendet; wenn es im Dorf die Einrichtung eines Wöchnerinnenbeistands nicht gab, versorgte sie (mit ihrer Helferin) Mutter und Kind in den ersten Tagen nach der Niederkunft. Dann sah sie zwei- bis dreimal täglich nach, ob das Kind gut trank und wie es um den Wochenfluß der Mutter stand. Sie wußte, wie man das Milchfieber senken konnte, und wie man die Gelbsucht des Babys behandelte. Sie beschäftigte sich auch mit Gynäkologie; sie behandelte Frauen mit Gebärmuttersenkung, und manchmal rief man sie bei »Frauenkrankheiten«. Françoise Bonnard aus Tavers unweit von Orleans verrichtete ihre Arbeit schon zehn Jahre zu jedermanns Zufriedenheit und war trotz ihrer sechzig Jahre sehr beweglich: »In den umliegenden Sprengeln ließ man sie kommen, da sie über die Leiden des Schoßes und andere Krankheiten Bescheid weiß«. Die Hebamme eines Weilers bei Saint-Dié in den Vogesen »heilt Brüche bei Kindern«.

Da die Hebammen ihre Arbeit meist mit viel Anteilnahme verrichteten, fragte man sie bei allen möglichen Leiden um Rat, die gar nicht in ihr Fach gehörten. Sogar Männer kamen zu ihr. Als »Quacksalberinnen« oder »Kurpfuscherinnen mit geheimen Mitteln« waren sie in dieser Zeit den Angriffen der Ärzte ausgesetzt, deren Konkurrentinnen sie waren.

Eine solche vielfältige Tätigkeit gab der Dorfhebamme notwendigerweise einen wichtigen Platz in der Gesellschaft. Sie entband und behandelte einen Teil des Dorfes, und sie wusch auch die Toten. Es handelt sich hierbei um ein altes Ritual; da jedoch eine solche Aufgabe in der Regel Widerwillen erregte, war es die »Frau, die half«, die diese Arbeit auf sich nahm. Da sie bei der Geburt beistand und auf die letzte Reise vorbereitete, hielt die Dorfhebamme die beiden Enden des Lebensfadens in Händen. Es versteht sich daher, daß sie einen besonderen Platz einnahm.

Die wahre Macht der Hebamme lag jedoch schlicht darin, daß sie die Frauen des Dorfes beherrschte; wie wir bereits gesehen haben, hatte sie großen Einfluß auf sie. Da die Beschlüsse, die innerhalb der Gemeinschaft gefaßt wurden, eine Männerangelegenheit waren, bei der die Frauen nichts mitzureden hatten, versammelten letztere sich bei einer Geburt um die Hebamme. Ihre wundertätige Kraft war umso größer, als im Dorf dieser Beruf und alles, was er an mündlich weitergegebenem Wissen und Handfertigkeit symbolisierte, innerhalb einer Familie von der Mutter an die Tochter weitergegeben wurde.

Man scharte sich fest um die Dorfhebamme, die ab dem 17. Jahrhundert nach dem Konzil von Trient Symbol des Widerstandes gegen eine bestimmte Moral, eine Lebensregel wurde, die man den Frauen von oben aufzwingen wollte. Schon im 16. Jahrhundert, als die Hexenverfolgungen einen Höhepunkt erreichten, war die Hebamme bevorzugtes Ziel der Inquisition geworden. Viele von ihnen wurden als Hexen, Zauberinnen oder Nestelknüpferinnen auf den Scheiterhaufen gebracht. Ab der zweiten Hälfte des 16. Jahrhunderts unterwarf die Kirche sie unaufhörlichen Kontrollen und achtete streng darauf, wie sie sich gegenüber den Gebärenden verhielten; sie zwangen sie, einen Eid abzulegen und brachte ihnen bei, wie eine Nottaufe durchzuführen war, und sie tat alles, um diese »bösen Feen«, diese »Zauberinnen«, die zum »Abschaum des Volkes« gehörten, in Mißkredit zu bringen. Man hielt es für unerläßlich, ihre Praktiken, deren symbolischer Charakter nur zu oft nach Heidentum roch, mit Stumpf und Stiel auszurotten. Und was dem Pfarrer – meist zufällig – über den Gang der Dinge bei einer Geburt zu Ohren kam, bestärkte ihn in jeder Weise in dieser Auffassung.

Kapitel 2

Je schneller die Geburt, desto besser

Ich habe niemals eine Frau im Bett entbunden, wenn ich nicht durch dringende Gründe dazu gezwungen war.
MAUQUEST DE LA MOTTE,
Geburtshelfer im 18. Jahrhundert

Die materiellen Vorbereitungen auf die Geburt waren früher spärlich. Man bereitete sich kaum vor, Improvisation war die Regel. Zum Ausgleich dafür gab es eine reiche Fülle an symbolischem Schutz, der manchmal derselbe war wie bei der Schwangerschaft. Die Frau hatte vollstes Vertrauen in die topischen Arzneien, die ihr halfen, ihre Angst, ihre Mutlosigkeit und ihre Schmerzen zu überwinden. Sobald die Wehen einsetzten, ergriff sie die Angst, die Angst, nicht entbinden zu können. Sie durfte dann auch selbst wählen, welche Haltung sie einnehmen wollte; jeder Druck auf ihren Leib oder ihre Seele mußte vermieden werden, damit sie so schnell wie möglich entband. Es galt die Regel: Je schneller, desto besser.

Die Vorbereitung auf die Geburt

Je nach Gegend und Milieu gab es hier erhebliche Unterschiede. Die mittellose Frau, die in einer schäbigen Kammer auf dem Lande niederkam, hatte nichts gemeinsam mit der »Dame von Stand«, die über einen freundlichen Raum mit offenem Kamin verfügte und aus Paris ein Köfferchen hatte kommen lassen, das gefüllt war mit »Kompressen, Bandagen, Einschlagtüchern, Wärmedecken und anderer Wäsche für den Leib und die Brüste«.
Da in der zweiten Hälfte des 18. und vor allem im 19. Jahrhundert der Wohlstand in Nordfrankreich allmählich zunahm, kam es dort zu teilweise recht erheblichen Verbesserungen hinsichtlich der materiellen Umstände, unter denen die Geburten auf dem Lande seit undenklichen Zeiten stattgefunden hatten. Bis dahin verfügte man nur über sehr beschränkte Mittel. Es gab ein paar gebräuch-

liche Gegenstände, über die wir mehr aus den Besitzstandsverzeichnissen nach Todesfällen und aus den Schriften von Geburtshelfern wissen als aus den höchst stereotypen Geburtsszenen in der Kunst: Ein Wasserkessel, um das Wasser wenigstens ein wenig anzuwärmen, das für die Versorgung von Mutter und Kind benötigt wurde, ein paar alte Bücher, einige Lappen, um die Schenkel der Frau und danach den Fußboden sauberzuwischen, ein Strohsack, den man vor das Feuer legte, ein Kissen, das man unter ihre Hüfte oder Knie schob, um sie etwas bequemer zu betten, ein Laken zum Schutz vor allzu neugierigen Blicken, und schließlich gebrauchtes, das heißt weniger rauhes Leinen für die zarte Babyhaut. Dem können wir noch den Stuhl hinzufügen, an dem sich die Gebärende während der Wehen und der Austreibung abstützen kann, und das Ehebett, in das sie jedoch erst nach der Niederkunft gelegt wird; für die Geburt taten es auch ein paar Büschel Stroh aus der Scheune. Ergänzt wurde das ganze nur allzu häufig durch den Kesselhaken, das Schüreisen oder den Haken einer Federwaage; Metall war knapp und teuer, und wenn es darum ging, einen toten oder eingeklemmten Fetus herauszuziehen, mußte man sich mit dem behelfen, was man hatte!

Auch die Dorfhebamme nahm wenig mit: Eine Schere oder ein scharfes Messer zum Durchtrennen der Nabelschnur und einen leinenen Faden zum Abbinden.

Für eine normale Geburt genügt dies ja auch! Gegen Ende des 18. Jahrhunderts riet Madame du Coudray den Hebammen auf dem Lande, nichts weiter bereitzuhalten als »zwei Schnüre aus drei- oder vierfachem Faden; diese Schnüre braucht man, um die Nabelschnur abzubinden ... zum Durchtrennen darf man nur stumpfe Scheren verwenden, da man mit spitzen Scheren Verletzungen verursachen kann« (32, 62). Zu diesen wenigen Utensilien nahmen manche Dorfhebammen auch etwas Essig mit, in dem sie einen »Pfropf« tränkten, den sie bei Blutungen in »den Muttermund« schoben. Nur wenige verfügten über einen Katheter bei Harnverhaltung, denn für eine solche Anschaffung mußte man Beziehungen zur Stadt haben. Hinzu kam noch ein Fläschchen mit Weihwasser für die Taufe und die eine oder andere Salbe, deren Geheimnis nur die Hebamme kannte und die sie anwendete, wenn es zu Komplikationen kam.

Die Tasche der Hebamme, die die Chirurgen bei ihrem geburtshilflichen Unterricht in der zweiten Hälfte des 18. Jahrhunderts vorzeigten, war schon besser ausgestattet. Sie enthielt die Grundinstrumente für innere Eingriffe, jedoch meist keine einzige »Droge«, da man wohl fürchtete, daß die Hebamme damit Mißbrauch treiben könnte. Freilich wußten die Dorfhebammen sie sich im Notfall schon zu beschaffen; im 18. Jahrhundert klagen die Ärzte immer wieder über den häufigen Gebrauch von Mutterkorn zur Beschleunigung der Geburt.

Instrumente, die eine Hebamme besitzen muß
Cambrésis, 1788

- Ein Klistier;
- Eine kleinere Spritze, um gegebenenfalls Einspritzungen in die Gebärmutter vornehmen zu können;
- Einige Garnschnüre zum Abbinden.

Tragekoffer für die Hebamme
Castrais, 1786

- Eine Klistierspritze und eine Wechselkanüle für Injektionen;
- Ein Katheter oder eine Sonde aus Silber zum Entleeren der Blase;
- Eine kleine Spritze für die Taufe;
- Einen Schlauch, um Luft in die Brust einzuleiten;
- Zwei Fläschchen, von denen das eine einige Prisen Ipecacuana und das andere mineralischen Kermes enthielt.

Für alle diese Instrumente, die der Hebamme bei der Ausübung ihres Amtes zur Verfügung standen, hatte die Hebemutter auf dem Dorfe keinerlei Verwendung. Was sollte sie mit ihnen anfangen? Alle diese medizinischen Instrumente sagten ihr nichts. So wenige Instrumente man also bei der Geburt gebrauchte, so vielfältig war die Zahl der eingesetzten pflanzlichen oder tierischen Produkte.

Eine Fülle von Arzneien

In der Natur ist für alles ein Kraut gewachsen, und jeder im Dorfe wußte mehr oder weniger über die Wirksamkeit der Kräuter Bescheid. Die Pflanzen der lokalen Fauna, Öle und tierische Fette wurden in Form von Aufgüssen und Salben allgemein als Abführmittel oder zu Spülungen, zum Erschlaffen oder Straffen, zur Beschleunigung der Wehen oder für die schnelle Austreibung der Nachgeburt, zum Stillen von Blutungen oder zur Beendigung von Koliken eingesetzt. Die Speisen, Getränke und Gewürze, die die Frau während der Niederkunft einnehmen durfte, lagen stets griffbereit.

Jede Provinz hatte hier ihre eigenen »Spezialitäten«. Dies galt etwa für die Fette, die unentbehrlich waren für das Einreiben der Schamteile der Frau und der Hände der Hebamme. Je nach dem regionalen »Küchenfundus« nahm man »zerlassene, ungesalzene Butter« in der Ile-de-France, Normandie und Lothringen, Nußöl in Aquitanien, Olivenöl in der Provence und im Languedoc, Fette und Schmalz in Nord- und Mittelfrankreich (Berry, Auvergne und Limousin).

Honig zum Süßen der unterschiedlichsten Zubereitungen und zur Kräftigung der Frauen, Knoblauch und Zwiebel, »um die Lebensgeister wieder zu wecken« oder »die Austreibung zu fördern« waren überall sehr beliebt. Auch Wein wurde vielfältig eingesetzt; in Gebieten ohne Weinbau wie etwa der Picardie und Normandie, wo dieses Getränk rarer und teurer war, bewahrte man ihn für das große Ereignis der Niederkunft auf. Wenn ein bestimmtes Gewürz fehlte, das man dringend brauchte, wurde es umgehend herbeigeschafft. In solchen schwierigen Augenblicken ist man gerne großzügig, und jede Frau hielt es für ihre Pflicht und war stolz darauf, von dem Ihrigen zu geben, um die Niederkunft zu beschleunigen und ihrer Geschlechtsgenossin zu helfen.

Im Laufe des 18. Jahrhunderts kamen völlig neue geburtshilfliche Arzneimittel in Gebrauch. Diese wurden zuerst in den Städten verwendet, fanden jedoch über Dorfchirurgen und Quacksalber schon bald auch auf dem Lande Verwendung. Erzeugnisse aus zwielichtigen Offizinen begannen die Kräuter aus der Volksheilkunde zu verdrängen. Zu Beginn des 18. Jahrhunderts hatten Borax, Laudanum und andere betäubende Mittel, Hirschhorngeist, Melissenwasser oder Eau des Carmes und Königinnenwasser ihren Siegeszug durch die ländlichen Gegenden Nordwestfrankreichs angetreten. La Motte verurteilt jeden Mißbrauch aufs schärfste und zeigte anhand von Beispielen, wie verheerend die Wirkung dieser »entwürdigenden Drogen« auf die Gebärenden war.

Die Blüte des Kolonialhandels in der zweiten Hälfte des Jahrhunderts brachte die Verbreitung neuer Produkte in Gang, die als tonisierend oder fiebersenkend und geburtserleichternd galten. Über Marseille, Bordeaux, Nantes und Le Havre gelangten Kaffee, Kakao, Ipecacuana und Zimt in die Städte, die Marktflecken und schließlich in die Dörfer. Im Jahre 1780 wies Pointe, ein Doktor der Medizin aus Lyon in der *Gazette de santé* darauf hin, daß Kaffee in verschiedenen Gebieten der Provence und des Languedoc sehr häufig gebraucht wurde, was auch die Hebammenumfrage des Jahres 1780 bestätigte. Auch in der Gegend um Lyon begann »diese neue Mode« Schule zu machen. Wenn auch die Verwendung solcher Luxuserzeugnisse auf dem Lande beschränkt war, wirft diese Tatsache doch einige Fragen auf, insbesondere, wie es möglich war, daß die einkommenslosen Dorfbewohner solche teuren Mittel kaufen konnten. Wie kommt es zu dieser veränderten Einstellung gegenüber den Kräutern, die auf den eigenen Fluren wuchsen? Könnte es sein, daß die Frau, die »die Geburt gut durchstehen wollte«, und der Mann, der seine Ehefrau am Leben erhalten wollte, sich zu Ausgaben verpflichtet fühlten, die vor fünfzig Jahren noch undenkbar gewesen wären?

Amulette und Talismane, »Dinge, die beruhigen«

Sobald die werdende Mutter die ersten Wehen verspürte, wollte sie Menschen um sich haben, die ihr lieb waren, vor allem die Dorfhebamme, die nach ihrer Ankunft als erstes versuchte, die Besorgnis der Frau zu zerstreuen. Die Kreißende war jedoch erst dann beruhigt, wenn die üblichen Amulette angebracht waren.

Es gab in der Tat sehr viel topische Mittel, denen man einen günstigen Einfluß auf die Niederkunft zuschrieb, und von denen man ausgiebig Gebrauch machte – mehr, als nach Meinung der Ärzte vernünftig war. Teilweise hatte sich die Frau schon während der Schwangerschaft ihrer bedient, wenn sie fürchtete, die Frucht vorzeitig zu verlieren. Es gab probate Mittel gegen Fehlgeburten, die aber auch bei der Niederkunft – sofern man sie nur richtig anzuwenden verstand – ihre Wirkung taten. Manche konnte man in der Gegend selbst finden, andere kamen von weither, und ihr geheimnisvoller Ursprung wurde in zahlreichen Legenden beschrieben. Sie wurden schon seit Menschengedenken benutzt, weshalb das Vertrauen in ihre Wirksamkeit um so größer war.

Diese Topika konnten aus jedem der drei »Reiche« stammen: Dem Mineralreich, dem Pflanzenreich oder dem Tierreich. Von den topischen Mitteln aus der anorganischen Natur war der Adlerstein gewiß der bekannteste und beliebteste, vor allem wegen seiner doppelten Wirkung: Wie wir gesehen haben, schützte er nicht nur während der Schwangerschaft, sondern erleichterte auch die Geburt. Er stand in höchstem Ansehen und wurde im 17. und 18. Jahrhundert in allen gesellschaftlichen Schichten der Stadt allgemein gebraucht. Dies bezeugen viele Autoren in ihren Schriften. Nach der Überlieferung findet man den Adlerstein am Eingang des Adlerhorstes oder im Nest selbst. Nach Pierre Pomet, dem Autor des *Traité des drogues simples*, einem gegen Ende des 17. Jahrhunderts weitverbreiteten Werk, holten die Adler die Steine von weither, »bis aus dem großen Indien, um ihre Jungen vor dem Blitz und den Unbilden des Wetters zu schützen«.

Der Adlerstein, auch *Aetites*, Klapperstein oder *lapis praegnans* genannt, ist meist so groß wie ein Taubenei und hat die Besonderheit, daß er »einen anderen (Stein) in sich trägt, der darinnen umherrollt wie eine trockene Mandel in der Schale«; tatsächlich klappert im Innern des Steins, wenn man ihn schüttelt, ein aus Eisenoxid, Siliziumoxid und Aluminium bestehender loser Kern.

Seit der Antike stehen Adlersteine in dem Ruf, die Geburt zu erleichtern. Theophrastus und Dioscorides, Plinius und Galenus sowie später Matthiolus schreiben ihnen diese Kraft zu. In Paris wurden sie im 17. und 18. Jahrhundert von Apothekern verkauft, die sie ihrerseits von Pilgern erwarben, die aus Santiago de Compostela zurückkehrten. Noch im 19. Jahrhundert war der Gebrauch von Adlersteinen in ganz Europa verbreitet. Ihr Äußeres konnte übrigens recht unterschiedlich sein; die »flachen, schwärzlichen, genarbten und gut klingenden« waren am begehrtesten; in Silber gefaßt, waren sie manchmal wahre Pretiosen.

Auch andere Steinamulette und -talismane wie z. B. Roteisenstein und Karneol galten durch die Jahrhunderte ebenfalls als geburtserleichternd. Auch manche Achate waren beliebt; nach Sébillot waren sie gegen Ende des 19. Jahrhunderts noch in der Lozère in Gebrauch, wo »ein hornartiger, geäderter Achat, sorgfältig in Silber gefaßt, während der Geburt getragen wurde«. Der »Frauenstein« war ein anderes der steinernen Topika, die im 18. und 19. Jahrhundert benutzt wurden.

Im Jahre 1874 hieß es von einem solchen Stein in dem Dorf Vals, ebenfalls in der Lozère, daß er die Niederkunft beschleunige: Er hatte »eine grünliche Farbe, mit einer Zeichnung von einigen schwarzen und weißen Linien, und wurde auf den Leib der Gebärenden gelegt« (66).

Im Laufe des 19. Jahrhunderts glaubte man in der Gegend von La Rochelle und Angoulême auch, die Geburt eines Kindes erleichtern zu können, indem man die Gebärende Perlen aus Bergkristall tragen ließ, die man in prähistorischen Gräbern gefunden hatte. Diese Sitte scheint auch in der Bretagne bestanden zu haben, jedoch benutzte man dort farbige Perlen. Die »Blitzsteine«, die man in der Nähe von Megalithen fand, sollten eine ähnliche Kraft besitzen.

Die meisten dieser topischen Mittel mineralischen Ursprungs, die, wie aus den Schriften der Volkskundler hervorgeht, in vielen Gebieten noch im 19. Jahrhundert verbreitet waren, waren vermutlich seit dem Mittelalter und teilweise der Antike ununterbrochen in Gebrauch. Vor allem der Magnetstein, der sich im 18. Jahrhundert einer gewissen Beliebtheit erfreute, wird schon von Plinius in seiner *Naturalis Historia* und von verschiedenen Autoren der Renaissance erwähnt.

»Haifischzähne«, Versteinerungen, die in der Nähe von Hünenbetten gefunden wurden, nehmen als Talismane einen eigenen Platz ein; sie sind zwar tierischen Ursprungs, wurden aber seit jeher der mineralischen Welt zugerechnet. In Saintonge schrieb man einem riesigen Haifischzahn aus dem Limburgischen, der das Wappen der Familie La Rochefoucauld trug, besondere Kräfte bei schweren Geburten zu.

Neben Mineralien wurden auch Topika tierischen Ursprungs sehr geschätzt, auch wenn sie vielleicht etwas weniger verbreitet waren. Im 17. Jahrhundert schrieb der Arzt und Geburtshelfer Philippe Peu, daß die Elchsklaue und »die Haut eines Tieres, das Ruts genannt wurde«, im Volksmund als heilkräftig bei starken Wehen galt. Die größte Beliebtheit genossen jedoch zweifellos vom Mittelalter bis in das 17. Jahrhundert die Bezoare. Sie wurden auch »Tiersteine« oder »Aegagropile« genannt, und man glaubte, daß sie aus dem Magen von Gazellen oder Ziegen kamen, die im indischen Königreich Golconda lebten. Diese »orientalischen Bezoare« waren sehr selten, sehr gesucht und sehr wirksam. Häufiger waren die »westlichen Bezoare« von Alpengemsen oder Hirscharten aus Neuspanien (Mexiko); daneben gab es auch »germanische Bezoare« und Bezoare von Affen oder Rindern. Diese im Magen von Tieren entstandenen Konkremente hatten runde Form. Manche Bezoare sollen sehr angenehm riechen und schmecken. Man schrieb ihnen die verschiedensten Eigenschaften zu, insbesondere war man der Ansicht, daß sie »unfehlbar sind für Frauen, die den Mutterschmerz erleiden« (13, 22).

Einen nicht weniger guten Ruf genossen die pflanzlichen Topika, auch wenn ihre Zahl geringer war. An erster Stelle ist hier wieder der Alraun zu nennen. Matthiolus vertrat im 16. Jahrhundert die Ansicht, daß die Kraft dieser legendären Wurzel sich nicht darauf beschränkte, Frauen fruchtbar zu machen, die keine Kinder bekommen konnten. »Der Saft davon, mit Wein eingenommen, den man mit etwas Honig gesüßt hat« hat eine anerkannte Wirkung: Er regte die Gebärmutter zu Kontraktionen an. »Für sich als Pessar angewandt, der das Gewicht eines halben Obulus haben soll, zieht er das Menstruationsblut an und läßt das Kind aus dem Schoße der Mutter hervortreten.«

Das am häufigsten genannte Mittel unter den pflanzlichen Topika ist zweifellos die »Rose von Jericho«. Nach der Fruchtbildung wirft diese Pflanze, die *Anastatica hierochuntica*, das Laub ab, und die Zweige ziehen sich zu einer Kugel zusammen, um die reifen Früchte zu schützen; wenn in die getrocknete Rose Feuchtigkeit eindringt, öffnen sich die Zweige und die Kugel. Daher pflegte man die Rose in Wasser zu stellen, sobald bei der Frau die Wehen einsetzten. Eine erste Erklärung besagt, daß die Schwangere, wenn sich die Rose öffnet, eine glückliche Geburt haben soll; wenn sie aber geschlossen bleibt, steht ihr eine schwere Geburt bevor. Van Gennep berichtet über eine Variante aus der Dauphiné, die die Erwartungen besser beschreiben dürfte, die man der Pflanze gegenüber hegte: »Man stelle eine Rose von Jericho neben das Bett einer Gebärenden, und die Wehen werden nicht länger dauern als die Zeit, die diese Pflanze braucht, um sich zu öffnen« (69, 34).

Der Name der Pflanze, der mindestens seit dem 16. Jahrhundert bezeugt ist, kommt daher, daß Reisende bestimmte Varietäten der *Anastatica* aus dem Heiligen Land mitbrachten. Andere wiederum kamen aus den Wüsten Afrikas. Da sie nicht teuer waren und sie ihre Gestalt so spektakulär veränderten, gelangten sie zu außerordentlicher Beliebtheit. Vom 16. bis zum 19. Jahrhundert waren sie in ganz Europa sehr geschätzt.

Magische Gegenstände, die man sich auslieh

Der doppelte Charakter der Mehrzahl dieser Amulette und Talismane sowie die Tatsache, daß man sie an geheimen Stellen fand, erhöhten ihre magische Kraft. Sie bildeten das Antidoton bei

Geburtskomplikationen, indem sie die Störung beseitigten, die zwei Leben bedrohte. Man kann sich leicht vorstellen, wie sehr der Adlerstein durch seine mythische Herkunft und seinen Bezug zum größten und mächtigsten aller Vögel und auf das ferne Indien die Menschen beeindruckte.

Es war nicht immer ganz einfach, sich diese Topika mineralischen, tierischen oder pflanzlichen Ursprungs zu beschaffen; nur Familien aus dem Adel und dem höheren Bürgertum konnten sie sich leisten und gaben sie von Generation zu Generation als kostbares Kleinod weiter; sie waren Teil des Familienerbes. So vermachte etwa im Jahre 1604 der Edelmann Jean de Charmolue seiner Nichte »einen mit Silber verzierten Adlerstein, den schönsten und besten, den es gibt«. Einige dieser Topika hatte man im Mittelalter erstanden, andere schon in der Zeit der Kreuzzüge, jedoch stammten die meisten aus dem 15. und 16. Jahrhundert.

Natürlich dienten sie nicht nur der Familie, die das seltene Privileg hatte, Besitzer eines solchen Kleinods zu sein. Sie wurden jeder Frau in der Gemeinde ausgeliehen, die ein Kind bekam, wie es auch mit dem Geburtssäckchen der Fall war, das man in der Auvergne trug und von dem noch die Rede sein wird. Wenn die Gemeinschaft nicht auf die Freigebigkeit des glücklichen Besitzers eines Talismans rechnen konnte, hielt man sich an gewisse nicht minder mythische Gegenstände, die man seit jeher benutzt hatte.

Die altbekannte Schlangenhaut, von der Moyse Charas im 17. Jahrhundert in seiner *Pharmacopée royale* schrieb, daß sie »bei der Niederkunft junger Frauen nützlich war, wenn man sie als Gürtel um den rechten Schenkel schlang«, hielt man in vielen Gebieten in Ehre, trotz aller Versuche der Kirche, ihren Gebrauch zu unterbinden. Manchmal wurde sie auch durch einen scharlachroten Gürtel oder einfach ein blaues oder gelbes Band ersetzt.

Ort und Zeit der Anwendung

Alle diese Gegenstände mußten mit Umsicht gehandhabt werden. Sie bildeten den Teil eines Rituals, das im Interesse der Gebärenden genauestens befolgt werden mußte. Die Stelle, an der die Amulette und Talismane angebracht wurden, war von großer Bedeutung. Mit Ausnahme der Rose von Jericho, die man, damit sie sich öffnen könnte, in eine Vase neben die Gebärende stellen mußte, wurden die Amulette direkt am Leib der Frau befestigt, entweder auf dem Bauch (Schlangenhaut, »Frauenstein«) – denn dort nistete ja der Schmerz, die Ursache ihres Leidens, und dort befand sich auch der Fetus, den man beeinflussen wollte – oder, was häufiger der Fall war, an ihrem linken Schenkel. Der Gegenstand wurde mit einem Wollfaden, einer Schnur oder einem Streifen Stoff befestigt.

Für die Wirksamkeit des topischen Mittels kam es auch auf den Zeitpunkt der Befestigung an, die möglichst gleich zu Beginn der Wehen erfolgen mußte. Andererseits war man auch der Meinung, daß das Leben der Mutter in Gefahr geriet, wenn man aus Vergeßlichkeit oder in Unkenntnis der Vorschriften das Mittel länger als nötig an seinem Platz beließ. Sobald das Kind ausgetrieben war, mußte das Amulett entfernt werden, da es sonst nach der Geburt zu schwersten Blutungen kommen konnte. Die günstige Wirkung des Gegenstandes schlug in diesem Augenblick in ihr Gegenteil um und konnte nichtwiedergutzumachende Schäden bewirken.

Da man nicht immer über ein topisches Mittel verfügte, das am Körper befestigt werden konnte, und da die Ursache jeglicher Komplikationen beim Fetus, d. h. im Körper gesucht werden mußte, wählte man in solchen Fällen den oralen Weg. Man gab der Frau einen Auszug auf der Grundlage von Schlangenhaut zu trinken, oder man ließ sie ein Stückchen scharlachroten Stoffs oder auf einen Zettel gekritzelte magische Formeln schlucken. Trotz aller Bemühungen der Pfarrer und insbesondere der Ärzte konnten sich diese Varianten bis in das 19. Jahrhundert halten.

Ein Haltungswandel bei den Ärzten

Bis in die zweite Hälfte des 17. Jahrhunderts war der allgemeine Gebrauch topischer Heilmittel den Ärzten keineswegs verdächtig. In seiner *Abhandlung der Frauenkrankheiten*, die im Jahre 1615 erschien, riet Johannes Varandeus dazu, einen Adlerstein um den Hals zu tragen, um Fehlgeburten zu vermeiden; andere empfahlen diese Anwendung insbesondere bei der Niederkunft. Die medizinische Wissenschaft stand also der Volksheilkunde noch recht nahe und war immer noch stark von den Ärzten der Antike und der Signaturenlehre beeinflußt. Ihr Leibverständnis und die Ausübung der Kunst unterschieden sich noch nicht wesentlich von den traditionellen Formen des Heilens und Entbindens. Etwa um 1670 begannen die ersten Ärzte, sich vom Gebrauch topischer Mittel zu distanzieren. Sie machten sich, wie der Geburtshelfer Philippe Peu, lustig über solches Tun, das ihnen jetzt als kindisch galt: »Eines

DIE FRAU WÄHREND DER GEBURT

Tages versicherte mir eine Frau allen Ernstes, daß sie, nachdem sie einen Stein in die Hand genommen hatte, sofort niederkam, und daß man den Stein »Stein der Amazonen« nannte, weil ihn die Amazonen zu ihrer Zeit zu demselben Zweck gebrauchten. Ich dankte ihr pflichtschuldigst für eine so merkwürdige Auskunft, und um eine so seltene Dubiosität vor dem Vergessen zu bewahren, räumte ich ihr gleich bei mir in meinem Buch an dieser Stelle einen Platz ein«, schrieb Peu (49, 142). Sein Zeitgenosse La Motte, der etwas mehr psychologische Einsicht besaß, hatte verstanden, daß diese Gegenstände eine beruhigende Wirkung hatten. Warum sollte man sie verbieten, wo sie doch der Frau nicht gefährlich waren und sie ihr in einem kritischen Zeitpunkt Vertrauen gaben?

Und doch drückt die Haltung Peus sehr genau die Meinung des Durchschnittsarztes gegen Ende des 17. Jahrhunderts aus. Die »Hebammenpraktiken« wurden immer heftiger an den Pranger gestellt; die Amulette waren nichts als »Tand«, »Plunder« oder »Kinderkram«, die »weder nützen noch schaden, ganz zu schweigen von denjenigen, die mehr Schaden als Nutzen anrichten«. Hier offenbart sich ein krasser Wandel der medizinischen Anschauungen gegen Ende des 17. und zu Beginn des 18. Jahrhunderts, insbesondere auf dem Gebiet der Geburtshilfe. Die Ärzte verwerfen die »abergläubigen Lebensregeln« um so nachdrücklicher, als sie ihre Kollegen noch vor nicht allzu langer Zeit gebilligt oder sogar empfohlen hatten. Aber der Kampf war noch längst nicht entschieden! Peu selbst war sich darüber im klaren, daß man mit den eigensinnigen Dorfhebammen und Kindsmüttern zu einem Modus vivendi kommen mußte. Er schrieb:» Man muß zugeben, daß, wenn es im Beruf des Geburtshelfers einen Augenblick des Vergnügens gibt ..., dies dann der Fall ist, wenn die Hebemütter ihre Hirngespinste mit einer Voreingenommenheit und naiven Überzeugung zum besten geben, die es einem schwer macht, nicht inwendig zu lachen, wobei man freilich häufig gezwungen ist (wenn kein Schaden zu befürchten ist), sie reden und machen zu lassen, ohne einzuschreiten, damit man sie sich nicht an den Hals schafft und für unfähig gehalten wird« (49, 137). Gegen Ende des 17. Jahrhunderts mußte der Geburtshelfer durchaus noch mit den Frauen rechnen, die die Schwangere umgaben.

Die Frau während der Geburt:
Eine Vielfalt von Verhaltensweisen

Zum Zeitpunkt der Niederkunft beachteten die Frauen eine Reihe von Bräuchen, über die wir nur angelegentlich etwas erfahren und deren Bedeutung manchmal schwierig zu verstehen ist. Sie betrafen in erster Linie die Kleidung und den Schmuck.

Die Kleidung der Gebärenden

Jeder Knopf und jede Schließe, jede Schleife oder Spange wurden bei der ersten Wehe gelöst. Dies war eine grundlegende Vorsichtsmaßnahme: Es mußte alles vermieden werden, was der Gebärenden und den Entbindenden hinderlich sein könnte. Dies hat eine lange Tradition: Ovid sagt schon in seinen Metamorphosen, daß die Göttinnen so handelten, und man weiß, daß dies im alten Griechenland und Rom so üblich war.

Die Kleidung lockern bedeutete jedoch nicht, sich zu entkleiden. Es war ungehörig, sich halb oder völlig nackt zu zeigen, auch unter Frauen; dies würde das Schamgefühl der Gebärenden verletzen und so die Niederkunft verzögern. Doch kam es auch vor, daß man die Gebärende entkleidete, wie etwa im 18. Jahrhundert; womöglich wollte man die Hebamme nicht bei ihrer Arbeit behindern oder die Bettwäsche nicht beschmutzen. Ein solches Vorgehen war allerdings die große Ausnahme. Im allgemeinen blieb die Frau angekleidet, und die Dorfhebamme arbeitete unter ihrem Rock.

Andere Gebräuche betrafen den Haarschmuck, den die Frau trug. Wenn sie die ersten Wehen verspürte, mußte sie ihr Haar richten, und sie legte Stirnband oder Haube ab. Wie aber sah diese von den Geburtshelfern erwähnte »Wehenfrisur« aus? Hierüber erfahren wir nichts. Freilich ist der rituelle Gehalt dieses Tuns unverkennbar; das Haupthaar ist mit einer starken sexuellen Symbolik befrachtet, es steht für Kraft und Fruchtbarkeit. Vermutlich war man der Meinung, daß die Art, wie es gelegt war, Einfluß auf den guten oder schlechten Verlauf der Niederkunft hatte. Dies könnte erklären, warum es der Frau so wichtig war und warum die Gesellschaft ängstlich wurde, wenn die Wehen zu plötzlich und zu heftig einsetzten, so daß keine Zeit mehr blieb, die Frau zu kämmen. War die »verkehrte Frisur« der Frauen nicht eine Buße, die die Heiligen früher den Menschen für ihr Fehlverhalten auferlegten?

DIE FRAU WÄHREND DER GEBURT

Ängste

Wenn die »Hebemutter« gekommen war und die topischen Mittel angebracht waren, hatte die Frau nichts mehr zu befürchten. Dennoch ist in vielen Berichten davon die Rede, daß sie plötzlich Angst überfällt, so daß sie manchmal sogar die Kontrolle über sich verliert. Diese Panikanfälle traten am häufigsten bei Erstgebärenden auf. Aus Angst begannen sie schon bei den ersten Wehen zu schreien und um sich zu schlagen. »Daß Erstgeburten lang und schwierig sind, rührt gewöhnlich daher, daß die meisten Frauen schon bei den ersten Wehen, die sie fühlen, überzeugt sind, jeden Moment niederzukommen, weshalb sie zu jammern, zu schreien und um sich zu schlagen beginnen«, schrieb La Motte (37, 386).

Freilich ist dieses Schreien nicht typisch für Erstgebärende, denn die meisten Frauen schreien bei der Geburt. Sie schreien, halten den Atem an und schreien wieder, manchmal stundenlang und so laut, daß sie am Ende der Geburt keine Stimme mehr haben, wie der Geburtshelfer François Mauriceau neben vielen anderen bemerkt hat: »Die Kehle ist entzündet und heiser geworden, da die Frau während der Wehen immerfort gejammert und geschrien und sich heftig angestrengt hat, ihren Atem zu verhalten« (38, 363).

So wurde die Aufmerksamkeit und das Mitgefühl der ganzen Nachbarschaft erregt. Aber war dies denn nicht auch der Zweck? Vor einem Dreivierteljahrhundert noch verhielten sich Gebärende in Minot genauso: »In dieser Zeit wurde geschrien! Oh, wie wurde geschrien! Ich weiß nicht, aber die Frauen heute schreien nicht mehr. Die alten Frauen sagten: ›Du mußt so laut schreien, daß es das ganze Dorf hört!‹« Bis zum Eingreifen der Hebamme taten die Schreie also der Öffentlichkeit kund, daß es soweit war. Man hat es hier also mehr mit einer Kulturerscheinung als mit einer Schmerzensäußerung zu tun. Alle Frauen in allen Gesellschaftsschichten verhielten sich so. Zu Beginn des 17. Jahrhunderts wurde die französische Königin Maria von Medici ausdrücklich gebeten, sich diesem Ritual nicht zu verweigern, sondern ihrer Angst Ausdruck zu geben: »Die Königin lag in den Wehen, und ich sah, daß sie das Schreien unterdrückte«, berichtet Louise Bourgeois. »Ich flehte sie an, sich nicht zurückzuhalten, damit nicht ihr Hals anschwelle. Der König sagte zu ihr: ›Meine Liebe, tut, was Euch die Hebamme sagt, schreit aus Angst vor einem geschwollenen Hals.‹« (6, 157).

Der Geburtshelfer des 18. Jahrhunderts kann das Jammern und Schreien nicht ertragen, das unaufhörlich an seine Ohren dringt, und wenn die Anwesenden auch noch hierzu ermuntern, bittet er unverzüglich um Ruhe und fordert die »überflüssigen Personen« auf, den Raum zu verlassen. Ein solcher Lärm, sagt er, behindert ihn bei seiner Arbeit und ermüdet die Frau unnötig. Ganz offensichtlich verstand er die doppelte Bedeutung dieses »unsinnigen Schreiens« nicht: Durch das Schreien befreite sich die Frau von ihrer Angst und bekam außerdem die Unterstützung und Ermunterung ihrer Freundinnen.

Freilich wurden die Frauen gelassener, wenn sie das Erlebnis des Mutterwerdens schon einmal durchgemacht hatten; in fast allen Zeugnissen ist davon die Rede, daß Frauen ab der zweiten Niederkunft mehr Zutrauen besaßen. Dann »ertragen sie alle die leichteren Wehen ohne Klagen und bitten nur um Hilfe, wenn es unbedingt notwendig ist, weshalb diese zweite Niederkunft als schnell und glücklich gilt, auch wenn sie von gleicher Art war wie die erste und vielleicht noch langwieriger, wenn sich die Frau nicht mit größerer Entschlossenheit gewappnet hatte« (37, 387).

Das persönliche Verhalten der Frau stand daher in Wechselwirkung mit der kulturellen Tradition, wodurch sich zahllose Nuancen ergaben. Diese Verschiedenheit der Verhaltensweisen muß ausdrücklich betont werden, da in den Berichten, insbesondere denjenigen der Geburtshelfer, die Ausnahmefälle oder das extreme Verhalten fast immer so sehr im Vordergrund stehen, daß man Gefahr läuft, sie für die Norm zu halten.

Die Stellungen

Während der Eröffnungsperiode vertrugen es viele Frauen schlecht, zu irgend etwas gezwungen zu werden. Man ließ ihnen daher auch eine gewisse Bewegungsfreiheit, die beruhigend wirkte; den Bedürfnissen ihres Körpers folgend, nahmen sie die Stellung oder Stellungen ein, die sie am angenehmsten fanden, um rasch und ohne große Schmerzen niederkommen zu können.

Mit dem Eintreten des Kopfes in das kleine Becken und der vorangegangenen Eröffnung des Muttermundes beginnt die letzte Phase der Geburt, in der die Frau die Stellung einnimmt, in der sie das Kind gebären wird.

Da es heute üblich ist, daß die Frau auf dem Rücken liegt (sogenannte Steinschnittlage), ist man heute geneigt zu vergessen, daß es sich hierbei um eine relativ junge Praxis handelt, die im

DIE FRAU WÄHREND DER GEBURT

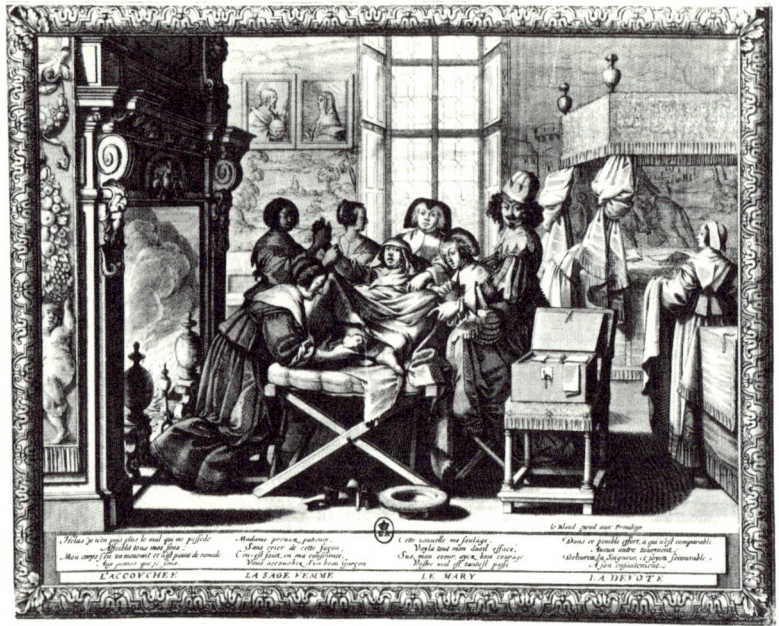

Die Geburt. Kupferstich von Abraham Bosse aus dem 17. Jahrhundert.

westlichen Kulturgebiet erst in den beiden letzten Jahrhunderten üblich wurde. Früher brachte man das Kind im Sitzen, in der Hocke oder auf den Knien oder auch auf allen Vieren zur Welt. Zu Beginn des 17. Jahrhunderts wies Louise Bourgeois nachdrücklich auf die große Vielfalt von Stellungen hin, die die Frauen einnahmen, und noch im Jahre 1743 notiert Pierre Dionis, daß manche Frauen »die Angewohnheit hatten, im Stehen niederzukommen, wobei sie die Ellbogen auf einen Tisch stützten, andere im Sitzen auf einem Stuhl oder auf den Knien, wieder andere auf einer Matratze am Kaminfeuer, und schließlich welche in ihrem Bett« (19, 208).

Die Untersuchung der Stellungen, in denen Frauen niederkamen, kann sich daher nicht auf eine einfache Aufzählung der Fälle beschränken, wie »pittoresk« sie auch sein mögen. Die Stellung, die die Frau einnimmt, ist nicht nur körperlich, sondern auch sozio-kulturell bedingt. Es versteht sich von selbst, daß gewisse Gewohnheiten aus dem Alltagsleben, wie z. B. das Sitzen in der Hocke oder auf Knien, auch die Stellung der Frau bei der Geburt bestimmen. Jede Menschengruppe ist daher geneigt, einer oder zwei Stellungen den Vorzug zu geben, die unter den Frauen von Generation zu Generation weitergegeben wurden. Althergebrachtes Wissen über den Körper spielt daher auch eine Rolle bei der Niederkunft.

Allerdings müssen wir uns vor Schematisierungen hüten. Dies zum einen deshalb, weil sich bei der systematischen Erforschung der Stellungen ein Dokumentationsproblem ergibt. Die Daten sind nicht selten fragmentarisch, und häufig ist kaum festzustellen, für welches Gebiet sie gelten. Liegt ein individuelles Verhalten oder eine regionale Gewohnheit vor? Hinzu kommt, daß im 18. Jahrhundert nicht immer zwischen Stadt und Land und zwischen gesellschaftlichen Klassen unterschieden wird. Schließlich ist auch klar, daß eine Frau bei ihren verschiedenen Geburten nicht immer spontan dieselbe Stellung wählt und daß sie während einer Geburt unterschiedliche Stellungen einnehmen kann; eine Veränderung der Stellung kann der Ermüdung entgegenwirken und die Zusammenziehung der Bauchmuskeln und das Tiefertreten des Fetus beschleunigen. Dennoch gibt es Quellen, die, mit Geduld gesammelt und verglichen, Einblick in gewisse regionale Besonderheiten geben und Entwicklungen deutlich werden lassen, die sich langfristig vollzogen haben.

Die Stellungen bei der Geburt können in zwei Hauptkategorien eingeteilt werden: Die vertikale, wobei die Körperachse senkrecht steht, und die horizontale. Die horizontale Stellung wird genauer behandelt werden, wenn von der Klinisierung der Geburt die Rede sein wird, da sie erst zu diesem Zeitpunkt allgemein Verbreitung fand.

Es gibt vier Stellungen, die als vertikal bezeichnet werden können: In der Hocke, auf Knien, im Sitzen und im Stehen.

Niederkunft in der Hocke

Auch heute noch, obwohl die Geburt seit einem Jahrhundert zum klinischen Fall geworden ist, ist der erste Reflex der Erstgebärenden, am Ende der Eröffnungsphase auf die Toilette gehen zu wollen. Bis zum Beginn dieses Jahrhunderts finden sich in den Annalen der Frauenkliniken und den gerichtsmedizinischen Handbüchern zahlreiche Beispiele für Frauen, die ohne Hilfe waren und deren Geburten unfreiwillig auf der Kloschüssel endeten. Untersuchungen bei Stammesgesellschaften stützen die Vermutung, daß die Niederkunft in der Hocke – wie um die Notdurft zu verrichten – gewiß die instinktivste Stellung ist; es ist daher nicht erstaunlich, daß diese Stellung in den ländlichen Gesellschaften Frankreichs und anderen Ländern in den vergangenen Jahrhunderten vielfach praktiziert wurde.

Die Hocke ermöglicht eine problemlose Austreibung, da die Mutter dabei ihre Wehen gut einschätzen kann; außerdem besteht dabei keine Gefahr, daß das Kind, wenn es plötzlich zum Vorschein kommt, hart zu Boden fällt und sich verletzt; die Nabelschnur bricht selten, und man braucht bis auf seltene Ausnahmen keinen Gebärmuttervorfall zu befürchten. Daneben hat man wohl den direkten Kontakt mit der Erde, mit Mutter Erde, als wesentlich erlebt. Man weiß, welche Bedeutung seit der Antike – und in ganz unterschiedlichen Kulturen – dem Ritual zukam, bei dem das Kind auf den Boden gelegt und symbolisch »aufgehoben« wurde, womit die Annahme des Nachkömmlings durch den Vater und den Stammesverband vollzogen war.

Schließlich ist dies auch die Stellung, in der die Frau am wenigsten Hilfe braucht, in der sie besser auf ihren Damm achten und gegebenenfalls selbst den Kopf des Kindes herausziehen kann. Es ist die Stellung der Frau, die alleine ist, zu Hause oder auf dem Felde. Normalerweise erschwerte diese Stellung dagegen die Arbeit der Helferin: Es war schwieriger, die Austreibung des Fetus gleichmäßig verlaufen zu lassen und auf den Damm zu achten. Wenn Hilfe da war, verzichtete die Frau daher auch häufig auf diese Stellung, um so mehr, als sich die Gebärende hierzu teilweise entkleiden mußte – jedes Band beengt, jeder Knopf behindert – und sich den immer unangenehmen Folgen einer Erkältung aussetzte.

Ein Nachteil der Hocke ist auch, daß diese Stellung kaum länger als einige Minuten durchzuhalten ist; die Blutzirkulation wird behindert, so daß die Beine bald steif werden. Vielleicht aber waren die Frauen früher hieran besser gewöhnt und hielten diese Stellung durch, indem sie sich mit ihren Armen an einem Stock oder einer Stuhllehne abstützten.

Niederkunft auf den Knien

Viele Frauen scheinen auch eine Stellung auf den Knien eingenommen zu haben. Bis in das 19. Jahrhundert kam diese Stellung in vielen Gebieten vor. La Motte erwähnt sie zu Beginn des

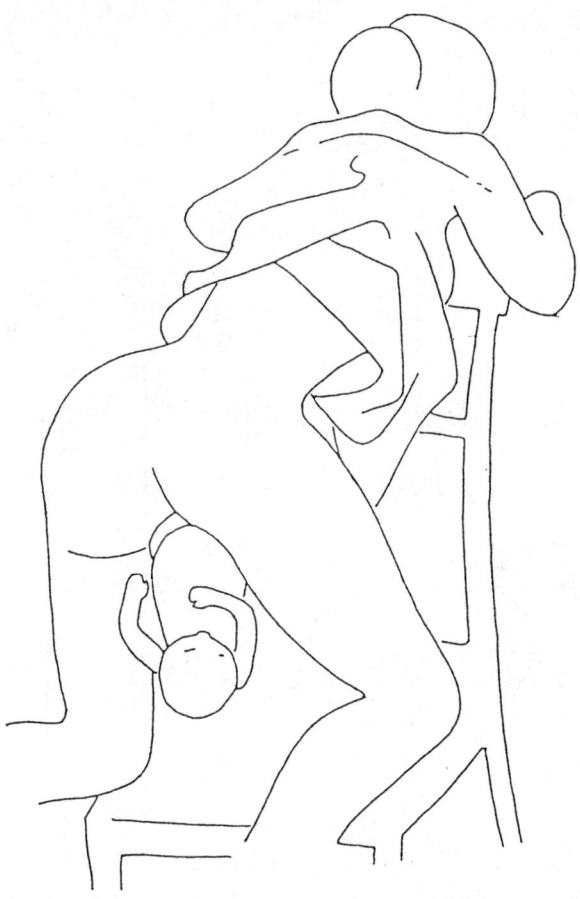

Niederkunft auf den Knien, abgestützt auf eine Stuhllehne (Zeichnung: Daniel Gélis).

18. Jahrhunderts im Cotentin, wo die Frauen sich zur Geburt auf Kissen knieten; Mitte desselben Jahrhunderts bestand diese Gewohnheit noch in der Normandie in der Gegend um La Ferté-Macé; in ihren *Mémoires* beurteilte die Marquise von La Chaux diese Stellung bei Frauen auf dem Lande als besonders gefährlich. »Sie müssen«, schrieb sie, »eine sehr robuste Gesundheit besitzen, um die heftigen Erschütterungen auszuhalten, die ihr Leib während der oft tagelang dauernden Geburt ertragen muß, wobei sie fast die ganze Zeit auf den Knien in derjenigen Stellung verharren, die am schnellsten zur Ermüdung führt, zu einem plötzlichen Vor-

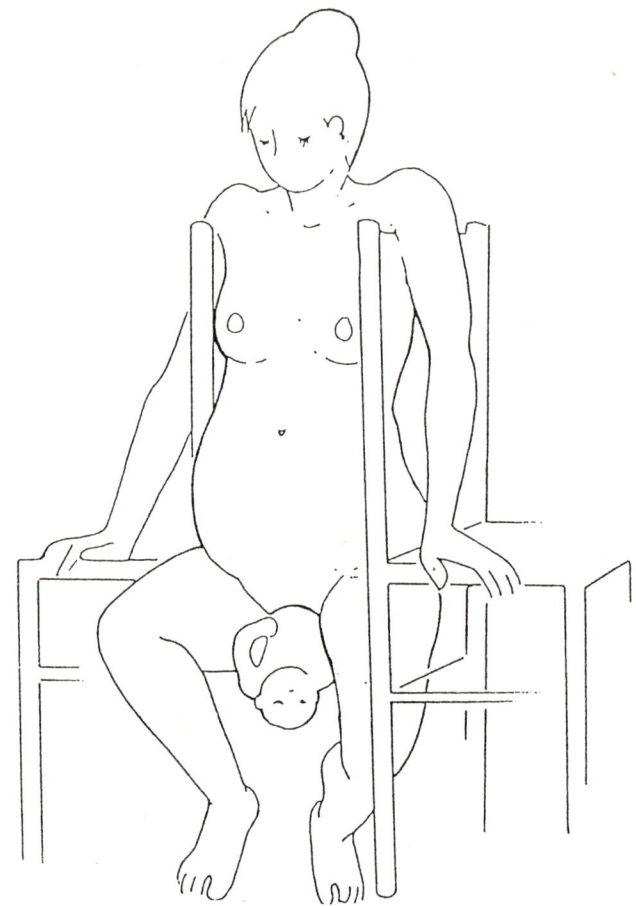

Niederkunft, abgestützt zwischen zwei Stühlen (Zeichnung: Daniel Gélis).

fall oder Verlust der Frucht, nicht zu reden von der Kälte, der sie auf diese Weise ausgesetzt sind«.

Gegen Ende des Jahrhunderts knieten die Frauen in Berry auf einer Schicht Stroh und klammerten sich an einer Stuhllehne fest. Bei dieser Stellung ist es in der Tat notwendig, die Arme abzustützen und die Knie zu schützen. Diese Methode wurde Ende des 19. Jahrhunderts noch von den Bäuerinnen in Creuse und Morvan angewandt, die »häufig allein zwischen zwei Stühlen kniend niederkommen, auf denen sie sich mit den Achseln abstützen«. Im

Gâtinais südlich von Paris nahm zur gleichen Zeit die Frau unter dem Beistand einer Hebamme vor der Sitzfläche eines Stuhls Platz, die Knie auf warmer Asche aus dem Kaminfeuer; so gebar sie ihr Kind, das die »Hebemutter« auffing; diese Sitte hielt sich in der Gegend bis in das Jahr 1925, wobei an die Stelle der Asche ein Sack mit Stroh oder Spreu trat; so wurde verhindert, daß das Kind zu hart zu Boden fiel. Die gleiche Technik wurde 1906 in Mayet im Departement Sarthe angewendet, wo man »seit undenklichen Zeiten« auf den Knien niederkam. Unter die Frau, die ihre Schenkel weit spreizen mußte, stellte man einen Korb mit Stroh, um das Kind aufzufangen.

Wenn die Frau Lendenschmerzen oder Krämpfe bekam, nahm sie eine andere Stellung ein und stützte sich zusätzlich auf den Händen oder Ellbogen ab. Gelegentlich, wenn das Kind verkehrt lag oder die Frau einen Hängebauch hatte, nahm sie spontan eine Position auf allen Vieren ein, um die Geburt zu erleichtern. Noch im 18. und 19. Jahrhundert war dieses Verfahren üblich. Geburtshelfer wie Van Deventer, Sue le Jeune oder Lefebvre empfahlen diese Stellung bei schweren Geburten oder wenn die Frau klein, bucklig oder verwachsen war.

Die Ärzte der Aufklärung verurteilten in der Regel die Stellung auf Knien, bei der die Entbindung, auch wenn alles normal verlief, »von hinten« vorgenommen wurde und das Kind hinter der Frau aufgefangen wurde. Noch stärker mißbilligten sie die Niederkunft auf Händen und Füßen. Eine solche Stellung galt ihnen als absolut »unanständig«. Sie war »wider die menschliche Natur«, sie war tierisch.

Niederkunft im Stehen

Eine Niederkunft im Stehen kann zufällig oder absichtlich geschehen. Im ersteren Fall wird die Frau durch die Schnelligkeit der Geburt überrascht; die Wehen dauern nur kurz und führen zur Austreibung des Kindes, noch ehe sie ihre Vorbereitungen treffen konnte. Zu diesen Spontangeburten können wir auch den Fall des Mädchens rechnen, das seine Schwangerschaft verheimlicht hat und sich, von den Wehen überrascht, hilflos an einem Tisch, einem Stuhl oder einer Wand festhält und ihr Kind schließlich zu Boden fallen läßt.

Zufällige Geburten im Stehen sind für das Kind nicht ungefährlich, das Schädelverletzungen oder Blutergüsse davontragen kann.

Niederkunft im Stehen, die Hände greifen über dem Kopf eine Stütze (Zeichnung: Daniel Gélis).

Nicht weniger gefährlich sind sie freilich für die Mutter, denn beim Herausfallen des Kindes kann die gewaltsame Lösung der Plazenta zu schweren Blutungen oder sogar einer Gebärmutterausstülpung führen. Wenn Gebären im Stand in einer bestimmten Gegend oder Dorfgemeinschaft üblich war, dann geschah dies stets unter Aufsicht; die Frau in Kindesnöten wurde nicht alleingelassen, und man traf Maßnahmen, um Komplikationen zu vermeiden.

Vom Ende des 17. bis Ende des 18. Jahrhunderts wiesen verschiedene Autoren von geburtshilflichen Handbüchern darauf hin, daß Niederkommen im Stehen noch in der Basse-Normandie (La

Motte), Lothringen (Didelot) und Flandern (Raulin) üblich war. Andere Ärzte berichten, daß diese Stellung auch im Massif central häufig war, insbesondere in den Departements Cantal und Haute-Loire, wo sich diese Sitte bis zu Beginn des 20. Jahrhunderts hielt. Vor allem die Bewohner von Gebirgsgegenden und schwer zugänglichen Gebieten, die ihre Gebräuche nicht so rasch aufgeben, behielten diese Art der Niederkunft am längsten bei, was aber nicht ausschließt, daß diese Gewohnheit auch in denjenigen Teilen des flachen Landes, in denen man den modernen medizinischen Verfahren gegenüber aufgeschlossener war, und sogar in den Städten in gewissem Umfang erhalten blieb. So halfen die Hebammen von Limoges noch bis zur Mitte des 19. Jahrhunderts Frauen, die im Stehen niederkamen. Eine Frau aus dieser Stadt, die zwischen 1850 und 1860 auf diese Weise fünf Kinder zur Welt gebracht hatte, erstaunte sich 1880 darüber, daß ihre Tochter bei der Geburt ihres Kindes im Bett lag. Hier vollzieht sich ein bedeutsamer Wechsel: Die traditionelle Stellung, die jahrhundertelang weitergegeben wurde, weicht in einer einzigen Generation der Stellung, die die medizinische Wissenschaft vorschreibt. Die Mutter war vermutlich noch mit dem Land verbunden, während ihre in der Stadt geborene Tochter die vom Geburtshelfer und der Hebamme empfohlene liegende Stellung akzeptierte. Schon zu Beginn des 17. Jahrhunderts hatte Louise Bourgeois im Zusammenhang mit der Übernahme einer neuen Stellung bei der Niederkunft festgestellt, wie eigentümlich die Integration in der Großstadt vor sich ging. Ihre Bemerkung über eine aus Anjou stammende Frau, die nach ihrem Umzug nach Paris »unbeirrt auf den Knien niederkam, wie es bei ihr zu Hause üblich war«, unterstreicht, daß Neuankömmlinge an ihren Gebräuchen festhalten, und daß erst die zweite Generation Abstand von den Gewohnheiten ihrer ländlichen Heimat nimmt.

Bis 1914 kamen auch in der Bretagne noch viele Frauen im Stehen nieder. Da sie sich jedoch der Gefahr bewußt waren, die eine solche Stellung für das Kind und die Frau selbst mit sich brachte, »legen sie ein Kissen zwischen ihre Beine, um das Kind aufzufangen, und beim Pressen stützen sie sich mit den Ellbogen auf einem Möbelstück ab oder hängen mit ihren Armen am Hals eines der Anwesenden«. Manche Frauen bekommen ihr Kind, während sie mit dem Rücken am Bettgestell lehnen, »unterstützt von der Nachbarin an der einen Seite und meist ihrem Mann an der anderen, wobei sie die Arme um die Schultern der Helfer schlingt. Ihr gegenüber sitzt die Dorfhebamme«.

Wie bei der Niederkunft in der Hocke oder auf Knien muß der Körper auch bei der stehenden Stellung unterstützt werden. Die Art dieser Unterstützung ist in den einzelnen Gebieten unterschiedlich. Die Frauen in Lothringen »gebären aufrecht, an die Bettkante gelehnt«, schreibt der Arzt Didelot um 1780; etwa zur gleichen Zeit berichtet der Arzt Lecomte aus Dun-le-Roy in Berry, daß die Dorfhebamme die Gebärende sich »auf einer Holzlatte abstützen läßt, die am Kamin oder an irgendeiner anderen Stelle befestigt ist, die Arme in die Höhe gestreckt, die Beine weit und ohne Unterstützung für den Körper«. In der Charente klammerte sich die Gebärende bis 1925 ebenfalls an einer Holzlatte an der Seite des Kamins fest, wobei sie mit dem Rücken zur Feuerstelle stand, in der Rebenzweige brannten. Die Frau wurde von Helferinnen unterstützt, während die Hebamme auf einem Schemel die Entbindung vornimmt.

Niederkunft im Sitzen

Das Gebären im Sitzen war in Westeuropa während der letzten drei bis vier Jahrhunderte zweifellos die gebräuchlichste Methode.

Es kam häufig vor, daß die Hocke in eine Sitzstellung überging. Unter dem Zwang der Ermüdung beugte sich die Frau vornüber, ließ sich auf die Knie fallen, lehnte sich dann zurück und gebar schließlich ihr Kind auf dem Boden im Sitzen. Es handelt sich um eine ausgesprochen »seitliche« Niederkunft, da die Frau ihr Gewicht auf eine Gesäßbacke und einen Arm verlagert, um die Sitzfläche anzuheben, so daß das Kind geboren werden kann. Diese Art des Gebärens im Sitzen ist heute noch in einigen Gesellschaften in Afrika und Ozeanien weit verbreitet.

In Frankreich saß die Frau im 17. und 18. Jahrhundert meist auf dem Schoß einer anderen Frau, die ihre Arme oder ihren Oberkörper festhielt. An abgelegenen Orten oder auf Einödhöfen war es häufig der Mann, der seine Frau an zu heftigen Bewegungen hinderte.

Wenn sich die Niederkunft lange hinzog, hatte derjenige, der die Gebärende festhielt, keine leichte Aufgabe; es war dann häufig so, daß man sich abwechselte; in jedem Fall nahm man kräftige Personen, die die unkontrollierten Bewegungen einer Frau auffangen konnten, die Schmerzen litt und Angst hatte. Wenn die Geburts-

JE SCHNELLER DIE GEBURT, DESTO BESSER

Buchillustration von Jost Amman im Hebammenbuch des Züricher Arztes Jakob Rueff, Frankfurt 1587. Im Hintergrund diskutieren während des Geburtsvorgangs Astrologen über die Himmelskarte.

helfer gerufen wurden, verfuhren sie nicht anders. Der Platz der Dorfhebamme blieb unverändert: Sie verfolgte den Verlauf der Geburt von einem Stuhl oder von einer Bank aus, die sie »auf die Höhe des Geschehens« brachte.

Gelegentlich saß die Gebärende auch auf der Bettkante oder auf einem Stuhl; auch in diesem Fall saß die Hebamme ihr so gegenüber, daß beider Knie sich berührten. In der Gegend um Antibes ließ die Hebamme um 1786 die Gebärende »die Schenkel so weit wie möglich spreizen, die Beine leicht gebeugt, die Füße auf den Sprossen eines Stuhls, und um sicherzustellen, daß diese Stellung nicht verändert wurde, drückte sie ihre Knie gegen diejenige der Kranken«. Im gegebenen Augenblick hielt sie ihr »Fürtuch« auf, um zwischen den Beinen der Frau das Kind aufzufangen. Dies nannte man »in der Schürze geboren werden«. Dies war früher ein weit verbreiteter Brauch, in der Gegend um Limoges noch um 1860.

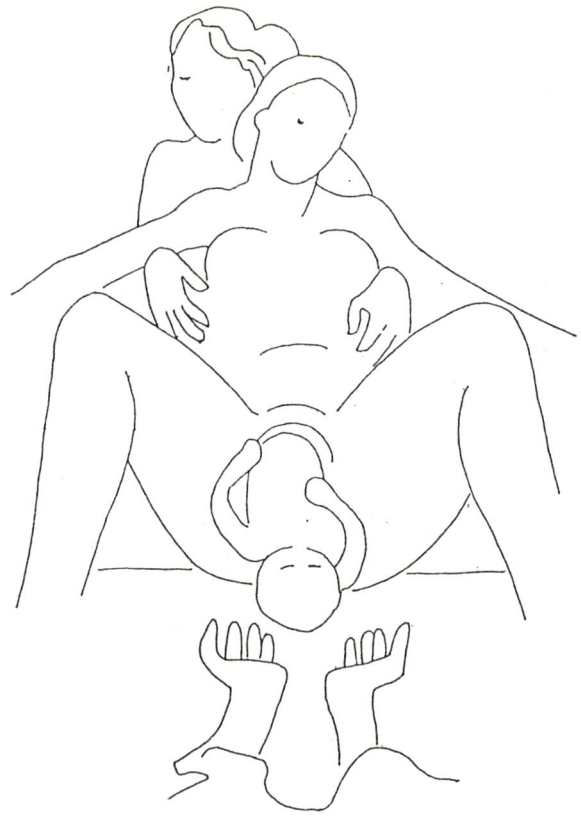

Niederkunft im Sitzen, am Rande eines Stuhls oder eines Bettes: die Frau wird von einer anderen Frau gestützt (Zeichnung: Daniel Gélis).

Gebären im Sitzen hat eine Reihe von Nachteilen: Das Blut und das Fruchtwasser ergießt sich häufig über die Hebamme und ihre Helferin; es erweist sich als schwierig, das Durchtreten des Kopfes richtig zu verfolgen, da der Damm bei jeder Wehe weiter nach hinten tritt; die Hebamme, die zwei Schenkellängen von der Frau entfernt sitzt, kann die Vulva nur schwierig erreichen; der Damm ist aber auch gegen Ende der Geburt in einem schlimmen Zustand. Gegen Ende des 19. Jahrhunderts berichtet ein Arzt aus der Auvergne, wo man häufig im Sitzen niederkam, allen Ernstes »daß die Frau in dieser Gegend keinen Damm hat«. Schließlich weiß man auch, daß die sitzende Stellung für die Wehen ungünstig ist und

Geburt im Sitzen. Kupferstich von Herman Jans Müller nach einer Zeichnung von Martin Heermskerck, 16. Jahrhundert.

die Frau daran hindert, sie richtig einzusetzen. Die Preßwehen sind weniger kräftig, das Becken ist weniger beweglich, wodurch die Geburt insgesamt verlängert wird.

Um einige Nachteile der Stellung zu beseitigen, bei der die Frau auf dem Schoß eines der Anwesenden saß, kam man gegen Ende des 16. Jahrhunderts auf den Gedanken, einen Stuhl und später einen speziellen Gebärstuhl zu benutzen. Eine Neuheit war dies allerdings nicht. Die Renaissance hat lediglich den »Gebärapparaten«, die schon den Griechen und Römern bekannt waren, wieder zu ihrem Recht verholfen; die *sella perforata* von Ambroise Paré unterscheidet sich daher auch kaum von dem geburtshilflichen Dreifuß der Antike: Es war eine Art dreibeiniger Schemel mit einem Ausschnitt an der Vorderseite und ohne Lehne, so daß noch eine Helferin anwesend sein mußte, die den Rücken stützte. Der Gebärstuhl, der im *Rosengarten* von Eucharius Rößlin abgebildet ist, weist bereits zwei wesentliche Verbesserungen auf: Eine flache, schräge Lehne und Handgriffe, an denen die Frau sich während der Wehen festhalten konnte. Paré zweifelte nicht am Nutzen dieses primitiven Stuhls und verteidigte seinen Gebrauch mit folgenden Argumenten:»Die Schwangere sitzt darauf in einer Stellung, in der sie zurückgelehnt ist, so daß sie frei ein- und ausatmen kann; Kreuzbein und Steißbein sind frei und werden in keiner Weise zusammengedrückt, wodurch die genannten Knochen leichter auseinandertreten und sich voneinander lösen können. Das gleiche gilt für das Schambein, weil die Schenkel gespreizt sind; hinzu kommt noch, daß die Hebamme leichter arbeiten kann, wenn sie der Schwangeren gegenüber sitzt. Auf die Stuhllehne sollte man ein Kissen und Leintücher legen, damit die Schwangere etwas bequemer sitzt.« Von diesem einfachen Modell ist noch ein weiter Schritt bis zu den Gebärbetten des 18. Jahrhunderts mit verstellbarer Lehne, Fußbügeln, beweglichen Handgriffen und abnehmbarem »Vorstuhl«. Die Verbesserungen erfolgen jedoch in stetiger Folge.

Schemel und Stuhl tauchten zuerst in Deutschland auf, von wo aus sie vermutlich über Straßburg und das Elsaß nach Frankreich gelangten. Die Umstände der Geburt veränderten sich seither beträchtlich.

Zweck der Stühle war es, eine vorzeitige Ermüdung der Frau und derjenigen, die sie auf dem Schoß hielt, zu vermeiden; in der Praxis zeigte sich jedoch, daß die Stühle auch Nachteile hatten. Sie waren schwer und schwierig zu transportieren; die Frau konnte ihre Wehen nicht voll ausnützen, wie Ambroise Paré erklärt, und es bestand selbst die Gefahr, daß sie sich erkältete. Letzteres Problem wurde dadurch beseitigt, daß man den Stuhl mit einem Tuch ausschlug, der verhinderte,»daß Zug an die Hinterbacken, die äußeren Schamteile und insbesondere die Vagina und die Gebärmutter gelangte, was den Alten als Ursache vielfacher Komplikationen galt«. Die Furcht vor Erkältungen führte sogar dazu, daß man manche Modelle mit Stövchen versah (zum Beispiel beim Heister-Stuhl).

Das Erscheinen der Gebärstühle hatte einschneidende Folgen für die Entwicklung der Stellungen, in denen die Frauen niederkamen. Wegen der Kosten fand der Stuhl vor allem bei den begüterten Ständen Verbreitung, wo er zu einem Erbstück wurde, das von Generation zu Generation weitergegeben wurde; in adligen Kreisen wurde er sogar verziert und mit kostbaren Stoffen bezogen. Während er in den nordfranzösischen Städten häufig benutzt

JE SCHNELLER DIE GEBURT, DESTO BESSER

Gebärstuhl, datiert 1837 und bezeichnet mit den Initialen der elsässischen Hebamme, die ihn benutzt hat. Dieses zusammenklappbare Modell war leicht zu transportieren (Musée alsacien, Straßburg).

wurde, war dies auf dem Lande viel seltener der Fall, mit Ausnahme des Elsaß und des östlichen Lothringen, wo die Dorfhebamme über einen primitiven Stuhl verfügte, der klappbar und daher leichter war und den sie zu den Geburten mitnahm.

Die zunehmende Beliebtheit des Gebärstuhls führte dazu, daß der Vater langsam aber sicher aus dem Gebärzimmer vertrieben wurde, da seine Körperkraft ja nicht mehr benötigt wurde. Die Frau, die gezwungen wurde, den Stuhl zu benutzen, betrachtete dieses Gerät eher mit zwiespältigen Gefühlen; er wurde zum Symbol der körperlichen Qualen schlechthin, die die Gebärende ertragen mußte.

Es war ein kalter Gegenstand, der kein Teil der vertrauten Umgebung war; er flößte Angst ein.

Die wichtigste Folge der Verwendung des Stuhls war jedoch, daß die Frau in ihrer Bewegungsfreiheit eingeschränkt wurde und mit dem Einsetzen der ersten Wehen gezwungen war, stillzusitzen. Für die Ärzte und die medizinischen Autoritäten, die im 17. und 18. Jahrhundert die Verbreitung des Stuhls betrieben, war dieser das Instrument, mit dem sie die Niederkunft zu einer ärztlichen Angelegenheit machten. Da er schließlich wegen einiger Verbesserungen sehr schwer geworden war, kamen einige Geburtshelfer zu Beginn des 18. Jahrhunderts auf den Gedanken, den Stuhl nur noch in Krankenhäusern zu benutzen. Mit einem Vorsprung von fast einem Jahrhundert wurden sie zu Vorreitern der Idee, daß die Gesundheitsfürsorge in den Krankenhäusern konzentriert werden müsse. Das Entbindungsbett, das heute in den gynäkologischen Abteilungen eingesetzt wird, ist zweifelsohne die moderne Form des früheren Stuhlbetts. Unter Berufung auf das angebliche Interesse der Gebärenden wurde eine Technik eingeführt, die die Bedingungen der Niederkunft radikal verändert hat.

Niederkunft im Liegen

Die Beobachtungen der Geburtshelfer aus dem 17. und 18. Jahrhundert und die Zeugnisse von Anthropologen lassen keinen Zweifel daran, daß die vier »vertikalen« Stellungen früher bei der Mehrzahl der Gebärenden die selbstverständlichen Stellungen waren. Unterschiedliche Meinungen bestehen lediglich darüber, ob die Hocke oder der aufrechte Stand häufiger war.

Die Frauen konnten schwerlich einer Stellung den Vorzug geben, bei der sie flach auf dem Rücken liegen. Sie spürten instinktiv, daß dies nicht die günstigste Gebärstellung war. Mehr noch: Man weiß heute, daß dies die schlechteste aller möglichen Stellungen ist, weil dann der Uterus mit dem Fetus die großen Unterleibsgefäße (die Bauchschlagader und die untere Hohlvene) zusammendrückt, was die Schmerzen des Fetus vergrößert und für Blutdruckabfall und Blutungen der Mutter mitsächlich sein kann.

Die horizontale Stellung wurde von Frauen bevorzugt, die auf die eine oder andere Weise Schwierigkeiten mit der Geburt hatten, vor allem von denjenigen, die schon stundenlang in den Wehen lagen und sich erschöpft auf eine Strohmatratze oder – in ihr Bett legten! Man mußte wahrlich der Verzweiflung nahe sein, um es nicht mehr schlimm zu finden, daß die Bettwäsche beschmutzt wurde. Die standhafte Weigerung der Frauen, eine liegende Stellung einzunehmen, ist wohl auch so zu verstehen, daß sie sich damit gegenüber den Tieren absetzen wollten, die immer im Liegen werfen; daß sie ihre Distanz zu der Tierwelt ausdrücken wollten, der sie doch so nahe waren.

JE SCHNELLER DIE GEBURT, DESTO BESSER

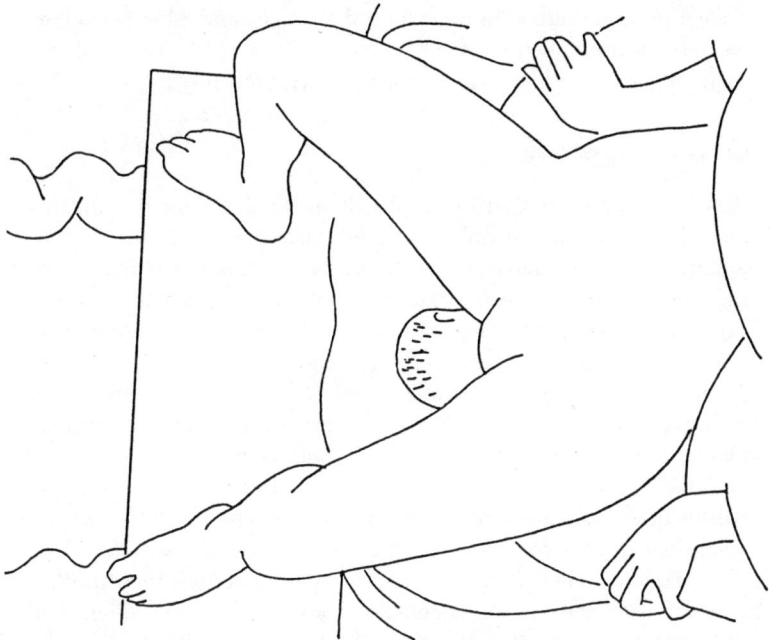

Niederkunft im Liegen (Zeichnung: Daniel Gélis).

Unter diesem Gesichtspunkt wird eher verständlich, warum sich die Landbewohner gegen die Klinisierung der Niederkunft gewehrt haben, die ja dazu führte, daß die Frau ab dem Einsetzen der Wehen im Bett bleiben mußte.

Auf dem flachen Lande war vor allem im Winter, wenn die Gefahr von Erkältungen besonders groß war, eine Stellung üblich, die in der Mitte lag zwischen Sitzen und Liegen. Die Niederkunft erfolgte dabei am Feuer. Die Frau saß dabei mit dem Rücken gegen einen umgedrehten Stuhl gelehnt auf einer alten Matratze oder einem Strohsack. Geburtshelfer wie La Motte wandten diese Methode an, wenn sie bei armen Familien halfen: Das »kleine Bett«, wie sie es nannten, war leicht herzurichten, und die Frau konnte damit eine lange und schwere Geburt durchstehen. Nach Geburtshelfer Depaul war diese halb sitzende, halb liegende Stellung noch um 1860 in manchen Teilen Südfrankreichs üblich.

Gegen Ende des 18. Jahrhunderts wurde diese Stellung bei den Geburtshelfern unbeliebt; sie nahmen sie in Kauf, wenn es nicht anders ging und die Frau unbedingt darauf bestand, aber sie fanden sie sehr unbequem für den Helfer, der in der Hocke oder auf den Knien dicht am Boden seine Arbeit verrichten mußte.

»Eine regionale Methode«

Aus historischen und ethnographischen Quellen geht hervor, daß jede Region eine bestimmte Standardstellung bei der Geburt kannte. In den meisten Gegenden bestand die Tendenz, eine bestimmte Stellung zu bevorzugen, die von Generation zu Generation weitergegeben wurde. In Aunis und Saintonge, in der Bretagne und einem großen Teil des Massif central herrschte im 18. Jahrhundert die Gewohnheit, im Stehen zu gebären; auf Knien gebar man in Anjou zu Beginn des 17. Jahrhunderts, in Haut-Maine in der Mitte des 18. Jahrhunderts und in dem großen Gebiet von Morvan bis Poitou. In diesem Gebiet, das die Mitte und den mittleren Westen Frankreichs umfaßt, konnte eigentlich nicht von einer vorherrschenden Stellung die Rede sein, die man eher als eine doppelte Stellung bezeichnen müßte: Die Frauen gebaren entweder im Stehen oder auf Knien und wechselten häufig von der einen Stellung zur anderen. In der Provence und Basse-Normandie hielt man die sitzende Stellung für die geeignetste. In den östlichen und nordöstlichen Provinzen gab man dagegen ab dem 17. Jahrhundert dem Gebärstuhl den Vorzug. Im Languedoc, in der Gegend von Bordeaux und im Norden Frankreichs waren verschiedene Stellungen üblich, und man kann nicht sagen, daß eine von ihnen wirklich vorherrschend war. Im übrigen gab es auch in denjenigen Gegenden, in denen eine Standardstellung vorherrschte, genügend Ausnahmen von der Regel.

Auch die Standardstellungen waren keineswegs unveränderlich; die Frauen waren von bestimmten Zeitströmungen beeinflußt, durch die sie ihr Verhalten änderten. So wurde im Nordosten Frankreichs die Geburt im Stehen oder Knien durch die zunehmende Verbreitung des Gebärstuhls verdrängt. Freilich gab es im ganzen 19. Jahrhundert deutlichen Widerstand gegen alle Veränderungen. Indem die Frauen an der »heimischen Stellung« festhielten, wollten sie bei ihrer Niederkunft an einem gewissen Lebensgefühl festhalten.

Kultur und Physiologie

Daß die Frauen bei der Geburt den vertikalen Stellungen den Vorzug gaben, war in ihrer Vorstellung begründet, daß die Geburt des Kindes dadurch leichter vonstatten ginge. Es ging darum, einem Wesen das Leben zu schenken, das die Natur hatte reifen lassen, und die Herauslösung des Fetus zu bewerkstelligen, die in der ersten Phase der Geburt vorbereitet wurde. Anders aber als in der Natur, wo es genügt, den Stamm zu schütteln, um die reife Frucht auszulösen und zum Abfallen zu bringen, ist die Leibesfrucht gewissermaßen im Stamm eingeschlossen, umhüllt von der schleimigen und feuchten Gebärmutter. Daher die Suche nach einer Stellung, in der die Schwerkraft ihre Wirkung bestmöglich entfalten und eine schnelle Geburt herbeiführen kann. Heute wissen wir, daß der Druck im Abdomen tatsächlich weitgehend von der Stellung abhängt, die die Frau in der letzten Geburtsphase einnimmt, und daß die verschiedenen vertikalen Stellungen die Austreibung am besten begünstigen. Weil wir heute die physiologischen Zusammenhänge kennen, können wir also bestätigen, wie zweckmäßig die Stellungen waren, die die Frauen früher bei der Niederkunft einnahmen.

Die Bewegungsfreiheit, die man der Frau ließ, begünstigte das Tiefertreten des Kindes. Da die Passage durch den Geburtskanal beim Menschen nicht symmetrisch verläuft, führte eine Veränderung der Stellung zu einer vorteilhaften Beschleunigung der Geburt, da sich der Kopf im kleinen Becken leichter drehen konnte. La Motte hatte diesen Mechanismus schon sehr gut erkannt: Indem er die Frau diejenige Haltung einnehmen ließ, die ihr am angenehmsten war und sie gegebenenfalls auch eine andere Stellung einnehmen ließ, wenn sie dies wollte, trug er zur Erleichterung der Geburt bei. Bis zur Mitte des 18. Jahrhunderts gelang es den Geburtshelfern nur, dem relativ beschränkten Kreis ihrer städtischen Klientel die liegende Stellung aufzudrängen. Auf dem Lande, wo ihre Hilfe nur gelegentlich in Anspruch genommen wurde, vermochten sie die Gewohnheiten der Frauen meist nicht zu ändern. Sie mußten einsehen, daß ihre Bemühungen nichts fruchteten, höchstens »auf dem Wege der Ermahnung«; aber auch dann durfte der Geburtshelfer, wie Pierre Dionis im Jahre 1743 wußte, »nicht zu sehr in sie dringen«, wenn er nicht eine schroffe Zurückweisung riskieren wollte.

Auf dem Lande änderten sich die Verhaltensweisen nur
langsam; noch gegen Ende des vorigen Jahrhunderts berichten die
Frauenärzte, daß in Île-et-Vilaine »die Frauen *nur im Stehen gebären wollen*«, und daß es für sie in Haute-Loire »Ehrensache ist, im
Stehen zu gebären«, und die Entrüstung über soviel Sturheit ist
den Ärzten deutlich anzumerken. Ein solches Verhalten scheint
ihnen um so absurder zu sein, als die Landbewohner ihrer Ansicht
nach sich nicht länger auf ihre Armut berufen konnten: »Die
Einrichtungen«, schreiben sie, »sind komfortabler als früher, und
es gibt fast überall einen kleinen Schlafraum mit einem transportierbaren Bett.« Sie schrieben die Beibehaltung der vertikalen Stellung einzig und allein der Hartnäckigkeit der Frauen zu, die an der
Tradition festhalten wollten, und sahen nicht, daß diese Stellungen
Ausdruck einer Kultur waren, die sich gegen ihren Untergang
stemmte.

Vor dem Herdfeuer stehend oder kniend Kinder zu bekommen,
ist Ausdruck eines bestimmten Körperbewußtseins und Lebensgefühls, eine eigene Art, ein Kind willkommen zu heißen. Es ist
ein Teil eines Komplexes von Zusammenhängen und eines emotionalen Bezugsgefüges, das der medizinischen Wissenschaft und
dem medizinischen Fortschritt lange Zeit Widerstand leisten
konnte, bis es nach 1914 mit dem Zusammenbruch der Kultur
unterging.

Eingriffe zur Beendigung der Geburt

Die Dorfhebamme und die Frauen, die der Gebärenden beistanden, wußten aus Erfahrung, daß der Verlauf einer Geburt
immer unvorhersagbar war; auch wenn sich zunächst alles gut
anließ, konnte die Geburt jederzeit aus einem unbestimmten
Grund einen schwierigen oder sogar dramatischen Verlauf nehmen. Für die Hebamme war daher auch die Versuchung groß,
frühzeitig einzugreifen; die Furcht vor immer möglichen Komplikationen veranlaßte sie, die Geburt zu beschleunigen, vor
allem da sie, wenn die Frau die Kräfte verließen und sie nach
vier oder fünf Tagen starb, vielfach für ihren Tod verantwortlich gemacht wurde. Das Eingreifen der Hebamme, das doch
eine Ausnahme bleiben sollte, drohte zu einer festen Gewohnheit zu werden, weil sie fürchtete, nicht genügend und nicht
frühzeitig genug »gearbeitet« zu haben und sich deshalb Vor-

würfen auszusetzen. Die schöne und gelungene Geburt war die schnelle Geburt.

Der richtige Zeitpunkt

Diese große Eile war allerdings nicht unproblematisch. Aus verschiedenen Berichten geht hervor, daß man gelegentlich einfach Bauchkrämpfe einer Frau, die noch nicht am Ende ihrer Schwangerschaft war, für echte Wehen hielt. Außerdem konnte die Vornahme körperlicher Eingriffe am Bauch oder den Geschlechtsorganen schwere Folgen für die Gesundheit von Mutter und Kind haben.

Louise Bourgeois widmet in ihren *Observations diverses* dieser Frage ein eigenes Kapitel unter der Überschrift: »Um zu beurteilen, wann eine Frau unpäßlich ist, oder ob es Wehen sind.« Sie bringt darin zum Ausdruck, daß man darauf achten müsse, daß sich die Frau »nicht anstrengt«, bevor die echten Geburtsanzeichen erkannt sind, denn »Frauen empfinden häufig Schmerzen, die ihnen das Gefühl geben, als müßten sie niederkommen, und doch sind es keine Wehen: Bei manchen ist es ein leichtes Bauchgrimmen, bei anderen sind es Krämpfe«. Es gibt aber, fügt sie hinzu, ein unfehlbares Verfahren, um den wirklichen Beginn der Geburt festzustellen: Wenn man ein warmes Tuch auf den Bauch legt, »gehen die Schmerzen meist vorüber; wenn es Wehen sind, wird der Schmerz durch die Wärme verstärkt« (7, 95).

La Motte bestätigt, daß der Unterschied leicht festzustellen ist. Wenn es einfache Leibschmerzen sind, genügen harmlose Waschungen, um der Frau zu helfen; wenn es wirklich der Beginn der Niederkunft ist, dann muß sie in Ruhe gelassen werden, was für den weiteren Verlauf nur günstig ist. Wenn man sie unnötig ermüdet und traktiert, kann dies die Dinge nur komplizieren: »Wenn ich die Hebammen dazu bringen könnte, nicht einzugreifen, hätte die Frau, die drei Tage in schwersten Kindsnöten lag, in wenigen Stunden alles hinter sich gehabt«, schreibt er.

Es wäre allerdings ungerecht, alle Hebammen für inkompetent zu halten; viele leisteten ausgezeichnete Arbeit, was die Geburtshelfer auch gerne anerkannten. Sie gingen mit Bedacht zu Werke und wußten, ob die Frau, die vor Schmerzen schrie und sich den Leib hielt, kurz vor der Niederkunft stand oder nicht. In diesem unterschiedlichen Verhalten von Dorfhebammen und Ärzten zeigt sich indes – vor allem seit dem 18. Jahrhundert – eine unterschiedliche Beurteilung des Geburtsvorgangs. Beide Seiten hatten ihre eigenen Vorstellungen über die Dauer einer Niederkunft. Für die Hebamme sollte sie kurz sein, und um Komplikationen zu vermeiden, beschleunigt sie die Geburt. Die Geburtshelfer dagegen wollten eher abwarten, damit man der Natur ihren Gang ließ und nichts übereilte. Die Dorfhebamme hielt dem entgegen, daß die Natur nicht wartet, daß es eine Zeit zum Ernten und Lesen der Früchte gibt, und daß man durch langes Warten Gefahr läuft, alles zu verlieren, die Mutter und das Kind. Man durfte den richtigen Zeitpunkt nicht verpassen! So widerspiegelt die Haltung der Dorfhebamme zum einen die Angst vor Komplikationen, zum anderen die körperliche Erfahrung des Rhythmus, dem der Mensch unterworfen ist und den er zu berücksichtigen hat.

»Mit dem Finger und dem Auge«

Viele Hebammen wußten wenig oder nichts von den weiblichen Fortpflanzungsorganen und der Dauer der Schwangerschaft. Lassen wir einmal den Extremfall unberücksichtigt, wo ein vorfallender Muttermund für eine beginnende Geschwulst gehalten wurde. Von den Dorfhebammen waren nur wenige in der Lage, eine vaginale Touchierung durchzuführen und daraus Schlüsse zu ziehen, behaupteten die Geburtshelfer, und überhaupt touchierten sie viel zu viel! Touchieren und Touchieren war nicht dasselbe; man gebrauchte zwar dasselbe Wort, jedoch meinte jeder damit etwas anderes.

Für die Geburtshelfer war Touchieren die einzige Möglichkeit, um festzustellen, ob die Geburt wirklich begonnen hatte; sie stellten damit fest, wie weit die Eröffnung des Muttermundes fortgeschritten war und wie das Kind lag; die Touchierung war »der Kompaß des Geburtshelfers«. Auch wenn die Dorfhebammen mit dem Finger und mit dem Auge »die Erweiterung« feststellen konnten, verstanden sie es nicht, aus dieser Erkenntnis die richtigen Folgerungen für ihr weiteres praktisches Vorgehen zu ziehen. Wie das Ergebnis ihrer vaginalen Untersuchung auch ausfiel, es hinderte sie keineswegs an ihrem Tatendrang.

Aus der Art, wie die Geburtshelfer und die Hebammen über die Eröffnung sprachen und diese beurteilten, wird ihre unterschiedliche Einstellung zur Gebärenden deutlich. Im Grunde spiegeln sich hierin zwei Kulturen, zweierlei Körperverständnis. Wenn die Dorfhebammen das Maß der Erweiterung beurteilten, bezogen sie sich auf Körperteile. Die Hand oder ein Teil davon diente als Maßstab: Der Finger, der Daumen oder die Handfläche. »Ich stellte fest, daß der Muttermund bis zur Länge einer Handfläche eröffnet war«, sagte Louise Bourgeois, die, auch wenn sie die Hebamme der Königin war, zu Beginn des 17. Jahrhunderts noch von der reichen, alten Landkultur geprägt war. Und wenn man sich nicht auf den Körper bezog, dann zog man einen Gegenstand aus dem alltäglichen Leben heran: »Ich fand, daß der Muttermund den gleichen Durchmesser hatte wie der Ring, mit dem sich die Frauen des Dorfes schnüren« (7, 187–190).

Schon zu Beginn des 17. Jahrhunderts gehörten die Geburtshelfer einer anderen Erfahrungswelt an. Sie lebten meist in der Stadt, wodurch sie die Wirklichkeit schon mit anderen Augen sahen. Für sie ließ sich die Erweiterung am besten mit der Größe von Geldstücken beschreiben. Bei den Pariser Geburtshelfern kann die Veränderung der Terminologie auf die Zeit zwischen 1670 und 1680 datiert werden; einige von ihnen, wie etwa Paul Portal, benutzen noch Vergleiche aus beiden Erfahrungswelten. Während sie einerseits die Eröffnung noch mit Wendungen wie »die Dicke eines Brotes oder eines Groschens« beschrieben, zogen sie jedoch häufiger schon Münzen zum Vergleich heran: »Der Kopf des Kindes erschien im Muttermund, der so groß war wie ein etwas ovaler silberner Taler« oder »wie ein Dreißig-Sou-Stück«. Im 18. Jahrhundert findet man kaum mehr Bezüge auf Körperteile oder Gebrauchsgegenstände; das Geldstück und die »Linie« waren das Maß.

Der »Tatendrang« der Dorfhebamme

Wenn die Dorfhebamme angekommen war, schritt sie unverzüglich zur Tat. Sie setzte sich und begann damit, die Frau, die ihr gegenüber am Rand eines Stuhls oder an der Bettkante Platz genommen hatte, zu touchieren. Manchmal ließ sie die Frau beim Feuer auf einem Strohsack oder auf einer frisch ausgebreiteten Lage Stroh sich niederlegen; dann begann sie auf Knien mit ihren Untersuchungen.

Spezielle hygienische Maßnahmen ergriff sie nicht; bis zum Ende des 18. Jahrhunderts war es die Ausnahme, wenn sich Hebammen und auch Geburtshelfer vor der Untersuchung die Hände wuschen. Um 1780 begannen die Ärzte, die sich allmählich der

Bedeutung der Hygiene bewußt wurden, die schwarzen Fingernägel und schmutzigen Hände der Hebammen streng zu rügen.

Nach der Auffassung der Dorfhebamme sollte ihre »Arbeit« eine Dehnung und Lockerung der Geschlechtsorgane bewirken, so daß das Kind leichter ausgetrieben werden konnte. Zu diesem Zweck schund sie die Vulva mit Ziehen, Zerren und Klopfen. Die Finger, Hände und sogar die Unterarme und die Genitalien wurden mit einem »Schmiermittel« eingerieben, das die Bänder dehnen und das Gewebe geschmeidig machen und das Kind aus dem Mutterleib gleiten lassen sollte. Das Einreiben zu Beginn einer Geburt war weit verbreitet, auch bei den Geburtshelfern. Paul Portal bestrich seine Hände mit frischer Butter; La Motte benutzte manchmal Öl, bevorzugte aber zerlassene, ungesalzene Butter.

Man wartete mit der »Schmierung« nicht unbedingt bis zu den ersten Wehen. Vielfach hatte die Dorfhebamme den Leib und die Genitalien in den Tagen zuvor schon mehrfach eingerieben. Für die Geburtshelfer des 18. Jahrhunderts war dies eine selbstverständliche Vorbereitung der Geburt, die sie empfahlen. Der Lothringer Didelot schrieb:

»Es ist der Frau anzuraten, die Schamteile sieben oder acht Tage vor der Niederkunft mit frischer Butter einzureiben; dies macht den Durchtritt leichter und reibungsloser; jungen Frauen, die noch keine Kinder geboren haben, kommt dieses Vorgehen sehr zugute. Besonders wichtig sind diese Einreibungen bei älteren Frauen, die ihre erste Schwangerschaft haben« (18, 7).

Um den Geburtskanal zu erweitern und zu lockern, nahmen die Hebammen auch Räucherungen vor, oder sie setzten wie im Languedoc, wo Laurent Joubert im 16. Jahrhundert praktizierte, die Frau auf einen warmen Kessel: »Die Hebemütter in den Dörfern aus der Umgebung von Montpellier«, schreibt er, »haben festgestellt, daß eine Frau in den Wehen, die man auf die Wölbung eines Kessels setzt, den man eben vom Feuer genommen hat, leichter niederkommt.« Joubert fügt hinzu: »Wir wissen, daß ein solcher Kessel, in dem eben noch Wasser gekocht hat, sich lauwarm anfühlt, wiewohl man ihn im Vergleich mit siedend heiß kalt nennen müßte. Diese laue Wärme macht den Steiß weich und beweglich, wie es auch die erweichenden Bähungen tun, die wir zu diesem Zweck anwenden« (31, 340). Als seltene Ausnahme wurde in den besseren Kreisen auch ein Bad empfohlen, um die Niederkunft zu erleichtern.

Zwischen zwei Wehen ging die Frau, bevor sie sich wieder unter die Obhut der Dorfhebamme begab, im Zimmer auf und ab. Sie ging um den Tisch herum, auf dem sie sich abstützte, oder wurde von zwei Nachbarinnen gestützt; um die Geburt zu beschleunigen, empfahl man ihr, sich kräftig zu bewegen und die Treppe auf und ab zu laufen. Auch dabei begann die Vorbereitung meist schon einige Tage vor der eigentlichen Niederkunft: Die Verfasser von geburtshilflichen Handbüchern betonten im 17. und 18. Jahrhundert die heilsame Wirkung eines Ritts oder einer Wagenfahrt auf einer holprigen Straße!

Um das Kind auszutreiben, wandten die Dorfhebammen auch Druck auf den Bauch der Mutter an; wiederholte Massagen und energische Reibungen, unterstützt durch kräftige Stöße in den Rücken sollten die Geburt gewiß in Gang bringen ... Nach der Vorstellung der Hebamme kamen Verzögerungen nur dadurch zustande, daß der Fetus zu schwach war, dem also geholfen werden mußte. Die Fruchtblase, die »etwa die Dicke des Kopfes des Kindes« hatte, ähnelte einer »mit Wasser gefüllten Schweinsblase«; auch wenn sie schon aus der Gebärmutter hervortrat, war sie doch zu fest, um von selbst zu springen. Meist sprengte die Dorfhebamme sie mit dem Fingernagel, einer Nadel oder einer Schere, wobei sich mit nichts ein besserer Einschnitt machen ließ als mit einem Salzkorn! Das vorzeitige Sprengen der Fruchtblase, das die Geburtshelfer des 19. Jahrhunderts verurteilten, war bei ihren Vorgängern allgemein üblich. Freilich war das Risiko groß, daß der weitere Fortgang der Geburt erschwert wurde, wenn das Kind nicht sofort nach dem Fruchtwasser folgte.

Purgieren und erbrechen lassen

Verstopfung, ein häufiges Leiden schwangerer Frauen, war eines der wichtigsten Hindernisse für eine leichte Niederkunft; wenn die Wehen eingesetzt hatten, konnte ein träger Darm den Fortgang der Geburt behindern; die Frau hatte Schmerzen und konnte sich nicht überwinden, kräftig zu pressen. Wegen der Unreinlichkeit vertrugen nicht alle Frauen eine Spülung kurz vor der Geburt, wenn der Dickdarm voll war. Außerdem konnte niemand, die Dorfhebamme so wenig wie die übrigen Frauen, ein Klistier verabreichen, noch waren überhaupt die notwendigen Spritzen verfügbar. Man gab daher lieber Purgiermittel. Mit Manna und weißer Magnesia und – in Südfrankreich – Zimtwasser vermischter Rhabarber waren im 17. und 18. Jahrhundert die häufigsten Purgiermittel; im heimischen Herbarium gab es daneben noch viele andere Mittel, die den Gang zum Quacksalber im nächsten Ort ersparten.

Um der Frau Erleichterung zu schaffen und eine zu lange Geburt zu beschleunigen, griff man manchmal auch zum Schröpfkopf. Kataplasmen aus Leinsamen und Milch galten ebenfalls als heilsame medizinische Behandlung. Man glaubte dadurch das Kind aufzuwecken und zur Geburt anzuspornen. In verschiedenen Gebieten wie etwa in der Umgebung von Lyon – wo dieses Mittel im 18. Jahrhundert offenbar vielfältig angewandt wurde – benutzten die Dorfhebammen gern Mutterkorn, das sie mit Bouillon, Kräutertee, Wasser oder Wein einnehmen ließen. Nach einer halben Stunde waren die »Kontraktionen der Gebärmutter so stark, daß die Frauen gewissermaßen niederkommen, ohne es zu wollen«. Mangels Mutterkorn war zur Beschleunigung der Geburt nichts so wirksam wie die Anregung der Kontraktionen des Brustbeins.

Die Dorfhebammen hatten bemerkt, daß Erbrechen vielfach das sichere Zeichen war, daß das Kind kommen wollte. Dies brachte sie auf den Gedanken, den Brechreiz auszulösen. Brechmittel wurden überall reichlich eingesetzt. Ein »zu hoch sitzendes« Kind mußte nach unten befördert werden, indem man dafür sorgte, daß sich der Gebärenden »der Magen umdrehte«. Zu diesem Zweck reizte man künstlich ihre Kehle mit Federwischen und Garnstückchen. Man versuchte auch, den Ekel der Gebärenden zu erregen, indem man ihr unappetitliche Gerichte vorsetzte, die aus Tierorganen und Kot bestanden, die durch ihr bloßes Aussehen und ihren Geruch Übelkeit verursachten. In Rezeptbüchern für Geheimmittel aus dem 17. Jahrhundert wie den *Recueils de secrets* von Madame de Rosemberg ist die Zubereitung solch ekliger Mixturen erhalten geblieben.

Die Geburtshelfer und nach ihnen die Medizinhistoriker haben sich auf solche Schriften gestützt, um die Praktiken der früheren Dorfhebammen zu diskreditieren. In Wirklichkeit brauchten diese Gerichte nicht immer eingenommen zu werden: Ihr Geruch und ihr Anblick genügten meistens schon, um den Brechreiz auszulösen! War nicht dies die einzige Absicht?

Die Dorfhebammen erzielten mit ihren »kleinen Geheimnissen« manchmal durchschlagende Erfolge, die die Ärzte verblüfften. Geburtshelfer Rigal aus Gaillac bei Albigeois berichtete, wie es einer Dorfhebamme in kürzester Zeit gelang, eine Frau zu entbinden, die schon seit zwei Tagen in den Wehen lag.

»Im Dorf herrschte allgemeine Aufregung. Inzwischen kommt eine Gruppe von Frauen zusammen, um sich zu beratschlagen. Einige beschließen, sich ›an eine Frau aus der Nachbarschaft zu wenden, von der es heißt, daß sie über ein Mittel verfügt, durch das man schnell niederkommt‹«. Nach ihrer Ankunft bittet die Frau um ein Glas Brühe, in die sie ein graues Pulver gibt, und läßt es die Kranke ohne weitere Untersuchung einnehmen. Einige Augenblicke später stellte sich bei ihr starker Brechreiz ein, und sie gebar fast augenblicklich einen munteren Jungen« (58).

Da arzneiliche Grundstoffe aus dem Ausland häufig teuer waren, empfahlen manche Verfasser von Arzneibüchern wie Fernel oder Symphorien Champier im 16. und 17. Jahrhundert vorzugsweise lokale oder regionale Produkte. Constantin, der ein *Traité de la pharmacie provinciale* schrieb, behauptete sogar, daß die Tiere, Pflanzen und andere Stoffe, die zu Arzneimitteln verarbeitet wurden, dem Temperament und der Konstitution derer, die sie einnahmen, besser entgegenkamen, wenn sie in der Gegend selbst gesammelt wurden. Dennoch gewannen die exotischen Drogen, wie wir gesehen haben, im 18. Jahrhundert an Boden, zunächst in den Städten und später durch ambulante Händler auch auf dem Lande. Viele von ihnen waren sehr teuer, wie etwa die Ipecacuana oder die Mittel aus der mehrfach aufgelegten Schrift *Remèdes charitables* von Madame Fouquet, die sich ausschließlich an die Wohlhabenden richtete. In der zweiten Hälfte des 18. Jahrhunderts begann der Siegeszug der chemischen Heilmittel. Aus zahlreichen Schriften von Geburtshelfern geht hervor, daß das Land häufig das »Versuchsfeld« für diese neuen Mittel war, zu denen etwa auch Brechweinstein gehörte, der, in Wasser aufgelöst und eingenommen, den Brechreiz auslöste. In Ermangelung dieser Mittel, die sich nicht jeder leisten konnte und die auch nicht ohne weiteres verfügbar waren (und von denen die Dorfhebammen häufig nicht einmal gehört hatten) gab es immer noch das bewährte Mittel des warmen Essigs: Dieses alltägliche, billige Produkt hatte keine Nebenwirkungen, im Gegensatz zu manchen menstruationsfördernden Mitteln: widerlich schmeckenden Gebräuen auf der Basis von Borax und Hirschhorn, die zu schweren Gesundheitsstörungen nach der Geburt, Krämpfen und manchmal auch zum Tode der Kreißenden führten.

Teil IV
Die Mutter und ihr Kind

Das Dasein in der Welt ist ein schönes Kunstwerk, das die Künstler selbst im Dunkeln tappen läßt.

RENÉ CHAR,
La Nuit talismanique

eun Monate starker Abhängigkeit enden mit einem kurzen Ringen: Der Geburt. Zwei Partner werden plötzlich in einem Zweikampf mit ungewissem Ausgang zu Widersachern. Die Geburt wird als »Kampf ohnegleichen« erlebt.

Wenn ihre Aufgabe erfüllt ist, muß sich die Mutter um jeden Preis von ihrer Fracht befreien. Das Wachstum des Kindes ist beendet. Es muß aus dem Gefängnis des Mutterleibes ausbrechen, um zur Welt zu kommen; die Natur läßt nur einen Weg frei, den sich das Kind mit Gewalt bahnen muß, wenn es nicht Gefangener bleiben will.

Die Geburt ist ein zwiespältiges Ereignis. Niemand weiß, wer wessen Gefangener ist. Wer ist für eine Verzögerung verantwortlich? Ist es das Kind, dem es nicht gelingt, eine zunächst beschützende, jetzt aber gefährlich werdende Einschließung zu beenden? Ist es die Mutter, die sich nicht von der Frucht befreien will, die in ihr gewachsen ist, die sie genährt hat und die jetzt die Oberhand zu gewinnen droht? Jeden Augenblick kann eine Wende eintreten, die ein böses Ende befürchten läßt; eine bislang glückliche Koexistenz kann plötzlich zu einem Drama werden. Dann gilt es, rasch ein Ende zu machen. Die Gemeinschaft zweier ineinander gefügter Leiber geht zu Ende.

Kapitel 1
Die Geburt –
Eine doppelte Befreiung

Leonardus erlöst alle, die festgekettet sind.

JAKOBUS DE VORAGINE,
Legenda Aurea

Seit der Antike gilt es in der Heilkunst in Nachfolge von Hippokrates und Galenus als unumstößliche Tatsache, daß das Kind, zumindest in der ersten Phase der Niederkunft, eine aktive Rolle spielt. Es beschließt selbst, wann es »an die Tür klopft«, damit »ihm Frau Natur auftue«. Der Geburtshelfer ist der »Türsteher«, der von außen hilft, den Mutterleib zu öffnen, wenn dies nötig wird.

Louise Bourgeois erklärt die ersten Wehen durch die Bewegungen des Kindes, das die Gebärmutter verlassen will, weil es keinen Platz mehr hat und nicht mehr genügend Nahrung bekommt. Es will draußen suchen, was es in der Hülle, in der es gewachsen ist, nicht mehr finden kann. Diese Vorstellung des Geburtsmechanismus, die uns in fast allen medizinischen Texten begegnet, findet sich auch im Volksglauben. So stellt der berühmte »Purzelbaum« im siebten Monat eine Vorbereitung zum Verlassen der Gebärmutter dar; das Kind nimmt dabei eine geeignete Lage für die Geburt ein. Zu gegebener Zeit kommen die Bewegungen der »Mutter« – d. h. sowohl der Frau als auch der Gebärmutter – zu denjenigen des Fetus hinzu. Die Frau muß ihre Wehen, die ja durch die unkontrollierten Bewegungen des Kindes ausgelöst werden, möglichst kraftvoll einsetzen, denn sie bedeuten, daß das Kind endgültig kommen will.

Eine gute »Zusammenarbeit« zwischen Mutter und Kind ist daher unentbehrlich für eine leichte und schnelle Geburt. »Verpakkung« und »Inhalt« müssen aufeinander abgestimmt sein, damit sie mit Erfolg voneinander getrennt werden können. Eine schlechte Abstimmung, wobei einer der beiden entgegenarbeitet, macht die Angelegenheit viel schwieriger und führt in jedem Fall zu einer Verzögerung.

In der Tat eine eigenartige Situation! Aber das Verhalten der Gebärmutter bleibt immer ein Rätsel: Will sie sich gerne des Fetus entledigen, oder tut sie ihr möglichstes, um ihn festzuhalten? Der Fetus will nichts lieber als das »Gebärmutterhäuschen«, das ihm Obdach gewährt hat, zu verlassen, indem er die Tür aufstößt, wie es der Vater bei der Befruchtung getan hat, wenn auch in umgekehrter Richtung. Der »Pensionsgast« will von seiner Gastgeberin Abschied nehmen. Die kleinste Schwierigkeit kann aber das »Gebärmutterhäuschen« zu einer »Gebärmutterfestung« oder einem »Gebärmutterkerker« machen, in dem das Kind Gefangener bleibt; der Mutter droht ein tödliches Ende, so daß die Gebärmutter schließlich zum Grab wird.

Für diejenigen, die bei der Geburt anwesend sind, trifft die Mutter in keinem Fall die Schuld, denn sie leidet Schmerzen und tut ihr Bestes. Der Schuldige ist der Fetus, denn er ist der »Schmarotzer«, von dem die Frau um jeden Preis entbunden werden muß. Diese Auffassung vom Wesen einer schwierigen Geburt ist auch diejenige der Hebamme, und unter diesem Gesichtspunkt sind auch ihre manchmal extremen Maßnahmen besser verständlich. Mögen die Kirche und die Ärzte noch soviel darüber streiten, ob das Leben der Mutter oder das des Kindes Vorrang hat – für sie gibt es kein Überlegen, wenn sie feststellt, daß die Mutter in Lebensgefahr schwebt. Die freudig erwartete Frucht wird nun zum Verursacher allen Unglücks, und da sie für die dramatische Situation verantwortlich ist, kommt notfalls nur sie als Opfer in Betracht.

Gebären heißt »sich entbinden«

In französischen Texten aus dem 16. und 17. Jahrhundert heißt es, daß die Frau »sich entbindet« (s'accouche). Der Gebrauch des reflexiven Verbs macht deutlich, daß die Frau bei der Niederkunft eine aktive Rolle spielte. Im 18. Jahrhundert dagegen nehmen ihr die Geburtshelfer im zunehmenden Drang, sich einzumischen, jede Initiative aus der Hand. In der Folgezeit »entbindet« sie oder *wird sie entbunden*. Im Grunde bedeutet »sich entbinden« vor allem sich befreien, sich einer Last entledigen, die Frucht loslassen, wenn sie ausgereift ist. Das Bild der Gefangenschaft ist so stark, daß es zu einer Metapher wird. Man spricht von einer klösterlichen Einschließung; manchmal »ist die Frau so geschlossen, daß ihr Kind wie festgekettet ist. Wie sehr es sich auch anstrengt, es bemüht sich vergebens, aus seiner düsteren Zelle zu treten« (8, 26). Auch das Bild des Kerkers wird gebraucht, in dem es gegen seinen Willen festgehalten wird. Die Frauen unternehmen daher auch häufig Wallfahrten zu Marienorten, da Maria die Schirmherrin der Geburt ist, oder zu Heiligen, die Fürsprecher für die Freilassung von Gefangenen sind. An manchen dieser Heiligtümer sind noch heute Zeugnisse dieser alten Praktiken zu sehen: In der Liebfrauenkirche von Orcival in der Auvergne hängen die Ketten von freigelassenen Gefangenen aus dem 18. und 19. Jahrhundert noch an den Außenmauern. In Avioth in der Nähe von Montmédy nördlich von Verdun sind noch die Ketten zu sehen, die an der *Receveresse* (Empfängerin) festgemacht waren. Auch manche Verhaltensweisen der Frauen während der Geburt lassen erkennen, wie tief in ihnen das Gefühl verwurzelt ist, eine Gefangene zu sein. Wenn die Wehen sehr stark sind, »lassen manche eine Novene abhalten, während andere Messen lesen lassen; andere lassen sich den Gürtel der hl. Margareta bringen, und wieder andere weihen ihr Kind Maria oder geloben, es in ein Kloster zu geben ... Frauen, denen dies möglich ist, geloben, einen Gefangenen freizukaufen«, schreibt der Geburtshelfer Dionis im 18. Jahrhundert (19, 209).

Ein gefangener Leib ist auch bösen Mächten ausgesetzt. Die Geburt ist der Zeitpunkt par excellence, zu dem widerstrebende Mächte aufeinanderprallen. Man lebt ständig in der Angst, daß eine böswillige Hexe der Kreißenden mit Zauberworten oder -gebärden Unheil zufügt. Das Überkreuzen der Arme oder Beine in einer bestimmten Weise oder das symbolische Verknoten einer Schnur wirken dem natürlichen Gang der Dinge entgegen und verzögern die Niederkunft. Dahinter verbirgt sich ein ganzes System von Konventionen bezüglich der Gliedmaßen und bestimmter Haltungen von Händen und Fingern, ein Komplex von in uralten Zeiten entwickelten Zeichen, wie manche Zeugnisse der Mythologie belegen. Ovid berichtet in seinen *Metamorphosen* vom Schicksal der Alkmene, deren Niederkunft Hera durch ihre Tochter Eileithyia verzögern ließ: Die Göttin sitzt mit fest gekreuzten Beinen und Fingern an der Schwelle des Schlafgemachs. Eine der Dienerinnen mit Name Galanthis weiß jedoch Rat: Sie verkündet listig die Geburt des Herkules. Eileithyia springt alarmiert auf und vergißt dabei, ihre Finger und Beine gekreuzt zu lassen; der Zauber ist damit gebrochen, und sofort wird Herkules geboren. Dieser Gedanke, daß die gekreuzten Finger beider Hände einen symbolischen Knoten bilden, der die Entbindung verhindert, findet sich nicht nur bei den Römern, sondern auch bei vielen anderen Völkern bis zum Beginn des 20. Jahrhunderts. Gebären heißt also »sich entbinden«, die Bande oder Ketten sprengen. Um einen Zauber abzuwehren, oder um einfach den Fetus in eine tiefere Lage zu bringen, so daß er aus dem Mutterleib gezogen werden kann, werden bei den ersten Wehen topische Mittel am Unterleib angebracht. Während der Niederkunft werden die gleichen magischen Gegenstände benutzt wie während der Schwangerschaft, jedoch nunmehr an einer gegenüberliegenden Stelle des Körpers. Neun Monate lang galt es, um jeden Preis eine vorzeitige Beendigung der Schwangerschaft zu verhindern, d. h. der Fetus mußte nach oben gezogen werden, indem man Gegenstände am Hals oder Oberarm trug. Wenn das Kind jedoch ausgetragen ist, muß der Fetus in Richtung des natürlichen Ausgangs, d. h. nach unten gezogen werden. Der Talisman, der wegen seiner analogischen Kraft getragen wird, muß jetzt dafür sorgen, daß die Frau ihr Kind ohne Schwierigkeiten zur Welt bringen kann. Der Adlerstein gilt als Symbol des Mutterschoßes, und die Steinchen, die man in seinem Innern klappern hört, sind die Töchter des Muttersteins, der sie in seinem Leib trägt. Wenn der Stein auch äußerlich ein analoges Aussehen hat, schreibt man ihm besondere Kraft zu: Manche »schwangeren« Steine haben die Birnenform einer Gebärmutter, und an ihrer Oberfläche zeichnen sich sogar Adern ab. Der Symbolwert des Bezoars hängt mit seiner Herkunft zusammen: Dieses topische Mittel zieht per definitionem andere Stoffe an, denn schon im Magen oder Darmkanal eines Tieres hat es Haare und Konkremente angezogen, die in den Organen stecken geblieben waren. Man ist übrigens davon überzeugt, daß die Talismane, die größtenteils tierischen Ursprungs sind, auch bei Tieren gute Wirkung tun. Pomet meint in seinem *Traité général des drogues*, daß Adler Klappersteine in ihr Nest tragen, damit »ihre Jungen aus dem Ei schlüpfen können«. Im 19. Jahrhundert werden die gleichen Topika noch benutzt, wenn Haustiere gebären. In manchen Gegenden Frankreichs legte man noch um 1850 einen »Donnerkeil«, ein prähistorisches Steinbeil in das Nest eines Huhns, »um das Gelingen der Brut sicherzustellen«; diese Gebräuche entspringen dem traditionellen Gedanken, daß Fruchtbarkeit und Geburt bei Tieren sich nicht wesentlich von der Fruchtbarkeit und Geburt beim Menschen unterscheiden.

In Ermangelung von Topika nimmt man manchmal Zuflucht zu Verfahren, die spektakulärer oder drastischer erscheinen, aber ebenfalls nur darauf gerichtet sind, die Geburt zu beschleunigen und »der Frau zu helfen, sich ihrer Frucht zu entledigen«. In Saintonge und Poitou läßt man im 19. Jahrhundert bei einer Verzögerung der Geburt den »Sackschüttler« kommen, der die Frau kräftig durchrüttelt, wie man beim Füllen eines Getreidesackes tut. Dieses Tun hat häufig symbolische Bedeutung. So beschrieb G. Vuillier Ende des vorigen Jahrhunderts den in der Corrèze üblichen Brauch des »Beschlagens der Milz«, eine Behandlung, die auch bei Frauen im Wochenbett angewandt wurde. Der Schmied schwang einen schweren Hammer über der Frau, den er wenige Zentimeter über ihrem Leib zum Stillstand brachte. Dies sollte nach Meinung der Anwesenden dazu führen, daß der Fetus schneller zum Vorschein kam. Die Frau sollte sich in einer sehr verständlichen Angstreaktion anspannen und dadurch stärker pressen.

Im 18. Jahrhundert gerät bei den Ärzten die Signaturenlehre in zunehmendem Maße in Mißkredit; sie betonen immer häufiger, daß die Amulette Ausdruck eines Aberglaubens sind, den der Fortschritt der Medizin auslöschen wird. Dennoch bleiben viele von ihnen unter dem Einfluß der Humoralpathologie und sind davon überzeugt, daß der Leib der Schwangeren und Gebärenden eine spezifische »Topographie« aufweist, auf die es einzuwirken gilt. Bei den Aderlässen, die man etwa bis 1750 häufig anwandte, wenn die Frau Krämpfe bekam, war es durchaus nicht gleichgültig, an welcher Stelle man den Eingriff vornahm: Während der Schwangerschaft am Arm, während der Geburt am Bein; im ersten Fall muß der Druck des Fetus vermindert, im zweiten gerade verstärkt werden.

»Die Gebärmutter fangen«

Bei der Geburt zeigt sich die Gebärmutter stets besonders empfindlich. Bei der einen Frau »rollt sie im Bauch hin und her wie eine Kugel«, bei der anderen steigt sie bis zum Magen empor und droht die Gebärende zu ersticken. Die Geburtshelferin muß daher versuchen, die »reiselustige« Gebärmutter, die »Aufrührerin«, von der das Schicksal zweier lebender Wesen abhängt, unschädlich zu machen und ihr das Handwerk zu legen. Wenn sich die Gebärmutter nach oben verschiebt, muß man, wie Louise Bourgeois empfiehlt, »Weinraute auf einem Kohlebecken einkochen, ein frisches Eigelb darunterschlagen und etwas Branntwein dazufügen, und dies auf den Nabel geben« (8, 78). Die Absicht ist klar: Die Gebärmutter zum Mittelpunkt des Körpers zurücklocken, den sie nicht verlassen darf. Wenn der Erfolg ausbleibt, wenn sich die Gebärmutter weiterhin weigert, »den Fetus herauszugeben«, wendet sich die Geburtshelferin den tiefergelegenen Körperteilen zu, die sie noch energischer behandelt, indem sie »über die Innenseite der Schenkel von oben nach unten reibt, oder indem sie dort Schröpfköpfe setzt, was nach Bedarf wiederholt werden kann«. Häufig werden gleichzeitig Arzneien durch die Nase oder oral verabreicht oder von unten her über die Fortpflanzungsorgane. Von oben her versucht man die Gebärmutter zu vertreiben, indem man die Frau eklige Gerüche einatmen läßt. Von unten her versucht man sie anzulocken, indem man sie befeuchtet, indem man süße, angenehm riechende Parfums zerstäubt, Düfte, die sie einfangen und dazu bringen können, ihre Beute fahren zu lassen. Jacques Duval sagt daher zu Beginn des 17. Jahrhunderts: »Parfums von Laudanum, Bdellium, Alypta, Muskat, grauem Amber, Moschus und Zibet benötigt man für die unteren Teile, während man unter die Nase Teufelsdreck, Rebhuhnfedern oder alte, ausgetretene Schlappen halten muß« (21, 196). Daß Zibet – das Öl, das angeblich durch die Schweißbildung auf den Hoden des Mannes erzeugt wird – als ein »Parfum« genannt wird, das die »Mutter« verführen und die Geburt des Kindes zuwege bringen soll, bringt eine ausgeprägt sexuelle Komponente ins Spiel.

Die sexuelle Symbolik bei der Geburt

Ganz ohne den Vater geht es bei keiner Geburt. Schon einige Zeit, bevor es soweit ist, darf er sich seiner Frau wieder nähern; von der Umarmung wird nicht mehr abgeraten. Im Gegenteil: Je reifer die Frucht wird, desto mehr muß man sie auf die Probe stellen, auf die Erschütterungen vorbereiten, mit denen die Trennung von seiner Mutter verbunden sein wird. Gleichzeitig muß man dem Kind auch den Weg bahnen, »den Durchgang schmieren« und weiter machen. Die Vorstellung, daß die dicke Schicht zähen Schleims, die das Kind bei der Geburt bedeckt, nichts anderes ist als das verdünnte Sperma des Mannes, ist im 17. Jahrhundert noch weit verbreitet. Diese recht originelle Mitwirkung des Mannes an der Geburt wurde schon von den Alten empfohlen: Guillemeau erinnert zu Beginn des 17. Jahrhunderts daran, daß Aristoteles nicht der Meinung ist,

»daß man während der ganzen Schwangerschaft seine Frau liebkosen solle, sondern nur gegen die Zeit der Niederkunft, damit das Kind geschüttelt wird und leichter herauskommen kann, denn wenn es nach dem Akt zur Welt kommt, ist es meist eingeschmiert und mit einer schleimigen Flüssigkeit umhüllt, wodurch die Geburt erleichtert wird« (29, 25). Auch der Urin des Mannes gilt als einer schnellen Geburt förderlich. Wenn eine Kreißende, deren Geburt schwierig verläuft, diesen Urin trinkt, wird das Kind schneller kommen.

Häufig spielen auch Kleidungsstücke des Mannes eine Rolle, vor allem in Mittel- und Südfrankreich. Man legt die Kopfbedeckung, die er normalerweise trägt, oder häufiger noch die Schlafmütze, die er bei der Befruchtung trug, auf den Leib oder die Vulva der Frau, in der Hoffnung, daß die Gebärmutter auf den Geruch des Erzeugers anspricht und das Kind schneller losläßt. Zu dem gleichen Zweck zieht die Frau gelegentlich die Hosen ihres Mannes an. Mütze, Kappe, Hut oder Hose werden häufig umgedreht und gewendet getragen, weil man eine Bewegung umkehren will: Der Samen, den der Vater vor neun Monaten gepflanzt hat, ist reif und muß den Mutterschoß wieder verlassen.

Im 16. Jahrhundert hatte Laurent Joubert eine andere Erklärung für diese eigentümliche Wendung von Männerkleidern gefunden: Da der Ehemann meist nicht in dem Zimmer bleiben wollte, in dem seine Frau niederkam, nahm man ihm seine Mütze weg, »wie um auszudrücken: der Mann hat diese Schwellung des Leibes verursacht, gewissermaßen mit seinem giftigen Pfeil«. Er selbst oder seine Mütze, die man an dieser Stelle auflegt, gilt als Gegengift, das die Schwellung wegnehmen soll« (31, 342). Manchmal wird die Verantwortung des Mannes noch stärker herausgestellt. Indem man symbolisch seine Geschlechtsmerkmale bestraft, glaubt man die Niederkunft beschleunigen zu können: Im 19. Jahrhundert hoffte man in der Gegend um Ruffecois und Poitou den Schmerz der Frau beseitigen und ihre Niederkunft beschleunigen zu können, indem man einen »Zipfel«, d. h. einen Tannenzapfen als Symbol für das männliche Glied ins Feuer warf.

Die Anspielungen beschränken sich jedoch nicht auf das männliche Glied. Auch die weiblichen Fortpflanzungsorgane sind Gegenstand des analogischen Denkens. Ein gutes Beispiel hierfür ist die Rose von Jericho, die, wie wir bereits gesehen haben, als topisches Mittel eingesetzt wurde. Wie spektakulär die Veränderung der äußeren Gestalt dieses pflanzlichen Hygrometers auch ist, sie bietet keine hinreichende Erklärung für ihre Popularität. Den Schlüssel gibt uns der Herr von Bussy aus der Picardie in seiner Familienchronik in die Hand: Im Jahre 1713 liegt seine Frau in schweren Kindesnöten. Um jegliche Komplikationen zu vermeiden, taucht man schnell eine Rose von Jericho in das Wasser. »Obwohl diese Rose sehr ausgetrocknet war«, schreibt er, »öffnete sie sich sofort und blühte in der gleichen Gestalt auf wie das Geschlechtsorgan der Frau.« So entspricht also das Aufblühen dieses pflanzlichen »weiblichen« Genitales »dem Öffnen des Muttermundes und der Freigabe des Fetus«.

In der Regel sind bei der Niederkunft, wie schon erwähnt, keine unverheirateten Mädchen anwesend. Wenn die Niederkunft jedoch sehr lange dauert, kann dieses Tabu aufgehoben werden, und die Anwesenheit von Jungfrauen ist sogar wünschenswert: Auch hier geht es wieder um Symbole mit umgekehrten Vorzeichen und Gegenpole, die sich anziehen. Dieser Brauch, der sich an manchen Orten bis in das 19. Jahrhundert hielt, zeigt, welche Bedeutung man dem symbolischen Zusammenhang zwischen Jungfräulichkeit und Fruchtbarkeit beimißt: Eine Jungfrau trägt künftiges Leben in sich, und ihre Anwesenheit kann eine günstige Wirkung auf die Geburt haben, wenn die Erfahrung verheirateter Frauen und der Hebammen nicht mehr ausreicht. In Nozeroy im Jura läßt man um 1850, »wenn eine Frau die ersten Wehen verspürt, sofort ein junges Mädchen holen, das sich an das Bett der Gebärenden setzt und ihre Hand festhält, bis sie entbunden hat«. In diesem Fall hängt die Anwesenheit einer Jungfrau nicht einmal mit einer schwierigen Geburt zusammen. Vielleicht können wir hierin eine Spur der Verehrung sehen, die man in der Antike der Geburtsgöttin Lucina (der griechischen Eileithyia) entgegenbrachte, die ebenfalls Jungfrau war. Die Vorstellung, daß die Geburt durch die Anwesenheit und Berührung einer Jungfrau erleichtert wurde, ist besonders ausgeprägt. Hat denn nicht die Kirche seit dem Mittelalter die Heilige Jungfrau als *die* Fürsprecherin derjenigen propagiert, die in Kindesnöten liegen?

Christliche Praktiken, traditionelle Praktiken: Eine Osmose

Die Kirche hat die meisten dieser alten Praktiken in ihren Fundus übernommen. Jahrhundertelang hat sie das Tragen von Talismanen, die eine schnelle und glückliche Geburt sicherstellen sollten, toleriert oder sogar dazu ermuntert. Auffassungen mit ausgeprägt sexueller Symbolik allerdings hat sie auszurotten versucht. Die Gebärmutter wird also nicht mehr als selbständiges Organ aufgefaßt, das ein eigenes Leben führt und seinen Willen aufzwingt. Wenn die Niederkunft schwierig ist, kann nur das Verhalten der Eltern zur Erklärung herangezogen werden. Auch jegliche Anspielung auf eine Symbolik der Geschlechtsorgane ist nunmehr tabu. Die Wirkung der Rose von Jericho wird zwar noch anerkannt, jedoch streng genommen nicht mehr aus denselben Gründen: Die wundersame Herkunft der Rose wird nun stärker ins Blickfeld gerückt, sie wird zur »Rose Unserer Lieben Frau«, die der Pilger von seiner Reise in das Heilige Land mitbringt. Es ist die Rose ohne Dornen, rein wie die Heilige Jungfrau, eine Rose der Wiedergeburt und Erlösung. Es ist keine Rede mehr von der Sexualität des Ehepaars, insbesondere derjenigen des Mannes. Die »Anziehungskraft« der Heiligen Jungfrau ersetzt das »Fluidum«, das den Kleidern des Mannes entströmte. Die Rolle des Vaters bei der Fortpflanzung verschwindet aus der Geburtssymbolik.

Den Verfassern von Heiligenlegenden ist es immer ein besonderes Anliegen, diejenige Episode im Leben eines Heiligen besonders herauszustellen, die den Grund bildet für das Vertrauen der Gebärenden in gerade diesen Heiligen oder diese Heilige. Der hl. Leonhard von Noblac rettet die Königin, die während einer schwierigen Geburt in Lebensgefahr schwebt; die hl. Margareta wurde zur »Schutzheiligen der Gebärenden«, da sie, bevor sie an den Folgen der Marter starb, darum gebeten hatte, für sich und ihre Peiniger beten zu dürfen und hinzufügte, »daß jede Frau, die sie in Kindesnöten anriefe, ohne Gefahr niederkommen solle«. Den meisten heiligen Geburtshelfern ist jedoch gemeinsam, daß sie sich in ihrem Leben aus einer Gefangenschaft befreit haben, die sie unschuldig erdulden mußten. Exemplarisch steht hierfür das Leben der hl. Margareta. Mit Hilfe des Kreuzes, das heißt durch Glauben und Gebet, konnte sie dem Drachen entkommen – einem Symbol des Heidentums und des Bösen überhaupt –, der sie gefangen hielt.

Nicht anders als in anderen Bereichen war die Kirche auch hier nicht konsequent. Zeiten der Strenge wechselten sich mit Zeiten der Nachsicht ab. Besondere Aufmerksamkeit finden im allgemeinen die Zeiten der Verhärtung der kirchlichen Lehre, die katholische Reform im 17. Jahrhundert nach dem Konzil von Trient. Das Ritual, das zu jener Zeit das Wochenbett umgab, stand stark im

Ruch der Magie. Als die Marienverehrung ihrem Höhepunkt zustrebte, ging man sogar so weit, den Gebrauch bestimmter heiliger Reliquien zu verbieten, da sie Anlaß zu abergläubischen Praktiken geben könnten. Im Jahre 1698 erließ der Erzbischof von Rouen während einer Bistumsvisite im normandischen Sainte-Marguerite-de-Caprimont ein »Verbot, Reliquien für schwangere Frauen zu benutzen. Sie sind in der Sakristei statt im Tabernakel unter Verschluß zu nehmen«. Wenige Jahre zuvor hatte Pfarrer Thiers in seinem *Traité des Superstitions* den Gebrauch von Amuletten, Talismanen, Abwehrmitteln oder Gebetbriefen verurteilt. Es sind, schrieb er, »abergläubische Mittel, die man sich umbindet und am Hals, den Armen, Händen, Füßen, Beinen oder an anderen Körperteilen von Mensch und Tier befestigt« (68, 292).

Die Gebete, die man im 17. Jahrhundert bei der Niederkunft sprach, spiegeln ebenfalls die Verhärtung der Kirche gegenüber der Kreißenden wider, der man nur zu gerne »die Niedrigkeit« vorhält, »die zu ihrem Zustand paßt«. Freilich stellt sich im Hinblick auf die Texte, in denen häufig eine rigoristische Moral zum Ausdruck kam, die Frage, wie repräsentativ sie waren und wie große ihre tatsächliche Wirkung war. Haben sie das Leben und Denken der großen Masse der Bevölkerung, insbesondere auf dem Lande, grundsätzlich verändert? Wenn man die Situation im 18. Jahrhundert näher untersucht, muß die Antwort differenziert ausfallen. Es ist denkbar, daß das Jahrhundert der Aufklärung sich eine gewisse »Laschheit« hat zu Schulden kommen lassen, durch die alles, was im 17. Jahrhundert zart aufkeimte, wieder zunichte wurde. Fest steht jedenfalls, daß die Menschen auf dem Lande an ihren Bräuchen festhalten konnten, indem sie sie anpaßten. Im 19. Jahrhundert kam es zu einer allmählichen Osmose zwischen den alten Volksüberzeugungen und der kirchlichen Lehre. Sowohl die rituellen Gegenstände als auch die rituellen Handlungen selbst bezeugen diese gegenseitige Beeinflussung.

Der Gebrauch eines »Geburtssäckchens« hat sich in Mittel- und Südfrankreich jahrhundertelang erhalten; noch im 19. Jahrhundert erfreute es sich großer Beliebtheit. Dieses Säckchen aus einer oder zwei Lagen feinem Batist enthielt Zettelchen mit Gebetstexten und Anrufungen sowie Miniaturdrucke auf Pergament oder Papier, die das Leben einer Fürsprecherin für Schwangere darstellten, vor allem der hl. Margareta. In dem aus der Gegend von Aurillac stammenden »Geburtssäckchen«, das A. Aymar im Jahre 1924 beschrieben hat, befanden sich Rosenkranzperlen, Bänder, Medail-

DIE GEBURT – EINE DOPPELTE BEFREIUNG

Geburtssäckchen, das eine Schilderung des Lebens der heiligen Margareta und ein Gebet an die Heilige enthält, um die Entbindung zu begünstigen. Manuskript lateinisch und französisch. Sammlung Musée des Arts et Traditions populaires, Paris.

lons, Medaillen, Wachsstückchen und ein Bündel von Hand beschriebener Blätter, die teilweise bebildert waren. Diese Gegenstände repräsentieren alle Kategorien möglicher Hilfsmittel bei einer schweren Geburt. Sie stammen aus verschiedenen Epochen; indem man vom 13. bis zum 18. Jahrhundert immer wieder etwas hinzufügte, wollte man offensichtlich die Kraft des Talismans steigern. Da kein einziges Beschwörungsmittel fehlt, ist hier eine besonders reichhaltige Sammlung entstanden, die den Synkretismus der verschiedenen Volksüberzeugungen belegt. Der aus dem 13. Jahrhundert stammende Text besteht aus Fragmenten aus dem Alten Testament; die Medaillons sind der hl. Margareta, der Heiligen Jungfrau und dem Jesuskinde gewidmet; ein »sehr wertvolles Gebet, auf dem Heiligen Grabe aufgefunden« liegt gleich neben einem magischen Talisman aus dem 14. Jahrhundert, der in eigentümlicher Weise mit dem Bildnis der vier Evangelisten verziert ist, und einem Rezept aus dem 16. Jahrhundert für die Heilung von Tieren. Dies könnte darauf hindeuten, daß das Säckchen auch für gebärende Tiere benutzt wurde. Das

Säckchen enthält also eine Mischung christlicher und heidnischer Gegenstände. Schließlich fehlt auch die sexuelle Symbolik nicht: An dem Säckchen wurde – vermutlich im 18. Jahrhundert – »eine lange, doppelte Kette aus Draht befestigt, die wie eine Schraubenfeder aufgewickelt und erstaunlich elastisch ist«, woran »verschiedene eichelförmige Verzierungen« angebracht sind.

Im 19. Jahrhundert schrieb man in der Gegend um Angoulême einer getrockneten Schlangenhaut große Kraft zu, die man auf den Leib der Gebärenden legte. Da jedoch die Schlange das Symbol des Bösen ist, und da man wußte, daß diese Praxis dem Klerus ein Dorn im Auge war, machte man ein Zugeständnis: Die Schlangenhaut wurde weggenommen, sobald das Kind zum Vorschein kam, »damit es nicht dem Teufel anheimfiele«.

Handelte es sich hierbei nun um eine unvollständige Christianisierung vorchristlicher, heidnischer Bräuche? Oder hat man es vielmehr mit einer Entartung christlicher Rituale und Überzeugungen zu tun? Dies war einer der Kernpunkte der Debatte über den »Volksglauben«.

Es liegt auf der Hand, daß eine solche Osmose von Überzeugungen und Bräuchen im Umfeld der Geburt nur auf der Grundlage gemeinsamer Denkmuster entstehen und bestehen konnte, oder, genauer gesagt, eines identischen Systems von Analogiebeziehungen, einer identischen Wertschätzung der Jungfräulichkeit und Fruchtbarkeit, häufig auch einer identischen Ritualauffassung, wie das Beispiel der magischen Gürtel zeigt, die zur Erleichterung der Geburt angelegt wurden.

In den Heiligenlegenden spielt alles, was festbindet oder verbindet oder was umgekehrt löst und befreit, stets eine hervorragende Rolle. Die Symbolik des Gürtels, der in Beschwörungsritualen so häufig eine wichtige Rolle spielt, ist in der christlichen Tradition allgegenwärtig.

Ein Beispiel hierfür ist der Gürtel der hl. Margareta. Als Schirmherrin der Niederkunft stand die hl. Margareta seit dem Mittelalter stets in höchstem Ansehen. Im 18. Jahrhundert entzündeten Frauen kurz vor der Geburt eine Kerze in der Margaretenkapelle der Kathedrale von Amiens oder ließen sich den Gürtel bringen, der in Saint-Acheul aufbewahrt wurde. Der Gürtel, den die Abtei von Saint-Germain-des-Prés besaß, kam nur bei der Niederkunft der Gemahlin des Kronprinzen oder des Königs von Frankreich zur Anwendung.

DIE GEBURT – EINE DOPPELTE BEFREIUNG

Wie beliebt die hl. Margareta auch war, so bestand doch ein deutlicher Rangunterschied zwischen ihr und der Heiligen Jungfrau. Seit dem Beginn des 17. Jahrhunderts wurde dem Gürtel, der sich in der Kirche von Notre-Dame-de-Quintin in der Bretagne befand, besondere Kraft zugesprochen. Laut einem Protokoll aus dem Jahre 1620 »tut dieser täglich unzählige Wunder und macht Kranke wieder gesund; häufig schafft er auch Frauen in Kindesnöten besondere Erleichterung«.

Dieses kirchliche Zeremoniell unterschied sich praktisch kaum von der rituellen Anwendung der oben beschriebenen Topika. Die Auflegung auf den Körper spielte nach wie vor eine wesentliche Rolle; der Gürtel wurde, wie ehedem die Schlangenhaut, auf den Bauch gelegt. Da so viele Frauen von dem Gürtel Gebrauch machen wollten, entstand bald das Problem, wie man ihn in gutem Zustand erhalten könne. Gemäß einer Niederschrift aus dem Jahre 1611 wurde der Gürtel von Quintin »in der Gegend von Guingamp, in Guingamp selbst, in Saint-Brieuc, Moncontour, Lantréguier und an anderen Orten gebraucht«. Während der Wehen strichen die Frauen unaufhörlich mit den Fingern darüber. Ihr Schweiß griff schließlich den Stoff an ... Deshalb griff man hier wie andernorts bald zu Ersatzmitteln. Ludwig XIII. untersagte im Jahre 1641 per Dekret die weitere Entnahme des Gürtels aus der Kirche. Fortan mußte man sich damit begnügen, den Gebärenden ein Band zu geben, das durch Anlegen an die Reliquie geweiht war. Dieser Brauch hat sich bis heute erhalten. Ein anderer Mariengürtel, der besonders häufig benutzt wurde und übrigens älteren Datums war als derjenige von Quintin, befand sich in Puy-Notre-Dame in Anjou. In den südlicheren Landesteilen nahmen die Frauen offenbar weniger häufig Zuflucht zu Mariengürteln; eine große Ausnahme bildet hier allerdings der Gürtel, der in der Kirche von Notre-Dame-de-La-Daurade in Toulouse aufbewahrt wurde.

Nicht immer galt eine einfache Berührung der Reliquie als ausreichend. Man mußte bestimmte Worte sagen und bestimmte Gebete sprechen. Die Worte waren von großem Belang; wie bei jeder magischen Anrufung kam es darauf an, die richtige Reihenfolge einzuhalten. Ein frommes Gebet, auf ein Stückchen Papier geschrieben, war ebenfalls wertvoll. Der Text wurde häufig als topisches Mittel benutzt und der Gebärenden unter allerei anderen Gegenständen zwischen Hemd und Haut gelegt. Manchmal war der Zettel sogar für den inwendigen Gebrauch bestimmt ... Es war tatsächlich ein weitverbreiteter Brauch, »Scharlachstücke« oder

Zettel mit Formeln zur Abwehr von bösem Zauber oder Schmerzen zu verschlucken. Dies zeigt ganz deutlich, wie sehr man von der Möglichkeit überzeugt war, die Gebärmutter von innen her beeinflussen zu können, und wieviel die Kraft des geschriebenen Wortes galt. Der Kirche gelang es nicht, diese magischen Praktiken durch Christianisierung zu unterbinden. Zu Beginn des 20. Jahrhunderts brachten Elsässer, die zur großen Abtei von Maria Einsiedeln in der Schweiz wallfahrten, Marienbildchen mit zurück, die den Frauen bei der Niederkunft beistehen konnten. Diese Bildchen wurden bei der Geburt aufgegessen.

Kapitel 2

Leiden um Leben zu schenken

> *Ihre Kehle wird heiser und brandig vom unaufhörlichen Wehklagen, vom Schreien ...*
> FRANÇOIS MAURICEAU, 1668

Bis zum Ende des 18. Jahrhunderts ist in den schriftlichen Zeugnissen höchstens indirekt von den Schmerzen die Rede, die die Geburt bereitet. Die Ärzte interessieren sich weniger für die Gefühle der Frau als für die Methoden, mit denen sie auch die schwierigsten Geburten zu einem guten Ende bringen können. In der Geburtshilfe ist das »Know-how« wichtiger als jede andere Überlegung. Die Untersuchungen über die Arbeitsweise von Hebammen, die im 18. Jahrhundert durchgeführt wurden und in denen wir gutes Material über die Volksbräuche finden, enttäuschen in diesem Punkt ebenfalls; nur höchst selten wird darin das Leiden von Mutter und Kind erwähnt.

Aber auch wenn der Schmerz in den geburtshilflichen Abhandlungen, den Tagebüchern von Ärzten oder in Verwaltungsdokumenten an sich kein Thema ist, so taucht er darin doch gelegentlich in seiner schlimmsten, unerträglichsten Form auf. Im 18. Jahrhundert geben die Geburtshelfer den Hebammen die Schuld an diesem Leiden. Dies war ein gewichtiges Argument, mit dem sie diese Frauen in der öffentlichen Meinung in Mißkredit zu bringen versuchten.

Die Frau in Kindesnöten

Natürlich leiden nicht alle Frauen die gleichen Schmerzen; zahlreiche Beispiele zeigen daneben auch, daß die meisten Frauen bei den einzelnen Geburten, die sie in ihrem Leben durchzustehen haben, nicht immer gleich viel leiden.

Die panische Angst vor Komplikationen mit tödlichem Ausgang führt dazu, daß die schnelle Geburt zum Modell der gelungenen und damit auch weniger schmerzhaften Geburt wird. Dafür zu sorgen, daß alles schnell geht – dies ist, wie wir gesehen haben, für die Hebamme die einzige Möglichkeit, der Gebärenden unerträgliche Schmerzen zu ersparen. Mauquest de La Motte nennt als Modell für eine glückliche Geburt diejenige, bei der »das Kind sofort nach dem Blasensprung mit dem Fruchtwasser folgt, ... wie es bei vier oder fünf Frauen in dieser Stadt [Valogne] der Fall ist, die ich gewöhnlich entbinde. Diese Frauen gebären so leicht, daß sie mich, wenn sie beim Aufstehen eine leichte Wehe fühlen, oder wenn sie vielmehr durch diese Wehe geweckt werden, sofort rufen lassen; wenn ich mich ein wenig verweile, sind sie schon niedergekommen, ehe ich ankomme. Dies ist die reine Wahrheit, denn als eine dieser Frauen eines Tages von den Wehen überrascht wurde, während sie alleine in ihrem Schlafzimmer war, und aus dem Fenster nach einer Nachbarin rief, kam sie sogleich nieder, so daß das Kind zu Boden fiel; zu diesem Unglück kam noch ein zweites, weil sie nämlich vom Fenster zu ihrem Bett kommen mußte, wobei sie das arme Kind an der Nabelschnur quer durch das Zimmer schleppte, ohne daß jedoch Mutter und Kind davon auch nur den geringsten Schaden davongetragen hätten« (37, 208).

Andere Geburten sind dagegen wahre Martyrien für die Frau, die durch die Schmerzen völlig erschöpft wird. So etwa die Frau, die schließlich noch gerettet wurde, nachdem sie »schon zwei Tage krank war und ihr Wasser schon vor 24 Stunden abgegangen war; ihre Lippen und ihre Zunge waren ausgedörrt, wie wenn sie gebakken wären, und ihre Zähne waren von den unaufhörlichen starken Schmerzen, die sie litt, völlig schwarz geworden, ohne daß sie seit dem Einsetzen der Wehen einen Augenblick Ruhe gehabt hätte« (37, 759). Zwei, drei oder selbst vier Tage Wehen oder Schmerzen sind keine Ausnahme. Bei einer »unnatürlichen« Kindshaltung sind die Dorfhebammen machtlos, ebenso die Chirurgen, die manchmal auch den Geburtshelfer spielen müssen.

Aber auch eine schnelle, gut begleitete Geburt kann mit unerträglichen Schmerzen verbunden sein. Im Jahre 1697 wird La Motte zu einer Frau gerufen, die er »mit immer heftiger werdenden Preßwehen antrifft: Der Kopf des Kindes ist bereits zu sehen, jedoch noch entfernt, das Fruchtwasser geht ab und ... das Gesicht kommt als erstes zum Vorschein: daher der furchtbare Schmerz.

Die Preßwehen, die unaufhörlich stärker wurden, von der Kranken wegen ihrer Kraft aber gut ertragen wurden, waren neben der Unterstützung, die ich ihr geben konnte, so hilfreich, daß sie etwa eineinhalb Stunden nach meiner Ankunft glücklich niederkam. Ich entband sie und ließ sie danach ruhen, ohne weiter etwas zu unternehmen, das heißt ohne sie ins Wochenbett zu legen. Sie war durch die starken Wehen, wiewohl sie nicht lange gedauert hatten, so erschöpft, daß sie nicht einmal mehr sprechen konnte... Die Wehen der Mutter waren so heftig, daß ich sie ständig ermahnen mußte, sie nicht stärker zu unterstützen, als die Natur ihr zu tun Anlaß gab, denn ich fürchtete, daß ihre Brust oder ihr Bauch Schaden nehmen würde oder daß zumindest ein Blutgefäß platzen würde, was ihren Tod bedeutet hätte« (37, 453).

Die Frau gibt ihrem Schmerz oder ihrer Angst vor dem Schmerz Ausdruck, indem sie schreit und sich heftig bewegt, wenn eine Wehe einsetzt. Durch das Schreien befreit sie sich von ihren Ängsten und versucht gleichzeitig, dadurch den Schmerz zu lindern. In diesem Sinne ist es auch ein Schrei um Hilfe, um Unterstützung. Die Frau, die mit ihrem Schmerz alleine ist, will beruhigt werden. Manchmal hilft ihr eine Freundin, die schwierigen Augenblicke zu überstehen; in Merry-Sec bei Auxerre glaubte man gegen Ende des 17. Jahrhunderts, »daß eine Frau, die weint und schreit, während eine andere niederkommen muß, damit deren Niederkunft beschleunigt und ihre Schmerzen lindert«.

Unter der Wirkung der Wehen bewegt sich eine Frau häufig so heftig, daß sie von einigen kräftigen Nachbarinnen festgehalten werden muß. Es kann geschehen, daß sie sich unbeabsichtigt die Zunge abbeißt, so daß man gut auf sie achthaben muß. Manche Frauen können sich in den ersten Tagen nach der Niederkunft nicht mehr bewegen, so steif sind sie durch den »Kampf« geworden.

Die Ursachen des Schmerzes

Frauen leiden nicht nur unterschiedlich stark, sie leiden auch aus unterschiedlichen Gründen. Das Ausbleiben von Hilfe bei einer schweren Niederkunft oder einer Lageanomalie ist die am häufigsten vorkommende Ursache von Schmerzen; nicht weniger zu fürchten ist jedoch eine teilweise oder vollständige Harnverhaltung durch eine ungünstige Lage des Kindes: »Wenn die Blase voll ist und durch den Kopf des Kindes zusammengedrückt wird, verursacht dies der Kranken entsetzliche Schmerzen« (53, 53). Dies führt häufig zu Krämpfen; in diesem Fall hilft nur noch ein Katheter, um der Frau Erleichterung zu verschaffen. Freilich muß die

Hebamme dann auch über einen solchen verfügen und damit umgehen können. Im Jahre 1699 kann ein Geburtshelfer, der dringend zu einer Bäuerin gerufen wird, kaum seinen Augen trauen: »Ich fand eine Frau vor, die so aufgetrieben war, daß ihr Bauch bis zu ihrem Kinn reichte; sie hatte fast keinen Puls mehr und war völlig kalt; seit drei Tagen hatte sie keinen Tropfen Harn ausgeschieden« (37, 800).

Vielfach liegt auch eine rachitische Verwachsung des Beckens vor. Auch dies ist zweifellos eine Hauptursache langwieriger, gefährlicher und schmerzhafter Geburten. Selbst wenn der Kopf des Kindes nur eine durchschnittliche Größe aufweist, kann es den knöchernen Geburtskanal nur schwierig passieren. Heute weiß man, daß Mangelernährung während der ersten Lebensjahre eines Kindes einen direkten Einfluß auf den Beckenbau des Erwachsenen hat. Dafür dürften die Geburten früher insgesamt gesehen anstrengender und erschöpfender gewesen sein; die Möglichkeit, daß die Geburt für die Mutter schmerzhaft verlief, war zweifellos viel größer.

Der Schmerz hat allerdings nicht nur körperliche Ursachen. Im allgemeinen glaubt man, daß der Körper sich »anpassen«, sich »fügen« muß. Bis in das 19. Jahrhundert war man generell davon überzeugt, daß die erste Geburt die schmerzhafteste war, da dabei der Weg gebahnt werden mußte: Das erste Kind mußte gewissermaßen »die Schneise schlagen«, die seltsame Mechanik des weiblichen Körpers »in Betrieb nehmen«, damit seine Brüder und Schwestern leichter zu Welt kommen konnten. »Der gemeine Mann kann sich nicht vorstellen«, bemerkt Laurent Joubert, »wie ein so großer Körper (der des Kindes) ohne Gewalt aus der normalen Öffnung kommen könnte, und daß dies die Ursache der starken Schmerzen ist, die die Kreißende erleidet, vor allem bei ihren ersten Kindern. Denn wenn der Weg erst einige Male geöffnet wurde, dann ist es nicht mehr so schmerzhaft« (31, 398). Der Gedanke, daß der Leib der Mutter mit jeder Geburt besser »in Form kommt«, findet sich noch bei berühmten Chirurgen des 17. Jahrhunderts wie Mauriceau und Portal und wird erst zu Beginn des darauffolgenden Jahrhunderts aufgegeben. La Motte ist der Meinung, daß diese Ansicht falsch ist, und daß »die Frau ebensoviel leidet« und »in der gleichen Gefahr schwebt beim zehnten, zwölften oder fünfzehnten Kind wie beim ersten«.

»Den Schmerz vermindern«

Geburtshelfer und Geburtshelferinnen empfehlen in ihren Handbüchern, mit der Frau in Kindesnöten Erbarmen zu haben. Madame du Coudray rät, die Frau zu beruhigen, indem man sie davon überzeugt, daß es gut voran geht. Gilles de La Tourette, ein Geburtshelfer aus Loudun, betont im 18. Jahrhundert, daß es vor allem darauf ankommt, daß die Frau ihre Schmerzen vergißt: »Wenn die Frau beim Gebären Schmerzen leidet, muß man danach trachten, sie durch erfreuliche Themen abzulenken, die sie aufmuntern und ihr Leid vergessen lassen.« Beruhigen und Ablenken gelten als die besten Mittel, um die Niederkunft zu erleichtern und die Schmerzen zu beseitigen, die die Frau peinigen. Dazu muß sie allerdings bei gutem Wohlbefinden sein, körperlich wie seelisch, denn auch ihre seelische Verfassung kann die Geburt beschleunigen oder verzögern: »Es ist eine Eigenschaft der Fröhlichkeit, daß sie öffnet und entspannt; Angst dagegen führt zur Zusammenziehung und Anspannung.« Wenn es so einfach wäre, mit diesem Wissen den Schmerz völlig zu beseitigen ... Louise Bourgeois gibt aufrichtigerweise zu, daß man »Mittel anwenden kann, die den Schmerz lindern, jedoch kann man diesen niemals ganz zum Verschwinden bringen«.

Die Hebammen verfügten früher über verschiedene schmerzstillende Mittel. Pilze, Kräuter oder Wurzeln, deren Wirkung die Dorfhebammen kannten, bewirkten ein Nachlassen oder sogar ein völliges Aufhören der Schmerzen. Bei schweren Geburten, die für die Frauen zu einem Martyrium zu werden drohten, gebrauchten die Chirurgen manchmal Schwämme, die mit einer betäubenden Flüssigkeit getränkt waren, ein Mittel, das von den medizinischen Schulen von Salerno und Bologna ausgehend schon seit dem Mittelalter bekannt war. Die Zusammenstellung des Betäubungsmittels variierte, jedoch waren Bilsenkraut, Schierling, Alraune und Efeu die am häufigsten verwendeten Ingredienzen, um Schlaf und Unempfindlichkeit herbeizuführen. Der Schwamm wurde mit einem Auszug aus diesen Kräutern getränkt und vor Mund und Nase gelegt. Man brachte die Frauen wieder zu Bewußtsein, indem man mit einem anderen, in Essig getränkten Schwamm das Gesicht abrieb.

Konnten Frauen früher Schmerzen besser ertragen als heute? Lag ihre Schmerzgrenze höher? Diese Frage ist schwierig zu beantworten. Fest steht jedenfalls, daß der Schmerz im vorigen

Jahrhundert eine alltägliche Erscheinung war. Das Leben war für jeden hart, insbesondere für Frauen und sehr kleine Kinder. Der Kampf ums Dasein war, insbesondere auf dem Lande, in ein allgemeines Klima der Gewalttätigkeit eingebettet, und aus diesem Grunde war man damals sicher unempfindlicher gegen Schmerzen und Entbehrungen als heute. Bei der Gebärenden allerdings hatte die Bilderwelt, die die Geburt umgab, eher eine Verringerung dieser Leidensfähigkeit zur Folge.

Während der Niederkunft wurde die Frau von »einem Malstrom von Bildern und Ängsten« heimgesucht: Einem Gefühl der Unsicherheit, Angst vor dem Unbekannten, Angst vor dem Tode. Unter diesen Umständen dringen bei der Frau wieder Erinnerungen an dramatische Ereignisse ins Bewußtsein, die ihr seit ihrer frühesten Jugend begegneten; diese Traumata machen sie empfindlicher gegen Schmerzen.

Am Schmerz läßt sich exemplarisch der Einfluß der Kultur auf die Entwicklung organischer Erscheinungen aufzeigen. Die Sprache spielt hierbei eine zentrale Rolle. Bestimmte Wörter sind in allen Texten zu finden: Zerreißungen, Haken, die Zange, Blut, Sektion ... Sie haben für alle Frauen eine tiefe Bedeutung. Sie lassen Bilder von plötzlicher Aggression, von Kälte oder Tod und immer von Schmerz wach werden. Unter der Wirkung der Nebennierenhormone führen Angst und Besorgnis immer zu einer Senkung der Schmerzschwelle; umgekehrt kann der neue Mut, den die Frau durch eine entsprechende Haltung der Umgebung schöpft, diese Schwelle erhöhen. Die Entdeckung der Endorphine (körpereigener schmerzblockierender Substanzen) hat die Physiologie des Schmerzes auf den Kopf gestellt. Man weiß heute, daß das Gehirn chemische Stoffe erzeugt, die die Reizleitung blockieren und insbesondere die Empfindlichkeitsschwelle anheben können. Wenn man den Schmerz lindern will, stehen nunmehr zwei Wege offen, die jeweils für eine bestimmte Einstellung zum Geburtsschmerz repräsentativ sind: Die moderne psychoprophylaktische Methode, die »schmerzlose Geburt«, die sich eine »mentale Blockierung« des biochemischen Mechanismus und eine absolute Kontrolle der instinktiven und emotionellen Körperprozesse über die äußere Hirnrinde zum Ziel setzt, und die »Methode nach Leboyer«, die eine »Rehabilitation der emotionellen Gehirnprozesse« beinhaltet. Diese »emotionellen Gehirnprozesse« wurden bei den Niederkünften früherer Zeiten beachtet, wenn Frauen anwesend waren, die zu beruhigen verstanden, wenn die Frau große Bewegungsfreiheit hatte und die

Gebärende ihren Schmerz ohne Einschränkung herausschreien konnte.

Die Arbeiten moderner Anthropologen und die Berichte von Geburtshelfern aus dem 18. Jahrhundert erlauben eine etwas genauere Beurteilung des Geburtsschmerzes in Frankreich vor zweihundert Jahren. Erforscher von Stammesgesellschaften haben mit Erstaunen festgestellt, wie wenig den Gebärenden dort der Schmerz gilt. Sie kommen manchmal alleine nieder, meist aber mit dem Beistand einer Medizinfrau oder einiger Freundinnen; sie zeigen eine »stoische Haltung ..., ertragen die Tortur der Niederkunft ohne einen Laut und nehmen den Schmerz als notwendiges Übel hin«. Dieser Gleichmut ist der Frau meist durch strenge Regeln auferlegt: Klagen gilt als tadelnswert; es ist unrühmlich, dem Schmerz durch Schreien Ausdruck zu verleihen. In Wirklichkeit ist ihr Verhalten nicht immer so einfach zu erklären. Ihr Schweigen und ihre Gelassenheit können plötzlich durch »Klagegeschrei« und unkontrollierte Körperbewegungen bei den regelmäßig wiederkehrenden Wehen abgelöst werden. Das Verhalten der Frauen auf dem französischen Lande in früheren Jahrhunderten war ein völlig anderes, denn Schreien war erlaubt und wurde sogar empfohlen. Doch gab es auch hier Unterschiede: Wie die Ärzte des 18. Jahrhunderts bezeugen, erlebten Frauen auf dem Lande den Schmerz anders als Frauen in der Stadt.

Der Gegensatz zwischen Stadt und Land war in der medizinischen Diskussion im Zeitalter der Aufklärung ein ständig wiederkehrendes Thema. Die Idealisierung des Landlebens führte dazu, daß die Ärzte die Frauen aus den Dörfern als kräftige und gesunde »Fortpflanzerinnen« darstellten, weil sie der Natur nahe waren und keinen – oder fast keinen – Schmerz kannten, im Gegensatz zu den wehleidigen und schwächlichen Stadtbewohnerinnen, deren Geburten immer eine Heimsuchung waren. Dieses moralisierende Denkbild datiert freilich nicht aus dem 18. Jahrhundert: Laurent Joubert schreibt schon in der zweiten Hälfte des 16. Jahrhunderts, daß »Dorfbewohnerinnen und andere hart arbeitende Frauen, die im allgemeinen viel körperliche Bewegung haben und mehr stehen als sitzen, viel leichter niederkommen als Kaufmanns- und Bürgerfrauen, die die meiste Zeit ruhen und sitzen und keine andere Arbeit verrichten als ihre Hausarbeit und Nähen«. Dem 18. Jahrhundert ist allerdings die Auffassung eigentümlich, daß die »Zivilisierung der Sitten« die Menschen entkräftet, die menschliche Natur verweichlicht und für Schmerzen empfindlicher macht.

In der zweiten Hälfte des 17. Jahrhunderts wächst in den begüterten Kreisen der Städte der Wunsch, die Gefahren der Geburt zu umgehen und das Leben der Mutter zu schonen. Es entsteht eine neue Art des »Umgangs mit Schwangeren und Gebärenden«. Die Frauen müssen monatelang stillsitzen, werden bei jeder Gelegenheit zur Ader gelassen und haben eine panische Angst vor Erkältungen, weshalb auch das »erwärmende Verfahren« entwickelt wurde. An die Stelle unzureichender Vorsorge tritt jetzt eine übertriebene Behütung; die Frauen gewinnen dabei allerdings wenig, denn fortan kann der kleinste Fehltritt oder die geringste Erkältung zur Katastrophe werden. Die natürlichen Reflexe erlahmen, die Frauen fallen pausenlos in Ohnmacht und können keine Schmerzen mehr ertragen: Wir sind im »Jahrhundert der Riechfläschchen«, der Konvulsionen und der Geburten in einer Atmosphäre der Hektik und Aufgeregtheit.

Neben dieser Evolution der Empfindsamkeit und des Verhaltens haben zwei weitere Faktoren dazu beigetragen, daß die Freiheit der Frauen eingeschränkt wurde. Dies ist in erster Linie die kirchliche Lehre, die im Laufe des 17. Jahrhunderts die Gebärenden immer mehr mit Schuldkomplexen belädt: Die Schmerzen, die sie bei der Niederkunft fühlt, sind der Beweis und die Strafe für die Sünde. Aber auch die Geburtshelfer nehmen eine strengere Haltung ein: Die Frauen dürfen ihre Schmerzen nicht länger durch Schreien äußern. So schließt sich der Kreis um die Gebärende: Sie leidet, weil sie leiden muß, aber sie hat dies stillschweigend zu tun.

Der Schmerz als Symbol der Mutterschaft

In einem christlichen Land wie Frankreich ist das Bild der Gebärenden im 17. und 18. Jahrhundert das eines leidenden Wesens. Die Frau ist das Symbol der Sünde schlechthin. Durch ihre Schuld ist die Menschheit gefallen. Sie leidet, weil sie als »Evastochter« für den Fehler der ersten Frau büßen muß. So erstaunt es nicht, daß in manchen Gebetbüchern aus dieser Zeit unter dem Einfluß des Jansenismus der Tenor des »Gebetes einer Schwangeren vor ihrer Niederkunft« (26) die willige Hinnahme der zu erwartenden Schmerzen ist: »Gib meinem Herzen Kraft, o Herr, daß es die Schmerzen der Niederkunft ertrage, und daß ich sie als Ausdruck Deiner Gerechtigkeit hinnehme, die Du wegen der Sünde der ersten Frau an unserem Geschlecht übst. Daß ich um dieses Fluches willen, der auf mir ruht, und wegen meiner eigenen Sünden in der Ehe die schlimmsten Schmerzen freudig erdulden möge, eingedenk Deines Sohnes, der durch sein Leiden am Kreuz für mich das ewige Leben gewonnen hat. Mein Leiden ist niemals genug, um meine Sünden auszulöschen, denn obgleich das Sakrament der Ehe meine Schwangerschaft rechtfertigt, bekenne ich, daß die Fleischeslust ihr Gift in mich gesenkt und mich zu Taten verleitet hat, die Dir mißfallen. Wenn es Dein Wille ist, daß ich bei der Niederkunft sterbe, will ich dieses gnädige Schicksal willig und in Anbetung auf mich nehmen«.

Eine Frau, die niederkommen muß, steht in einer Welt, in der Gnade nur durch Leiden und Buße erlangt wird. Der Gedanke, daß das Leiden der Mutter eine Sühnetat ist, wurde vom Christentum gepflegt und verstärkt. Diese Einstellung ist allerdings nicht nur für die jüdisch-christliche Kultur charakteristisch. Das Thema des Sühneleidens der Frau während der Niederkunft findet sich auch in anderen Kulturen. Freilich hat die Bibel und in ihrer Nachfolge die kirchliche Lehre die Leidenspflicht bei der Niederkunft besonders stark herausgestellt. Dem liegt der Gedanke zugrunde, daß keine menschliche Schöpfung vollkommen sein kann, wenn ihr nicht äußerste Schmerzen und Anstrengung vorangegangen sind. »Wer in Tränen sät, wird in Freude ernten«, heißt es im Psalm, und vom »per aspera ad astra« der Römer spannt sich mühelos der Bogen zum mitleidigen »Aller Anfang ist schwer«, das dem ungeschickten Lehrling zuteil wird, der sich mit dem Hammer den Daumen quetscht...

Das Bild der Mutterschaft ist unauflöslich mit dem Gedanken des Schmerzes verbunden. Wer den Geburtsakt pantomimisch ausdrücken will, nimmt einen leidenden Ausdruck an und vollführt heftige Körperbewegungen. Genau dies ist es, was auch ein Mann bei einem der auffälligsten Geburtsrituale tut, dem »Männerkindbett«: wenn sich die Geburt des Kindes im Leiden der Mutter äußert, was ist dann natürlicher, als daß derjenige, der sich der Vater nennt, symbolisch dem Geburtsschmerz Ausdruck verleiht? Auch dies ein Beispiel, das die kulturelle Dimension des Leidens andeutet.

Leidet auch das Kind?

Bis in das 18. Jahrhundert ist in den Texten nur die Rede vom Schmerz der Mutter. Man kommt überhaupt nicht auf den Gedanken, daß das Kind bei der Geburt leiden könnte. Der erste Schrei wird nie als Schmerzäußerung interpretiert. Nach einer langen, schweren Niederkunft ist man so überrascht, daß das Kind gesund und wohlbehalten zum Vorschein kommt, daß nur für Freude und Erleichterung Platz ist: Das Schreien bedeutet Leben. Wenn es länger dauert als normal, sind die Anwesenden erstaunt, jedoch kommt niemand auf den Gedanken, daß das Neugeborene so lange schreit, weil es leidet, auch der Geburtshelfer nicht. So berichtet etwa La Motte: »Das Kind, das ich gegen Ende der Niederkunft schon mehrmals für tot hielt, weinte nach der Geburt rund zwei Stunden lang und verhielt sich danach normal. Später blieb es stumm. Ich weiß nicht, ob die Geburt die Organe beschädigt oder einen Nerven blockiert hat, so daß das Kind des Gebrauchs der Stimmbänder verlustig ging; ... denn dieses Kind, das inzwischen zu einem großen Knaben herangewachsen ist, ist nicht taub und zudem hochintelligent.«

Daß man sich keine Gedanken darüber macht, ob das Kind Schmerzen leidet, liegt natürlich in erster Linie daran, daß es sich nicht in der Sprache der Erwachsenen äußern kann. Dies ist auch der Grund dafür, daß man ein Kind vielfach für ein unfertiges Wesen hält, das weder Empfindungen noch Verstand hat. Auch ist es denkbar, daß die Vorstellung, daß das Kind als Parasit seiner Mutter Leid zugefügt hat, das Mitgefühl mit seinem Schicksal in Grenzen hält. Es spricht in dieser Hinsicht für sich, daß die Geburtshelfer in ihren Beschreibungen vielfach vergessen, uns Näheres über das weitere Ergehen des Kindes mitzuteilen. Paul Portal gibt im Jahre 1671 eine bemerkenswerte Beschreibung einer Gesichtslage, wobei er den Nachdruck auf den Schmerz der Mutter legt: »Sie flehte mich immer wieder an, ihr Erleichterung zu verschaffen, oder ihr den Leib zu öffnen wegen des großen Drucks, den sie in der Gebärmutter und den umliegenden Teilen wie z. B. der Blase verspürte.« Die starke, junge Frau setzt ihr ganzes Vertrauen auf den Geburtshelfer, und, wie Portal hinzufügt, »ertrug standhaft alle Schmerzen, die das Kind und ich ihr zufügten«. Diese Willenskraft war ihre Rettung, und der Leser wird bis in Einzelheiten über ihren Genesungsprozeß und die Behandlung informiert, die ihr der Arzt verordnete. Erst gegen Ende des Textes ist vom Kind die Rede: »Ich habe gehört, daß das Kind gestorben ist«, schließt Portal lapidar, und dies spricht für sich ... Im 18. Jahrhundert beginnt man größeres Interesse für das Kind zu zeigen; man läßt ihm größere Fürsorge während der Niederkunft angedeihen und versucht, es eventuell durch Wiederbelebungsversuche zu retten. Man achtet mehr darauf, ob körperlich alles in Ordnung ist und ist mehr um sein Leben bemüht. Dies ist gegenüber den früheren Zeiten schon ein wesentlicher Fortschritt. Die Frage aber, ob das Kind auch leidet, wird niemals deutlich ausgesprochen.

Kapitel 3

Die Phasen der Trennung

Der Kopf des Kindes war schleimig, ganz schlammig grün, als es herauskam.
PAUL PORTAL, 1682

Das Vorgehen der Hebamme

Eine erfahrene Geburtshelferin kann sehr schnell feststellen, ob es »bei der Frau soweit ist«. Sobald sie hereinkommt, fragt sie, was die Frau spürt, »ob sie Wehen hat und welcher Art, wann sie beginnen und aufhören; ob sie kurz, kräftig und häufig sind, ob sie aus dem Rücken kommen und über den Bauch laufen, ohne beim Nabel aufzuhören, oder ob sie vielleicht sogar über die Leisten ziehen und im Unterleib enden« (29, 164). Aus Erfahrung weiß sie aber auch, daß Wehen täuschen können, weshalb sie ihre Diagnose auch auf andere Zeichen stützt.

Krämpfe und Erbrechen sind für die Hebamme Zeichen, die mit großer Wahrscheinlichkeit auf die bevorstehende Niederkunft hinweisen. Gegen Ende des 17. Jahrhunderts betrachten auch Geburtshelfer wie Mauriceau, Portal und La Motte Übergeben als ein wichtiges Kennzeichen des Geburtsbeginns; damit ist sowohl der Anfang als auch das Ende der Schwangerschaft durch Übelkeit gekennzeichnet. Bei manchen Frauen geht diese mit heftigem Zittern einher.

Die Hebamme interessiert sich auch für den Bauch der Frau: »Sie klopft ihn und beobachtet ihn sorgfältig«, um festzustellen, ob »die Oberseite leer oder abgeplattet ist und die Unterseite voll und rund: Dadurch kann man«, wie Geburtshelfer Guillemeau sagt, der diese Methode empfiehlt, »feststellen, ob das Kind tiefergetreten ist«.

Um »noch sicherer zu sein« und um festzustellen, ob die Eröffnung begonnen hat, soll die Hebamme die Frau von innen touchieren, nachdem sie ihre Hände mit Butter oder Schmalz eingerieben hat. »Wenn sie fühlt, daß der Muttermund von innen wie von außen weiter wird, ist dies ein Zeichen, daß [die Frau] ihre Gebärarbeit begonnen hat.«

Wie wir wissen, geht die Hebamme nicht immer so umsichtig zu Werke: Häufig weiß sie gar nichts von der Möglichkeit des Touchierens, die doch als einzige erkennen läßt, wie das Kind liegt. In der ersten Phase der Niederkunft gilt ihre Aufmerksamkeit nur den äußeren Partien, die sie zu Entspannen versucht, um die Eröffnung zu beschleunigen. Die Gebärmutter gilt als Heiligtum, dessen Ruhe man nicht stören darf. Erst wenn die Fruchtblase in der Vulva erscheint, sagt die Hebamme etwas über die Lage des Kindes: Der Volksglaube will, daß »die Eihäute die Form und Art des Körperteils annehmen, das voranliegt«; hieraus entstehen unzählige Beurteilungsfehler und unglückliche Initiativen.

Da jeder so neugierig auf das Geschlecht des Kindes ist, spielt die Hebamme das Spiel mit, und sei es nur, um sich den Anstrich der Wichtigkeit zu geben. Sie behauptet, die Antwort anhand der Farbe des Fruchtwassers geben zu können. Ist es »bleich«? »Dann leitet sie daraus meist ab, daß es ein Mädchen ist. Wenn es rötlich ist, wird es ein Knabe« (53, 166). Freilich ist die Hebamme nicht die einzige, die in dieser Weise »Wasserschau betreibt«. Die meisten Geburtshelfer machen es zu Beginn des 17. Jahrhunderts nicht anders.

Der Ofen und das Brot

Hier kehrt die Metapher vom Brot im Ofen wieder, von »der Mutter, die das Kind zubereitet«. Hieraus erklären sich bestimmte Gebräuche in der Vorbereitungsphase der Niederkunft. In *Le Folklore du Dauphiné* berichtet Van Gennep, daß die Dorfhebammen in der Gegend um Die am Ende des 19. Jahrhunderts »einen warmen, runden Laib Brot auf den Leib der Gebärenden« legten, und ihr »einen Tee aus Holzasche« zu trinken gaben. In diesen Praktiken zur Beschleunigung der Geburt sind Spuren einer sympathischen Magie zu erkennen. Praktiken, die auf der Analogie zwischen der Gebärmutter und einem warmen Ort wie z. B. einem Ofen beruhen, fanden übrigens nicht nur bei der Vorbereitung der Niederkunft Anwendung: Louise Bourgeois empfiehlt bei Blutungen nach der Geburt »reine Erde, aus der man den Boden eines Ofens macht, in starkem Essig aufzulösen, auf einem Tuch auszustreichen und auf das Kreuz zu legen; dies vermindert die Hitze des Blutes und stillt es«.

Schema der Arbeit der Hebamme

1. Der Mutter helfen:
   - Die richtige Stellung einzunehmen Kopf
       Brust
       Hüften
       Knie und Füße
   - moralische Unterstützung
   - praktische Unterstützung
       - Muttermund erweitern
       - Eihäute sprengen

2. Dem Kind helfen:
   - Kopf
   - Schultern
   - das Kind bei der Geburt nahe dem »Schamteil der Mutter« halten, dann wegziehen und bis zum Schreien zur Seite legen
   - Nabelschnur an zwei Stellen abbinden, dann durchtrennen; Kompresse und Binde anlegen
   - Kind einer Hilfe anvertrauen und in ein warmes Tuch hüllen

3. Der Mutter helfen:
   - Lösen und Entfernen der Plazenta mit Anhängen
   - Genitalien vor Kälte schützen
   - ihr etwas Ruhe gönnen

4. Dem Kind helfen:
   - mit warmem Wein und frischer Butter reinigen
   - Windel geben
   - auf der Seite ruhen lassen

5. Der Mutter helfen:
   - waschen
   - Bett für längeres Ausruhen herrichten

Nach Madame du Coudray, »Abrégé de l'Art des Accouchements«. Paris 1785, S. 61–90

Nun ist es freilich nicht so einfach, das Brot aus dem Ofen zu holen. Die Hebamme »setzt sich dicht zu der Frau« auf einen niedrigen Stuhl, »damit sie leicht über deren Schamteile streichen und diese fassen kann, wenn es nötig ist«. Sie sagt der Frau, was sie tun soll, und »bittet sie, den Atem anzuhalten, indem sie den Mund schließt und unten kräftig preßt, wie wenn sie dringend austreten müsse«.

Solange die Fruchtblase noch nicht gesprungen ist, richtet die Hebamme ihre Aufmerksamkeit auf den Bauch und den Muttermund. Hin und wieder drückt sie mit der flachen Hand leicht gegen den Oberbauch, wodurch sie das Kind Stück für Stück nach unten drückt.

Diese »Auspressung des Fetus« wird von Geburtshelfern aus dem 16. (Rodrigo Castro, Rueff, Rhodion, Roeßlin oder Paré) und dem 17. Jahrhundert (Guillemeau) empfohlen; im 18. Jahrhundert dagegen wird davon gerade abgeraten. So weist etwa im Jahre 1770 Raulin auf die schlimmen Folgen dieser Methode hin: »Man darf nicht ... auf den Bauch drücken, wie dies manche Hebammen machen; dies ist besonders töricht und gefährlich für das Kind; es kann Schaden nehmen und sogar daran zugrunde gehen.« Auch wenn manche Geburtshelfer in der zweiten Hälfte des 19. Jahrhunderts immer noch die »uterine Austreibung« empfehlen, auch »französische Pressung« genannt, gilt dies nur für den Fall der Gefahr für den Fetus oder wenn die Mutter in schlechtem Zustand ist (Herzleiden oder Emphysem).

Wenn die völlige Eröffnung zu lange dauert, nimmt die Hebamme Zuflucht zu »einem stimulierenden Getränk aus Melissenwasser, Zimtwasser und Hyazinthenessenz«. Oder sie läßt die Frau ein Ei schlürfen. Sie glaubt, daß dadurch der Fetus durch sympathische Wirkung nach unten getrieben wird, da, wie Geburtshelfer Paul Portal betont, »das Kind in der Gebärmutter im Wasser schwimmt wie ein Eigelb im Eiweiß«.

Der Setzteich und der Fisch

In diesem letzteren Zitat drückt sich eine andere Metapher der Gebärmutter aus: Diejenige der wässrigen Umgebung. Das Springen der Fruchtblase und das Abfließen des Fruchtwassers markieren eine Beschleunigung der Niederkunft: Wärme und innere Eröffnung weichen Feuchtigkeit und Bewegung. »Das Wasser, in dem das Kind schwimmt« sprudelt reichlich aus der Gebärmutter.

Wie ein Stück Holz, das vom Strom mitgerissen wird, wird der Fetus-Fisch seinen »Setzteich« verlassen und geboren werden. Unglücklicherweise läßt sich das Kind nicht immer vom Fruchtwasser mitreißen; es kann unterwegs stecken bleiben. Da die Mutter austrocknet wie eine Sandbank in der Sonne, wird die Geburt mit zunehmender Dauer immer schwieriger: »Die Wellen, die den Sand umspülten, ziehen sich plötzlich zurück und lassen das Ufer austrocknen« (53, 84). Wenn dies geschieht, muß die Hebamme »die Frau anspornen, möglichst schnell zu gebären«, das Kind fassen und herausziehen, was nicht immer einfach ist, denn »die Füße entgleiten den Fingern wie glitschige Aale«. Sie muß dann rasch ein Tuch nehmen, es um das Körperteil wickeln, das bereits geboren ist, und ziehen. Dann wird das Kind aus dieser feindlichen Umgebung entfernt, doch ist es leider manchmal schon zu spät: Der Körper ist dann mit einem »grünlichen Schleim bedeckt, wie der Schlick, der sich im Sommer im sumpfigen Gewässer bildet«: Das Kind ist tot.

In den meisten Fällen vollzieht sich die Geburt jedoch ohne fremde Hilfe und endet glücklich für Mutter und Kind. Sobald das Fruchtwasser abgegangen ist, kann sich die Hebamme hinsetzen und warten, bis »die Frucht von selbst fällt, da sie ganz ausgereift ist«. Sie fängt zuerst das Kind auf und anschließend die Nachgeburt. Denn ist die Natur auch eine noch so gute Mutter, sie braucht doch immer Hilfe! Die Hebamme tut ihr Bestes, um das Köpfchen frei zu machen, sobald es sichtbar wird. Wenn es »wegen einer Steifheit des Muttermundes, des Widerstandes des Steißbeins oder Falten in der Vagina« nicht weiterkommt, dreht sie es vorsichtig, indem sie eine Hand über den Hinterkopf und die andere über das Gesicht schiebt. Sie unterstützt mit den Fingern am Kinn, bis das Köpfchen zum Vorschein kommt. »Normalerweise folgt der Körper dem Kopf von selbst«, wird gerne zur Beruhigung hinzugefügt. Die Hebamme dreht das Kind von rechts nach links und wieder zurück, und zwar mit größter Vorsicht, damit keines der Gliedmaßen oder ein Halswirbel ausgerenkt wird. Jede erfahrene Hebamme weiß, wie verletzlich so ein Baby ist. Noch eine letzte Wehe, und das Kind ist da.

Das Neugeborene gleitet zwischen die Beine seiner Mutter; es wird mit dem Rücken zur Vulva zur Seite gelegt, damit es nicht die Nachgeburt auf sein Gesicht bekommt. Die Nabelschnur wird über seinen Körper gelegt, um zu verhindern, daß sie geknickt wird, was immer noch gefährlich ist. Man wartet, bis es seine ersten Schreie ausstößt, bevor man die Nabelschnur abbindet und entfernt.

DIE PHASEN DER TRENNUNG

»Den Nabel zurechtmachen«

Die Hebamme bindet die Nabelschnur zunächst an zwei Stellen mit einem Leinenfaden ab, einmal »in einer Entfernung von vier bis fünf Fingerbreiten vom Bauch des Kindes«, ein zweites Mal nahe der Plazenta. Dann schneidet sie die Nabelschnur mit einer Schere oder einem Messer durch. Dann muß sie sorgfältig »die Nabelschnur zum Bauch des Kindes hin zurichten«; sie hüllt es »in ein gebrauchtes, aber sauberes Linnentuch«, das weniger rauh ist als neuer Stoff und damit weniger auf der zarten Haut scheuert. Dieses Tuch hat sie mit »einem Stückchen ungesalzener Butter, Öl oder Schmalz« eingerieben (32, 81). Ambroise Paré empfiehlt die Verwendung einer doppelten Lage Stoff, »in Rosen- oder Mandelöl getränkt, um den Schmerz zu stillen«. Rosenöl wurde noch zu Beginn des 20. Jahrhunderts in ländlichen Gegenden gebraucht, wo man noch nicht steril zu arbeiten pflegte.

Es gab Unterschiede hinsichtlich der Art und des Zeitpunkts, zu dem die Nabelschnur abgebunden wurde. Manche Hebammen durchtrennten die Nabelschnur bereits an der Seite des Kindes, bevor sie noch abgebunden war. Anderen wurde vorgeworfen, daß sie die Nabelschnur zu früh abbanden, ohne sie ausreichend bluten zu lassen, was zum Tod des Neugeborenen führte. Manche schnitten sie zu kurz ab oder, was noch schlimmer war, vergaßen überhaupt sie abzubinden, wodurch es zum Nabelbruch kam. Die Ärzte und Pfarrer, die solche Vorfälle berichten, tendieren häufig dazu, die Tätigkeit der Hebammen in ein schiefes Licht zu stellen. Die große Zahl der einschlägigen Berichte läßt keinen Zweifel daran, daß es solche Nachlässigkeiten gab. Aber waren die Hebammen deshalb immer nachlässig?

Das Trennen und Abbinden der Nabelschnur ist nicht einfach ein technischer Vorgang. Diese Phase der Geburt ist mit zahlreichen Volksüberzeugungen befrachtet und von vielfältigen Ritualen umgeben. Mit dem Durchtrennen der Nabelschnur wird die Mutter endgültig von ihrer Frucht getrennt. Das Kind beginnt ein eigenes Dasein zu führen. Dies ist durchaus kein nebensächlicher Akt in einer Gesellschaft und in einer Zeit, in der alles Zeichencharakter hat. Diese Aufgabe kommt natürlicherweise der Hebamme zu, da beide Leben vom Anfang an in ihrer Hand waren.

Die Nabelschnur, Symbol des engen Bandes, das monatelang zwischen Mutter und Kind bestand, muß besonders sorgfältig behandelt werden. Bevor die Hebamme sie abbindet, drückt sie das

247

Blut, das aus der Plazenta, das heißt von der Mutter kommt, zum Kind, um ihm gewissermaßen ein letztes Mal die Wohltat dieser Lebensquelle zuteil werden zu lassen. Wenn die Nabelschnur durchgeschnitten ist, hat das Blut, das aus dem am Körper des Kindes hängenden Ende fließt, seine nährenden Eigenschaften verloren; es ist »schlechtes Blut« geworden, das zudem noch an der Luft verdirbt, und wenn man nicht achtgibt, kann es das Neugeborene vergiften. Die Hebamme drückt es daher heraus, bevor sie den Knoten legt. Wahrscheinlich hielten es manche Hebammen für besser, die »überschüssigen Stoffe« möglichst lange abfließen zu lassen, und banden daher nicht ab. Diese Auffassung schließt an diejenige einiger antiker Autoren an, die empfahlen, nicht zu früh abzubinden oder die sogar glaubten, daß Abbinden nicht unbedingt notwendig war. Im 18. Jahrhundert galt das »Abfließen des Giftes« noch immer als gutes Mittel, um das Kind in der Zukunft vor Pocken zu schützen.

Nach einem alten Brauch wird die Nabelschnur mehr oder weniger weit vom Bauch abgebunden, je nachdem, ob es ein Knabe oder ein Mädchen ist. »Hebemütter« wollen, Laurent Joubert zufolge, daß man »die Nabelschnur ausreichend lange läßt«, wenn es ein Knabe ist, »denn sie glauben, daß das männliche Glied dies als Beispiel nimmt, und daß es größer wird, wenn das, was noch am Nabel hängt, lange genug gelassen wird«. Bei einem Mädchen dagegen »ist es besser ..., wenn sie kräftig gezogen und nahe am Bauch abgebunden wird, so daß die Gebärmutter, die daran aufgehängt ist, einen engeren, länglicheren Zugang bekommt«. Aber nicht immer ist der Gedanke an die Bildung der Geschlechtsorgane der Grund für solche Praktiken. Zu Beginn des 20. Jahrhunderts wurde die Nabelschnur in Les Landes mindestens zwanzig Zentimeter vom Nabel entfernt abgeschnitten, weil nämlich diese Länge Einfluß auf den Kehlkopf haben sollte: »Je länger man sie läßt, desto größer ist die Wahrscheinlichkeit, daß das Kind eine schöne Stimme haben wird.«

Man glaubt auch, daß die Nabelschnur einen guten Hinweis auf die künftige Fruchtbarkeit des Ehepaars gibt. Die Verdickungen in der Schnur weden sorgfältig gezählt, weil sie der Zahl der Kinder entsprechen sollte, die die Frau noch zur Welt bringen würde.

Wenn kein einziger Knoten mehr zu finden ist, gebärt sie kein Kind mehr. Wenn aber der Abstand zwischen den Knoten groß ist, wird auch lange Zeit zwischen den einzelnen Schwangerschaften vergehen; wenn der Abstand klein ist, wird wenig Zeit zwischen der einen und der nächsten vergehen: »Wenn schließlich die Verdickungen in der Nabelschnur schwarz oder rot sind,« wird sie ebensoviele Knaben gebären, wenn sie weiß sind, Mädchen« (31, 360). Dieser Glaube bestand schon im Mittelalter, u. a. bei den arabischen Ärzten Avicenna und Rhazes. Diese Auffassung beruht wahrscheinlich auf einem Vergleich zwischen den »Eierschnüren«, die man in den Körpern von Opfervögeln während der Brutzeit gefunden hatte, und den »Knoten in den Schnüren der Nachgeburt«.

Große Bedeutung wird schließlich dem vertrockneten Nabelschnurrest beigemessen, der nach einigen Tagen zusammen mit dem Faden von selbst abfällt. Wenn das Kind drei bis vier Jahre alt ist, beurteilt man seine Intelligenz und Gewitztheit danach, wie schnell es ihm dann gelingt, diesen Faden abzumachen. Im 19. Jahrhundert wurde die Nabelschnur von der Mutter sorgfältig aufbewahrt, damit sie später dem Sohn als Talisman diene; sie wurde insgeheim in den Saum eines Kleidungsstückes genäht, damit er bei der Auslosung zum Militärdienst die Nummer ziehen würde, die seine Freistellung bedeutete.

Wenn die Nabelschnur durchtrennt war, wurde das Kind meist nahe zum Feuer gelegt. Man wollte es gut vor der Kälte schützen, die für ein Neugeborenes immer gefährlich war, vor allem im Winter. Seine Augen wurden mit einem Tuch bedeckt, damit sie nicht von den hellen Flammen ermüdet würden. Da es gerade aus der dunklen Gebärmutter kam, würde es ohne diese Vorsichtsmaßnahme erblinden. Wenn das Baby versorgt war, widmete sich die Hebamme wieder der Mutter.

Die Ablösung der Nachgeburt

Solange die Plazenta noch nicht ausgestoßen ist, hat es die Frau noch nicht überstanden: »Die Frau steht noch immer mit einem Bein im Grabe.« Die Namen, mit denen man früher in Frankreich die Plazenta bezeichnete, »délivre« oder »délivrance«, weisen darauf hin, daß die Frau erst nach der Ausstoßung des Mutterkuchens wirklich außer Gefahr ist. Die schwerste Komplikation besteht darin, daß die Plazenta sich nicht löst: Sie scheint manchmal geradezu mit der Gebärmutter verwachsen zu sein, wie ein Handschuh, der zu eng sitzt oder ein auf einer Unterlage ausgerollter Teig, den man nicht abziehen kann. Portal erlebte im Jahre 1672 einen solchen Fall: »Ich führte meinen Finger nach hinten in die Gebärmutter an die Unterseite der Nachgeburt, d. h. an den tiefstgelegenen Teil. Ich löste sie vorsichtig, während ich mit den Fingern nach hinten ging, wie ein Bäcker tut, der einen ausgerollten Teig von der Tischplatte lösen will, die er mit Mehl zu bestäuben vergessen hat.«

Wenn der Mutterkuchen Stück für Stück zum Vorschein kommt, ist am Ende sorgfältig zu prüfen, ob sich tatsächlich alles gelöst hat. Von dieser Vorsichtsmaßnahme hängt die Wiedergenesung und machmal sogar das Leben der Mutter ab. Nach der Niederkunft einer anderen Frau rekonstruiert Portal die Plazenta: »Ich bemerkte, daß ein etwa vier Finger dickes Stück fehlte, das ich alsbald aus der Gebärmutter entfernte, woraufhin diese Frau, die wie tot dagelegen war, sich wieder erholte und sagte, daß sie sich gut fühlte.«

Es gibt drei Verfahren, um eine widerspenstige Plazenta doch noch zu entfernen, auch wenn sie »hart wie eine Speckschwarte« ist und im Fundus der Gebärmutter festsitzt. Portal führt stets seine Hand in die Gebärmutter ein und löst vorsichtig den Mutterkuchen. Manche Hebammen ziehen die Nachgeburt an der Nabelschnur heraus. Sie können nicht warten, bis die Natur sich selbst dieses zum Fremdkörper gewordenen Nährbodens des Kindes entledigt. Sie haben es so eilig, ein Ende zu machen, daß sie das Risiko eingehen, die Nabelschnur abzureißen oder, schlimmer noch, die Gebärmutter auszustülpen. Ihre Eile rührt von ihrer Befürchtung her, daß sich der Gebärmuttermund nach der Geburt zu schnell wieder schließen könnte, eine Furcht, die sie bis zum 18. Jahrhundert mit vielen Ärzten teilen. In der Regel ist es allerdings so, daß sie die Nabelschnur am Schenkel der Frau befestigen und abwarten. Dieses Vorgehen hat seinen Grund in der Furcht der Hebamme, daß die Nachgeburt wieder in die Gebärmutter aufsteigt, und dort, »oben im Bauch«, die Frau erstickt. Dieses Verfahren empfiehlt auch Louise Bourgeois, die ausdrücklich feststellt, daß sie bei den zweitausend Geburten, die sie betreut hatte, nur zweimal selbst die Hand in die Gebärmutter führen mußte.

Um die Ausstoßung der Plazenta zu beschleunigen, hatten die Dorfhebammen einige einfache Techniken entwickelt. Diese bestanden darin, daß sie auf den Leib der Frau drückten und diesen mit der Hand massierten, oder daß sie die Gebärende mit aller Kraft in ihre Hände oder eine leere Flasche blasen ließen. Dieses Verfahren war in ganz Westeuropa bis zum 19. Jahrhundert verbreitet, und in Burgund, der Bretagne, in Les Landes und dem

Hinterland von Nizza sogar noch bis etwa 1920. Durch das tiefe Einatmen werden die Bauch- und Gebärmuttermuskeln in Tätigkeit versetzt, so daß die Plazenta ausgetrieben wird.

Seit dem 15. Jahrhundert wurden auch Niesmittel eingesetzt: Gemahlene Nieswurz, Pfeffer oder Wolfsmilch galten als geburtsfördernd und sollten die Ausstoßung des Mutterkuchens beschleunigen. Zahllose Ärzte rieten zu ihrem Gebrauch. Jacques Duval gab zu Beginn des 17. Jahrhunderts die Empfehlung, die Frau mit »Niespulver zu behandeln, denn kräftiges Niesen, wobei sie sowohl die Nase als auch den Mund fest anspannt und verschließt, hat noch größeren Nutzen für die unteren Teile als für die oberen«. Diese Methode, die auch Cosme Viardel Mitte des 17. Jahrhunderts sehr empfahl, wurde einige Jahre später von Portal scharf verurteilt, der sie für äußerst schädlich hielt.

Die Hebammen gebrauchten noch ein anderes Verfahren, das darin bestand, bei der soeben niedergekommenen Frau künstlich Übelkeit herbeizuführen. Dies war dasselbe Verfahren, das bei einer schwierigen Geburt angewandt wurde. Die Hebamme steckte der Wöchnerin Fäden oder Haare in den Schlund oder gab ihr, ob sie wollte oder nicht, ein Brechmittel zu trinken, das aus »Alpenveilchenwurzeln oder Schweinekuchen« bestand, zu Pulver vermahlen und in ein halbes Glas Wein gerührt. »Dieses Getränk löste zwei bis drei Brechreflexe aus, auf die rasch die Ausstoßung der Nachgeburt folgte.« Dies war zweifellos ein wirksames Mittel. Eine unangenehme Begleiterscheinung war allerdings, daß danach noch Blutverlust eintrat. Nach Matthiolus leistete ein Auszug von Mispeln und Osterluzei bei einer Plazentaretention ebenfalls vorzügliche Dienste.

Aber dies alles war nichts gegen ein Getränk auf der Basis von pulverisierter Nabelschnur oder tierischer Plazenta! In der Normandie schwor man auf dieses Mittel, wie Jacques Duval betont: Diejenigen, die auf die Bequemlichkeiten der Stadt verzichten müssen, sind gezwungen, sich mit demjenigen zu behelfen, was sie auf den Feldern finden; sie nehmen Räucherungen mit Katzen- und Schafsdreck und Pferdehufen vor und legen sogar die Nachgeburt einer Kuh auf den Leib; oder sie verabreichen ein Getränk davon, das sie hieraus mit Weißwein zubereitet haben«. Bis zum Ende des 17. Jahrhunderts beschränkte man sich nicht auf den Gebrauch tierischer Plazenten: Eine Gebärende, bei der die Ausstoßung der Nachgeburt etwas zu lange dauerte, bekam auch eine pulverisierte menschliche Plazenta in einem Glas Wasser gelöst zu trinken.

Sogar in den Städten verfügten die Apotheker, wie aus Inventarverzeichnissen hervorgeht, über ein Töpfchen mit diesem Pulver. Der Glaube an die therapeutische Kraft der Plazenta war so groß, daß man häufig davon Gebrauch machte, und es ist, nebenbei bemerkt, durchaus möglich, daß der Plazentaextrakt wirklich half. Im Laufe des 18. Jahrhunderts jedoch nehmen die Geburtshelfer zunehmend Abstand von diesem sympathetischen Heilverfahren, die sie äußerst widerwärtig finden. Ihre Anwendung wurde zu Beginn des Jahrhunderts von Geburtshelfern wie La Motte und wenig später auch von Fried in Straßburg aufs schärfste verurteilt. Sie vertraten den Standpunkt, daß es besser war, die Lösung der Plazenta abzuwarten.

Während das Plazentapulver im 19. Jahrhundert allmählich außer Gebrauch kam, blieben bestimmte symbolische Handlungen weiter erhalten. In Les Landes legte man die Mütze des Mannes wegen der Formähnlichkeit mit dem Mutterkuchen umgestülpt auf den Kopf der Frau, um die Ausstoßung der Nachgeburt zu beschleunigen.

Kapitel 4

Die Plazenta, der Doppelgänger des Kindes

Die Plazenta ist wie eine Brustwarze für den Embryo

W. HARVEY,
De generatione animalium

Das Ritual um die Geburt erinnert in mancherlei Hinsicht an bestimmte Totenrituale. So wie der Verstorbene seine sterbliche Hülle und seine Kleider zurückläßt, so scheinen das Neugeborene sein Mutterkuchen und seine Eihäute zu begleiten, die Gegenstand intensiver Betrachtung sind, da sie Teil des Mysteriums der Geburt sind.

Das Kind kommt mit seinem »Ränzel« zur Welt, seiner Plazenta. Diese hat ihn bis dahin gewärmt und ernährt und dafür gesorgt, daß es im Mutterleib wachsen kann. Man glaubte früher, daß ihre nährende Wirkung über die Geburt des Kindes hinaus fortdauern würde, so lange man die Nabelschnur nicht durchschnitt. Das Durchtrennen der Nabelschnur war die endgültige Trennung von Mutter und Kind einerseits und Kind und Plazenta andererseits.

Eine instinktive Abscheu?

Heute erweckt der bloße Gedanke an diese weiche Fleischmasse Abscheu. Die Plazenta, ein – inneres – Produkt des Körpers, liegt im Schattenbereich der Geburt. Sie ist der Gegentypus des Kindes. Von ihr ist praktisch nie die Rede. Die meisten Frauen, die zwischen den beiden Weltkriegen zu Hause niederkamen, wissen auf die Frage, was mit der Plazenta geschah, keine Antwort. Sie zeigen sich vielmehr sehr darüber verwundert, daß ihnen diese Frage überhaupt gestellt wird. Über die Plazenta spricht man nicht; es »gibt sie nicht«. Während man der Plazenta in manchen Gesellschaften auch heute noch einen hohen Stellenwert beimißt und den Umgang mit ihr ritualisiert hat, tut man in der westlichen Kultur so, als ob es sie nicht gäbe. Verehrung also einerseits, Negierung andererseits.

In Frankreich ist diese Leugnung der Plazenta allerdings jüngeren Datums. Bis in das 19. Jahrhundert galt die Plazenta als die »andere Hälfte« des Kindes, als sein Doppelgänger. Sie war auch Symbol der Generationenfolge, der fortgesetzten Fruchtbarkeit. Man achtete sie, es »gab sie«.

Der Ekel, den die menschliche Plazenta danach mit einem Male einzuflößen schien, führte dazu, daß man das angeborene Verhalten der Haustiere ihrer eigenen Nachgeburt gegenüber voller Abscheu betrachtete. Die Beobachtung lehrt, daß die Weibchen aller Tiere die Reste des Mutterkuchens auffressen. Manchmal beteiligen sich sogar die Männchen an dieser »Mahlzeit«. Dieses Auffressen des extra-embryonalen Teils des Eies tritt unterschiedslos bei eierlegenden und lebendgebärenden, wilden und Haustieren auf. Dieses Verhalten war auch den Autoren geburtshilflicher Handbücher nicht entgangen. Mauriceau bemerkte bereits, daß »bei den Tieren ... jedes Junge in seinen eigenen Häuten eine Art Plazenta hat, die von der Mutter gleich nach der Geburt aufgefressen wird, nachdem sie mit ihren Zähnen die daran befindliche Nabelschnur durchgebissen hat«.

Die Bauern waren immer darauf bedacht, dies zu verhindern. Die Bäuerin nahm die Eierschalen weg, sobald wieder ein Küken geschlüpft war, damit das Huhn die Schalen nicht bekäme. Der angebliche Grund für diese Maßnahme war, daß die Küken sich nicht verletzen sollten! Die Viehzüchter nehmen auch heute noch der Kuh oder Stute die Plazenta sofort nach der Ausstoßung weg, »meist nur aus einem Gefühl des Abscheus«. Dieses allgemeine Tabu wurde im 19. Jahrhundert noch dadurch verstärkt, daß Tierärzte bei ihrer Ausbildung lernten, daß es besser wäre, die Plazenta sofort nach dem Kalben wegzunehmen: »Es ist widerlich«, heißt es in einer tiergeburtshilflichen Abhandlung, »und deshalb verhindert man es besser«. Daß man den Abscheu, den Ekel so sehr betont, hat seinen Grund: Indem man solche Worte gebraucht, versucht man, Mißtrauen zu erregen. Man glaubt nämlich, daß man ein Tier die Eierschalen oder die Plazenta nicht auffressen lassen dürfe, weil es dann auch seine Jungen fressen würde. Die Bäuerin will nicht, daß »ihre Hühner sich daran gewöhnen, Eier zu fressen«. Auch die Eihäute und das blutige Stroh, auf dem die Muttersau geferkelt hat, werden schnell entfernt, weil dies die Sau veranlassen könnte, ihre eigenen Jungen aufzufressen. Es wird daher auch empfohlen, gut auf die Sau zu achten und die Ferkel vor ihrer Gefräßigkeit zu schützen, indem man sie möglichst schnell an die

Brustwarzen legt, denn »wenn sie getrunken haben, läßt sie sie in Ruhe«. In Wirklichkeit fressen Säue, aber auch Katzen und Hunde, ihre Jungen wohl nur irrtümlich auf, »weil die Weibchen glauben, daß sie die Nachgeburt, die man ihnen weggenommen hat, auffressen«.

Mit der Kontrolle des Verhaltens der Tiere glaubt man gleichzeitig auch über das Verhalten der Frau zu wachen. Man vermutet hier nämlich ein tief verwurzeltes Verhalten, das unterdrückt und verdrängt werden muß. Hinter der Schreckensvorstellung der Mutter, die ihre eigene Plazenta ißt, dürfte sich also eine andere Angst verbergen: Die Angst, daß die Mutter ihre eigenen Kinder verschlingt. Im 18. Jahrhundert war man davon überzeugt, daß solche Praktiken in manchen Teilen der Welt tatsächlich üblich waren. Buffon berichtet in seinen *Variétés de l'espèce humaine*, daß in Nordamerika Vater und Mutter manchmal ihr Kind gleich nach der Geburt aufaßen. Dasselbe Verhalten konstatierte man im vorigen Jahrhundert in Australien: Die Mutter liebt ihre Nachkommenschaft, »was sie aber nicht daran hindert, in Hungerszeiten und besonders, wenn sie Zwillinge gebiert, mit einem davon ihren Hunger zu stillen.«

Solche Tatsachen lassen den Menschen nicht unberührt. Sie rufen unsere eigene Vergangenheit wach, denn »sollten solche barbarischen Sitten auch bei unseren Vorfahren geherrscht haben?« Welch unerträgliche Vorstellung! Es ist also besser, die Plazenta schnell verschwinden zu lassen, sie zu leugnen und mit ihr zugleich die Assoziationen, die uns an unserem Menschsein verzweifeln lassen.

Die Plazenta ist eine Realität

Die Plazenta ist das, was *danach* kommt, was die Gebärmutter als letztes ausstößt. Die Sprache ordnet sie der Phase der Geburt zu: »Nachgeburt« im Deutschen, »arrière-faix« im Französischen, »afterbirth« im Englischen. Sie ist das Produkt einer zweiten Austreibung. Deshalb sprach man im 19. Jahrhundert auch von einer »zweiten Geburt« *(secundinae mulieris)*. Weil die Erfahrung jedoch lehrt, daß die Mutter erst nach der Ausstoßung der Plazenta außer Gefahr ist, wird sie im Französischen auch »délivre« oder »délivrance« (Erlösung, Rettung) genannt, um das Ende der Heimsuchung der Geburt zu bezeichnen.

Die physiologische Funktion der Plazenta während der Schwangerschaft stand früher in einer engen Beziehung zu ihrer symbolischen Funktion. In erster Linie war sie neun Monate lang die »Ernährerin des Kindes«, eine Art Mitgefangene, der der Fetus alles verdankte, eine Mittlerin, die von der Mutter nahm, um dem Kind geben zu können. Ebenso wichtig war ihre Rolle als Beschützerin. Man hatte zwar ihre Funktion als biologischer Filter kaum verstanden, aber man glaubte, daß sie dem Fetus eine gewisse materielle Bequemlichkeit verschaffte, das Gefängnis zu einem erträglichen Ort machte. Auf sie stützte sich der Fetus, sitzend oder zusammengerollt, gemäß einer hippokratischen Tradition, die bis ins 18. Jahrhundert Bestand hatte: Die Plazenta war »der Stuhl des Kindes«. Die im Volk herrschende Auffassung war eine andere als die wissenschaftliche: Das Kind, das im Mutterleib ruhte, konnte nur liegen, und daher war die Plazenta »das Bett des Kindes«.

In der Plazenta kehrt auch das Bild der Gebärmutter als Ofen wieder. Der Mutter*kuchen* war dasjenige, was nach dem Backen »herauskam«, und dies war durchaus etwas Positives. Die Plazenta hatte während der Schwangerschaft gewissermaßen wie eine Hefe gewirkt, die dafür sorgte, daß der Teig seine Form bekam. Auch nach der Ausstoßung behielt sie ihre Funktion als »Wurzelstock«, als »Thallus«, als fruchtbarer Nährboden. In Anbetracht des vergänglichen, weil sterblichen Produktes, welches das Fetusbrot war, gewährleistete sie den biologischen Zyklus. In Anbetracht des ephemeren Menschendaseins sicherte sie die Kontinuität der Art. Wegen ihrer Form und Funktion als Ernährerin der menschlichen »Pflanze« bekam sie den Namen »Mutterkuchen«; ebenso nahrhaft wie Brot, aber von besserer Qualität, der beste Kuchen, den man sich denken konnte. Deshalb wurde die Plazenta in Frankreich in den verschiedenen Gegenden »gâteau«, »tourteau«, »tarte« oder »galette« genannt.

Nach der Geburt, wenn sich die Plazenta vom Fetus löst, betrachtet man die Verbindung keineswegs als unterbrochen; es bleibt ein sehr enges und festes symbolisches Band bestehen.

Was geschieht mit der Plazenta?

Man konnte mit der Plazenta nicht allzu sorglos umgehen, denn dies hätte sich am Kind gerächt, weil es sofort zu spüren bekommt, was seinem Doppelgänger Schlimmes zustößt. Es war daher weder recht noch klug, die Nachgeburt als überflüssig oder unnütz zu betrachten. Da sie ein Produkt des Körpers ist, kann sie wie die Nägel und die Haare in zweifacher Weise wirken: heilend oder schädigend, je nachdem, in welcher Absicht sie gebraucht wird. Um jeden Preis ist zu verhindern, daß sich Tiere oder Menschen ihrer bemächtigen, denn dies würde die weitere Fruchtbarkeit des Ehepaars und der Familie gefährden. Aus diesem Grund wird das weitere Schicksal der Plazenta niemals dem Zufall überlassen.

Meist wurde sie sofort nach der Geburt vom Vater im Keller des Hauses oder in einem der Nebengebäude begraben, damit das Hauswesen möglichst viel von ihrer fruchtbaren Kraft profitieren könne. Gelegentlich grub man sie jedoch auch im Garten oder auf einer nahen Wiese oder einem Acker ein. Wichtig war, daß sie anschließend nicht gestört wurde, damit sie langsam in der fruchtbaren Erde zerfallen konnte. In den Landes pflegte man sie zu Beginn dieses Jahrhunderts in einer Ecke des Gartens zu begraben, wo der Boden auf längere Sicht nicht mehr bearbeitet zu werden brauchte. Fast überall wurde sie unter einem jungen Obstbaum begraben. Dahinter verbirgt sich wohl der Wunsch, daß sie symbolisch zum Mutter-Stamm zurückkehren möge. Was gleicht zudem mehr der Plazenta als derjenige Teil des Baumes, der sich unter der Erde befindet: Die Haarwurzeln verzweigen sich nach allen Seiten, wie die Adern und Haargefäße der Plazenta. Je nach dem Geschlecht des Kindes, und da auch Bäume ein Geschlecht haben, wählte man in Deutschland einen Birnbaum für Knaben und einen Apfelbaum für Mädchen. In Anjou wurde die Plazenta im 19. Jahrhundert bei einer Blume begraben, die gewissermaßen zu einer »Milchschwester des Kindes« wurde.

Die Plazenta konnte auch an einem geheimen Platz im Hause zum Trocknen aufgehängt werden, meist in einem Winkel des Kamins. Dieser Brauch besteht heute noch im Norden Portugals. In Deutschland wurde sie an die Zweige eines Baumes gehängt, wo sie der Wind trocknete. In ganz Frankreich wurde sie zu Beginn des 19. Jahrhunderts teilweise zu Pulver vermahlen und anschließend zu den verschiedensten Heilmitteln verarbeitet.

Manchmal wurde die Plazenta auch ins Wasser geworfen. Es handelte sich hierbei vielfach um den Versuch, sich ihrer zu entledigen, um einen Tatbestand zu verdecken, der möglicherweise Folgen hätte haben können; so warf eine Dorfhebamme, die die Nachgeburt nicht restlos lösen konnte, diese manchmal in den Fluß, damit ein Geburtshelfer später keine Nachforschungen mehr anstellen konnte. Aus demselben Grund oder auch, um sie einfach wegzuschaffen, warf man sie in den Abort, vor allem seit dem 19. Jahrhundert, als das Bewußtsein für die symbolische Funktion der Plazenta zu erlöschen begann. Auch das Verbrennen der Plazenta dürfte eine Praxis jüngeren Datums sein, mit der man versuchte, einen Fehler zu verschleiern. In geburtshilflichen Handbüchern aus dem 17. und 18. Jahrhundert sind Fälle beschrieben, in denen die Plazenta von den Hebammen vor der Ankunft des Arztes »hinter das Feuer« oder »unter die Kohlen« geworfen wurde. Der Chirurg Peu berichtet, daß er eines Tages zu der Frau eines Kammerdieners gerufen wurde, wo er, als er die Nachgeburt sehen wollte, zur Antwort bekam, daß man sie »in die Asche geworfen« hatte. Peu rügt ausdrücklich die Praxis der Hebammen, »die Nachgeburt in aller Eile herauszuziehen und dann schnell ins Feuer oder auf glühende Kohlen zu werfen«, was er als Vernichtung eines Beweisstückes wertet (49, 489). Solche Praktiken findet man natürlich vor allem in der Stadt, wo die Hebammen mit einer solchen Kontrolle rechnen müssen. Man kann an diesem Verhalten durchaus eine Veränderung der Einstellung gegenüber der Plazenta ablesen, jedoch bleibt es marginal: Die Plazenta ins Feuer werfen, ist fast dasselbe, wie die Mutter den Flammen überantworten. Ein gutes Beispiel für die Beständigkeit der Traditionen, die unter dem Einfluß der Signaturenlehre entstanden. Aber davon abgesehen, daß die Plazenta eine wichtige symbolische Funktion hatte, bestand sie auch aus einer besonders wertvollen Substanz, deren therapeutische Kraft man nicht ungenutzt lassen wollte.

Die heilende Kraft der Plazenta

Der Gedanke, daß die Plazenta als Arznei brauchbar sei, ist sehr alt, denn schon in der Antike nutzte man die heilende Kraft der Plazenta. In den Büchern des *Corpus Hippocraticum* ist die Nachgeburt einer Frau als Heilmittel verzeichnet, und Ärzte aus der Schule von Salerno verordneten sie, ebenso die Ärzte des 17. Jahrhunderts. Im 18. Jahrhundert entwickelte sich eine Gegenströmung: Die Plazenta wurde etwas Abstoßendes, dessen man sich entledigen mußte. Erst gegen Ende des 19. Jahrhunderts kehrt das Interesse an der menschlichen Plazenta allmählich unter dem Einfluß von Brown-Séquard und seiner Schule wieder zurück. Man entdeckte, oder besser gesagt wiederentdeckte die Rolle, die sie für das Immunsystem und die Milchbildung spielte.

In alten Apotheker- und Arzneibüchern ist die Plazenta stets als hervorragendes Mittel gegen Leberflecken, veschiedene Arten von Muttermalen und plötzlich auftretende Geschwülste beschrieben. Da nicht alle Plazenten gleichermaßen geeignet waren, mußten sie zuvor selektiert werden, wie Nicolas Lémery gegen Ende des 17. Jahrhunderts erklärt: »Diejenige, die von der Geburt eines Knaben stammt, ist derjenigen von einem Mädchen vorzuziehen. Man darf nur diejenigen nehmen, die soeben von einer gesunden und kräftigen, wohlgestalten und schönen Frau ausgestoßen wurde; man muß sie dann, solange sie noch warm ist, direkt aus der Gebärmutter auf das Gesicht legen, damit die Leberflecken verschwinden« (35, 803). Manche Apotheker waren davon überzeugt, daß die Nachgeburt eines Erstgeborenen noch wirksamer war, weil sie mehr Nährstoffe enthielt. Daß man mit der Plazenta Hautdefekte heilen kann, hatte man zweifellos empirisch festgestellt.

Die Plazenta galt auch als hervorragendes Mittel zur Behandlung von Epilepsie und Schlaganfällen. Mitte des 18. Jahrhunderts riet David Planis Campy zur Anwendung eines Erzeugnisses, das man durch Einkochen eines Mutterkuchendestillats erhielt, und Friedrich Hoffman vertrat nach 1739 die Ansicht, daß es kein besseres Heilmittel gäbe als die pulverisierte menschliche Plazenta.

In weiten Teilen Frankreichs wurde die Plazenta im Rahmen des Geburtsrituals auf das Gesicht und den Körper des Kindes und auf die Brust der Mutter gelegt. Diese Praxis war den Ärzten ein Greuel, die, wenn sie Zeuge solchen Tuns wurden, nicht müde wurden, solche Praktiken aus einer anderen Zeit heftig zu verurteilen. Wenn sie sich die Mühe gemacht hätten, sich näher damit zu befassen, hätten sie rasch entdeckt, was der tiefere Grund solchen Tuns war: In den Landes, wo man noch zu Beginn des 20. Jahrhunderts diese Praxis pflegte, glaubte man, daß Massage mit der Plazenta ein Rissigwerden der Haut und vor allem der Brustwarzen verhindern würde. Es handelte sich um eine einfache und zweckmäßige Vorbeugemaßnahme gegen spätere Probleme beim Stillen.

Insbesondere erwartete man jedoch von der Plazenta, daß sie die Milchbildung bei der Mutter anregen sollte. Nach einer alten medizinischen Theorie verwandelte sich das Menstruationsblut nach der Niederkunft in Milch, so daß die Mutter das Neugeborene nähren konnte. Wenn das Einschießen der Milch zu lange dauerte oder die Mutter zu wenig Milch hatte, mußte diese Umwandlung, wie man glaubte, angeregt und gefördert werden. Aus Erfahrung wußte man, daß die Milchbildung stimuliert wurde, wenn das Baby kräftig an der Brustwarze saugte, jedoch hatte man auch bemerkt, daß der Verzehr eines Stückchens Mutterkuchen ebenfalls für die Milchbildung gut war.

Es ist schwierig festzustellen, ob die Frauen in Frankreich auch im 19. Jahrhundert noch aus medizinischen Gründen von der Plazenta aßen. Die Texte sind in dieser Hinsicht äußerst zurückhaltend. Dies ist allerdings umso wahrscheinlicher, als es in anderen europäischen Ländern noch bis zur Mitte des vorigen Jahrhunderts üblich war. Sogar noch zu Beginn dieses Jahrhunderts war das Essen von der Plazenta zur Anregung der Milchbildung bei der armen Bevölkerung der Abruzzen durchaus üblich. Dem Wegbleiben der Milch begegnete man, indem man der Frau eine »Hühnerbrühe mit einem Stückchen Plazenta von der soeben niedergekommenen Frau« zu trinken gab.

Diese therapeutischen Motive, wie schwerwiegend sie auch erscheinen mögen, können für sich genommen keine ausreichende Erklärung dafür geben, warum es in der westlichen Welt bis vor kurzem noch so wichtig war, ein Stückchen der Plazenta zu verzehren.

»Der fruchtbare Kuchen«

Die fruchtbarkeitsfördernde Kraft der Plazenta spielte zweifellos eine wichtigere Rolle als ihre heilende Wirkung. Der Plazenta maß man zu allen Zeiten große Bedeutung für die Fortpflanzung zu. In den Arzneibüchern wurde stets auf die Eignung der tierischen oder menschlichen Nachgeburt als Aphrodisiakum hingewiesen. Das *Hippomanes*, die dicke Hülle aus Eihäuten und Plazenta, in der das Fohlen geboren wird, bildete die Basis eines Liebestrankes aus der Antike.

Die Plazenta galt daher auch jahrhundertelang als das Mittel der Wahl bei Unfruchtbarkeit. Im *Le Médecin français charitable* riet J. Constant de Rebecque im Jahre 1683 dazu, die pulverisierte Nachgeburt einer Frau einzunehmen, wenn ein Ehepaar keine Nachkommen bekam. Daneben war es in verschiedenen Zeitaltern und bei verschiedenen Völkern aus unterschiedlichen Kulturkreisen Sitte, direkt nach der Ausstoßung der Plazenta ein Stück davon zu verzehren. Ab dem 16. Jahrhundert, als europäische Reisende die Welt zu entdecken beginnen, begegnet ihnen gelegentlich dieser frappierende Brauch, und sie versäumen nicht, hiervon Bericht zu geben. Jean de Léry schreibt nach seiner Reise nach Brasilien im Jahre 1556, daß die Indianer wie die Tiere die Nachgeburt aufessen, sobald die Mutter diese ausgestoßen hat. Zu Beginn des 18. Jahrhunderts berichtet Gemelli Carreri, daß bei den Jakuten in Sibirien der Vater sich sofort nach der Geburt des Mutterkuchens bemächtigt, diesen zubereiten läßt und mit Freunden und Verwandten verzehrt. Es kann keinen Zweifel geben, daß das Aufessen der Plazenta in früheren Zeiten sehr verbreitet war.

In Europa jedoch wenden sich Ärzte und kirchliche Autoritäten immer mehr gegen diese Sitte, die »menschenunwürdig« ist. Im Laufe des 18. Jahrhunderts verschwindet die pulverisierte Nachgeburt aus den Regalen der Apotheken, und man bemerkt seither eine gewisse Verlegenheit in der medizinischen Diskussion, wenn es um die Plazenta geht.

Eine große Streitfrage spaltet die Geburtshelfer, aber auch die Theologen in der Mitte des 18. Jahrhunderts: Was haben Adam und Eva mit der Nabelschnur und Plazenta Kains gemacht? Die Heftigkeit, mit der diese Diskussion geführt wurde, mag uns heute lächerlich erscheinen, belegt jedoch, wie sehr den »aufgeklärten« Kreisen die Tatsache zu schaffen machte, daß Männer und Frauen sich in der Vergangenheit und womöglich noch in der Gegenwart den tierischen Akt des Aufessens der Plazenta haben zuschulden kommen lassen! So widmet Jean Astruc diesem Problem in dem geburtshilflichen Handbuch, das er im Jahre 1768 veröffentlicht, volle dreizehn Seiten. Von den beiden Lösungen, die er anbietet, ist vor allem die zweite interessant, da sie deutlich macht, wie sehr ihn dieses Problem in Verlegenheit bringt. »Er (Adam) wußte also, weil er es mehrmals gesehen hatte, daß die Jungen aller Vierfüßigen mit einer formlosen Masse geboren werden, die mit der Nabelschnur ihrem Nabel anhaftet. Er wußte auch, daß die Weibchen der Tiere, selbst diejenigen, die sich niemals von Fleisch ernährten, diese Masse, nachdem sie ihre Jungen geboren hatten, aufaßen.«

An dieser Stelle beeilt Astruc sich jedoch, den Gedanken zurückzuweisen, daß Adam bei der Geburt seiner eigenen Kinder das Verhalten der Tiere des Garten Eden nachgeahmt hätte: »Ich behaupte nicht, daß Adam ihre Nachgeburt gegessen haben könnte.« Der Gedankengang Astrucs legt allerdings den gegenteiligen Schluß nahe. Dies ist einigen seiner Zeitgenossen nicht entgangen. Sue le Jeune, der im Jahre 1779 die Darlegung Astrucs wiedergibt, ist entrüstet: »Dieser Gedanke ist uns *heute* zutiefst zuwider.« Indem man so vehement leugnet, daß es diese Praxis früher tatsächlich gab, unterdrückt man jeden Gedanken daran, daß sie sogar noch in der Gegenwart vorkommen könnte. Das Fruchtbarkeitsritual, das im Verzehr der Plazenta bestand, wird also verurteilt. Dies bedeutet andererseits nicht, daß die Symbolik der fruchtbaren Plazenta völlig untergegangen wäre. Seit dem Ende des 17. Jahrhunderts und möglicherweise schon davor tritt unter dem Einfluß der Kirche eine Verschiebung ein. Wie auch in anderen Fällen wird diese Verschiebung durch die Beibehaltung sowohl des Bildes als auch des Namens erleichtert.

In allen Schichten der Gesellschaft wurde für die Nachgeburt im allgemeinen die Bezeichnung »Mutterkuchen« gebraucht; das Wort »Plazenta« war eher wissenschaftlich, medizinisch, also weniger üblich. Im Rahmen des feierlichen ersten Kirchgangs der Wöchnerin, den die Kirche seit dem 17. Jahrhundert vorschreibt, bringt die fromme Frau, die sich in der Kirche reinigen lassen will, »zwei Brote« oder »zwei Kuchen« mit, die sie segnen läßt. Anschließend opfert sie eines davon einem Heiligen oder gibt es dem Pfarrer; das andere nimmt sie mit nach Hause, wo es in der Familie oder, im 18. Jahrhundert, unter den Frauen des Dorfes verteilt wird, die im gebärfähigen Alter sind, wobei man besonders diejenigen bedenkt, die unfruchtbar geblieben sind. In Basse-Poitou gibt man kinderlosen Frauen im 19. Jahrhundert folgenden Rat: »Eßt vom Brot des Kirchgangs, dann werdet ihr sicher schwanger.« Wenn eine Schwangere in den Hochvogesen bei einem Hochzeitsmahl zugegen ist, gibt sie der Frau zu Beginn des Festmahls »ein Stückchen Brot, das sie mit einem Kreuzzeichen segnet und mit den Worten anbietet: ‹Möge es Euch ebensosehr nützen, wie es mir genützt hat:› Später gibt man im Elsaß dem Kuchen die Form eines Kindes, wie an den Kuchenformen zu sehen ist, die im Elsässer Museum in Straßburg ausgestellt sind: Das Bild des Kindes hat das Bild seines »Doppelgängers«, der Plazenta, jetzt völlig verdrängt.

Die Zutaten, die Form und der Zubereitungszeitpunkt des Kuchens sind regional verschieden. Opferung und Austeilung sind jedoch stets Teil des Fruchtbarkeitsrituals. Der gebackene Kuchen ist einfach an die Stelle des »Mutterkuchens« getreten. Während dieser Christianisierung haben sich in der Symbolik eine gewisse Zeit noch Reminiszenzen an ihre ursprüngliche Gestalt erhalten. Danach, im 20. Jahrhundert, ist sie langsam aber sicher in Vergessenheit geraten. Der Brauch blieb noch eine Weile volkstümlich, bis auch er schließlich unterging.

Kapitel 5

Die Sorge um Mutter und Kind

> *Die meisten Autoren wollen, daß man nach der Niederkunft auf den Leib der Mutter das Fell eines schwarzen Schafes legt, das man speziell zu diesem Zweck lebendig gehäutet hat ...*
>
> FRANÇOIS MAURICEAU, 1681

Wenn die Plazenta ausgestoßen ist, prüft die Hebamme sorgfältig, ob sie vollständig ist. Wenn dies so ist, legt sie sie zur Seite, vergewissert sich, daß es der Mutter gut geht, und daß der Wochenfluß normal in Gang gekommen ist. Dann wendet sie sich wieder dem Kinde zu.

Die Versorgung des Kindes

Wenn sie das Kind wieder aufnimmt, kontrolliert die Hebamme als erstes die Nabelschnur, die sie soeben in Eile abgebunden hat. Anschließend reinigt sie Magen und Darm des Kindes, wäscht es und zieht es an.

Reinigung von innen

Die Hebamme erwärmt einige Löffel Wein, in dem sie etwas Honig oder Zucker auflöst. Diese Mischung flößt sie dem Neugeborenen vorsichtig ein. Manchmal mischt sie auch ein wenig Theriak dazu, »um den Magen zu stärken und von bestimmten Giften zu reinigen, die ihm sonst schaden könnten«. Es gibt sogar Hebammen, die ungesüßten Wein verabreichen, »weil sie meinen, daß das Kind, wenn man ihm den Wein pur gibt, als Erwachsener nicht so leicht betrunken wird«: Der erste Schluck Wein sorgt dafür, daß es später trinkfest ist (21, 256). Wein, vor allem Rotwein, steht im Ruf, »den Magen zu formen« und »das Kind stark zu machen«. In Berry sagt man im 19. Jahrhundert, daß »das Kind als Erwachsener desto mehr Farbe hat, je dunkler der Wein ist, d. h. desto gesünder wird es aussehen«. Diese Sitte, verdünnten oder unverdünnten

Wein zu verabreichen, hält sich bis zu Beginn des 20. Jahrhunderts. Man glaubt allgemein, daß ein Löffelchen purer Wein, vor allem nach einer langwierigen Geburt, »dem Kind hilft, wieder zu Kräften zu kommen«. Der Wein »vertreibt den Schleim«, der sich meist in seinem Hals befindet, und schließlich »macht der Dunst des Weines, der zum Kopf aufsteigt, das Gehirn stärker«, so daß das Kind niemals fallsüchtig wird, denn »die Fallsucht kommt nur von einer Schwäche des Gehirns« (7, 153).

Nachdem die Hebamme den Magen versorgt hat, muß sie auch an die Gedärme denken. Das Kind muß sich des Kindspechs entledigen, des ersten, schwarzen Stuhls, der bei der Geburt den Dickdarm blockiert. Ambroise Paré empfiehlt als Purgiermittel »Süßmandelöl, Rosensirup, Theriak oder Honig in Erbsengröße«. Die Hebammen bevorzugen ein Stückchen Bratapfel, das schon seit Menschengedenken als gutes Laxiermittel gilt. Dann gehen sie daran, das Kind vom Blut und »der cremigen Substanz« zu befreien, die seinen Körper bedecken.

Die Toilette des Neugeborenen

Mit ganz besonderer Sorgfalt entfernen die Hebammen die Talgschicht des Kindes, die man früher für das Zeugnis der sexuellen Gemeinschaft während der Schwangerschaft hielt. Sie wissen, daß es notwendig ist, »das Kind zu reinigen und zu waschen, nicht nur das Gesicht, sondern auch die Körperfalten, die Achseln, die Leistenbeugen, die Hüfte und die Gliedmaßen« (29, 179). Die einen gebrauchen hierfür zerlassene Butter, die anderen Rosen- oder Nußöl. Alles dient dem Zweck, »seine Haut zu kräftigen und die Poren der Haut zu verschließen, damit die Außenluft ihnen nicht mehr schaden kann, und gleichzeitig alle seine Glieder zu stärken«. Wenn die Hebamme mit ihren Fingern die weiße, weiche, schmierige Schicht entfernt, tut sie im Grunde nichts anderes als alle lebendgebärenden Tiere, die ihr natürlicher Trieb veranlaßt, ihre Jungen gleich nach der Geburt sauberzulecken. Diese »Reinigung« kann mit aromatisiertem Wasser oder in einem Bad mit lauem Wasser und einem Schuß Wein erfolgen. Keinesfalls darf das Kind in ein zu warmes Bad gegeben werden, denn man riskiert dabei, daß seine Haut braun wird. Das Gegenteil, »das Kind sofort nach der Geburt in kaltes Wasser zu tauchen«, gilt als mit dem Willen der Natur nicht vereinbar. Das beste ist »ein Bad, das dieselbe Temperatur hat wie die Mutter«. Diesbezüglich riet auch schon

Rousseau zur Vorsicht: Er empfahl, mit einem lauwarmen Bad zu beginnen und die Temperatur allmählich zu senken, bis man schließlich ganz von selbst bei einer kalten Badetemperatur angelangt war. Bei nordischen Völkern – Skandinaviern und Germanen – war es früher üblich, das Baby in eiskaltes Wasser zu tauchen, um die Widerstandskraft des Neugeborenen zu prüfen. Noch im 19. Jahrhundert steckten die Russen ihre Babys, die soeben aus dem warmen Bad des Mutterschoßes kamen, übergangslos in kaltes Wasser, um den Körper abzuhärten. Dies hatte zur Folge, daß nicht wenige Neugeborene starben. Solche Gebräuche hatten natürlich nichts mit der Toilette des Neugeborenen zu tun: Die Körperpflege tritt hier gegenüber einem kulturell bestimmten Verhalten in den Hintergrund.

Im 17. und 18. Jahrhundert wurde die Toilette in Frankreich häufig mit der Reinigung der Ohren, der Augen und »aller Öffnungen des Kindes« mit Hilfe »eines Fittichs« abgeschlossen, einem Bausch feiner Baumwolle. Dies ist gegen Ende des 18. Jahrhunderts auch die Vorschrift der Ärzte in ihren Handbüchern für Mütter, Hebammen und Geburtshelfer.

Beim Waschen vergewissert sich die Hebamme auch nochmals, ob das Kind nicht an einer Mißbildung leidet, an der es sterben könnte, wie einem Anal- oder Harnleiterverschluß. Auf dem Lande steht man freilich einer solchen Mißbildung hilflos gegenüber.

Wenn das Kind lange unterwegs war, ist es notwendig, »die Quetschungen und Blessuren, die es beim Verlassen des Mutterschoßes erlitten hat, zu versorgen« (47). Manchmal ist das Kind so deformiert, daß man daran zweifelt, ob es überhaupt ein Mensch ist. Im Jahre 1709 entbindet Mauquest de La Motte die Frau eines Gerbers aus Valognes von einem Knaben, »der das Abstoßendste war, was man sich denken kann, und mehr ein Ungeheuer als ein Mensch, weil sein Gesicht eine so entsetzliche Farbe hatte und so furchtbar aufgedunsen war und seine Lippen unbeschreiblich geschwollen waren, so daß es alle Anwesenden mit Erstaunen betrachteten«. Indem man die blauen Flecken auf dem Gesicht mit einem mit warmem Wein oder Branntwein getränkten Tuch bedeckte, gab man dem Kind in solchen Fällen innerhalb von 24 Stunden sein »natürliches Aussehen« wieder zurück.

DIE MUTTER UND IHR KIND

Die Wiederbelebung des Neugeborenen

Nach einer langen und schweren Geburt fürchtet man stets – mit Recht – um das Leben des Kindes. Wurde die Nabelschnur im Geburtskanal abgedrückt, oder hat sie sich mehrmals um den Hals gewickelt? Dann ist das Baby blaurot oder blauviolett angelaufen; die Atmung setzt nicht sofort kräftig ein; wenn es sich auch nicht bewegt, scheint es tot zu sein: Es liegt eine Apnoe vor. Nur ein rasches und geschicktes Eingreifen der Hebamme kann es noch retten. Auf keinen Fall wird sie die Nabelschnur durchschneiden, denn sie glaubt, daß jetzt für das Kind die Verbindung mit der Plazenta lebenswichtig ist.

Nottaufe eines gefährdeten Neugeborenen im Frankreich des 18. Jahrhunderts.

Die Wiederbelebungstechniken, die die Hebammen kannten, waren sehr primitiv und häufig rein empirisch erworben. Sie zeugten von einer instinktiven Fähigkeit, das Richtige zu tun, und erwiesen sich vielfach als sehr wirksam.

Um Babys »im Zustand des Scheintodes« wieder zum Leben zu erwecken, um »ihre Lebensgeister wieder zu wecken«, setzte die Hebamme alles daran, um den kleinen Körper warm zu halten oder gegebenenfalls wieder zu erwärmen. Sie weiß ja aus Erfahrung, daß ein Absinken der Körpertemperatur vor allem im Winter sehr schnell zum Tode führt. Ein Kind, das leblos den warmen Leib seiner Mutter verläßt, braucht Schutz. Es wird in warme Tücher gehüllt und nahe zum Feuer gelegt.

DIE ATMUNG IN GANG BRINGEN – Wärme allein genügt nicht; die Atmung muß wieder einsetzen. Deshalb entfernt die Hebamme als erstes mit ihren Fingern den Schleim, der die Atemwege blockiert. Wenn es nötig ist, versucht sie, die Atmung anzuregen, indem sie dem Kind Luft einbläst. Sie nimmt ein wenig Wein oder Branntwein in den Mund und sprüht die Flüssigkeit in den Mund oder auf das Gesicht des Kindes. Im Jahre 1786 schreibt der Pfarrer von Boyne in der Gegend von Millau, daß ihm die Hebamme des Ortes, die sechzigjährige Françoise Lavabre, erzählte, daß sie »wenn Kinder scheinbar tot waren, rasch einen Schluck Branntwein in den Mund nahm und diesen gleich dem Neugeborenen in den Mund blies«.

Dasselbe Verfahren wandte Louise Bourgeois zu Beginn des 17. Jahrhunderts bei dem neugeborenen Kronprinzen an, dem späteren Ludwig XII., der in schlechtem Zustand war: »Ich betrachtete das Gesicht des Kindes, das wegen der Schmerzen, die es gelitten hatte, sehr schwach war. Ich bat Monsieur de Lozeray, einen der ersten Kammerdiener des Königs, um Wein. Er brachte eine Flasche, und ich bat ihn um einen Löffel. Der König nahm ihm die Flasche ab. Ich sagte zu ihm: ›Sire, wenn es ein anderes Kind wäre, würde ich Wein in meinen Mund nehmen und ihm etwas davon geben, weil ich fürchte, daß die Schwäche zu lange anhalten könnte.‹

Der König setzte die Flasche an meinen Mund und sagte: ›Tut wie bei einem anderen Kind.‹ Ich füllte meinen Mund mit Wein und sprühte dies in seinen Mund; es erholte sich sofort und trank von dem Wein, den ich ihm verabreicht hatte.«

Kräuter und Gewürze spielten in der alten Heilkunst eine wichtige Rolle. Jede Hebamme kannte diese Mittel: Sie kaute Zwiebeln, Knoblauch oder Senfsamen vor, die sie dann »in den Mund, die Nase, die Ohren oder sogar von hinten« dem Kind einblies. In der Provence »kaut sie Gewürznelken und bläst ihren Atem in den Mund des Kindes«.

Das Einblasen von Luft über Mund oder Nase ist ein relativ häufiges Verfahren. Die Hebamme bläst Luft in die Lungen, jedoch nicht zu kräftig, um nicht zuviel Druck auf den Magen zu erzeugen, aber doch genug, daß »sich die schleimigen Substanzen in den

Bronchien lösen«. Manchmal widerstrebt es ihr auch, diese unangenehme Maßnahme durchzuführen, wenn das Kind bis zum Gesicht mit Blut und Kot bedeckt ist; sie nimmt dann einen Federkiel oder einen Strohhalm und hält dann die Nase des Kindes zu, während sie bläst. Um die Atemwege freizumachen und dem Kind die Möglichkeit zu geben, selbst zu atmen, gebraucht sie gelegentlich auch den Blasebalg vom Herdfeuer.

Gelegentlich empfehlen Hebammen auch feuchte Tücher und Bäder. Die Tücher werden mit lauwarmem Wasser, Wein oder Branntwein getränkt und das Kind darin eingeschlagen (Kopf, Brust, Bauch und sogar die Nabelschnur; es wird empfohlen, dies gegebenenfalls mehrmals zu wiederholen. In einem warmen Bad, dem man einen Schuß Wein oder Branntwein zugegeben hat, wird mit dem Kind auch die Plazenta gebadet.

DIE VERWENDUNG DER PLAZENTA – Überall glaubte man, daß die Plazenta für die Reanimation eines Neugeborenen eine wichtige Rolle spielen konnte. Carrère bestätigt im Jahre 1786 in seinem *Manuel pour le service des malades*, daß es im Languedoc »diesbezüglich auf dem Lande eine Gepflogenheit gibt, die weit verbreitet ist: Man legt die Plazenta auf den Bauch des Kindes oder man tränkt die Nachgeburt mit warmem Wein, bevor man die Nabelschnur durchtrennt«. Dieses Verfahren war nicht neu, denn die medizinischen Autoritäten empfahlen es schon im 16. Jahrhundert. Auch Ambroise Paré befürwortet es nachdrücklich: »Das Kind kann die Wärme und die in der Nachgeburt zurückgebliebene Kraft in sich aufnehmen und empfangen; legt sie daher auf den Bauch des Kindes und läßt sie dort liegen, bis die Wärme erschöpft ist; dieses Mittel wird seine Kräfte vermehren und dadurch sein Leben verlängern.«

Da die Wärme der Plazenta schnell vergeht, versucht man sie festzuhalten. So gibt es z. B. im 18. Jahrhundert in der Provence Dorfhebammen, die versuchen, das Kind »zu erwärmen, indem sie vor dem Abbinden der Nabelschnur seine Plazenta auf glühende Kohlen legen oder sogar ... in einem Topf mit Wein kochen lassen«. Für die Begriffe jener Zeit war dies ein vollkommen logisches, wenn auch nicht besonders erfolgreiches Vorgehen: Man erwärmte die blutgetränkte Nachgeburt, um ihren Lebenssaft in Richtung des Neugeborenen in Bewegung zu setzen, damit dieses aus seiner Betäubung erwache.

DEN HERZSCHLAG IN GANG BRINGEN – Die Hebamme benutzt hierfür häufig einfache Verfahren der mechanischen Stimulation. Die übliche Methode besteht darin, das Kind mit Wein, Cidre, Essig oder Branntwein abzureiben. Es wird der ganze Körper massiert, vor allem jedoch die Brust, der Bauch und die Schläfen. Gelegentlich nimmt man statt dessen eine trockene Massage der Fußsohlen, des Bauchs und der Herzgegend vor. Bei einem Herzstillstand geht die Hebamme sogar dazu über, an der linken Brustwarze des Kindes zu saugen, ein Verfahren, das schon in der zweiten Hälfte des 17. Jahrhunderts in den germanischen und osteuropäischen Ländern bekannt war und im folgenden Jahrhundert von verschiedenen Geburtshelfern in Westeuropa übernommen wurde. »Diese Hilfe war erfolgreich in Kilia am 24. Juni des Jahres 1681. Alle Bemühungen waren umsonst gewesen, man hatte das Kind mit Roßhaar gekitzelt, in den Mund und in den Unterleib des Kindes geblasen, doch wollte es kein Lebenszeichen mehr von sich geben. Schließlich begann die Hebamme an der linken Brustwarze des Kindes zu saugen. Sie hatte noch kaum damit begonnen, als das Kind anfing, sich zu regen ...« (10, 286).

Keines dieser Verfahren war wirklich neu. Sie gehören zu einem Komplex von Vorgehensweisen, die schon in der Antike bekannt waren. Die Hebamme, die zur Reanimation des Kindes das Blut durch die Nabelschnur zurückdrängt, weiß nichts davon, daß sie damit einem Rat Aristoteles' folgt.

REANIMIEREN ODER DEN DINGEN IHREN LAUF LASSEN? – Manche Handlungsweisen, die uns heute unbegreiflich erscheinen, waren früher gang und gäbe. Madame du Coudray entrüstet sich gegen Ende des 18. Jahrhunderts über die Leichtfertigkeit, die Hebammen und andere Anwesende gegenüber einem leblosen Neugeborenen an den Tag legen: »Sie beeilen sich«, schreibt sie in ihrem Handbuch, »es in einen Lappen zu wickeln, legen es in einen der entferntesten Winkel des Zimmers auf den Boden, um der Mutter den traurigen Anblick zu ersparen; zweifellos werden Kinder begraben, die keineswegs tot sind ... Ich fand ein Kind, dem ein Hund schon eine Zehe abgebissen hatte, ohne daß es jemand bemerkt hatte; man empfindet sehr wohl, wieweit eine solche Nachlässigkeit von der Menschlichkeit entfernt ist.« Auch wenn man einräumen mag, daß diese dramatische Schilderung vielleicht etwas übertrieben ist, muß man sich doch fragen, warum das Neugeborene in manchen Fällen nicht besser behandelt wird. Galt die Aufmerksamkeit in

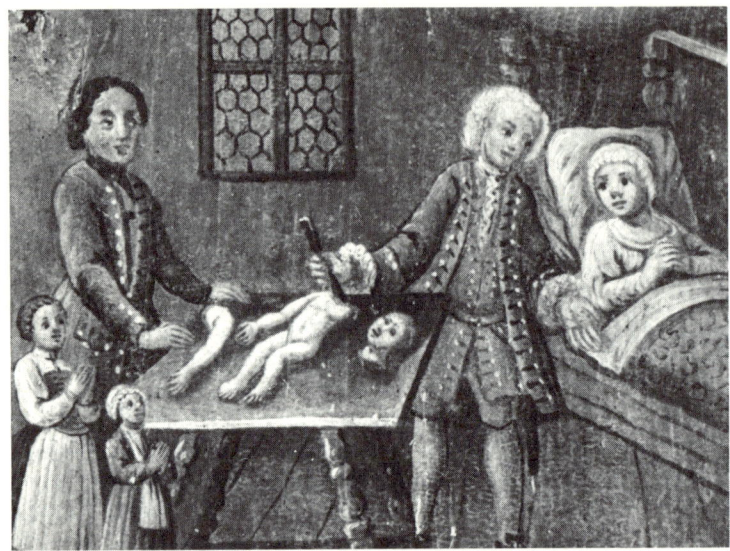

Entbindung in Verzweiflung. Kopf und Arm des Kindes sind abgetrennt; die Frau wurde von einem Chirurgen entbunden, der in seiner Hand ein Instrument (eine Zange?) hält. Links der Ehemann und zwei der Kinder beim Gebet. Ex voto, Friedberg, Schwaben 1759 (Bayerisches Nationalmuseum, München).

erster Linie der Mutter? Oder spielte die Erfahrung eine Rolle, daß ein Kind, das sich eine gewisse Zeit im Zustand der Apnoe befand, nach der Reanimation ein schwächliches Geschöpf bleibt, das der Familie nur zur Last fällt? Muß man diese »Nachlässigkeit«, diese unterlassene Hilfeleistung als eine verkappte Form von Kindesmord sehen? Oder drückt sich in dieser Haltung vielleicht nur die resignierte Hinnahme des Todes aus, der früher doch ein alltägliches Vorkommnis war?

Bis zur Mitte des 17. Jahrhunderts war auch für die Geburtshelfer die Reanimation von Neugeborenen kaum ein Thema. Wenn sie überhaupt einmal eingreifen, wenden sie recht primitive Verfahren an, die sich kaum von denjenigen der Hebammen unterscheiden. Auch die Verfasser geburtshilflicher Handbücher schweigen sich über die Reanimation weitgehend aus, und François Mauriceau ist der erste, der diesem Gegenstand ein eigenes Kapitel widmet. Darin prangert er die Sitte an, eine Knoblauchzehe oder etwas Zwiebel in den Mund des Neugeborenen zu geben, und er rät auch davon ab, die Plazenta auf den Bauch zu legen, da dies »das Wichtigste« behindert, nämlich die Atmung. Ablehnend äußert er sich auch über die Versuche, die Nachgeburt im Feuer oder in warmem Wein zu erwärmen.

Ab etwa 1660 bis 1670 unternimmt man in den Städten größere Anstrengungen, ein leblos geborenes Kind zu retten. Mauriceau bezeugt also eine Veränderung, die sich im Volk vollzieht. Er stellt fest, daß ein Kind, das scheinbar tot ist, am Leben gehalten werden kann, wenn man rasch handelt und die richtigen Techniken anwendet. Erst nach 1740 jedoch wird dieses Bestreben allgemein und beginnt Früchte zu tragen.

Die Versorgung der Mutter nach der Geburt

Nach der Reinigung wird das Neugeborene einer Helferin anvertraut, die es kleidet. Die Hebamme kümmert sich dann wieder um die Mutter, bevor sie sie zu Bett bringt. Zunächst vergewissert sie sich, daß der Wochenfluß richtig in Gang gekommen ist.

Gebärmutter und Darm entleeren

Meist sorgt die Hebamme dafür, daß die Frau »weder liegt noch sitzt ..., mit dem Kopf und Körper etwas aufrechter als im Liegen, so daß die Ausscheidungen besser ablaufen können«. Damit es die Frau in dieser Haltung etwas bequemer hat, legt sie »in die Kniebeuge ein zusammengerolltes Kissen, damit ihre Knie hoch liegen, und um dafür zu sorgen, daß die Beine auf keinen Fall gestreckt sind« (29, 183).

Je nach dem Temperament der Frau ist der Wochenfluß mehr oder weniger stark: Manche Frauen »laufen zu sehr leer«, andere zu wenig. Bei Frauen, die »zuviel Blut« haben, die »große Mengen dicken schwarzen Blutes« ausscheiden, ist die Gesundheit schnell in Gefahr.

Um den Wochenfluß anzuregen und die Schmerzen der Frau »mit zu dickem Blut« zu lindern, empfiehlt Louise Bourgeois, ihnen morgens auf nüchternen Magen einen Sirup »von Frauenhaar mit Honigwasser, oder von Hysop, oder einen Wermutsirup mit Weißwein« zu trinken zu geben. Wenn man ihr Brühe zu trinken gibt, soll diese von »appetitanregendem Wurzelgemüse und Kräutern« gezogen sein. Daneben empfiehlt sich, einen Aderlaß am Fuß vorzunehmen, vorzugsweise am Morgen. Schließlich tut man gut daran, mehrmals am Tage eine Räucherung durchzuführen, die »das böse Blut« absorbiert und die Gebärmutter reinigt, jedoch darf dies nicht vor dem achten Tag geschehen, da sonst »die Gefahr besteht, daß zuviel Blut angezogen wird«! Um das Abfließen des Blutes zu fördern, massiert man auch »den Unterleib und die Leisten« mit Veilchenöl, denn es gibt »nichts Unangenehmeres als ausbleibenden Wochenfluß«. Frauen, die nur wenig Blut verlieren, müssen eine Diät einhalten, die ihrer Konstitution angemessen ist: wenig auf einmal, dafür jedoch umso häufiger essen, das ist die goldene Regel.

Auch in diesem Stadium bedeutet Verstopfung wieder eine Gefahr für die Gesundheit der Frau. Dies hat weitgehend mit der Gewohnheit zu tun, noch tagelang das Bett zu hüten, in der Stadt und den wohlhabenderen Schichten länger als auf dem Lande und in den ärmeren Schichten: »Weil die Wöchnerinnen im Bett bleiben, funktioniert die normale Darmtätigkeit nicht mehr.« Um die unerwünschten Folgen der Darmtätigkeit zu vermeiden, beeilen die Hebammen sich, sofort nach der Niederkunft »ein Purgiermittel zu verabreichen«: »Sie lassen zwei Eßlöffel Olivenöl mit Zucker einnehmen, um den Darm zu entleeren: Dies ist die übliche Medizin für die Armen« (53, 35). Louise Bourgeois spricht sich dagegen aus, weil sie der Meinung ist, daß das Verabreichen oraler Purgiermittel zu gefährlich ist: »Man muß direkt am Darm ansetzen.« In ihrer langen Praxis hat sie nur allzu häufig gesehen, wie unbedarfte Helfer »der Wöchnerin schon gleich nach der Geburt Sennesblätter verabreichten; nicht wenige wurden davon ernsthaft krank, andere starben« (7, 150).

Kälte und Zug vermeiden

Anschließend kümmert sich die Hebamme um die äußere Reinigung der Wöchnerin. Mit lauwarmem Wasser, dem eventuell etwas Wein beigegeben ist, reinigt sie die Vulva, die Kreuzgegend und die Schenkel, die noch vom Blut und dem Wochenfluß beschmutzt sind. Meist geschieht dies in aller Eile, vor allem im Winter, wenn es darauf ankommt, daß keine Kälte an den Bauch oder den Muttermund dringt. Der Schutz der Schamteile ist daher auch viel wichtiger als die eigentliche Toilette. Die Hebamme legt »ein Tuch oder auch einen sauberen Schwamm, der mit lauwarmem Wasser getränkt und gut ausgedrückt ist, zwischen die

Schenkel [der Frau], gegen ihr Geschlecht, weil sie fürchtet, daß kalte Luft eindringen kann, wenn dieses so offen ist« (29, 175). Verzögerung des Wochenflusses und vor allem kalte Zugluft, die in die Gebärmutter eindringt, können nach allgemeiner Auffassung zu »einer langen Reihe von Koliken führen, zu Krämpfen, die die Frauen nicht selten kurz nach der Niederkunft peinigen«. Erstgebärende scheinen hierfür weniger anfällig zu sein als andere. Es heißt, daß Gott dadurch verhindern wollte, daß sie schon »beim ersten Mal einen Widerwillen dagegen bekämen, weitere Kinder zur Welt zu bringen«. Es gibt zahlreiche Mittel, von denen es heißt, daß sie Bauchkrämpfe bei den nächsten Geburten lindern oder sogar verhindern sollen. Louise Bourgeois rühmt die Vorzüge des »Königinnenpulvers«, das hergestellt wird aus Beinwell, Pfirsichkern, Muskatnuß, gelbem und grauem Amber, dies alles feingemahlen und unter Weißwein oder Bouillon gegeben. Das einfachste aber ist, daß die Hebamme die Plazenta nimmt und mitten auf den Bauch der Mutter legt, wie sie es zuvor beim Kind gemacht hat. Dies verschafft der Wöchnerin offenbar große Erleichterung.

Um die Frau in den Tagen nach der Niederkunft gut zu schützen, dichtet sie den Muttermund mit einem gut trockenen Stück Stoff ab, das sie zwei- oder vierfach gefaltet und zuvor erwärmt hat. Die Hebammen »nennen dies meist einen Stöpsel, da es die Schamteile der Wöchnerin verschließt und verhindert, daß Luft oder Kälte eindringen und den Fluß zum Stillstand bringen, wodurch es zu einer Anschwellung der Gebärmutter und schweren Leiden kommen kann«. (53, 25) Man muß jedoch darauf achten, daß der »Stöpsel« nicht zu fest sitzt, denn dies würde das Abfließen des Flusses behindern und, da die Dämpfe nicht mehr austreten können, Schwäche hervorrufen.

Eine Leibbinde für die Wöchnerin

Wenn die »Scham der Frau« versorgt ist, ist die nächste Tätigkeit der Hebamme das Einwickeln des Leibes. »Eine Dreieckskompresse«, von der ein Zipfel zwischen die Schenkel gezogen wird und den »Stöpsel« bedeckt, wird über den Leib gelegt. Die beiden anderen Zipfel werden »oben bei der Brust festgemacht«. Diese Kompresse wird häufig gebildet von einem »großen, drei- oder vierfach gefalteten Handtuch ..., von einem Fuß Breite, das den Leib fest umschließt, daß es nicht weh tut, der ganze Unterleib aber doch gut und vollständig zusammengedrückt wird«. Das »Zipfelchen zwischen den Schenkeln« kann hin und wieder aufgehoben werden, um den »Stöpsel« zu erneuern.

Die Leibbinde dient einem zweifachen Zweck. Vor allen Dingen muß die Gebärmutter, die sich nun plötzlich in einer zu großen »Hülle« befindet, an ihrem Platz gehalten werden. Die Sorge, daß die Gebärmutter erschlaffen oder sich senken könnte, drückt sich in den verschiedenen Anwendungsformen von Leibbinden aus. Unter das Tuch gibt die Hebamme daher z. B. »in Höhe des Nabels« ein Pflaster aus Flachs, »mit zwei Eiweißen getränkt«, dem sie noch Gewürznelken und Pfeffer hinzugefügt hat. Die Anziehungskraft dieser Gewürze zieht die Gebärmutter nach oben, wo sie durch das Tuch festgehalten wird, das genügend festgezogen sein muß, so daß »sie leicht an ihren Platz gedrückt wird und nicht weiter vagabundieren kann« (21, 243). Ab der zweiten Hälfte des 16. Jahrhunderts versuchen aber Wöchnerinnen aus den besseren Ständen in der Stadt damit auch, die Bauchfalten zu vermeiden, die Stigmata der Schwangerschaft, um wieder »einen Mädchenbauch« zu bekommen. Es ist allerdings zu bezweifeln, ob diese Leibbinden zur Vermeidung von Schwangerschaftsstreifen taugten. Im 17. Jahrhundert sehen Mauriceau und Peu, sowie Dionis und La Motte im 18. Jahrhundert hierin gerade die Ursache für eine Verschlimmerung der Streifen, da sie die Bauchhaut nur noch »schrumpeliger und schlaffer« machen. Sie glauben auch, daß die Hebammen durch zu kräftiges Einschlagen der Wöchnerin eine Erschlaffung der Gebärmutter herbeiführen, und dies ist das Gegenteil dessen, was sie zu erreichen hofften.

Die »Diät« der Wöchnerin

Auf dem Lande bekommt die Frau sofort nach der Niederkunft etwas zu essen. Die Hebamme und die Helferinnen geben ihr aus Angst, daß sie ohnmächtig werden könnte, reichlich zu essen und zu trinken. Was sie jeweils bekommt, ist regional unterschiedlich. Manche Gerichte sind fast überall zu finden; sie sind Teil der traditionellen Wöchnerinnenmahlzeit. Hierzu gehört etwa eine Brühe vom Kapaun, möglichst einem weißen, den man häufig schon monatelang speziell zu diesem Zweck gemästet hatte. Junge Tauben und Rebhühner werden bei denjenigen, die es sich leisten können, demselben Zweck zugeführt. Es wird empfohlen, gekochtes Fleisch zu essen, da es leichter verdaut wird. Von Obst wird dagegen abgeraten, weil es zuviel »Wind macht«. Als Getränk wird zu Weißwein oder hellrotem Wein geraten, aber auch zu Nußlikör und manchmal auch Branntwein ...

Dicke Brotsuppen, fette Gemüsesuppen und Wildbret mit Weinsauce zeigen, daß man die Frau nach den Strapazen der Geburt rasch wieder zu Kräften kommen lassen will. Die Ärzte sind mit dieser in ihren Augen maßlosen Überfütterung nicht einverstanden. Sie sind nicht dagegen, daß die Gebärende gleich nach der Entbindung überhaupt etwas ißt, wohl aber, daß sie zuviel ißt und Alkohol trinkt und vor allem, daß sie zu schnell ißt: Die Hebammen haben ja keine Geduld! Aus Erfahrung sollten sie doch wissen, daß es besser ist abzuwarten, bis die Natur in dem ermüdeten Körper der Frau wieder etwas Ordnung geschaffen hat. Paul Portal empfiehlt, ihr Süßmandelöl und Frauenhaarsirup zu geben und sie die ersten beiden Stunden nicht essen zu lassen, »weil zu befürchten ist, daß sie sich übergeben muß, was zu einer Erschlaffung der Gebärmutterbänder führen könnte«.

Daß man die Wöchnerin so schnell wie möglich wieder auf die Beine bringen will, reicht nicht als Erklärung dafür aus, daß man ihr ein solches Übermaß an Essen und süßen und alkoholischen Getränken vorsetzt. Im Vordergrund steht vielmehr der Gedanke, »das Blut zu genesen« und die Gebärmutter zu nähren. Die Frauen, die der Wöchnerin beistehen, sind so sehr von diesem Gedanken beseelt, daß es nach Laurent Joubert eher so aussieht, als ob sie sie »füllen und vollstopfen wollten wie einen Abfalleimer, statt sie zu versorgen und zu verpflegen«. Die leere Gebärmutter gibt zu größter Besorgnis Anlaß. Es ist das beste, die vom Fetus hinterlassene Leere möglichst schnell mit einer großen Menge »Speisen zu füllen, die anschlagen«.

Ab dem 17. Jahrhundert empfehlen die Ärzte, das Temperament und die Ernährungsgewohnheiten der Wöchnerin zu berücksichtigen. Es ist nicht gut, »eine feine Dame wie eine Bäuerin zu behandeln«, oder »eine Bäuerin in der gleichen Weise zu behandeln und ihr dieselbe Kost zu geben wie einer feinen Dame«, denn dies kann für sie übel ausgehen. Louise Bourgeois empfiehlt, daß »Damen des höchsten Standes« leicht essen, während »starke, hart arbeitende Frauen eine kräftige Mahlzeit brauchen«. Der Magen der einen ist schwach, während derjenige der anderen stark ist und sich nicht mit leichter Kost sättigen kann; wenn man derjenigen mit dem starken Magen nicht unverzüglich nach der Niederkunft eine dicke Suppe mit Zwiebeln oder Eiern oder einen großen Teller mit Milchbrei gibt, verhält sich ihr Magen wie eine Mühle ohne Mahlgut, so daß die Steine heißlaufen.«

Soll man die Wöchnerin schlafen lassen?

Wenn der Bauch bandagiert ist und die Frau sich einigermaßen erholt hat, wird sie ins Bett gelegt. Üblicherweise läßt man sie in den ersten Stunden nach der Niederkunft nicht schlafen, weil die Furcht vor Blutungen übermächtig ist: Wer schläft, kann leicht und unbemerkt eine Beute des Todes werden. Die Wöchnerinnenhilfen unternehmen alles Erdenkliche, um die soeben Niedergekommene wach zu halten, und die Ärzte prangern immer wieder den »Auflauf von Klatschtanten« um das Wochenbett an. Im Grunde geht es den Ärzten allerdings nur um den übermäßigen Lärm, den die weiblichen Familienmitglieder und Nachbarinnen veranstalten. Bis zum Beginn des 18. Jahrhunderts vertreten auch die Geburtshelferinnen und Geburtshelfer die Ansicht, daß die Frau in den ersten drei bis vier Stunden nach der Geburt wach bleiben sollte, um gegen böse Überraschungen gefeit zu sein. Dies ist auch die Meinung von Louise Bourgeois: »Man muß sorgfältig darauf achten, die Frau während des Blutflusses [des Wochenflusses] nicht schlafen zu lassen, wie sehr sie auch danach verlangt, da die Schwäche sie hinwegraffen kann, während man glaubt, daß sie ruht.«

Etwa ab 1720 nehmen die Geburtshelfer eine völlig andere Haltung ein. Bis dahin hatten sie empfohlen, die Frau ruhen, aber nicht schlafen zu lassen. Jetzt raten sie dazu, sie sowohl ruhen als auch schlafen zu lassen und glauben, daß die Furcht vor Blutungen unbegründet ist, wenn die Plazenta vollständig gelöst ist. Im Jahre 1724 bringt Pierre Dionis diese Veränderung in seinem *Traité général des Accouchements* zum Ausdruck: »Die alte Praxis war, die Frau während ihres Flusses nach der Niederkunft nicht schlafen zu lassen. Man ließ mich drei Stunden lang am Bett der Königin sitzen, nachdem sie niedergekommen war, damit ich sie unterhielte und am Schlafen hindere. Heute jedoch verurteilt man diese Praxis. Man erlaubt ihnen einzuschlafen, nachdem sie ein wenig Brühe zu sich genommen haben, weil man glaubt, daß Ruhe und Schlaf alle Strapazen der Niederkunft beseitigen.« Ruhe, Isolierung und Stillhalten: Dies ist es, was die Ärzte im Laufe des 18. Jahrhunderts mehr und mehr verordnen.

Ein Stück von sich selbst

Das Kind, das die Frau mit ihrem eigenen Blut genährt hat, ist ein Teil ihrer selbst. Äußerungen des Mutterinstinkts sind schon einige Zeit vor der Geburt festzustellen. Verschiedene Geburtshelfer haben beschrieben, wie Frauen, die ein zu enges Becken hatten oder an Blutverlust litten, bevor das Kind ausgetragen war, und die wußten, daß sie in Lebensgefahr schwebten, sich doch dagegen wehrten, daß die Geburt vorzeitig eingeleitet wurde, weil sie ihr Kind retten wollten. Diesem Verhalten liegen sicher auch religiöse Beweggründe zugrunde, vor allem aber der Wunsch der Mutter, einem lebenden und lebensfähigen Kind das Leben zu schenken, auch wenn sie dafür ihr eigenes Leben wagen muß. Es scheint im übrigen so zu sein, daß sich im 17. und zu Beginn des 18. Jahrhunderts die Frauen häufiger als in späteren Zeiten weigerten, eine Geburt einleiten zu lassen. Die Medizinisierung der Geburt dürfte ein wesentlicher Grund für diese Entwicklung gewesen sein.

Der Mutterinstinkt äußert sich am deutlichsten, wenn die Geburt besonders schwer oder sogar dramatisch war. Geburtshelfer La Motte berichtet gegen Ende des 17. Jahrhunderts, wie er zu einer armen Frau auf der Halbinsel Cotentin gerufen wurde. Es lag ein Armvorfall vor, und die Dorfhebamme hatte vor seiner Ankunft schon mehrmals an dem Ärmchen gezogen. Es gelang dem Geburtshelfer, die Geburt zu beenden, indem er das Kind drehte, das jedoch nach der Entbindung keinerlei Lebenszeichen von sich gab. Die stark geschwächte Mutter, die doch stundenlang Schmerzen gelitten hatte, konnte nur an eines denken: Daß sie ihr Kind verlieren würde! Obwohl sie schon mehrere Kinder hatte und das Neugeborene getauft war, »weinte sie bittere Tränen«, schreibt La Motte, »wegen des Verlustes, den sie glaubte erlitten zu haben«; eine halbe Stunde später war es jedoch gelungen, das Kind wieder zum Leben zu erwecken.

Die Verbundenheit mit dem Neugeborenen äußert sich auch in dem noch tragischeren Fall, wenn die Mutter weiß, daß sie sterben wird. Der Pariser Geburtshelfer Paul Portal wird im Jahre 1681 zu einer Frau gerufen, die der Chirurg aus Angst, seinem Ruf mit einer mißlungenen Geburt zu schaden, schmählich im Stich gelassen hatte, nicht ohne ihr zuvor lapidar zu erklären, daß sie dem Tode geweiht war: »Er sagte zu der Frau, daß sie die Beichte ablegen müsse. Als die Kranke ihn fragte, wann sie dies tun müsse, antwortete er, daß es sofort sein müsse, weil er glaube, daß sie im

Sterben liege.«»Ich konnte nichts anderes denken«, schreibt Portal,»als daß eine Frau, die soeben soviel gelitten hat und sich noch schwach fühlt, bei einer so unverblümten Auskunft bestürzt sein müsse ... Sie bat darum, ihr Kind sehen zu dürfen, da sie keinen Schmerz fühlte, nur eine gewisse Übelkeit. Sie starb aber, kurz nachdem sie die Beichte abgelegt hatte.« Zweifellos ein Extremfall, der jedoch viel über die Realität aussagt: Die Frau ringt darum, ihren eigenen Tod zu überwinden, indem sie einen Teil von sich auf Erden zurückläßt: Ihr Kind wird zumindest überleben!»Jeder möchte in seiner Nachkommenschaft fortleben.«

Wenn auch in den Texten vor der Mitte des 18. Jahrhunderts wenig von der Mutterliebe die Rede ist, muß man sich doch fragen, ob dies die Meinung rechtfertigt, daß die Mütter damals ihre Kinder nicht liebten, wie Elisabeth Badinter behauptet. Neigen wir nicht zu sehr dazu, nach denjenigen Beweisen von Zuneigung zu suchen, die wir selbst erwarten? Verwechseln wir dabei aber nicht die Mutterliebe, eine zeitlose Empfindung, mit ihrem äußeren Ausdruck, der von Jahrhundert zu Jahrhundert unterschiedlich sein kann? Und wenn wir über Mutterliebe im allgemeinen sprechen, simplifizieren wir dann nicht zu sehr? Tatsächlich müssen wir uns darüber im klaren sein, daß es wesentliche Unterschiede zwischen den Frauen in den Städten und denjenigen auf dem Lande und zwischen den verschiedenen gesellschaftlichen Milieus gegeben hat. Wir wissen wesentlich mehr über die Frauen aus den gutsituierten Kreisen in der Stadt als über Frauen außerhalb davon. Unser Urteil ist durch die Art unserer Quellen eingeschränkt, die sich nur auf eine Minderheit der Mütter beziehen. Und schließlich sind es meist Männer, die uns über das Verhalten der Mütter Auskunft geben. Wie aussagekräftig aber ist deren Meinung?

Im 16. und 17. Jahrhundert sind Moralisten, Erzieher und Ärzte nun keineswegs der Meinung, daß die Mütter ihre Nachkommenschaft nicht liebten, sondern daß sie gerade eine viel zu große Zuneigung zeigen und ihre Erziehung höchst schädlich ist: Sie müssen strenger werden! Diese Autoren, die häufig selbst Väter sind, weisen darauf hin, daß das Band zwischen Mutter und Kind im Volk sehr eng ist, und zwar sowohl in der Stadt wie auf dem Lande. In einer Abhandlung über das Wochenbett unter besonderer Berücksichtigung des »gestauten Wochenflusses« bemerkt der Arzt Jacques Duval, daß die Sauberkeit der Wöchnerinnen außerordentlich zu wünschen übrig läßt, und er tadelt ihr Verhalten. Was sie sich an Exzessen leisten! Wie schlecht es ihnen auch geht, möchten sie doch ihren Sprößling kosen. Er legt ihnen nachdrücklich ans Herz, »sich nicht dem unüberlegten Drang hinzugeben, das Kind zu herzen und zu küssen«. Wissen sie nicht, daß sie das Neugeborene anstecken können, daß es davon Flechten, Krätze und »andere Infektionen der Haut« bekommen kann? Ein solcher Gefühlsüberschwang schickt sich nicht. Er ist einer echten Frau, einer echten Mutter unwürdig: »Man sieht, daß sie durch ihre Unbedachtheit einer Affenliebe Ausdruck geben, die sie, wie es heißt, in ihrem heißen Verlangen zu kosen und zu herzen dazu verleitet, ihre Kinder so stark zu drücken, daß sie daran ersticken« (21, 260). Affenliebe . . .

Für die Stadtbewohner, die auf ihre »Menschenwürde« halten, sind allzu unverhohlene Liebesbezeigungen gegenüber dem Neugeborenen ein Zeichen von »Tierhaftigkeit«. Daß sich Frauen aus den Volksschichten auf dem Lande so verhalten, mag noch hingehen. Sie leben doch inmitten von Tieren und verhalten sich dann auch genauso wie diese! Die Damen von Stand in der Stadt müssen sich jedoch solcher Exzesse tunlichst enthalten. Diesen Gedanken, der im Laufe des 16. Jahrhunderts Fuß faßt, kann man als Ausdruck der veränderten Haltung gegenüber dem Kind in adligen Kreisen und dem Hochbürgertum sehen.

Teil V
Die Sozialisation des Kindes

ndlich ist das langersehnte Kind da. In der einfachen Hütte, auf der Burg und bei Hofe, überall ist die Geburt ein Fest, das jeder nach seinem Vermögen und seinen Ambitionen feiert.

Das Neugeborene muß aber durch die Taufe nochmals geboren werden. Das Sakrament ist auch ein Übergangsritus und bezeichnet den offiziellen Eintritt des Kindes in die irdische Gemeinschaft. Mit der Taufe wird das Kind sozialisiert, in die Gesellschaft aufgenommen. Das Kind wird damit »von der Sache zum Lebewesen«. Von »Nichts« oder fast nichts wird es zu einer Person, da es von diesem Zeitpunkt an einen Namen hat.

Kapitel 1

Der Empfang des Kindes

Knäblein fein,
prinzlicher Sproß,
wie süß ist Dein Lächeln,
wie lieblich bist du in Deiner Wiege.

J. LE HOUX

Knaben werden immer mehr geschätzt und daher festlicher empfangen als Mädchen. Aber unabhängig davon, ob es ein Knabe oder ein Mädchen ist, das Neugeborene braucht Schutz. Das zarte junge Leben darf nicht zu früh Gefahren ausgesetzt werden.

Man begann sogleich, sich über die Zukunft des Kindes Gedanken zu machen, und man suchte Hinweise darauf aus dem Tag und der Stunde seiner Ankunft in der Welt zu ermitteln. Und Vorhersagen gab es zuhauf: Wird es ein langes Leben haben? Wird es glücklich sein? Die »Geburtszeichen« am Himmel und am Leib des Kindes wurden sorgfältig betrachtet. Wenn es mit einer »Glückshaube« geboren wurde, dann wird ihm das Glück lachen. Wenn jedoch seine Füße zuerst zum Vorschein kamen, dann verhieß dies nichts Gutes.

Alle freuen sich

Da Sterben ohne Nachkommenschaft das Schlimmste war, was einem Menschen zustoßen konnte, war jedes Kind willkommen. Unglücklicherweise starben viel zu viele Kinder, und so war es besser, viele Kinder zu haben, um den Fortbestand der Familie zu sichern. Kinder sind ein Segen Gottes, eine Gnade, die der Herrgott dem christlichen Ehepaar erweist, wofür sie ihm dankbar sein müssen.

Die Mutter kann die Augen von dem Kind nicht lassen, das sie unter dem Herzen getragen hat, und dem sie soeben das Leben geschenkt hat. Es ist eine Freude, ihre Wonne zu sehen: »Die Frau, von ihren Kindesbanden erlöst, freut sich darüber, ihrem Gemahl einen Beweis ihrer Liebe geschenkt zu haben, und bezeugt allen, die um sie sind, ihre Dankbarkeit und Anerkennung für die Dienste, die man ihr geleistet hat. Sie lacht und scherzt, sie bittet darum, das Kind sehen zu dürfen, das ihr neun Monate lang soviele Schmerzen bereitet hat. Die außerordentliche Freude und Fröhlichkeit, die sie empfindet, wenn es seine Ärmchen und Beinchen streckt, lassen sie die schweren Schmerzen der Kindesnöte vergessen. Die ersten Schreie des Kindes sind für sie eine so überwältigende Erfahrung, daß ihr das Herz vor Freude übergeht und sie die Tränen nicht zurückhalten kann. In diesem Augenblick läßt die Mutter ihren zärtlichen Empfindungen freien Lauf; sie sind so stark, daß es ihr nichts ausmacht, das Kind, das bedeckt ist mit Schleim, Blut und Schmiere, stürmisch zu liebkosen. Da ihr Gefühl und ihr Verstand zurückgekehrt sind, entschuldigt sie sich bei denjenigen, die sie glaubt beleidigt zu haben, als ihre Wehen am heftigsten waren. Diese Szene ist meist zutiefst bewegend« (27, 129).

Es ist erstaunlich, wie modern dieser empfindsame und anrührende, von einem Geburtshelfer aus der Zeit der Aufklärung geschriebene Text anmutet; hieraus wird deutlich, daß die spontane Liebe einer Mutter zu ihrem neugeborenen Kind keine zeitlichen Schranken kennt.

Besuch am Wochenbett

Die Geburt ist ein Fest, das gemeinsam gefeiert werden muß. Verwandte, Freunde und Nachbarn strömen herbei, um Mutter und Vater ihre Freude über den Nachkömmling zu bekunden. Eine Geburt bedeutet Geselligkeit: Das Kind schmiedet ein Band zwischen der Familie und der Gemeinschaft.

Die Neuigkeit von der Geburt macht bei den Frauen des Dorfes oder des Viertels schnell die Runde. In den Tagen nach der Geburt eilen sie alle nacheinander herbei, um dem Kind ihr Aufwartung zu machen, um es zu bewillkommnen und ihm Gesundheit zu wünschen: »Möge der Gute Gott es beschützen!« oder »Oh, welch ein süßer Schatz! Möge der Gute Gott es segnen!« Es ist ein lautes Rufen und Lachen, Scherzworte fliegen unaufhörlich hin und her. Man versucht herauszufinden, ob das Kind mehr der Mutter, dem Vater oder einem nahen Verwandten ähnelt. Im Elsaß hat man wie auch anderswo einen Schatz an Sprichwörtern bereit, die den Eltern versichern, daß ihr Kind ein typischer Sproß der Familie ist: *Wie der Acker, so dir Ruewe*, oder *Der Apfel fallt nit wid vom Baum.*

DER EMPFANG DES KINDES

Der Neuankömmling. Die Familie und die Nachbarschaft kommen, um sich über die Ankunft eines neuen Lebens zu freuen. Die Frau liegt auf einem Hochbett, die Wiege steht ebenfalls erhöht: zum Schutz vor Kälte und Nässe? Radierung von Eugène Martin, 1868, Sammlung Musée de Bretagne, Rennes.

Manchmal ist das Baby aber auch so häßlich, daß die Mutter Zuspruch braucht: *A wieschdes Wiegelkind, a schenes Gassekind.* Bis Mitte des 19. Jahrhunderts wurde der Vater in Lothringen »godard« (vom lateinischen *gaudere,* sich freuen) genannt: Diesen Spitznamen, den er behält, bis im Dorf ein neues Kind geboren wird, trägt er nicht gerne und er hört ihn keineswegs mit großer Freude, weil oft derbe Scherze, Anzüglichkeiten und sogar bösartige Reden ihn begleiten. Wenn wir dem zeitgenössischen Autor glauben dürfen, von dem diese Zeilen stammen, hat er freilich wenig Grund, böse zu sein, weil dieser Brauch einfach die Freude ausdrückte, »zu der die Geburt eines neuen Stammhalters Anlaß geben muß«.

Beim Adel und Hochbürgertum, wo die Etikette eine wichtige soziale Funktion hat, ist der Besuch bei der jungen Mutter im Wöchnerinnenzimmer fast eine Zeremonie. Nach der Niederkunft wird die junge Mutter aus dem »Leidensbett« in ein »großes, reich mit Gardinen behangenes Bett umgebettet«, um das herum

DIE SOZIALISATION DES KINDES

Besuch in der Wochenstube. Holzschnitt aus einer Familienzeitschrift des 19. Jahrhunderts.

Schemel und Ruhekissen für die Freundinnen angeordnet werden. »Aufgeputzt« und »geschmückt wie Reliquienschreine« nehmen die Wöchnerinnen Besuche entgegen

Aufmachung und Umrahmung atmen Luxus: »Was die Nachtröcke betrifft: Diese sind aus karminrotem, strohgelbem oder weißem Satin, aus Samt oder Gold- oder Silbertuch, das die Frauen mit Vorliebe wählen.

Sie tragen Halsketten oder goldene Armbänder und sind mit noch mehr Zierat behängt als Götzenbilder oder Königinnen auf Spielkarten; ihre Betten sind mit holländischem Tuch oder feinstem Linnen bezogen und so gut gesteift, daß keine einzige Falte über die andere fällt.«

Diese Mode dürfte gegen Ende des 15. Jahrhunderts aus Italien gekommen sein, denn in dieser Zeit ist der »Besuch am Wochenbett« ein häufiges Thema in der italienischen Kunst. Daß diese Sitte in Frankreich so schnell übernommen wird, hängt vor allem damit zusammen, daß er einem ausgeprägten Hang nach äußerer Repräsentation und Prunksucht entgegenkommt, der sich in diese

Zeit des blühenden Handels und zunehmenden Reichtums geltend macht. Pamphletisten und Chronisten prangern diesen schamlosen Luxus an, der ihrer Meinung nach auf die außerordentliche Eitelkeit der Frauen zurückzuführen ist, während den Frauen zu jener Zeit doch vielmehr eine Statistenrolle aufgezwungen wird. In Schriften wie *Les Caquets de l'accouché* (Klatsch am Wochenbett), *Die fünfzehn Freuden der Ehe* oder *Der Schatten des Ehebettes* werden solche frauenfeindlichen Vorstellungen genährt. Das Wöchnerinnenzimmer voller kakelnder Frauen erinnert sie an einen Hühnerstall ...

Man treibt fortan seinen Spott mit den »Précieuses« oder »gelehrten Frauen«, und die Themen, über die jene sich austauschen, sind nichts als Klatsch.

Schon zu Beginn des 15. Jahrhunderts hatte Christine de Pisan erkannt, wie sehr diese Prunksucht und zügellose Eitelkeit dem guten Namen der Frauen schaden konnten, jedoch blieben ihre Warnungen offenbar ungehört, denn der Wöchnerinnenbesuch blieb bis zum 18. Jahrhundert ein Ereignis, bei dem großer äußerer Aufwand getrieben wurde.

Besuch bei der Wöchnerin. Kupferstich von Abraham Bosse aus dem 17. Jahrhundert.

Sowohl in den Dörfern als auch in den Städten brachten die Besucher Geschenke mit. Indem die Frauen kamen, um die Wöchnerinnen zu beglückwünschen, gaben sie ihrer Freude unmittelbaren Ausdruck, daß die Niederkunft gut verlaufen und das Kind endlich geboren war. In den begüterten Kreisen der Städte schenkte man immer aufwendigere Dinge, manchmal wahre Kunstwerke. Ab dem 15. Jahrhundert hatte der ebenfalls aus Italien stammende Brauch Eingang gefunden, eine »Wöchnerinnenschale« zu schenken, meist Fayence-Arbeiten, wie diejenigen aus Urbino. Sie waren reich mit Allegorien geschmückt, die meist die Niederkunft der Myrrha darstellten.

Bis zum Beginn dieses Jahrhundert schenkte man meist Naturalien. Noch im Jahre 1947 überreichte man der Wöchnerin in einigen Dörfern der Charente einen Apfel. Meist brachte man Kuchen, Rundbrote oder Eier mit, Speisen, die als Fruchtbarkeitssymbole stets auch auf den zahlreichen Gemälden zu finden sind, die die italienischen Maler des Quattrocento der Geburt Mariens gewidmet haben. In der Provence durfte die erste Nachbarin, die zu Besuch kam, es nicht versäumen, die üblichen Glückwünsche für das Kind auszusprechen. Sie brachte als Geschenk ein Stück Brot, ein Ei, Salz und ein Streichholz mit und sagte dabei:

Siegue bon coume lou pan, plan coume un iou,
Savi soume la sau e dre coume uno brouqueto.

Möge es so gut wie das Brot, voll wie ein Ei,
weise wie das Salz und aufrecht wie ein Streichholz sein.

Gut, voll (-ständig an Leib und Gliedern), weise und aufrecht, war das nicht das Idealbild eines schönen Kindes?

Auch die Mutter wurde bei diesen Glückwünschen bedacht. Im vorigen Jahrhundert gingen die Besucherinnen in der Gegend von Limoges und Haute-Savoye niemals weg, ohne ein Geldstück von einem oder zwei Sou für die junge Mutter zurückzulassen, oder, wenn man dafür zu arm war, eine Kleidernadel.

Dieses Ritual hatte eine doppelte Bedeutung: Die Mutter – und indirekt auch das Kind – wurde dadurch vor bösen Nachbarinnen geschützt, die vielleicht beabsichtigten, »ihre Milch wegzunehmen«, und nach der Zeit der Absonderung konnte sie mit dem so zusammengekommenen Geld die Messe für ihren ersten Kirchgang bezahlen.

Nachdem im 19. und in der ersten Hälfte des 20. Jahrhunderts die Wohlfahrt und der Einfluß der städtischen Lebensweise zunah-

DER EMPFANG DES KINDES

Wochenstube aus dem Paris des 18. Jahrhunderts. Kupferstich von Etienne Huyot nach einem Gemälde von Philippe Ceresme.

men, verlor man allmählich das Empfinden für die symbolische Bedeutung des Wöchnerinnengeschenks. Sein Geld und Nutzwert stand immer mehr im Vordergrund. Man gab jetzt eine Kinderrassel, eine Brosche oder, als Kostenbeitrag, immer häufiger Babykleidung.

DIE SOZIALISATION DES KINDES

Essen, Trinken und Beisammensein

Eine Geburt konnte nicht ohne Essen und Trinken gefeiert werden. Bevor man jedoch zum festlichen Schmaus schritt, mußte bestimmten uralten Gebräuchen Genüge getan werden. Im 17. Jahrhundert opferte man den beschützenden Feen ein einfaches Mahl, »die nicht fehlen sollten, ihre Gaben über das Neugeborene auszuschütten«. Vor dem Herdfeuer stellte man ein Tischchen auf »mit drei Gläsern, einer Kanne Wein, drei Broten aus feinem Mehl« und einer oder zwei Kerzen, die die Nacht über brennen mußten.

Auf dem Lande wurde Essen und Trinken meist von den Gästen mitgebracht. Man konnte seiner Freude keinen besseren Ausdruck verleihen als durch eine solche gemeinsame Mahlzeit. Dieser Brauch war im 16. Jahrhundert in verschiedenen Provinzstädten üblich. In Familienchroniken aus Limoges finden sich köstliche Beschreibungen solcher Gastmale, zu denen Verwandte und Nachbarn zusammenkamen. Der eine brachte eine Hühner- oder Hasenpastete mit, der andere eine Gans, der dritte ein Spanferkel oder vier gebratene Hühner, und wieder ein anderer einen Krug Wein, und dann ging es zu Tisch. Die Zungen lösten sich, es war warm und gemütlich, und die Gesellschaft war fröhlich und in allerbester Stimmung. Man sang und trank auf das lange Leben des Säuglings. Wenn die Wöchnerin an diesem Gelage teilnahm, bekam ihr dies nicht immer gut. Im 18. und 19. Jahrhundert übten die Ärzte deutliche Kritik an diesen Schlemmereien, durch die die Frauen Milchfieber bekommen konnten und ihre Gesundheit untergruben. Diese Feste arteten schließlich »so sehr aus, daß der Magistrat sie verbieten mußte«. Bis zu Beginn dieses Jahrhunderts blieb die Tradition jedoch bestehen. Lediglich der Zeitpunkt des Festes verlagerte sich vom Tag der Geburt auf den Tag der Taufe.

Adlige Kinder und Königskinder

Wenn die Frau des Lehnsherrn oder des Königs ein Kind bekam, war dies auch für die Vasallen und Untertanen ein Ereignis. Schon gar, wenn es ein Knabe war, denn dies bedeutete den Fortbestand des Geschlechts und die Erhaltung des Throns. Sowohl im Dorfe als auch in den Straßen und auf den Plätzen der Stadt wurde das Ereignis ausgelassen gefeiert; jeder kam auf seine Kosten: Das Volk tanzte und aß und trank nach Herzenslust, während die Elite bei den weltlichen und kirchlichen Feiern im Prunkstaat auftrat.

DER EMPFANG DES KINDES

Alles lief nach dem Ritual ab, das sich im Laufe des Jahrhunderts teilweise verfeinert hatte, wobei das Volk voll Dankbarkeit und Sympathie nach oben blickte, auf das fürstliche oder königliche Paar und seinen jüngsten Sproß. Zu gesellschaftlicher Vermischung kam es dabei freilich nicht. Die Feiern waren eine kollektive Gebärde, bei der jeder seinen eigenen Platz hatte und seine eigene Rolle spielte.

Die Verbundenheit mit dem Lehnsherrn wurde durch die Geburt eines Kindes auf der Burg noch verstärkt. Die Verkündigung der Neuigkeit und die Ehrenbezeigungen, die man dem Herrn und seiner Gemahlin entgegenbrachte, erfolgten nach einem jahrhundertealten Ritual. Wenn in manchen Herrschaften von Poitou die Burgherrin die ersten Wehen fühlte, »stellte sich einer der Vasallen mit einem Gewehr vor das Haupttor des Schlosses, um den Vasallen der Burggrafschaft im Augenblick ihrer Niederkunft die Neuigkeit kundzutun, daß ein Kind geboren war«. Bei diesem Anlaß mußten die Bewohner eine bestimmte, vorab in Verhandlungen festgelegte Steuer entrichten. So waren gemäß einer Übereinkunft, die 1482 zwischen dem Marquis von Causans, Herrn von Brantès in der Provence und den örtlichen Bauern getroffen wurde, diese verpflichtet, bei jeder Niederkunft der Herrin auf dem Schloß folgendes abzuliefern: »Zwei Fackeln von drei Pfund, Marzipanbrote, ein Pfund Zuckermandeln, ein Pfund feine Gewürze, ein Pfund Nelkenpfeffer, ein Viertelpfund Ducis-Pulver, eine halbe Ladung guten Weins, aus dem Hipocras gemacht wurde, ein Zukkerbrot von drei Pfund, zehn Pfund Honig und eine Ladung Holz«. Als Gegenleistung verpflichtete sich der Lehnsherr, »beim Kirchgang seiner Gemahlin – *in resurrectione dominae* – die Familienhäupter nach ihrem Stand zu einem Mahl zu laden«.

Die Geburt eines Königskindes war ein Ereignis ohnegleichen. Es wurde an mancherlei Orten in vielfältigster Weise gefeiert, und das ganze Land pries mit einer Stimme in Dankbarkeit Gott, der in seiner Güte die Zukunft des Königsreichs sichergestellt hatte. Das erste Viertel des 17. Jahrhunderts markierte einen Wendepunkt in der Art, wie Königinnen niederkamen. Alle Kinder von Maria von Medici und Heinrich IV. waren in einer liebenswürdigen Unordnung zur Welt gekommen, von der Louise Bourgeois berichtet hat. Jeder konnte seiner Freude ungehindert Ausdruck verleihen, was freilich weitgehend der Gutmütigkeit des Königs zu verdanken war. Nach der Geburt des Kronprinzen »nahm der König die Fürsten und verschiedene hochgestellte Personen mit, um nach ihm zu

DIE SOZIALISATION DES KINDES

sehen. Jeden, der zum Hause des Königs und der Königin gehörte, ließ er das Kind sehen. Dann schickte er sie weg, um für Neuankömmlinge Platz zu machen. Alle waren sie in solcher Freude, daß ihnen die Worte fehlten; Leute, die sich begegneten, fielen sich ohne Rücksicht auf Rang und Stand um den Hals. Ich habe von Damen gehört, die ihre Bedienten umarmten, weil sie so außer sich vor Freude waren, daß sie nicht mehr wußten, was sie taten.« Es waren etwa zweihundert Menschen anwesend, die auf Zehenspitzen umhergingen und einander beglückwünschten. Die vielen Leute und die Mitteilung, daß sie einen Sohn hatte, führten schließlich dazu, daß die Königin einen Schwächeanfall erlitt. Es betrübte Louise Bourgeois, die Königin in diesem Zustand zu sehen, und auch sie erhob ihre Stimme: »Es gab keinerlei Grund, alle diese Menschen hier einzulassen, während die Königin gerade entbunden hatte! Der König hörte mich, trat zu mir, tippte mir auf die Schulter und sagte ›Seid stille, Hebamme! Seid nicht betrübt; dieses Kind ist von jedermann, und jedermann muß sich freuen‹« (6, 163).

Unter den folgenden Regierungen wurde ein viel strengeres Protokoll und ein komplizierteres Zeremoniell eingeführt. Bei den ersten Wehen, die der königliche Geburtshelfer – und nicht mehr die Hebamme – feststellte, ließ die Erste Hofdame der Königin dem Fürsten, den Prinzen und Prinzessinnen, den Ministern und Botschaftern hiervon Bescheid geben, die sich unverzüglich zur Königin begaben.»Der Kanzler oder der Großsiegelbewahrer ließ sich zu Füßen des Kindbettes auf die Knie nieder, und eine riesige Spanische Wand wurde hinter der erlauchten Gesellschaft geschlossen.« Wenn das Neugeborene ein Kronprinz war, dann legte man es auf ein silbernes Tablett und trug es, von Offizieren und der Leibwache feierlich eskortiert, in seine eigenen Gemächer, wo das Königskind in eine Wiege gelegt wurde und der erste Zeremonienmeister ihm die Insignien des Ordens des Heiligen Ludwigs anheftete.

Schon bald war die Neuigkeit von der Geburt auch außerhalb des Palastes bekannt. Nach der Geburt des späteren Ludwigs XII. im Jahre 1601 gab es in Fontainebleau »die ganze Nacht Freudenfeuer, Trommeln und Trompeten, und Weinfässer wurden angezapft, um auf die Gesundheit des Königs, der Königin und des jungen Kronprinzen zu trinken. Groß war der Andrang derjenigen, die darum baten, die gute Nachricht in fremde Länder und in alle Provinzen und Städte Frankreichs tragen zu dürfen«.

DER EMPFANG DES KINDES

In Paris wurden Kanonenschüsse abgefeuert, woraufhin man den ganzen Tag und manchmal noch bis zum folgenden Morgen die Glocken des Rathauses, des königlichen Palastes und der Samaritaine läutete. Dies war das Startzeichen für die allgemeine Lustbarkeit und die offiziellen Feiern. Im Oktober 1781 berichtete Louis-Marie Lavergne, ein junger Arzt aus der Bretagne, einem Freund von dem Schauspiel, dessen Zeuge er in der Hauptstadt nach der Geburt des lang ersehnten Kronprinzen geworden war: »Jeden Tag gibt es öffentliche Feiern mit allgemeiner Illumination, Feuerwerk, Tanz und kostenlosem Theaterspiel auf den Kreuzungen und öffentlichen Plätzen. Nach beiden Seiten werden Geld, Brot und Würstchen unter das Volk gestreut. Auch den Wein läßt man reichlich fließen ... Die Place de Grève, wo sich das Rathaus befindet, bot einen wunderbaren Anblick. Das Gebäude war drei Nächte hintereinander in prächtiges Licht getaucht. Der Gouverneur von Paris, Herzog Cossé, begab sich jeden Abend mit einer Kutsche ... und ansehnlichem Gefolge dorthin. Begleitet von den Provosten der Kaufleute und den Schöffen, die links und rechts Geld unter die Menge streuten, machte er eine Runde um ein großes Freudenfeuer, woraufhin er ein Zeichen gab, daß das Fest beginnen könne.«

In Paris und allen anderen größeren Städten bildete ein feierliches *Te Deum* mit vorangehendem oder anschließendem prunkvollem Umzug den Höhepunkt der offiziellen Veranstaltungen. Die höchsten Repräsentanten des Staates in vollem Ornat und die örtlichen und provinziellen Würdeträger gaben so ihrer Genugtuung über die Fortsetzung des königlichen Geschlechtes Ausdruck. An das königliche Paar und den Thronerben gerichtete »Adressen« und nichtendenwollende Glückwünsche wurden öffentlich dargebracht. An der Wiege des Kronprinzen erneuerte das ganze Königreich sein Treuegelübde gegenüber der Krone und den König.

Die Feste zu Ehren der Geburt weiterer Kinder waren in keiner Weise mit den Festlichkeiten bei der Geburt eines Kronprinzen vergleichbar. Dies galt insbesondere dann, wenn es sich um ein Mädchen handelte. Eine Prinzessin war höchstens ein Bauer auf dem politischen Schachbrett Europas, ein Einsatz im strategischen Spiel der königlichen Heiratsdiplomatie ... Diesbezüglich war man sich in allen Gesellschaftsschichten einig: Mädchen waren Kinder zweiter Klasse, man mußte einen Mann für sie suchen, man mußte ihnen eine Aussteuer mitgeben. Sie waren, kurzum, eine Last.

DIE SOZIALISATION DES KINDES

Das Kind wird gestillt. »Die Kinderfrau in der Normandie«, Gemälde von Jean-Pierre Haag, 2. Hälfte 19. Jahrhundert, Louviers, Musée Municipal.

Eine Mutter, die einem Mädchen das Leben schenkte, wurde symbolisch bestraft, weil sie schlechte Arbeit geleistet hatte. In der Marche bekam sie im 19. Jahrhundert nach der Entbindung von einem Knaben zur Kräftigung ein köstliches Stück geröstetes Brot, das in warmen, süßen Wein getaucht war. Wenn es ein Mädchen war, mußte sie sich mit gesalzenem Milchbrei zufrieden geben. Einen ähnlichen Brauch gab es im 18. Jahrhundert auch in Poitou. Wenn die Burgherrin einen Sohn gebar, bekam derjenige, der den Gewehrschuß abfeuerte, ein Weißbrot und eine Flasche Wein. Wenn es eine Tochter war, bekam er nur Graubrot und ein Glas Wasser. Häufig war das ganze Ankündigungsritual je nach dem Geschlecht des Kindes unterschiedlich. Um 1730 erschien in der Gegend von Bressuire der Vasall vor der Tür des Geburtszimmers und rief: »Es lebe Madame und ihr neugeborener Sohn!« Danach »mußte er in einem Zug eine Flasche Wein austrinken und ein Pfund Weißbrot mit einem stark gesalzenen und gepfefferten Rebhuhn aufessen. Dies alles bot ihm der Lehnsherr an. Wenn die Frau von einer Tochter entbunden wurde, bekam der Vasall nur eine Flasche Wasser, ein Stück Schwarzbrot und einen Käse vorgesetzt.«

Es war in ganz Westeuropa allgemein üblich, das weibliche Geschlecht in der Welt zurückhaltend zu bewillkommnen. Im vorigen Jahrhundert nahm dies manchmal ganz eigentümliche Formen an; so berichtet etwa Michelet: »Im schweizerischen Schaffhausen muß die Dienstbotin, die eine Geburt bekannt gibt, zwei Blumensträuße auf dem Busen und in der Hand tragen, wenn es ein Knabe ist, und nur einen, wenn es ein Mädchen ist«. In Neftenbach bekam ein Mann, der Vater eines Sohnes geworden war, zwei Wagenladungen Holz, jedoch nur eine, wenn es eine Tochter war.

Vermutlich hing dieses unterschiedliche Verhalten bei der Geburt eines Sohnes oder einer Tochter weitgehend mit dem Wunsch der Männer zusammen, daß die männliche Linie erhalten bliebe. Der Vater nahm für sich in Anspruch, die Verkörperung seines Geschlechts zu sein und glaubte, nur durch einen männlichen Nachkommen ersetzt werden zu können.

Das Kind vor bösen Praktiken behüten

Die Geburt eines Kindes bedeutet eine große Beruhigung, jedoch beginnt damit zugleich auch eine Zeit der Unsicherheit, die erst mit der Taufe endet. Die ersten Stunden sind bereits entscheidend für die Zukunft des Kindes. Sein verletzlicher Leib ist allerlei guten und bösen Einflüssen ausgesetzt. In der Finsternis lauern böse Kräfte auf diese leichte Beute, auf dieses Würmchen, das noch nicht durch die Taufe von der Erbsünde gereinigt ist, auf dieses junge Wesen, das, solange es noch keinen Namen hat, von der Gesellschaft noch nicht wirklich akzeptiert und aufgenommen ist.

Oberflächlich betrachtet, scheint es eine unendliche Vielfalt von Schutzritualen zu geben; in Wirklichkeit sind die Unterschiede jedoch vernachlässigbar, und man hat es im Grunde überall mit denselben Verhaltensweisen zu tun.

Metall und Rosenkranz

Der Schutz des Kindes verlangte in erster Linie dessen Absonderung. Bis zum Augenblick der Taufe wurde das Kind äußeren Einflüssen entzogen und blieb innerhalb der sicheren Mauern des Hauses oder Zimmers. Wenn man mit ihm ins Freie ging, setzte man das Leben des ungetauften Neugeborenen auf das Spiel. »Das Kind darf nicht unter den Dachpfannen hervorkommen«, sagte man in manchen Dörfern des Elsaß, um auszudrücken, daß man sich außerhalb des Hauses auf gefährliches Gebiet begab. Wieviele Vorsichtsmaßnahmen ergriff man nicht am Tag der Taufe vor dem Kirchgang, damit die bösen Mächte dem Säugling nichts anhaben könnten! Die Zauberer und bösen Geister waren so erzürnt, daß das Kind selbst im Hause nicht vor ihren Praktiken sicher war. Deshalb mußte es vor denjenigen beschützt werden, die verhindern wollten, daß es wuchs, die es entführen, bezaubern oder töten wollten. In der Gegend um Sarrebourg fürchtete man das Erdmännchen, das sich im Dunkeln auf die Brust des Kindes setzte, um ihm über die Brustwarze sein Blut auszusaugen; wenn das Kind am Morgen eine geschwollene, schmerzende Brust hatte, dann war dies der Beweis dafür, daß der Vampir nachts dagewesen war. Überall im Elsaß fürchtete man das »Doggele« oder »Letzekäppel« – das seine Mütze verkehrt herum trug – und auch das »Schrätzmännel«, das sich auf das Kind setzte und es erstickte.

Den besten Schutz vor den Horden Sylphiden, Teufeln und bösen Geistern, die alles daransetzten, Fenster und Türen aufzubrechen, bot das Pentagramm, das die Hebamme auf die Schwelle zeichnete, und auf dessen richtige symbolische Ausführung nur sie sich verstand. Wer dem Kind Böses zufügen wollte, nahm immer eine List zu Hilfe, um in das Haus eindringen zu können, zum Beispiel durch Verbergen in einem ausgeliehenen Gegenstand, der zurückgegeben wurde. In der Zeit vor der Taufe gaben daher die Eltern keinen einzigen Gebrauchsgegenstand, kein Kleidungs- oder Einrichtungsstück aus den Händen. Man beschränkte sich aber nicht nur darauf, das Ein- und Ausgehen von Gegenständen zu beschränken; in dem Raum, in dem das Baby schlief, wurden auch bestimmte Metallteile abgelegt, denen man abschreckende Wirkung zuschrieb. In Aunis und Saintonge legte man ein Stück Eisen zu dem Kind. In Lothringen und im elsässischen Sundgau befestigte man ein Messer mit der Spitze nach vorne an der Wiege oder am Bettchen. Aber nicht nur Metall war dazu geeignet, böse Einflüsse abzuwenden. Die bösen Geister konnten auch mit der Hose des Vaters vertrieben werden, die man in Thüringen an die Wand hing und in Saintonge neben das Bettchen legte; in der Gegend von Altkirch maß man einem Paar Schuhe dieselbe Kraft zu, sofern die Spitzen zu den Öffnungen des Raumes wiesen; teilweise wurden sie auch in Form eines Kreuzes angeordnet.

DER EMPFANG DES KINDES

Der Schutz des neuen Lebens. Der heilige Guénin, Fürsprecher der Frauen bei der Jungfrau Maria. Retabelgemälde aus dem 19. Jahrhundert aus der Kirche von Plouray (Morbihan).

Im Laufe des 19. Jahrhunderts nahmen die Schutzrituale immer mehr christlichen Charakter an; geweihte Rosenkränze, Krönchen vom Fronleichnamstag, Gebetszettel und Amulette wurden in die Wiege oder auf den Körper des Kindes gelegt, gewissermaßen als letzte Verteidigungslinie gegenüber dem bösen Zauber. Im Elsaß machte man in das »Wagelseil«, mit dem man vom Ehebett aus das Kind wiegen konnte, drei Knoten, die die göttliche Dreifaltigkeit symbolisierten. Die Mutter versäumte es auch nie, das Kind nach dem Wickeln zu »bekreuzigen«, so wie sie auch auf das runde Brot mit der Spitze des Messers das Kreuzzeichen machte, bevor sie ein Stück davon abschnitt.

DIE SOZIALISATION DES KINDES

Salz und Kerzen

Neben diesen christianisierten Bräuchen blieben jedoch auch alte Verbote erhalten, wie z. B. daß man einem Kind keinen Spiegel vorhalten dürfe, da es sonst nicht wachsen, sondern krank werden oder vorzeitig sterben würde, oder das Verbot des Wiegens, wogegen sich Mütter stets heftig wehren: »Wenn man Kinder wiegt, werden sie verzaubert!« rief im Jahre 1919 eine Bäuerin in der Nähe des südfranzösischen Castres aus, als der Arzt ihr riet, das Kind zu wiegen, und sie fügte hinzu: »Wenn ich es wiege, wird das arme Kind niemals groß!«

Das Salz, das bei jeder rituellen Beschwörung einen festen Platz hatte, war ein unfehlbares und vielgebrauchtes Abwehrmittel. Es verhindert Bezauberungen. Manchmal gab man es nach der Niederkunft der Mutter, die dann ein wenig Salz in die Hand nehmen, mit der Zunge etwas davon auflecken und den Rest über ihren Kopf nach hinten werfen mußte. Daher kommt auch die im Elsaß übliche Redewendung »im Salz sitze«, womit der Zustand der Mutter nach dem Vollzug des Rituals bezeichnet wurde. Im Limousin und Périgord trug die Mutter ein kleines Säckchen mit Salz um den Hals, um sicherzustellen, daß ihre Milch nicht wegblieb, denn eine der gefürchtetsten Bezauberungen war diejenige, die die Milch versiegen ließ. Um das Hausgesinde zu beschützen, warf man auch ein wenig Salz in das Herdfeuer. Schließlich rieb man auch das Baby damit ein. Im 19. Jahrhundert legte man in der Charente und in der Provence ein Säckchen Salz auf das Kind, um es vor dem bösen Blick zu schützen. Ein Jahrhundert zuvor gab man im Beauvais eine Messerspitze Salz in die Windel eines ungetauften Kindes, das man aussetzte.

Am besten wurde das Kind noch dadurch geschützt, daß man bei ihm wachte und ständig eine Kerze brennen ließ. Dies war ein sehr alter Brauch, den es überall gegeben zu haben scheint, ähnlich der Totenwache am Ende des Lebens. Die angsterregenden Mächte aus dem Reich der Finsternis wurden häufig durch das kleine Flämmchen einer Kerze vertrieben, die zu Maria Lichtmeß gekauft wurde, dem Fest am zweiten Februar, an dem die Reinigung begangen wird.

Zwischen Geburt und Taufe wachten daher Familienangehörige und Nachbarinnen eine oder zwei Nächte lang abwechselnd bei dem Kind. In dieser Zeit mußten es die Eltern vermeiden, das Kind bei dem oder den Namen zu nennen, die sie ihm gaben, oder gegenüber irgend jemandem auszusprechen. Wenn sie sich nicht beherrschen konnten, würden sie dadurch Zauberern und vom Teufel Besessenen die Möglichkeit geben, dem Kind ernsten Schaden zuzufügen, und sie konnten sogar seinen Tod herbeiführen.

Was wird aus dem Kind werden?

Das Neugeborene ist ein Wesen ohne Eigenschaften und gibt anscheinend keine Anhaltspunkte dafür, was aus ihm werden wird. Und doch sagt der Körper des Kindes etwas über seine unmittelbaren Aussichten: Ist es stark, dann besteht die Hoffnung, daß es leben wird, ist es schwach, dann muß man sich leider damit abfinden ... Aber weiß irgend jemand, was ein solcher eigenschaftsloser Körper und ein Geist, der Monate, ja Jahre für seine Entfaltung braucht, in sich birgt? Zum Glück gibt es Zeichen, die im Namen des Kindes sprechen. In dem Augenblick, in dem es zur Welt gekommen ist, ist sein Schicksal in gewisser Weise schon besiegelt. Aber auch die Art der Geburt und seine Rangfolge in der Familie sagen viel über das künftige Leben aus.

Vorhersagen auf Grund des Mondstandes

Durch die Befragung der Sterne, die sorgfältige Prüfung der Mondphasen, das Studium alter Zauberbücher und mit Hilfe mündlicher Überlieferungen glaubte man Antwort auf die Fragen zu finden, die man sich stellte.

Es war allgemein üblich, die Astrologie heranzuziehen, um sich Klarheit über das Schicksal eines Menschen zu verschaffen, und selbst die Kirche konnte sich diesen Tendenzen nicht immer entziehen, die gewiß nicht im Einklang mit der reinen Lehre waren, da nur Gott allein das Los der Menschen kennt und es gewissermaßen ein frevelhaftes Begehren ist, den Verlauf und das Ende eines Lebens in Erfahrung bringen zu wollen.

Nun war es freilich so, daß gerade die höchsten Kreise hier mit schlechtem Beispiel vorangingen. Im 16. und 17. Jahrhundert war man bei Hofe auf Horoskope geradezu versessen; man weiß, welche Rolle Wahrsager und Zauberer in dem Kreis um Maria von Medici gespielt haben. Sie war es auch, der Auger Ferrier, ein Arzt aus Toulouse, im Jahre 1559 sein Buch mit dem Titel *Jugements*

DIE SOZIALISATION DES KINDES

Geburtsszene auf einem Gebärstuhl aus »Der Swangern Frawen und Hebammen Rosegarten« von Eucharius Roeßlin, Worms 1513.

astronomiques sur les nativités widmete. Darin befaßt er sich mit der wichtigsten aller Fragen:

»Ob das Kind am Leben bleiben wird oder nicht«, und er glaubte diese mit der folgenden, recht obskur klingenden Formel beantworten zu können: »Wenn der Herr des Aszendenten nicht vom Herrn des achten Hauses beglückt ist, wird das Kind nicht leben, und dies um so weniger, wenn die Herren der Triplizität des vergänglichen Himmelslichts nicht beglückt sind.«

Daß solche Sprache den meisten unverständlich blieb, machte gar nichts. Das Thema war im Schwange, und das Buch wurde ein Erfolg, wie die vielen Neudrucke und Übersetzungen bezeugen, die damals erschienen. Ferrier wurde erster Leibarzt der Königin, wobei er sein hohes Ansehen am Hofe weiterhin seinen Horoskopen verdankte.

DER EMPFANG DES KINDES

Als der spätere König Ludwig XIV. am Sonntag, dem 5. September 1638, um elf Uhr fünfzehn vormittags im Zeichen des Mars geboren wurde, ließ man sofort sein Horoskop erstellen. Der Kronprinz hatte so lange auf sich warten lassen, daß man unbedingt so schnell wie möglich wissen mußte, welche Zukunft ihm bevorstand. Ein exzellenter Mathematiker vom Collège de France wurde mit dieser Aufgabe betraut. Dies kann uns Heutige nur erstaunen: Wie viele andere in jener Zeit war Jean-Baptiste Morin sowohl Wissenschaftler als auch Astrologe. Er konnte sich rühmen, die Horoskope einer großen Zahl berühmter Persönlichkeiten berechnet zu haben, darunter auch jenes von Jesus Christus ... Dieser Mann wurde als Hofastrologe angestellt.

Früher galt der Mond als derjenige Himmelskörper, der das ganze Universum regelte. Man weiß, welche Bedeutung ihm für die Fortpflanzung zugeschrieben wurde, doch war auch sein Einfluß auf die Geburt nicht geringer. Er sorgte dafür, daß der Bauch von Mensch und Tier wieder flach wurde, nachdem er ihn hatte anschwellen lassen. Dies war eine Überzeugung, die schon seit Jahrtausenden bestand. Aristoteles glaubte, daß Tiere bei Flut zur Welt kamen und bei Ebbe starben, und Pascal bekräftigt: »Man wird nicht natürlicherweise geboren und man stirbt keinen natürlichen Tod in den ersten drei Stunden nach dem Durchgang des Mondes durch den Himmelsmeridian.« Auch heute glaubt man, daß der Mond auf den Geburtszeitpunkt großen Einfluß hat. Das Personal von Frauenkliniken fürchtet noch immer die Zeit des Vollmondes, in der sie die meiste Arbeit haben werden, auch wenn sich der Geburtsrhythmus in der heutigen Zeit tiefgreifend verändert hat. Seit etwa dreißig Jahren werden die Biorhythmen immer intensiver erforscht. Forschern wie Menaker, Buhler und Gauquelin zufolge besteht eine signifikante Beziehung zwischen der Zunahme der Geburten und dem Eintreten des Mondes in die Vollmondphase; andere wiederum, wie z. B. Reiter, Hoseman und Meyer sehen keinen direkten Zusammenhang zwischen der Anzahl der Geburten und dem Mondzyklus. Auch wenn ein Einfluß des Mondes wahrscheinlich sein dürfte, so ist er doch schwierig zu beweisen. Es spielen auch andere Faktoren eine Rolle, insbesondere die Summe der Anziehungskräfte von Sonne und Mond und vor allem auch der Luftdruck.

In den vergangenen Jahrhunderten haben diejenigen, die Familienchroniken führten, vielfach sorgfältig notiert, bei welchen Mondständen ihre Kinder geboren wurden. Wie es für alles Leben-

DIE SOZIALISATION DES KINDES

dige galt, konnte es ein guter oder ein schlechter Mond sein, und das Kind wurde demgemäß gut oder schlecht. Die Astrologen hatten einen Kalender mit Glücks- und Unglückstagen aufgestellt, der nach der Geburt des Kindes sofort zu Rate gezogen wurde. Zoé Guinot aus Channes in der Champagne hat eine Tabelle von Entsprechungen zusammengestellt. Nach ihren Berechnungen wird das Kind, das geboren wird am:

1., 6., 9., 13., 16. Tag des Mondmonats ...... lange leben
3., 5., 7. . . . . nicht lange leben
2. . . . . sehr groß werden
4. . . . . ein Verräter und treuloser Mensch werden
8. . . . . schöne Gesichtszüge haben
10. . . . . viel reisen
11. . . . . geistreich und sehr geschickt sein

Indem man die Geburt des Kindes in den Mondkalender einordnete, hoffte man, den Rahmen für sein Leben festzulegen, möglichst wenig dem Zufall zu überlassen und sich Gewißheit zu verschaffen.

Stunde, Tag und Monat

Daß man dem Mond eine wichtige Rolle bei der Geburt zuwies, bedeutete nicht, daß die Sonne unberücksichtigt geblieben wäre. Bei Sonnenaufgang geboren zu werden, war eine ganz besondere Gabe; wenn die Geburt mit dem Anbruch des neuen Tages zusammenfiel, war dem Kind ein langes und glückliches Leben gewiß. Dagegen verhieß eine Geburt zwischen elf Uhr nachts und Mitternacht, der Stunde der höllischen Mächte, wenig Gutes. In Rochecouart in der Gegend von Limoges war es sogar ein Vorzeichen des vorzeitigen Todes des Kindes. Dem Volkskundler Sauvé zufolge war diese Überzeugung um 1880 in den Hochvogesen »so tief verwurzelt, daß manchmal, wenn eine Frau von den Geburtswehen überrascht wurde, während eine dieser gefürchteten Stunden nahe war, die zutiefst bekümmerte Familie die Kreißende anfleht, alles zu unternehmen, um die Geburt zu beschleunigen oder zu verzögern«. Nun hat man wissenschaftlich festgestellt, daß die meisten Kinder in den ersten Tagesstunden geboren werden, während die Wehen vielfach mitten in der Nacht beginnen, was früher häufig der Grund für allerlei aufgeregtes Verhalten gewesen sein mag.

Im Norden und Osten Frankreichs galt auch die Mittagstunde

nicht als besonders günstiger Zeitpunkt. Im Elsaß glaubte man, daß ein Kind, das in diesem Augenblick zur Welt kam, das ganze Leben lang Hunger haben würde. Im südlicher davon gelegenen Quercy war zwölf Uhr mittags gerade der beste Augenblick für eine Geburt, da diese Zeit als die beste Stunde des Tages galt. Andere Orte, andere Meinungen ...

Der Sonntag galt überall als Glückstag für eine Geburt, zum einen wegen der Auferstehung des Herrn, die sich an diesem Tag ereignet hatte, zum anderen, weil es der Tag der Sonne war, wie auch die Benennung dieses Tages in den verschiedensten Sprachen bezeugt. Im Elsaß, wo sich die alten heidnischen Gebräuche lange erhalten haben, galt die Redeweise: *A Sonntag's Kind, a Glickskind.*

Der Freitag, der Todestag Christi, war natürlich das Gegenstück des Sonntags. Es war ein Tag der Trauer, an dem man nicht heiratete und an dem man besser nicht geboren war. Das ärmste Kind gar, das am Karfreitag geboren wurde: Sein ganzes Leben lang, das wahrscheinlich so lang nicht sein würde, würden es Armut und Unglück begleiten. Für die Geburt günstige Tage fielen mit den »fröhlichen christlichen Festen« zusammen, die ungünstigen Tage mit den christlichen Feiertagen, »die im Zeichen der Trauer und Buße standen«.

Auch bei den Monaten gab es günstige und weniger günstige. Manche Monate waren besonders gefürchtet. In erster Linie war dies natürlich der November, der Totenmonat, aber auch der August, weil es schien, als ob das Glück den Kindern, die in diesem Monat geboren waren, niemals lachte: »Mit dem August will niemand etwas zu tun haben«, hieß es. Der Mai war nicht besser beschrieben: »Alles, was im Mai zur Welt kommt, taugt nichts.« Maikinder waren als Dummköpfe verschrien. In einem Reim aus der Charente ist die Erinnerung daran bewahrt geblieben, in welch rüder Weise man im Mai geborene Kinder bewillkommnete:

Ko que naï an méï dé maï
Örin yo per la paôto, fou yo laï.

Geborene im Monat Mai
nimm an der Pfote, wirf sie weit.

Die Länge der Tage hatte auch Einfluß auf die Größe der Menschen. In der Gegend um Limoges glaubte man, daß Kinder, die im Dezember und Januar geboren wurden, wenn die Tage kurz sind, klein bleiben würden. In Saintonge war man der Meinung, daß im März geborene Kinder einen großen Kopf bekämen.

Am wenigsten jedoch war das Schicksal denjenigen gewogen, die in den Quatembertagen im Advent und insbesondere in der Fastenzeit geboren wurden. Im Elsaß waren den Eltern solche Kinder ein Greuel, weil sie böse waren und ständig üble Streiche im Schilde führten. Man beschuldigte sie, mit bösen Geistern Kontakt zu haben, und man wünschte ihnen meist einen frühen Tod ... Die Kinder, die in den »Schwarzen Nächten« zwischen dem 20. und 24. März zur Welt kamen, glaubte man sogar überhaupt nicht versorgen zu müssen, weil man überzeugt war, daß sie ohnehin bald sterben würden ...

Freilich galten dunkle Tage nicht überall als fatal; im Südwesten Frankreichs stand den Kindern, deren Geburtstag auf den 2. November fiel, eine schöne Zukunft bevor, und man behandelte sie mit größter Achtung. Wenn sie erwachsen waren, nannte man sie in Quercy und in der Gegend um Albi »armiers« oder »armaciers« (Seelenhüter), nach dem Okzitanischen *armo*, was »Seele« bedeutet. Weil sie an Allerseelen geboren waren, hatten sie ja die Fähigkeit, mit der Welt der Vorfahren in Kontakt zu treten; weil aber jede Beeinträchtigung des Familieneinkommens und jede Krankheit von Mensch und Tier meist als Zeichen der Unzufriedenheit eines verstorbenen Familienangehörigen galt, der sich von seinen Nachkommen vernachlässigt glaubte, fungierte der »Armier« als Mittler und trug dazu bei, Streitigkeiten zwischen dieser und der jenseitigen Welt zu schlichten.

Die Rangfolge in der Familie

Der Zeitpunkt der Geburt war nicht der einzige Prüfstein, der über das künftige Leben des Neugeborenen Aufklärung geben konnte. Man achtete auch auf den Platz, den das Kind in der Geschwisterreihe einnahm. Die älteren Kinder wurden stets mit größerer Freude bewillkommnet als die jüngeren. Da das Ziel der Ehe die Fortpflanzung war, bildete vor allem das erste Kind den Beweis der Fruchtbarkeit und damit des Gelingens der Verbindung. Die Geburt weiterer Kinder war kein so großes Ereignis mehr, sondern im Grunde nur die Fortsetzung eines biologischen Prozesses. Einzig der Umstand, daß noch kein Stammhalter geboren war, während das Paar bereits mehrere Töchter hatte, konnte das Interesse am nächstfolgenden Kind lebendig halten, bis endlich eines Tages ein Knabe geboren wurde.

Dem jüngsten Kind galt vielfach besondere Aufmerksamkeit. In Lothringen wurde es »niau« genannt, das Nesthäkchen, das am längsten im Nest blieb, weil es schwächer war als der Rest der Brut. In Anjou war es der »caillaud«, der »cailleraud« oder »chopiot«; im Nivernais der »culard«, in der Champagne der »charculot« und in der Franche-Comté der »culot«, ein schwächliches und zitterndes »Herbstlämmchen«. Diese Kinder waren gewissermaßen von weniger »kräftigen« Eltern gezeugt, die ihren besten Samen bereits für die Geschwister verbraucht hatten ... Man glaubte, daß solche Kinder klein blieben, aber einen scharfen Verstand besaßen, ganz wie der Däumling im Märchen.

Der Däumling war übrigens nicht nur das letzte Kind, er war auch das siebente einer ununterbrochenen Reihe von Knaben. Das Thema des siebten Sohnes oder der siebten Tochter tritt in den Märchen und Sagen Europas vielfältig auf. Da die Sieben eine magische Zahl war, schrieb man diesen Kindern besondere Gaben zu. In Frankreich und auf den Britischen Inseln konnten sie durch Streichen oder Handauflegen heilen. Sie konnten die Geheimnisse eines Zauberers aus einer anderen Familie erben, und es war ihnen gewiß, daß sie es im Leben »weit bringen würden«. Der siebte Sohn eines siebten Sohns besaß die außergewöhnliche Gabe – wozu ansonsten nur noch die französischen Könige befähigt waren – Kröpfe zu heilen.

In Spanien wurden aufeinanderfolgende fünfte und sechste Söhne automatisch *saludadores* oder Heiler. In Frankreich konnte das dritte Kind, wenn man den mittelalterlichen Texten Glauben schenken will, ebenfalls bestimmte Fähigkeiten haben. Im *Roman de la Rose* berichtet der Dichter, daß die Dame Überfluß auf den nächtlichen Fahrten, sie die dreimal in der Woche unternimmt, von Kindern begleitet wird, die als Dritte in der Familie geboren sind; die Geister dieser Kinder verlassen den Leib, um der »geheimnisvollen Gottheit« bis in die Häuser des Dorfes folgen zu können. Nichts kann die Schar, die Glück und Überfluß bringt, aufhalten, sofern man ihr Opfer bringt. Es bestehen viele Übereinstimmungen zwischen diesem Text und den Berichten über die »Benandanti« des italienischen Friaul im 16. Jahrhundert, über die Carlo Ginzburg Untersuchungen angestellt hat. Auch sie hatten mit einem agrarischen Beschwörungsritual zu tun, und auch sie verdankten ihre Macht ihrer Geburt, allerdings nicht durch ihren

Platz in der Kinderschar, sondern wegen der Haube, die sie bei der Geburt trugen.

Mit der Haube geboren werden

Früher glaubte man, daß die »Glückshaube«, jener Teil der Eihäute, mit dem der Kopf des Kindes manchmal bis zu den Schultern bedeckt war, Heilkraft besaß. Wenn ein so kleiner Leib solchermaßen »bekleidet« aus dem Mutterschoß zum Vorschein kam, betrachtete man dies als ein Zeichen besonderen Schutzes. Der Ausdruck »er ist mit der Glückshaube geboren« wurde zu einer Redensart, mit der man ausdrückte, daß dem Betreffenden das Glück immer gewogen war.

Wie zahlreiche ethnographische Berichte belegen, war die Vorstellung weit verbreitet, daß Kinder, die »mit dem Helm« geboren wurden, ihr Leben lang glücklich sein würden. Auch dies war eine uralte Vorstellung, denn schon ein chaldäischer Text betont, daß »das Glück in das Haus einkehrt, wenn eine Frau ein Kind mit dem Helm auf dem Kopf zur Welt bringt«. In Europa wird meist Aelius Lampridus zitiert, Geschichtsschreiber der römischen Kaiser, der im 4. Jahrhundert berichtete, daß die römischen Hebammen die Glückshaube beiseite schafften und zu einem hohen Preis an Advokaten verkauften. Die Anwälte waren bereit, hierfür sehr viel Geld auszugeben, weil sie davon überzeugt waren, daß diese, »wenn sie sie bei ihren Plädoyers bei sich trugen, viel für den Gewinn ihrer Prozesse leisten konnten«. Eine solche Unterschlagung der Glückshaube war immer zum Nachteil des Kindes, denn nur unter einer Bedingung war ihm sein künftiges Glück und körperliche Unversehrtheit gewiß: Wenn es sich niemals von dem »Stückchen Haut entfernte, das es aus dem Schoße seiner Mutter mitgenommen hatte«, wie der Verfasser des *Evangile des quenouilles* (Evangelium des Spinnrockens) im 15. Jahrhundert so schön formulierte. Dann blieb es vor Krankheiten und anderem Unheil verschont. Die als Talisman getragene »Schafhaut« beschützte ihn im Kampf und bewahrte ihn vor dem Tod durch Ertrinken.

Diese Formen des »Aberglaubens« wurden von der Kirche heftig bekämpft, um so mehr, als sie wußte, daß sich auch Priester zu Praktiken hergaben, die mit ihrem Amt keineswegs zu vereinbaren waren. Die Frauen wußten nämlich die Pfarrer dazu bewegen, daß sie die Glückshauben segneten oder während der Messe weihten, um ihre magischen Kräfte noch zu vermehren. Dies bestätigt eine

Erklärung, die ein friulanischer Bauer im Jahre 1580 vor den kirchlichen Autoritäten abgab, die ihn der Zauberei verdächtigten: »Meine Mutter«, sagte er, »gab mir die Glückshaube mit den Worten, daß sie sie zugleich mit mir hatte taufen lassen und daß sie neun Messen, einige Gebete und Evangelien hatte lesen lassen, um sie zu segnen.«

Im darauffolgenden Jahrhundert weigerten sich die Pfarrer nach einem entsprechenden Verbot der Bischöfe, die Glückshaube weiter zu segnen, jedoch fanden die Frauen trotzdem eine Möglichkeit, Messen für sie lesen zu lassen – indem sie sie unter dem Altar versteckten. Der Glaube an die Kraft der Glückshaube war außerordentlich tief verwurzelt. Ab dem 16. Jahrhundert sah man jedoch insbesondere in den Städten, wie Laurent Joubert bezeugt, hierin nicht mehr als »eine Allegorie auf diejenigen, die von reichen und sehr vermögenden Eltern geboren wurden, so daß sie nichts tun müssen, außer zu ihrem Vergnügen oder um ihrer Ehre willen, wozu sie jedoch keinerlei Notwendigkeit zwingt. Es wird von ihnen gemeinhin gesagt, daß sie glücklich sind und ›ganz bekleidet‹ zur Welt kommen, das heißt mit vielen Besitztümern, die sie von ihren Eltern mitbekommen. Die anderen, die arm sind, werden wirklich nackt geboren.«

Der soziale Aspekt drängte den Mythos in den Hintergrund; es war besser, daß das Kind begüterte Eltern hatte, als daß es ein Günstling des Schicksals war. Dies war ein bedauerlicher Rückschritt, denn es war nicht nur das mit der Glückshaube geborene Kind selbst, das von seinem glücklichen Geburtslos profitierte: Der Helm verlieh ihm bestimmte Gaben, die der ganzen Gemeinschaft nützten.

Die »Benandanti«, die die Früchte des Feldes schützten und an den Quatembertagen gegen die Zauberer auszogen, die die Ernte vernichteten, bildeten im 16. Jahrhundert auf dem friulanischen Lande eine Art Bruderschaft, deren Mitglieder alle dadurch ausgezeichnet waren, daß sie mit der Glückshaube geboren waren. Alle waren durch ihre besondere Geburt befähigt, ihren Leib zu verlassen, um auf das rituelle »Schlachtfeld« zu ziehen; mit einem Fenchelzweig bewaffnet, versuchten sie, dem schändlichen Treiben der Zauberer, die sich ihrerseits mit Hirsehalmen verteidigten, Einhalt zu gebieten. Indem sie symbolisch die Ernte und die Viehherden »vor den Feinden der fruchtbaren Erde und all dem, was die Menschen besitzen« beschützten, sorgten sie für den Fortbestand der Gemeinschaft, der sie entsprossen waren.

Die »Benandanti« standen im Ruf, Hexen erkennen und die Opfer von Bezauberungen behandeln zu können; insbesondere hieß es, daß sie »die Toten sahen«. Sie gehörten jenem geheimnisvollen nächtlichen Aufzug während der Quatembertage an, an dem alle diejenigen teilnahmen, die vorzeitig gestorben waren. Diese »Wilde Jagd« wurde von einer weiblichen Gottheit angeführt, die auch Symbol des Reichtums und des Überflusses war: In den unterschiedlichen Gegenden hieß sie Abundia, Diana, Perchta oder Holda. Als Beschützer des kostbarsten Besitzes einer Gemeinschaft, der Ernte, oder als Mittler zwischen denjenigen, die »vor ihrer Zeit gestorben waren« und der irdischen Gemeinschaft opferten sich die »Benandanti« für die gute Sache auf.

In vielen europäischen Volksüberlieferungen war die Glückshaube der Sitz der »ausgetretenen Seele«. Sie symbolisierte den Übergang zwischen der Welt der armen Seelen – derjenigen der totgeborenen Kinder, der Ermordeten und der im Kampf Gefallenen – und der Welt der Lebenden. Durch die Glückshaube war ein »Benandante« in der Lage, »im Geiste« an den Ort zu reisen, wohin ihn die Pflicht rief, denn er war dadurch »mit einem Schicksal verbunden, dem man nicht entrinnen konnte«.

Der Mythos der »Benandanti« war sicher nicht auf das nordostitalienische Land beschränkt, sondern war höchstwahrscheinlich Teil »eines Systems von Überzeugungen, das über drei Jahrhunderte lang in einem deutlich abgegrenzten Gebiet zwischen dem Elsaß und den Ostalpen verbreitet war«, wie Carlo Ginzburg meint.

Wie die Glückshaube konnten auch bestimmte ungewöhnliche Haltungen während der Geburt Vorboten des Glücks sein. Da ein Kind normalerweise »wie ein Schwimmer, auf dem Bauch zur Welt kommt«, glaubte man von demjenigen, der »mit dem Blick zum Himmel« geboren wurde, daß seine Bestimmung eine ebenso ungewöhnliche war wie seine Ankunft in der Welt. Der Herzog von Anjou, das fünfte Kind von Maria von Medici und Heinrich IV., kam in dieser Weise zur Welt. Louise Bourgeois sah in diesem besonderen Ereignis ein Vorzeichen: »Von hundert Kindern kommt meist nicht einmal eines (in dieser Weise), wiewohl es heißt, daß die Mädchen (so) kommen, was aber nicht zutrifft. Von allen Kindern, die ich geholt habe, habe ich wohl keine dreißig (so) geholt. Ich hielt dies für ein so gutes Vorzeichen für ganz Frankreich, daß er in dieser Weise gekommen war, daß ich ganz aufgeregt war; in der Tat haben alle verständigen Menschen, die hiervon hörten, ihn mit sovielen Segenswünschen, Edelmut und Gehorsamsbezeigungen überschüttet und haben dem König und der Königin solche Genugtuung bezeigt, daß man dazu nichts mehr zu sagen braucht, weil alles, was den Himmel betrifft, nichts Irdisches hat.«

Die Fußlage

Wenn das Erste, was vom Kind zum Vorschein kam, die Füße waren, galt dies schon seit der Antike als schlechtes Vorzeichen. So freudig die Erwartungen waren, wenn das Kind mit der Glückshaube geboren wurde, so ungut waren sie, wenn sich zuerst seine Füße zeigten. »Es ist nicht natürlich«, schrieb schon Plinius, »daß ein Kind mit den Füßen zuerst zur Welt kommt. Deshalb hat man diejenigen, die so geboren wurden, »Agrippa« genannt – *aegre partos* –, unter Schmerzen Geborene.

Eine Fußlage ist in der Tat nicht ohne Risiko: Das Kind braucht im Geburtskanal nur die Ärmchen anzuheben, um sich lebensbedrohlich im Mutterschoß einzuklemmen. Eine Fußgeburt war aber nicht nur Synonym für eine schwierige Geburt. Sie hatte vor allem symbolisches Gewicht: Es war ein unheilverheißendes Zeichen. Ein römischer Schriftsteller mußte dabei natürlich an den grausamen Kaiser Nero denken, der ebenfalls mit den Füßen zuerst zur Welt kam, an den mordlüsternen Sohn, der seine Mutter umbringen ließ und die Ewige Stadt in Brand steckte, und dessen tragisches Los schon bei seiner Geburt besiegelt war.

Die Fußgeburt hat immer Assoziationen mit dem Tod wachgerufen. Aus Totenriten, die bis vor kurzem noch in verschiedenen Teilen Europas bestanden, geht hervor, daß der Tod »als Übergang mit den Füßen voran« betrachtet wurde. »Mit den Füßen zuerst« werden die Toten aus dem Haus getragen. Umgekehrt achtete man sorgfältig darauf, ein Baby nicht mit den Füßen zur Tür zu legen, da dies seinen Tod bedeuten könnte. Wie sollte dann ein Kind überleben, das mit den Füßen voraus geboren wurde? Wenn es trotzdem am Leben blieb, wurden ihm besondere Gaben zugeschrieben: In der Bretagne konnte es Verstauchungen heilen; in Schottland brachte es rheumatische Beschwerden und Schmerzen zum Verschwinden, »indem es mit dem Fuß auf den kranken Körperteil trat«. Es tat Wunder für die Füße oder mit den Füßen.

In den traditionellen Gesellschaften glaubte man, daß der Körper bei Geburt und Tod eine prinzipiell unterschiedliche Haltung einnahm. Man wurde »mit dem Kopf voraus« geboren, und diese Orientierung behielt der Körper bei, solange Leben in ihm war. Beim Tode änderte sich diese Haltung: Man starb »mit den Füßen voraus«. Wenn von einem Kind bei der Geburt die Füße zuerst zu sehen waren, störte es die natürliche Ordnung. Die Umkehrung des Leibes war ein Zeichen des vorzeitigen Todes; einem solchen Kind konnte zwangsläufig nur ein trauriges Schicksal beschert sein.

Der gezeichnete Leib

Wenn ein Kind ein Muttermal aufwies, galt dies immer als schlechtes Vorzeichen. Man glaubte, daß ein Kind, das von einem Naevus »gezeichnet« war, sein Leben lang von einem bösen Schicksal heimgesucht werden würde. Man versuchte also, ein solches Mal zu beseitigen.

In der Gegend um Cambrésis gab man der Mutter im vorigen Jahrhundert den Rat, jeden Morgen vor dem Frühstück an dem Fleck zu lecken, und zwar neun Tage lang nach der Geburt des Kindes. Wenn sie dies nicht tun wollte, konnten dieses Geschäft auch junge Hunde besorgen (14, 13). Gemäß den alten, magischen Heilweisen war Speichel das Mittel der Wahl zur Bekämpfung von Muttermalen und Warzen, die aus dem Reich der Toten stammten und nach dem Tod rochen.

Von allen schlechten Vorzeichen aber war die blaue Ader, die manche Babys auf der Schläfe oder zwischen den Augenbrauen aufwiesen, zweifellos das Schrecklichste. Überall kündigte es einen vorzeitigen Tod an. Im Elsaß war es das »Kirchhofzeichen« oder die »Todesader«. Sie konnte in der Tat auf eine venöse Stauung hinweisen, die das Kind rasch dahinraffen konnte. Um dieses böse Schicksal abzuwenden, gab es für die Eltern nur eine Möglichkeit: Eine Wallfahrt. In der Bretagne wurde ein Säugling, der am »Sankt-Divy-Leiden« litt, zum Stein der hl. Nonne in Dirinon gebracht; im nahegelegenen Léon in der westlichen Bretagne tauchte man seinen Kopf in eine heilige Quelle, um die »Sankt-Vizia-Ader« zum Verschwinden zu bringen.

Der Körper »sprach« für das Kind und enthüllte die Gefahren, die es bedrohten, durch dasjenige, was er zuviel hatte (Flecken, Wucherungen), oder dasjenige, was ihm fehlte. Kam ein Kind ohne Nägel zur Welt, dann war dies ein »Zeichen, das es nicht lange zu leben hatte«, wie Geburtshelfer Jacques Guillemeau sagt. Auch wenn ein Kind im Schlaf lächelte, war dies ein schlechtes Vorzeichen: »Den Engeln zulachen« bedeutet, daß es nicht mehr lange dauern würde, bis es »ihre Einladung annehmen und sich ihnen im Himmel anschließen würde«.

Die Zukunft vorbereiten

Zwei überall bekannte Geburtsriten dienten dem Zweck, dem Kind eine glückliche Zukunft zu sichern, nämlich das Pflanzen eines Baums und das Schenken eines Geldstücks. Die Sitte, einen Baum zum Gedächtnis der Fortsetzung des Stammbaums zu pflanzen, ist sehr alt und hat sich regional bis in das 20. Jahrhundert erhalten. Im Elsaß kam dem Vater oder Großvater die Ehre zu, den Baum in die Erde zu senken; meist war es ein Obstbaum, manchmal eine Tanne, eine Eiche oder auch eine Kastanie. Im Krummen Elsaß wurde der Baum für eine Tochter auf einem der Familie gehörenden Grundstück im Gemeindebereich gepflanzt, während der Baum für einen Sohn im Obstgarten hinter dem Haus, das er später erben sollte, eingepflanzt wurde.

Dieser »Geburtsbaum« sollte das Kind und später den Erwachsenen sein ganzes Leben lang begleiten: Es war ein »Lebensbaum«. Es bestand auch eine seltsame »Sympathie«, eine geheimnisvolle Entsprechung zwischen dem Menschen und seinem Baum-Doppelgänger. Der Baum war »das sichtbare Symbol der Geburt, des Wachstums, des Erwachsenseins und des Lebensendes«. Wenn der Betreffende in die Fremde ging, dann war der Baum an seinem Geburtsort der Spiegel seines Schicksals. Wenn ihn fern von zu Hause der Tod ereilte, dann verdorrte in der Bretagne, in der Normandie und in Wallonien sein Rosenstrauch; in Lothringen fielen die Rosen ab, und in Poitou verwelkten sie. Jedes Land kennt Märchen und Sagen von einem Menschen, der umgebracht oder Opfer des Schicksals wurde, und dessen Unglück an seinem Geburtsbaum abzulesen war. In Berry hatte der hl. Honoratius von Buzançais, der nach Poitou gezogen war, um dort Viehhandel zu treiben, seiner Mutter gesagt, daß sie sich nicht um seine Gesundheit sorgen müsse, solange sein Lorbeerbaum grün blieb; eines Tages verdorrte plötzlich ohne erkennbare Ursache das Laub seines Geburtsbaums. Damit wußte die arme Frau, daß ihrem Sohn ein Unglück zugestoßen war: Er war ermordet worden.

Eine viel prosaischere Art, die Zukunft des Kindes zu ebnen, besteht darin, ihm materiellen Reichtum zu wünschen. Ein weit verbreitetes Ritual, das mindestens bis in das 16. Jahrhundert zurückreicht, ist das Schenken eines Geldstücks. Im Languedoc schob man es zwischen die Windeln; in der Charante legte man es in die Wiege. In Saint-Dizier-Layrenne (Marche) drückte man dem Säugling zu Beginn des 20. Jahrhunderts ein Goldstück in das Händchen, »damit er reich werden sollte«; unweit davon, in Saint-Vaury, wurde das Kind auf einen Tisch gelegt und über Goldstücke gerollt. Der Gebrauch von Goldstücken muß wohl jüngeren Datums sein, da er einen gewissen Wohlstand voraussetzt; das Ritual selbst hing höchstwahrscheinlich mit der Sitte zusammen, das Baby nach der Tauffeier über den Altar zu rollen.

Die Sitte, ein Goldstück zu schenken, ist aller Wahrscheinlichkeit nach zuerst bei den begüterten Kreisen in den Städten in Mode gekommen. Der Großvater gab es der Hebamme, die damit über die Lippen des Kindes strich, um sicherzustellen, daß es ein schönes Äußeres bekam. Schon zu Beginn des 17. Jahrhunderts hatte dieser Brauch jedoch eine wesentliche Änderung erfahren: »Verschiedene unserer Hebammen ... reiben direkt nach der Geburt mit einem Goldstück über die Lippen [der Kinder], schrieb der Pariser Geburtshelfer Philippe Peu. »Dies tun sie, wie sie sagen, um ihnen ein blühendes Äußeres und eine gesunde, rote Farbe zu geben, die sie das ganze Leben behalten sollen. Die Hartnäckigkeit, mit der sie an diesem kostspieligen Ritual festhalten, ist ein deutlicher Hinweis darauf, daß es aus alten Zeiten stammt, aus jenen glücklicheren Zeiten, zu denen das Brot für die Bürger weniger kostete als heute für den Adel. Der gutmütige Großvater, der sich darüber freute, in seinen Enkeln fortzuleben, zog ein Goldstück aus seiner Westentasche, wenn ihm die Hebamme erklärte, wozu sie es brauchte, woraufhin diese es in ihren Geldbeutel gleiten ließ. Heute ist man nicht mehr so gutgläubig: Sparsamkeit ist geboten. Sie darf, soviel sie will, über die Lippen des Kindes streichen; das Geldstück muß sie aber demjenigen zurückgeben, der es ihr gegeben hat. Eines Tages wird dieser Brauch ganz verschwunden sein« (49, 199).

Kapitel 2

Der Name, ein Mittel zur Sozialisation

Die Reihenfolge in der Familie, der gesellschaftliche Stand und der Klassenmechanismus prägen den Namen und die Lebensumstände des Einzelnen, sein »Gesicht«, wie man auch sagt.

MARCEL MAUSS,
Sociologie et Anthropologie

Zwischen dem Mittelalter und dem vorigen Jahrhundert haben sich erhebliche Veränderungen bezüglich der Wahl der Vornamen und bezüglich der Namen selbst ergeben. Der Vorname wurde früher gewissermaßen als Familiengut weitergegeben, und zwar nach ganz strengen Regeln. Der Vorname sollte weniger das Kind und später den Erwachsenen individualisieren, sondern ihn vielmehr mit einer Familie, einem Geschlecht identifizieren. Ein Vorname wurde nicht beliebig ausgewählt, denn er bedeutete mehr, als man zunächst glauben möchte; er hing mit den Überzeugungen bezüglich des Lebenszyklus zusammen.

Im Laufe des 16. und 17. Jahrhunderts wich die Auffassung, daß das Kind unlöslicher Bestandteil eines Geschlechts war, allmählich der Vorstellung von einem individuellen Dasein des Kindes. Diese Entwicklung von Strukturen und Verhaltensweisen läßt sich sehr gut an den Veränderungen bei der Namensgebung ablesen.

Die Wahl eines Namens

Die Namensgebung für ein neugeborenes Kind ist ein grundlegendes Ritual. Der Name ist Zeichen der Anerkennung und der Zugehörigkeit; er schafft ein Band. Ein Kind, das tot zur Welt kam oder vor der Taufe stirbt, bleibt dagegen ein namenloses Kind, ein Wesen, das man nicht festhalten, nicht als zugehörig erkennen konnte. Man hatte keinen Zweifel, daß es dadurch Leid erfahren und Leid zufügen würde.

Der Name, den das Kind bei der Taufe empfing, wurde nicht beliebig ausgewählt und unterlag schon gar nicht einer schnellebigen Mode. Die Namensgebung war für das Kind ebenso wichtig wie für seine Familie. Der Vorname diente zwar dazu, den einzelnen und seinen Platz in der Familie und im Geschlecht zu bezeichnen, eignete sich aber nicht ohne weiteres dazu, einen Menschen zu identifizieren und aufzuzeichnen. In einem Dorf konnten mehrere, manchmal Dutzende von Menschen den gleichen Vornamen tragen: Der Name bezeichnet, schafft ein Band, aber er individualisiert nicht.

In den vergangenen Jahren haben sich Historiker, Soziologen, Volkskundler und Kulturanthropologen in verstärktem Maße dafür interessiert, in welcher Weise Vornamen vergeben wurden. Auch wenn es vorläufig noch nicht möglich ist, zu diesem Thema endgültige Aussagen zu machen, so ermöglicht es uns doch das Studium von Taufbüchern, Familienchroniken und kirchlichen Aufzeichnungen, einige wesentliche Elemente darzustellen.

Heute ist es so, daß die Eltern den Vornamen schon lange vor der Geburt des Kindes wählen. Sie sind frei in ihrer Wahl und hätten kein Verständnis dafür, wenn ihnen jemand diese Freiheit nehmen wollte, die sie als ihr Recht betrachten. Unsere Zeitgenossen suchen für ihre Kinder ausgefallene oder wohlklingende Namen; aber gerade dadurch, daß sie etwas Besonderes möchten, geraten sie in einen perfekten Konformismus, weil sie genau dem allgemeinen Trend folgen. Dies war in den früheren Jahrhunderten völlig anders, weil damals der Wunsch, ein Kind durch einen originellen Vornamen auszuzeichnen, zweitrangig war gegenüber den Geboten der Abstammung, gegenüber der Notwendigkeit, von Generation zu Generation den sichtbaren und symbolischen Familienbesitz weiterzugeben. Der Vorname gehörte ganz wesentlich zum übertragbaren Erbe.

Gegen Ende des 13. Jahrhunderts trat in Westeuropa offenbar eine wichtige Veränderung hinsichtlich der Namensgebung ein. Bis dahin trug man nur einen einzigen Vornamen und häufig einen Beinamen, der mit der Herkunft, dem Beruf, dem Wohnsitz, einem besonderen körperlichen Merkmal oder einer moralischen Eigenschaft zu tun hatte. Dieser Beiname wurde später häufig zum Familiennamen. Jahrhundertelang hatte man nur die Auswahl zwischen mehr oder weniger denselben Vornamen: einigen Namen, die allgemein beliebt waren, sowie daneben einer kleinen Anzahl weniger üblicher Namen. Im 14. Jahrhundert nahm die Zahl der weniger häufigen Namen deutlich zu, so daß man theoretisch eine größere Auswahl hatte. Die Veränderungen beschränken sich jedoch in dieser Zeit auf die Oberschicht. In Avignon z. B. treten »feudale Namen« wie Guillaume und Raymond, Alasacie und Douce in den Hintergrund gegenüber Namen wie Catherine und Jeanne, und vor allem gegenüber neuen Namen für männliche Stammhalter: Christophe, Sébastien und Antoine erfreuten sich rasch großer Beliebtheit, und die Kirche, der an neuen Kultformen gelegen war, förderte diese Entwicklung.

In den darauffolgenden Jahrhunderten ging die Vielfalt der Vornamen immer mehr zurück: Namen aus der Antike und dem Feudalzeitalter verschwanden, wenn auch dieser Prozeß nicht überall gleich schnell ablief. An ihre Stelle traten, in geringerer Zahl, die Namen von Schutzheiligen der Katholischen Reform. Im 17. Jahrhundert war die Hälfte der Bevölkerung mit einem von je drei bis vier männlichen und weiblichen Vornamen benannt. In Saint-André-des-Alpes trugen zwei Drittel der Männer, die zwischen 1630 und 1650 geboren wurden, den Namen Jean, Antoine, André oder Pierre, während ein gleicher Anteil der weiblichen Bevölkerung immerhin sieben Namen trug: Marguerite, Catherine, Jeanne, Anne, Honorade, Marie und Isabeau. Nicht überall waren mehr Mädchen- als Knabennamen in Gebrauch; im Vexin français war die Situation zur selben Zeit genau umgekehrt: Vier Namen genügten für die Hälfte der Mädchen, sieben für ebensoviele Knaben. Gegen Ende des Jahrhunderts, als die Auswahl kleiner geworden war, genügten drei Namen für die Hälfte der weiblichen Bevölkerung, für die Männer fünf.

Die katholische Kirche, die nach dem Konzil von Trient größte Anstrengungen unternahm, um die Seelen wieder auf den rechten Pfad zu führen, favorisierte damals ganz bestimmte Vornamen. Dies hatte zur Folge, daß der Name Maria im Laufe des 17. Jahrhunderts allmählich alle anderen Mädchennamen an Beliebtheit übertraf. Gegen Ende des 17. Jahrhunderts war er bereits in der Normandie beherrschend, während er in Katalonien noch so gut wie unbekannt war; ein Jahrhundert später trugen auch dort bereits 60% der Mädchen einen Mariennamen. Diese Mode war überall zu beobachten. Neben dem Namen der Muttergottes war nur noch Platz für denjenigen heiliger Frauen, die von einem Orden verehrt wurden, wie z. B. Colette (von Corbie) oder Rosa (von Lima). Bezüglich der Männer favorisierte die Kirche den Namen Franziskus, der die Erinnerung an Franz von Assisi lebendig hielt und durch das Beispiel des großen Bischofs Franz von Sales zusätzliche Attraktivität bekam. Daneben förderte sie auch den Namen Josef, dessen Beliebtheit im 18. Jahrhundert noch zunahm, weil er als hervorragendes Beispiel des guten Ehemanns und des guten Vaters sehr gut zu der Vorstellung von der Heiligen Familie paßte, die die Kirche in jener Zeit propagierte; er war aber auch in jener von der Angst vor den letzten Dingen gepeinigten Welt das Symbol des guten, friedlichen und wohlvorbereiteten Todes, der das christliche Gewissen beruhigen konnte. Dennoch wurde der Name Josef von demjenigen des treuen Apostels Johannes überstrahlt, der seit dem 14. Jahrhundert den ersten Platz einnahm. Auch wenn man in manchen Gebieten Namen bevorzugte, die anderen Aposteln oder Heiligen entlehnt waren – wie etwa Pierre oder René in Avignon, François und Claude in der Franche-Comté –, ermunterte die katholische Reform im allgemeinen doch zum Gebrauch des Namens Johannes. Er war für die Knaben, was Maria für die Mädchen war. Waren diese beiden denn nicht schon jahrhundertelang zu Füßen des Kreuzes des Erlösers miteinander verbunden?

Im 17. Jahrhundert unternahm die Kirche ernsthafte Anstrengungen, die Namensgebung vollständig in den Griff zu bekommen. Zu Hilfe kam ihr dabei die Verbreitung des Kultes des heiligen Schutzpatrons. Apostel, Bischöfe, die das Land christianisiert hatten, die Gründer von Klöstern, männliche und weibliche Heilige der Katholischen Reform wurden als Beispiele der Tugendhaftigkeit und Frömmigkeit hingestellt. In den synodalen Statuten und Gebetbüchern wurde die Notwendigkeit betont, den Kindern stets das Bild des Schutzheiligen vor Augen zu stellen, dessen Namen sie trugen, damit sie ihr Verhalten demjenigen ihres Namenspatrons anzugleichen suchten. Der Trientinische Katechismus war die Richtschnur; er schrieb vor, daß der Name, den man dem Kind bei der Taufe gab,»von jemandem stammen solle, der durch seine außerordentliche Frömmigkeit und Glaubensstärke das Verdienst der Heiligkeit erworben hatte, damit das Kind durch die Gleichheit der Namen umso mehr dazu angeregt würde, der Tugend und Heiligkeit seines Namenspatrons nachzufolgen; damit es in seinem Streben, ihm nachzufolgen, zu ihm bete, in der Hoffnung, daß er ihn beschütze und bei Gott zum Fürsprecher für das Heil seiner Seele und seines Leibes werde«.

Kindern einen »heidnischen Namen« zu geben, war fortan eine Verirrung, die auf das Nachdrücklichste bekämpft werden mußte. Wurde ein Vorname denn nicht fortwährend ausgesprochen, und ist er damit nicht das lebendige Echo verdammenswürdiger Überzeugungen? Eine Beleidigung für den wahren Glauben, eine fortwährende Herausforderung der kirchlichen Autorität: »Diejenigen, die es sich angelegen sein lassen, den Täuflingen heidnische Namen zu geben oder geben zu lassen, und insbesondere die Namen der Gottlosesten, sind schärfstens zu verurteilen«, betonte der Trientiner Katechismus. »Damit bringen sie zum Ausdruck, daß sie die christliche Frömmigkeit wenig achten, weil es ihnen gefällt, die Erinnerung an Gottlose lebendig zu halten, und weil sie wollen, daß die Ohren der Gläubigen fortwährend durch diese heidnischen Namen beleidigt werden.«

Im Zuge der »Pädagogie des Vornamens« sah sich die Kirche veranlaßt, sich über die Rechtmäßigkeit von Vornamen zu äußern; es gab gute Vornamen, die man fördern mußte, und schlechte, die mit Stumpf und Stiel auszurotten waren. Der Kampf gegen die Verweiblichung der Namen männlicher Heiliger und die Vermännlichung derjenigen von weiblichen Heiligen entsprang derselben Intention. Die Kirche wünschte, daß jeder Name auf einen männlichen Heiligen oder eine weibliche Heilige zurückging, die bzw. der bereits als solcher anerkannt war. Die Bischöfe hielten die Pfarrer an, Kinder nicht auf einen Namen zu taufen, der diesen Forderungen nicht entsprach.

Aus der Haltung der nachtridentinischen Kirche bezüglich der Namensgebung wird ihre entschiedene Absicht deutlich, die alten Zusammengehörigkeitsgefühle zu sprengen; indem sie den Gläubigen das »traute Zwiegespräch« mit ihrem Schutzheiligen ganz besonders ans Herz legte, förderte sie die Entwicklung des Individuums, das ja besser zu kontrollieren war als die Masse. Sie bekämpfte übrigens nicht nur die heidnischen Namen. Nach der Widerrufung des Edikts von Nantes glaubte sie in Frankreich mit der Säuberung der Vornamen eine vorzügliche Waffe gefunden zu haben, um den Weg zurück zur protestantischen Ketzerei zu versperren. So wurde der Vorname zu einem Faustpfand im Religionskampf.

Im Jahre 1562 hatte die protestantische Synode sich für Vornamen aus dem Alten Testament ausgesprochen. Dies hatte allerdings weniger Einfluß auf die Namensgebung als man glauben würde. Die Empfehlung wurde im 16. Jahrhundert viel mehr beherzigt als im siebzehnten, und wiederum mehr im Norden des französischen Königreichs als im Süden. Im 18. Jahrhundert wurden die Vornamen für Knaben in der Provence sogar verstärkt aus dem Neuen Testament genommen, wie es bei den Mädchen schon immer üblich war. In den geschlossenen Gemeinschaften von Brie wie etwa in Nogentel wählte man die weiblichen Vornamen noch lange Zeit überwiegend aus der Bibel. In der Regel überwogen jedoch die nichtbiblischen Namen. Dem protestantischen Klerus gelang es nicht, die Gewohnheiten umzukrempeln. Ohne zwingenden Grund entschieden sich weder Protestanten noch Katholiken für andere Vornamen; der Vorname war ein Erbgut, das weitergegeben wurde und mit dem man sich besonders verbunden fühlte.

Der Vorname, ein Familiengut

Die Geschwindigkeit, mit der heute Vornamen verschwinden, die gestern noch Mode waren, hat eine Situation geschaffen, die mit den Gewohnheiten vergangener Jahrhunderte in keiner Weise mehr vergleichbar ist. Früher gab es innerhalb einer Familie nur eine beschränkte Auswahl von Vornamen; zwei oder drei Vornamen kehrten regelmäßig wieder, und dies spiegelte gewissermaßen den Lebenszyklus und die Aufeinanderfolge der Generationen. Alle Gepflogenheiten zielten auf die Fortsetzung der Traditionen, und wenn es Veränderungen gab, dann kamen diese immer »von außen«, weil ein Pate oder eine Patin etwas Neues einführen wollte, oder weil vielleicht der Vater vorübergehend auswärts gearbeitet hatte und aus der Stadt andere Gewohnheiten mitgebracht hatte.

Daß der Fundus an Vornamen über Jahrhunderte so stabil blieb, hat seinen Grund in den Regeln seiner Weitergabe. In einer relativ geschlossenen Gemeinschaft, wie es die ländliche Gesellschaft früher war, war das Bedürfnis nach Individualisierung wenig ausgeprägt, und wenn es sich äußerte, dann gewiß nicht in einem originellen Vornamen. Ein Mensch zeichnete sich aus durch besondere Sinnesfähigkeiten, durch seine »scharfen Augen«, sein »feines Gehör«, oder aber durch seine Kraft, seine Körperhaltung, seine Findigkeit, sein Geschick beim Fangen von Wasservögeln oder seine »Nase« beim Auffinden »guter Pilzstellen« ...

Die Abstammung blieb wichtiger als das Individuum, und das Bedürfnis, das Kind herauszuheben, wog gering gegenüber der

Notwendigkeit, den Besitz weiterzugeben. Jeder Generation mußte man »nach den Regeln das sichtbare und symbolische Familienvermögen weitergeben, zu dem auch der Vorname gehörte«. In den meisten Gegenden wollte es der Brauch, daß das Kind einen Vornamen bekam, den schon einer seiner Vorfahren getragen hatte. Wenn es ein Knabe war, gab man ihm vorzugsweise den Namen des Großvaters väterlicherseits, wenn es ein Mädchen war, denjenigen der Großmutter mütterlicherseits. Im Limousin und Périgord wurden Oma und Opa von allen Enkeln – also nicht nur von ihrem Patenkind – Pate (»péri«) und Patin (»minnie«) genannt. Der Vorname überschlug häufig eine Generation und wurde so wiederum Ausdruck des Lebenszyklus, wie ihn die Landbevölkerung erlebte. Das große Rad der Familie konnte sich weiterdrehen, und die Kraft, die es trieb, war der Vorname.

Wenn, wie in Sault in den Pyrenäen, Besitzungen über die männliche Linie weitergegeben wurden, orientierte man sich für die Weitergabe ideeller Güter nach zwei Richtungen. Pate und Patin wurden aus den beiden Stammfamilien ausgewählt, aus der väterlichen und der mütterlichen Linie. Wenn sie einmal benannt waren, konnten sie sich ihrer Verpflichtung kaum entziehen. Die geistige Verbindung mit dem Neugeborenen gab jedoch Pate und Patin auch Rechte: Sie alleine durften dem Kind einen Namen geben, ohne daß die Eltern dagegen theoretisch Einspruch erheben konnten. In Wirklichkeit blieb dieses Recht der Gewohnheit untergeordnet, vor allem was den ältesten Sohn und Stammhalter betraf: Da es wahrscheinlich war, daß Pate und Patin dem Kind ihren eigenen Namen gaben, wurden sie manchmal gerade wegen ihres Namens ausgewählt.

Im Elsaß, wo ein anderes Erbsystem galt, war auch die Namensgebung anderen Regeln unterworfen. Das erste Kind trug meist den Namen eines der Eltern: Ein Knabe den Vornamen des Vaters, ein Mädchen den der Mutter. Der Hof, der unveräußerliche Teil des Erbgutes, der das Haus und den größten Teil des Grundes umfaßte, fiel an den ältesten Sohn. Da er den Familienbesitz erbte, erbte er auch den Namen des Hofes, er bekam den »Hofnamen«; die Individualität des Erben ging in der Erhaltung des Geschlechts unter.

Der Klang der Vornamen

Jeder Vorname war wie eine Melodie; der Klang weckte Assoziationen mit einem Vorbild oder einem Ereignis. Er hatte häufig einen Gefühlswert, den wir heute kaum noch nachvollziehen können. Für die Franzosen symbolisierte der Name Louis (Ludwig), der an den heiligen König dieses Namens erinnerte, das Gleichgewicht, die Gerechtigkeit und die Großherzigkeit. Zweifellos hat dieser Vorname zur Ausprägung des Bildes vom väterlichen Landesherrn beigetragen, das die französischen Könige des 17. und 18. Jahrhunderts für sich beanspruchten. René (»der Wiedergeborene«) war derjenige, der über den Tod triumphiert hatte. Margareta wurde von einer Perle zu einer Blume, und Rosa wurde von einem Blumennamen zu einem Heiligkeitsmodell nach dem Beispiel der hl. Rosa von Lima. Jede Familie war empfänglich für diese Klänge, für die Bilder, die der Name erweckte, der so oft genannt wurde und der wie ein Familienwappen war, ohne daß man jedoch wußte, was der ursprüngliche Grund für die Wahl dieses Namens war. Die Melodie hütete die Aura des Unbekannten, des Geheimnisses ihres Ursprungs.

Bei der Wahl des Vornamens berücksichtigte man die Reihenfolge der Geburt in der Familie. Damit war ein Unterscheidungskriterium zwischen den älteren und jüngeren Kindern geschaffen. In manchen Gegenden gab ein Beiname sogar die Reihenfolge der jüngeren Kinder an. In Cunfin (Champagne) hieß der zweite Sohn »le bisso«, der dritte »lami« und der vierte »dondon«.

Der familiengebundene Vorname bezeichnete nicht nur die Zugehörigkeit zur Familie, sondern symbolisierte auch die Verbundenheit mit einem Stück Erde, dem Land der Vorfahren. Die Verbundenheit mit dem Boden, dem Heimatort, konnte übrigens mehr umfassen als nur das »Haus« allein; eine von der Kirche eingeführte Tradition wollte es, daß der Name z. B. an denjenigen erinnerte, der die Gegend christianisiert hatte, einen mehr oder weniger mythischen Heiligen oder Bischof: Claude in der Franche-Comté, Ours in der Haut-Provence und im Aosta-Tal, oder Léonard im Limousin. Mit ihm identifizierte man sich mehr noch als mit dem Schutzheiligen des Kirchsprengels, der bei der Namensgebung immer eine untergeordnete Rolle spielte. Ein solcher Name verbreitete sich deutlich erkennbar von einem Zentrum aus. Nach den Rändern des Gebiets zu wurde er immer seltener, wo er sich gegen andere Namen durchsetzen mußte. Den gleichen Vornamen zu tragen, schuf eine gewisse Verbundenheit: »Die Identität, die man teilte, erhielt den Gedanken eines gemeinsamen Schicksals am Leben«.

Während die Kraft eines Namens häufig auf der Tatsache beruhte, daß er in einer bestimmten Gegend wurzelte, konnte eben dies auch der Grund für seinen Untergang sein, wenn das Band mit der Heimaterde loser wurde. Dies scheint im Laufe des 19. Jahrhunderts vielfach der Fall gewesen zu sein, als die dörflichen Strukturen sich aufzulösen begannen. Immer mehr war die Stadt das große Vorbild, und alles, was mit dem mythischen Land der Vorfahren zu tun hatte, war »nicht mehr zeitgemäß« und verlor seinen Wert. So kam etwa ab 1880 bis 1900 im Limousin der Name Léonard immer mehr in den Ruch des »Bäuerischen« und wurde daher nicht mehr benutzt.

Der Name war ein wesentlicher Teil der Persönlichkeit, wie auch die aus Angst vor einer Verzauberung getroffenen Vorsichtsmaßnahmen bezeugen, damit der Name des Kindes nicht vor der Taufe bekannt würde. Ähnliches gilt für die auf dem Lande verbreitete Sitte, anläßlich einer großen Veränderung im Leben einen neuen Namen anzunehmen, so etwa bei der Firmung, der Eheschließung oder dem Erreichen der Volljährigkeit.

Die Namensgebung war meist nach einem strengen System geregelt, in dem kaum Abweichungen zulässig waren. Bis zum vorigen Jahrhundert war Kontinuität die Regel, Wechsel die Ausnahme. Da Vornamen stets mit der Daseinsform zusammenhingen, gab es Veränderungen nur in Zeiten schwerer Krisen, wie die Zeitenwenden im 14. und 17./18. Jahrhundert deutlich belegen.

Der Vorname ist nicht mehr, was er war

Die Veränderungen in der Wahl der Vornamen, die in Avignon im 14. Jahrhundert eintraten, sprechen für sich: Der durch die Zeitkatastrophen bedingte »Gefühlsüberschwang« fand seinen Widerhall im Auftreten eines ganzen Systems neuer Vornamen. Zwar bevorzugten die treuesten der Gläubigen nach wie vor Apostelnamen – Pierre, Jean und Jacques – und blieben auch den alten Heiligen der Region wie etwa Véran, Agricol, Castor oder Siffrein verbunden, während der Name Marthe, wie zu erwarten, weiterhin im höchsten Ansehen stand; dennoch traten jetzt »neue Fürsprecher« auf: Antoine und Sébastien, die Schutzheiligen gegen Pest und andere Epidemien; Cathérine und Cécile, deren Tugendhaftigkeit und Jungfräulichkeit als Vorbilder hingestellt wurden, als ein neues europäisches »Ehemodell« Eingang fand. Die Katastrophen, die Europa im 14. Jahrhundert heimsuchten, hatten zur Folge, daß die Zahl der unverheirateten Frauen beträchtlich zunahm und daß das Heiratsalter stieg, was sexuelle Enthaltsamkeit implizierte. Als man – infolge des höheren Heiratsalters – weniger Kinder bekam und die Kluft zwischen dem irdischen Dasein und der Welt der Vorväter immer tiefer wurde, kam es zu einer Veränderung im »himmlischen Hofe«. Die Menschen in der Stadt waren »Waisen« geworden und glaubten, daß die himmlische Welt, die neuen Heiligen, die sie beschützten und beruhigten, den Platz ihrer Vorfahren einnehmen und sie vergessen lassen konnten, daß sie sich nicht mehr mit jenen verbinden konnten. Hier ist ein entscheidender Bruch eingetreten, der angesichts der Tatsache umso interessanter ist, daß er dem Schwarzen Tod vorangegangen zu sein scheint; es handelt sich also eher um eine strukturelle Veränderung als um eine Folge der Naturkatastrophen und Epidemien.

Die Veränderung, die im 17. Jahrhundert eintrat, ereignete sich unter Rahmenbedingungen, die in etwa an diejenigen des 14. Jahrhunderts erinnern. Die Ära der Unruhen der Kriege und Pestepidemien, die in der zweiten Hälfte des 16. Jahrhunderts ihren Anfang genommen hatte, hatte die gesellschaftlichen Beziehungen so nachhaltig zerrüttet, daß man auch jetzt wieder später heiratete, daß mehr Menschen ein Leben lang unverheiratet blieben, daß es schwierig war, den Knaben eine Stellung zu verschaffen, Mädchen zu verheiraten und für sie eine Aussteuer zusammenzubringen.

Aus bestimmten Dokumenten geht hervor, daß es den Zeitgenossen nicht entgangen war, daß sich Veränderungen vollzogen, die die Mentalität und die Verhaltensweisen nachdrücklich verändern würden.

In *Les Caquets de l'accouchée* (16, 22) führt eine Mutter bittere Klage darüber, daß ihre Tochter schon sieben Kindern das Leben geschenkt hat: »Wenn ich gewußt hätte, daß es meine Tochter gar so eilig haben würde, hätte ich sie bis zu ihrem vierundzwanzigsten Jahr auf ihrem Hintern sitzen und nicht heiraten lassen ... wo es doch heute so schwierig ist, Mädchen zu verheiraten und Knaben eine Stellung zu geben; dann müssen sie eben wohl oder übel Mönch oder Nonne werden, denn ein Amt oder eine Heirat ist viel zu teuer« (11, 12).

Durchaus eine Alternative in einer Zeit, in der neue Formen der Frömmigkeit aufblühten und überall kirchliche Orden gegründet wurden! Und doch konnte die mächtige Kirche der katholischen Reform, wiewohl ihr die Zeiten günstig waren, nicht verhindern, daß sich die Namensgebung im 17. und vor allem im 18. Jahrhundert tiefgreifend veränderte. In dieser Zeit entstand nämlich die Gewohnheit, dem Neugeborenen bei der Taufe mehr als einen Namen zu geben. Nach Pfarrer Thiers war diese Sitte zuerst in Italien in Mode gekommen und hatte sich in der zweiten Hälfte des 16. Jahrhunderts und in der darauffolgenden Zeit nach Spanien, Deutschland und schließlich auch nach Frankreich ausgebreitet. Tatsächlich hatte diese Entwicklung jedoch schon viel früher eingesetzt, denn in Florenz war es schon gegen Ende des 14. Jahrhunderts üblich, zwei Namen zu geben. Insgesamt war jedoch die Beobachtung des Abbé durchaus richtig. Das neue System der Namensgebung verbreitete sich entsprechend dem Entwicklungsniveau der jeweiligen regionalen Strukturen. Die Neuerung wurde überall von der städtischen Elite eingeführt und drang anschließend in die übrigen Gesellschaftsschichten ein. Pfarrer Thiers weist hierauf nachdrücklich hin, da er dem Adel die Verantwortung für die in seinen Augen verwerfliche Neuerung gab: »Die Adligen waren die ersten, die mehrere Vornamen trugen. Dieser Unfug wurde dann vom Dritten Stand übernommen, wo man aus törichter Eitelkeit daran Gefallen fand, den Kindern zwei Namen zu geben.«

Zwei oder später sogar drei Vornamen galten in der Tat als Zeichen gesellschaftlicher Superiorität. So kam es dazu, daß im 17. und 18. Jahrhundert die Zahl der Vornamen, die man in der Franche-Comté in der juristischen Welt seinen Kindern gab, mit dem hierarchischen Rang zunahm: Der Gerichtsdiener hatte bloß einen Namen, während der Vorsitzende des Parlaments zwei, drei, vier oder manchmal sogar fünf hatte! Der hl. Alphonse de' Liguori, der Ende des 17. Jahrhunderts in der Nähe von Neapel geboren wurde, bekam zehn, und in Rom wurde ein Kind aus der Familie Colonna mit 24 Vornamen ausgestattet, was ihm 24 Schutzheilige bescherte.

In der streng hierarchischen und durch scharfe Trennlinien gekennzeichneten Ständegesellschaft des Ancien Régime, in der jeder Platz genau definiert war und man zwischen der Sorge einerseits, sich standesgemäß zu verhalten, und dem Wunsch, auf der gesellschaftlichen Leiter aufzusteigen andererseits eingeklemmt war, schienen mehrere Vornamen ein guter Kompromiß zu sein, um diese widersprüchlichen Notwendigkeiten miteinander zu vereinbaren. Dies machte es möglich, sich von den anderen zu unterscheiden und doch das Wesentliche zu wahren. Man konnte den Bezug auf die Vorfahren und das symbolische Erbe mit dem immer ausgeprägteren Wunsch des einzelnen in Einklang bringen, sich in ein gutes Licht zu rücken. Man konnte den Forderungen der Vergangenheit genügen – der erste Taufname war stets der »Familienname« – und zugleich den Zeitströmungen. Die übrigen Vornamen, die niemals als Rufnamen gebraucht wurden, verwiesen auf die Schutzheiligen, die über die Zukunft des einzelnen wachen sollten.

Freilich darf man auch die Reichweite dieser Veränderungen nicht überschätzen. Bis in das 19. Jahrhundert blieb die Abstammung auf dem Lande das wesentliche Kriterium. Dies zeigt sich auch an der so weit verbreiteten Sitte, den Namen verstorbener Kinder später geborenen Kindern zu geben und diesen auch dieselben Paten zu geben. Man tat dies, um den Tod auszulöschen und das verstorbene Kind »wiedergeboren werden zu lassen«, so daß der Name, und damit das Geschlecht, letztlich doch erhalten blieben.

Auch die Einführung eines neuen Systems der Patenschaft war ein Zeichen der geistigen Veränderung. Eine neue Form der Namensgebung bedarf auch einer neuen Form der Patenschaft. Auch hier kamen die Veränderungen unter dem Einfluß der Stadt zustande; in juristischen Kreisen, unter den Robenträgern der Franche-Comté, begann man gegen Ende des 17. Jahrhunderts Paten zu benennen, die nicht der Familie angehörten, sondern dem Freundeskreis und der gesellschaftlichen und beruflichen Umgebung. Eine solche Wahl ließ »eine erhebliche Gleichgültigkeit bezüglich des Familientypischen des Vornamens« erkennen. Man betonte dadurch den Gedanken der Ausbreitung des Geschlechts, der Verstärkung von Verbindungen, deren Schwerpunkt auf der gesellschaftlichen, horizontalen Dimension der Patenschaft lag. Man löste sich aus der vertikalen Welt der Ahnen, aus einer Vergangenheit, mit der man sich immer weniger identifizieren konnte und wollte.

Schluß

Für die Menschen früherer Zeiten, die ständig das »Schauspiel der Natur« vor Augen hatten, waren Werden und Vergehen zwei komplementäre Zustände alles Lebendigen. Ihr unaufhörlicher Wechsel hielt die Dinge in Bewegung und war die Gewähr für den Fortbestand der Welt. Die Gebärmutter der Frau war wie die große Gebärmutter Erde ein Schmelztiegel, in dem der Same keimte, um einen ununterbrochenen Neubeginn möglich zu machen. Pflanzen, Tiere und Menschen gehorchten dem großen Gesetz des Universums. Alles geht zugrunde, um neu geboren zu werden. Nur der Rhythmus war ein anderer, der Art entsprechend.

In einer Welt, in der nichts verschwindet, sondern alles sich in einem großen Kreislauf abwechselt, in der der Tod nichts weiter ist als eine Etappe des Lebens, steht der Mensch außerhalb des streng jahreszeitlichen Fortpflanzungsrhythmus und unterscheidet sich von der übrigen Schöpfung durch die Art, in der er den Lebenszyklus aufrechterhält. Ungeachtet dessen wird er zutiefst von seiner Umgebung geprägt, von den Eindrücken, die er empfängt, von den Zeichen, die zu ihm sprechen. Der Reichtum des analogischen Denkens hat jedoch seine Kehrseite: während der Schwangerschaft und Niederkunft muß die Frau ständig auf der Hut sein, die Verbote beachten, Gegenstände gebrauchen und Gebärden ausführen, die den Zauber abwehren und sowohl sie als auch ihre Frucht schützen.

In diesem magischen Universum ist das Bewußtsein des Lebens stets in erster Linie ein Bewußtsein des eigenen Körpers, eines Körpers, der unaufhörlich auf der Suche nach einer trügerischen Autonomie ist, eines Körpers, der abwechselnd in Gefangenschaft und in Freiheit zu sein scheint. Allerlei Redeweisen machen deutlich, wie sehr man die verlorene Freiheit betrauert. Eine schwangere Frau ist »gefangen«, sie wartet auf ihre »Ent-bindung«, wie der Fetus auf die seinige wartet. Bei den ersten Wehen wird der Raum, in der die Niederkunft stattfinden soll, hermetisch abgeschlossen. Es ist eine symbolische Abschließung, um das Kind vor bösen Einflüssen zu schützen und die Geburt zu erleichtern. In seinem *Wintermärchen* läßt Shakespeare die Königin nach ihrer

SCHLUSS

Gefangensetzung im Kerker niederkommen. Die Festung und die Kerkerzelle sind eine steinerne Hülle, wie der Mutterschoß die fleischliche Hülle ist: »Das Kind war gefangen im Mutterschoß, und die Natur hat es entbunden!« Die Geburt ist ein Entkommen. Der Mensch bleibt sein Leben lang von dieser ersten Befreiung gezeichnet. Wenn sich das Schicksal wider ihn kehrt, wird er wiederum ein Gefangener. Der Gefangene eines Feindes, der Naturkräfte – Schiffbruch, Überschwemmung –, der finsteren Mächte, die ein Zauberer in Bewegung gesetzt hat, um ihn seiner Kraft zu berauben, der Krankheit, die immer als Freiheitsberaubung empfunden werden kann, seiner Leidenschaften... Das »gebundene« Kind kann nur durch einen Heiligen erlöst werden, der Gefangenen zu Hilfe kommt, einen Heiligen, der Bande zerreißt, Knoten löst und Ketten sprengt.

Das Band, das bei der Empfängnis zwischen Mutter und Kind geschmiedet wurde, kann nur durch andere, wiederum symbolische Bande gelöst werden, den Gürtel der hl. Margareta oder der Heiligen Jungfrau. Hier führt das Thema des »leiblichen Gefängnisses« wieder zurück auf das des magischen und religiösen Schutzes: Der »heilige Stein« erlöst ein Mädchen von ihrer Ehelosigkeit, indem er ihr einen Gemahl schenkt, und ebenso erlöst er die verheiratete Frau von ihrer Unfruchtbarkeit, so daß sie Nachkommen bekommen kann. Der »Adlerstein« wiederum erleichtert die Niederkunft. Daß man sich so häufig an die Heilige Jungfrau um Hilfe bei der Entbindung und an Heilige wandte, deren Name oder Geschichte mit dem Zerreißen von Banden zu tun hat, weist darauf hin, daß das Bild des gefangenen Leibes in den Mentalitäten früherer Zeiten fest verankert war. Die pragmatische Reaktion der Kirche auf dieses Suchen des Volkes dürfte wohl die Christianisierung der dörflichen Rituale in der Zeit der Frühmoderne begünstigt haben. Das Bild ist jedenfalls so stark, daß es die Hoffnung auf die Erlösung des Leibes beim Jüngsten Gericht lebendig hält.

Der Mensch der traditionellen ländlichen Gemeinschaften hatte seine eigene Art, mit der Zeit umzugehen. »Seine« Zeit war weder »die Zeit der Kirche«, noch »die Zeit der Kaufleute«, und schon gar nicht die unsrige. Durch Beobachtung, aber auch durch seine Intuition, verfügte er über ein umfassendes Wissen von den natürlichen Rhythmen. Sein Verhalten wurde von den wechselnden Tages- und Nachtlängen, von der Aufeinanderfolge der Jahreszeiten bestimmt. Sorgfältig berücksichtigte er die Rolle des Mondes bei der Keimung und dem Wachstum der Pflanzen, und er maß ihm

SCHLUSS

auch große Bedeutung für die Befruchtung der Frauen, den Fortgang der Schwangerschaft und den Ablauf der Niederkunft bei.

Eine Reihe dieser empirischen Erkenntnisse wurde inzwischen durch die Forschungen der Chronobiologie bestätigt. Heute wissen wir genau, wie die jahreszeitlichen Rhythmen sich auf die Fortpflanzung der höheren Wirbeltiere auswirken. In der modernen Viehzucht besteht die Tendenz, die Zeitspannen für Befruchtung und Fortpflanzung zu dehnen, während sie bei den wildlebenden Tieren innerhalb der engen Grenzen der natürlichen Bedingungen bleiben. Lichtregulatoren halten zu jeder Jahreszeit die Beleuchtung in den Ställen gleich und steuern so die Fruchtbarkeit, die Geburtstermine und sogar die Trächtigkeitsdauer. Die künstliche Besamung von Rindern schließlich kann in gewisser Weise als Präfiguration des »außerhalb der Zeit« gezeugten Retortenbabys gelten.

Der Mensch hat sich mehr und mehr von den jahreszeitlichen Schwankungen, von den Veränderungen der Temperatur, der Luftfeuchtigkeit und Tageslänge gelöst und sich mehr und mehr kulturellen und sozialökonomischen »Regulatoren« unterworfen. Schon früh versuchte man, Einfluß auf die biologischen Rhythmen zu nehmen. Seit dem Mittelalter erließ die Kirche immer neue Verbote, die, wie die geringe Anzahl von Kindern belegt, die in der »geschlossenen Zeit« der Fastenzeit und des Advents gezeugt wurden, allgemein befolgt wurden. Seit einem Jahrhundert jedoch vollziehen sich die Veränderungen schneller und einschneidender. Man kann sich fragen, was von den »inneren Regulatoren« noch übriggeblieben ist, die das Verhalten unserer Vorfahren gesteuert haben. Mit jedem Tag fällt es uns schwerer, dem Rhythmus unserer »natürlichen Umgebung« zu folgen, und unserer »inneren Uhr« gelingt es kaum noch, die neuen Gegebenheiten, mit denen sie fertig werden muß, miteinander ins Gleichgewicht zu bringen.

Unser Umgang mit der Gebärenden und dem Neugeborenen illustriert besonders gut unsere wachsende Abhängigkeit vom gesellschaftlichen Umfeld. Die Spontangeburt, die sich früher »im Rhythmus der Erde« ereignete, wurde von den medizinischen Einrichtungen durch eine technisierte Geburt ersetzt, die an den Schichtplan des Krankenhauspersonals angepaßt ist. Während der natürliche Geburtsprozeß im allgemeinen etwa um ein Uhr nachts einsetzt und die Geburt meist gegen drei Uhr morgens erfolgt, werden die meisten Kinder heute maßgerecht zwischen neun und zwölf Uhr oder nachmittags zwischen ein und fünf Uhr geboren,

SCHLUSS

was durch einen zunehmenden Einsatz von Hormonen wie Ozytozin und Kaiserschnitt ermöglicht wird. Bekanntlich kommen auch immer weniger Frauen am Wochenende nieder ...

Der alte Gedanke des Lebenszyklus schuf einen inneren Zusammenhang, der aber auch eine Unterwerfung unter die Ordnung der Natur, unter die Familienbande und den Willen Gottes verlangte. Wenn der Mensch erwachsen war, konnte er sich der Aufgabe nicht mehr entziehen, die Tradition fortzuführen; er bildete das Bindeglied zwischen der Vergangenheit und der Zukunft. Danach, wenn er »seine Zeit erfüllt hatte«, kehrte er wiederum in die Welt der Vorfahren zurück. Krankheiten, Epidemien und der Tod im Kindbett gehörten zu den Risiken des Lebens. Was man heute Fatalismus nennt, war nichts anderes als die Unterwerfung unter höhere Gesetze, gegen die es keine Auflehnung gab.

Daß man zu einer Gesellschaft gehörte, die in direktem Zusammenhang mit der Erde stand, wurde erst sehr spät in Frage gestellt. Die erste Äußerung eines neuen Lebensgefühls geht aller Wahrscheinlichkeit nach auf die Entwicklung der Städte im 13. Jahrhundert zurück. Vor allem die Städte der Renaissance haben in dieser Hinsicht eine wichtige Rolle gespielt; während der Horizont der bekannten Welt stets weiter hinausgeschoben und eine neue Kosmologie entwickelt wurde, entstand im 15. und 16. Jahrhundert in den Städten ein neues Daseinsgefühl. Es war die Zeit, in der sich, wie erwähnt, die Individualität zu entwickeln begann; der Mensch wurde vor allem weniger von der natürlichen Umgebung abhängig, die in der alten ländlichen Kosmologie sein Leben bestimmt hatte. In der Stadt war kein Platz mehr für die Ahnen.

Da es nun nicht mehr bedeutsam war, daß man an einem bestimmten Ort seine Heimat hatte, an dem die Jahreszeiten kamen und gingen, und da die Familie jetzt nicht mehr mit der Erde verwurzelt war, die ihr das Leben schenkte, da sich der intellektuelle Horizont zusammen mit der kollektiven Mentalität veränderte, setzte wahrscheinlich auch die Entwicklung unterschiedlicher demographischer Verhaltensmuster ein: Der Wille, die natürlichen Antriebe unter Kontrolle zu bringen, vor allem hier und jetzt das Leben sicherzustellen, und den verletzlichen Leib vor Schmerzen zu behüten. Andere Orte, andere Zeiten, andere Zielsetzungen ...

Die Vorstellung einer Welt, die unaufhörlich um das Gleichgewicht ringt, in der ein Mensch durch einen anderen ersetzt wird, wurde jetzt durch das Thema des kontinuierlichen Bevölkerungs-

SCHLUSS

wachstums verdrängt. Dies brachte natürlich eine andere Lebensauffassung, ein anderes Lebensgefühl und ein anderes Körperbewußtsein mit sich.

Der Optimismus der Renaissance äußert sich in dem Drang, das Leben auszukosten und es sich angenehm zu machen. Man kann sich fragen, ob das starke Bevölkerungswachstum und die wirtschaftliche und geistige Blüte des Westens im Grunde nicht diesem neuen Lebensdrang, diesem strömenden Lebensimpuls entspringen, der dazu führte, daß man sich von nun an gegen Unglück, Schmerz und Tod auflehnte.

In der zweiten Hälfte des 18. Jahrhunderts waren Amtsträger, Priester und Ärzte um die Wiege des Neugeborenen versammelt, um an dem zu arbeiten, was man »die Formung des modernen Menschen« nennen könnte. Die Interessen des Staates, der Kirche und des ärztlichen Standes deckten sich vorübergehend mit dem Streben des Einzelnen. Natürlich vollzog sich diese Entwicklung nicht überall gleich schnell. Wer dies bestreitet, unterschätzt die Bedeutung der Strukturunterschiede und unterschiedlicher historischer Entwicklungen. Auf dem Lande war der Widerstand bis zu Beginn dieses Jahrhunderts sehr groß. Von da an aber war es klar, daß der Mensch sich für das Leben entscheiden mußte: Eine Wahl, die er treffen konnte und durfte.

Bibliographie

Allgemein

ARIÈS, PHILIPPE, Le temps de l'Histoire. Monaco 1954, Neuauflage Paris 1986.

–, Histoire des populations françaises et de leurs attitudes devant la vie depuis le XVIIIe siècle. Paris 1948, Neuauflage 1971.

BRAUDEL, FERNAND, Civilisation matérielle, économie et capitalisme, XVe–XVIIIe siècles. 3 Bände, Paris 1979.

CASSIRER, ERNST, Individuum und Kosmos in der Philosophie der Renaissance. Leipzig und Berlin 1927.

CERTEAU, MICHEL DE, L'écriture de l'Histoire. Paris 1975.

–, L'absent de l'Histoire. Paris 1973.

CHAUNU, PIERRE, L'Histoire science sociale. La durée, l'espace et l'homme à l'époque moderne. Paris 1974, Neuauflage 1984.

DAVIS, NATHALIE ZEMON, Society and Culture in early modern France. Stanford 1965.

DELUMEAU, JEAN, Le christianisme de Luther à Voltaire. Paris 1971.

DUPRONT, ALPHONSE, Problèmes et méthodes d'une histoire de la psychologie collective, erschienen in: Annales ESC, Januar/Februar 1961.

ELIADE, MIRCEA, La nostalgie des origines. Méthodologie et histoire des religions. Paris 1971.

FEBVRE, LUCIEN, Le problème de l'incroyance au XVIe siècle. La religion de Rabelais. Paris 1943, Neuauflage 1968.

FOUCAULT, MICHEL, Histoire de la sexualité. Band I: La volonté de savoir. Paris 1976.

GINZBURG, CARLO, I Benandanti – Stregoneria e culti agrari tra Cinquecento e Seicento. Turin 1966.

GOUREVITCH, AARON J., Les catégories de la culture médiévale. Paris 1983.

LASLETT, PETER, The World we have lost. London 1965.

LE GOFF, JACQUES, Pour un autre Moyen Age. Temps, travail et culture en Occident. Paris 1977.

–, und NORA, PIERRE, Faire de l'Histoire. 3 Bände, Paris 1979.

LE ROY LADURIE, EMMANUEL, Le territoire de l'historien. Paris 1958.

LÉVI-STRAUSS, CLAUDE, Anthropologie structurale. Paris 1958.
–, La pensée sauvage. Paris 1962.
MUCHEMBLED, ROBERT, Culture populaire et culture des élites dans la France moderne des XVe–XVIIIe siècles. Paris 1979.
POUCHELLE, MARIE-CHRISTINE, Corps et chirurgie à l'apogée du Moyen Age. Savoir et imaginaire du corps chez Henri de Mondeville, chirurgien de Philippe le Bel. Paris 1983.

Familie, Mutter, Kind

ARIÈS, PHILIPPE, L'enfant et la vie familiale sous l'Ancien Régime. Paris 1975.
BADINTER, ELISABETH, L'amour en plus. Histoire de l'amour maternel, XVIIe–XXe siècle. Paris 1980.
Enfant et Société. Themanummer von Annales de démographie historique, 1973.
Famille et Société. Themanummer von Annales ESC, 1972.
FOUQUET, CATHERINE, und YVONNE KNIBIEHLER, L'histoire des mères, du Moyen Age à nos jours. Paris 1980.
– –, La femme et les médécins. Analyse historique. Paris 1983.
FLANDRIN, JEAN-LOUIS, Les amours paysannes. Amour et sexualité dans les campagnes de l'ancienne France (XVI–XIX siècle). Paris 1975.
–, Familles. Parenté, maison, sexualité dans l'ancienne société. Paris 1976, Neuauflage 1984.
GÉLIS, JACQUES, MIREILLE LAGET und MARIE-FRANCE MOREL, Entrer dans la vie. Naissances et enfances dans la France traditionelle. Paris 1978.
LAGET, MIREILLE, Naissances. L'accouchement avant l'âge de la clinique. Paris 1982.
LEBRUN, FRANÇOIS, La vie conjugale sous l'Ancien Régime. Paris 1975.
MAUSE, LLOYD DE, (red.), The History of Childhood. Evolution of parent-child relationships as a factor in history. New York 1976.
SEGALEN, MARTINE, Mari et femme dans la société paysanne. Paris 1980.
SHORTER, EDWARD, The making of the modern family. New York 1975.
STONE, LAWRENCE, The Family, Sex and Marriage in England (1500–1800). New York 1977.

Geburt und Biologie

DARMON, PIERRE, Le mythe de la procréation à l'âge baroque. Paris 1977. Neuauflage 1986.
DELAUNAY, PAUL, La vie médicale aux XVIe, XVIIe et XVIIIe siècles. Paris 1935.
DEVRAIGNE, LOUIS, L'obstétrique à travers les âges. Paris 1939.
DUMONT, M., und P. MOREL, Histoire de l'obstétrique et de la gynécologie. Lyon 1968.
ENGELMANN, G. J., La pratique des accouchements chez les peuples primitifs. Paris 1886.
GUYENOT, EMILE, Les Sciences de la vie aux XVIIe et XVIIIe siècles. L'idée d'évolution. Paris 1957.
LAIGNEL-LAVASTINE, M., Histoire générale de la médecine, de la pharmacie, de l'art dentaire et de l'art vétérinaire. 3 Bände, Paris 1936–1949.
LENOBLE, ROBERT, Histoire de l'idée de nature. Paris 1969.
PECKER, A., Hygiène et maladies des femmes au cours des siècles. Paris 1972.
ROGER, JACQUES, Les sciences de la vie dans la pensée française au XVIIIe siècle. Paris 1963.
ROSTAND, JEAN, Maternité et biologie. Paris 1966.
SIEBOLD, E. J. K., Versuch einer Geschichte der Geburtshilfe. 2 Bände, Berlin 1839–1845.
SPEERT, HAROLD, Histoire illustrée de la gynécologie et de l'obstétrique. Paris 1976.
TATON, R., (red.), Enseignement et diffusion des sciences en France au XVIIIe siècle. Paris 1964. Neuauflage 1986.
THOMAS, KEITH, Man and the natural world. Changing attitudes in England (1500–1800). Harmondsworth 1983.
WITKOWSKI, G. J., Histoire des accouchements chez tours les peuples. Paris 1890.

Geburt: Mythen, Praktiken, Kulturen

BALTRUSAITIS, JURGIS, Le Moyen Age fantastique. Antiquités et exotismes dans l'art gothique. Paris 1955, Neuauflage 1981.
BELMONT, NICOLE, Les signes de la naissance. Etude des représentations symboliques associées aux naissances singulières. Paris 1971.
–, Mythes et croyances de l'ancienne France. Paris 1973.

BIBLIOGRAPHIE

BOUTEILLER, MARCELLE, Médecine populaire d'hier et d'aujourd'hui. Paris 1966.
CAILLOIS, ROGER, Le mythe et l'homme. Paris 1972.
DONTENVILLE, HENRI, La France mythologique. Paris 1966.
ELIADE, MIRCEA, Forgerons et alchimistes. Paris 1956.
–, Aspects du mythe. Paris 1963.
–, Mythes, rêves et mystères. Paris 1967.
–, Traité d'histoire des religions. Paris 1974.
FRANKLIN, ALFRED, La vie privée d'autrefois. Band 17: L'enfant, la naissance, le baptême. Paris 1895.
IMHOF, ARTHUR, (Hrsg.), Der Mensch und sein Körper, von der Antike bis heute. München 1983.
JORDAN, BRIGITTE, Birth in four cultures. Montreal 1978.
LOUX, FRANÇOISE, Le jeune enfant et son corps dans la médecine traditionelle. Paris 1978.
–, L'homme et son corps dans la société traditionelle. Catalogue de l'exposition du Musée des Arts et Traditions populaires. Paris 1978.
–, Le corps dans la société traditionelle. Paris 1979.
MANDROU, ROBERT, De la culture populaire aux XVIIe et XVIIIe siècles. Paris 1965.
PLOSS, H., Das Kind in Brauch und Sitte der Völker. Leipzig 1884.
REEVES, HUBERT, und MARIE DE MONCHICOURT, L'homme et le cosmos. Paris 1984.
SAINTYVES, PIERRE, Les saints successeurs des dieux. Essai de mythologie chrétienne. Paris 1930.
SARG, FREDDY, En Alsace, du berceau à la tombe. Straßburg 1977.
SEBILLOT, PAUL, Le paganisme contemporain, chez les peuples celto-latins. Paris 1908.
–, Le folklore de France. 6 Bände, 1904, Neuauflage in 4 Bänden 1968.
SERVIER, JEAN, L'homme et l'invisible. Paris 1981.
THOMAS, KEITH, Religion and the decline of magic. Studies in popular beliefs in sixteenth and seventeenth century England. New York 1971.
VAN GENNEP, ARNOLD, Les rites de passage. Paris 1909, Neuauflage 1981.
–, Manuel de folklore contemporain. Band 1 (I und II): Du berceau à la tombe. Paris 1937–1959, Neuauflage 1981.
VERDIER, YVONNE, Façons de dire, façons de faire. Paris 1979.

WARSAGE, RODOLPHE DE, Le folklore de la vie humaine. Lüttich 1937.
ZONABEND, FRANÇOISE, La mémoire longue. Temps et histoires au village. Paris 1980.

Geburt, Tod, das Heilige

ARIÈS, PHILIPPE, L'homme devant la mort. Paris 1977.
AUGÉ, MARC, Pouvoirs de vie, pouvoirs de mort. Paris 1977.
CAILLOIS, ROGER, L'homme et la sacré. Paris 1939.
CHIFFOLEAU, JACQUES, La comptabilité de l'au-delà. Les hommes, la mort et le religion dans la région d'Avignon à la fin du Moyen Age. Rome 1980.
DELUMEAU, JEAN, La peur en Occident, XVIe–XVIIIe siècles. Paris 1980.
–, Le péché et la peur. La culpabilisation en Occident, XIIIe–XVIIIe siècle. Paris 1983.
DUPRONT, ALPHONSE, Pèlerinages et lieux sacrés, in: Encyclopaedia Universalis. Band 12, Paris 1972.
–, Anthropologie du sacré et cultes populaires. Histoire et vie du pèlerinage en Occident, in: Miscellanea Historiae Ecclesiasticae. Band 5, Löwen 1974.
Espace (L') et le sacré. Themanummer von Annales de Bretagne et des pays de l'Ouest, Jrg. 90, 1983, Nr. 2.
ELIADE, MIRCEA, Le sacré et le profane. Paris 1965.
ISAMBERT, FRANÇOIS-ANDRÉ, Rite et efficacité symbolique. Paris 1979.
JUNG, C. G., Man and his Symbols. London 1964.
Religions et traditions populaires. Catalogue de l'exposition, Musée des Arts et Traditions populaires. Paris 1979.
THOMAS, LOUIS-VINCENT, Anthropologie de la mort. Paris 1980.
VOVELLE, MICHEL, Mourir autrefois. Paris 1974.
–, La mort et l'Occident de 1300 à nos jours. Paris 1983.

Hebammen in früherer Zeit

AVELING, H., English midwives. Their history and prospects. 1872, Neuauflage London 1967.

DONNISON, JEAN, Midwives and medical men. A history of interprofesional rivalries and women rights. London 1977.
FORBES, TH., The midwife and the witch. New-Haven, London 1966.
GÉLIS, JACQUES, Accoucheur de campagne sous le Roi-Soleil. Le traité d'accouchement de G. Mauquest de La Motte. Toulouse 1979.
LAFORGE, HÉLÈNE, Histoire de la sage-femme dans la région de Québec. Quebec 1985.
PANCINO, CLAUDIA, Il bambino e l'acqua sporca. Storia dell'assistenza al parto, dalle mammane alle ostetriche (secoli XVI–XIX). Mailand 1984.
RINGOIR, D. J. N., Plattelandschirurgie in de 17de en 18de eeuw. De rekeningboeken van de 18de-eeuwse Durgerdamse chirurgijn Anthony Egberts. Amsterdam 1973.
SHORTER, EDWARD, A History of Women's Bodies. New York 1982.
VAN REEUWIJK, ADRIANUS JOHANNES, Vroedkunde en vroedvrouwen in de Nederlanden in de zeventiende en achttiende eeuw. Diss. Universiteit van Amsterdam, 1941.
WITKOWSKI, G. J., Acchoucheurs et sages-femmes célèbres. Paris 1891.

Die Geburt in Zahlen

ARMENGAUD, ANDRÉ, La famille et l'enfant en France et en Angleterre, du XVIe au XVIIIe siècle. Aspects démographiques. Paris 1975.
BARDET, JEAN-PIERRE, Ruen aux XVIIe et XVIIIe siècles. Les mutations d'un espace social. 2 Bände, Paris 1983.
BERGUES, HÉLÈNE, e.a., La prévention des naissances dans la famille. Paris 1960.
CROIX, ALAIN, La Brétagne aux XVIe et XVIIe siècles. La vie, la mort, la foi. 2 Bände, Paris 1981.
DRAKE, MICHAEL (Hrsg.), Population in industrialization. London 1969.
DUPAQUIER, JACQUES, La population rurale du Bassin parisien à l'époque de Louis XIV. Paris 1977.
–, La population française aux XVIIe et XVIIIe siècles. Paris 1979.

GARDEN, MAURICE, Lyon et le Lyonnais au XVIIIe siècle. Paris 1970.
IMHOF, ARTHUR, Die gewonnenen Jahre. München 1981.
–, (Hrsg.) Mensch und Gesundheit in der Geschichte. Husum 1980.
PERRENOUD, ALFRED, La population de Genève du XVIe au début du XIXe siècle. Etude démographique. Band 1: Structures et mouvements. Paris 1979.
WRIGLEY, E. A., Société et population. Paris 1969.

Die Geburt heute

COHEN, A., Les mains de la vie. Paris 1981.
Corps de mère, corps d'enfant, in: Cahiers du nouveau-né, Nr. 4.
DAMSTRA-WIJMENGA, S. M. I., A comparative study of the outcome of deliveries at home and in hospital. Groningen 1983.
JEANSON, C., L'accouchement sans douleur. Paris 1964.
LEBOYER, FRÉDÉRICK, Pour une naissance sans violence. Paris 1974.
MERGER, DR. R., La naissance. Paris 1970.
MINKOWSKI, A., Pour un nouveau-né sans risques. Paris 1973.
MONTAGU, ASHLEY, Touching. Human significance of the skin. 1971, Neuauflage New York usw. 1979.
Naitre ... et ensuite, in: Cahiers du nouveau-né. Nr. 1/2.
OAKLEY, ANN, Women confined, Towards a sociology of childbirth. Oxford 1980.
–, Becoming a mother. Oxford 1980.
ODENT, MICHEL, Bien naitre. Paris 1976.
–, Genèse de l'homme écologique. L'instinct retrouvé. Paris 1979.
ROBERTS, HELEN, (Hrsg.), Women, health and reproduction. London 1981.
SUREAU, CLAUDE, Le danger de naitre. Pais 1978.
SMULDERS, BEATRIJS, und ASTRID LIMBURG, Medicalizzazione e parto in casa in Olanda: una contraddizione?, in: Le culture del parto. Mailand 1985.
THIS, BERNARD, Naitre. Paris 1972.
–, Le père. Acte de naissance. Paris 1980.
Un enfant prématurément, in: Cahiers du nouveau-né, Nr. 6.

Quellennachweis

1. BABOU, HIPPOLYTE, Les païens innocents. 1858, Paris 1878[2].
2. BAKHTINE, MIKHAÏL, L'oeuvre de François Rabelais et la culture populaire au Moyen Age et sous la Renaissance. Paris 1970.
3. BARTH, JEAN-GEORGES, L'âme alsacienne face au problème de la mort; rites et croyances. Diss. Straßburg 1966.
4. BELIN-MILLERON, PR., L'expression bio-sociologique de la plante; les mythes végétaux et la méthode en philosophie des sciences, in: VIe Congrès international d'histoire des Sciences. Amsterdam 1950, Teil II.
5. BÉRENGER-GÉRAUD, L.-J.-B., Superstitions et survivances. Band II, Paris 1896.
6. BOURGEOIS, LOUISE, Le récit véritable de la naissance de Messeigneurs et Dames les Enfans de France. Paris 1624.
7. –, Observations diverses sur la sterilité, perte de fruict, foecondité, accouchement et maladies des femmes et enfans nouveaux naix. Band I, Paris 1626.
8. Idem, Band II.
9. BRIEUDE, J. J. DE, Topographie médicale de la Haute-Auvergne. 1785, Paris 1821.
10. BRUHIER D'ABLAINCOURT, J. J., Dissertation sur l'incertitude des signes de la mort. Band II, Paris 1749.
11. Caquets (Les) de l'accouchée. 1622, Neuauflage E. Fournier, Paris 1855.
12. CHAMBON DE MONTAUX, NICOLAS, Des maladies de la grossesse. Band II, Paris 1785.
13. CLOQUET, HIPPOLYTE, Faune des médecins. Band V, Paris 1828.
14. COULON, H., Erreurs et superstitions médicales du Cambrésis. Cambrésis 1911.
15. DELEURYE, F. A., Traité des accouchemens en faveur des élèves. Paris 1770.
16. D'EMERY, Nouveau Recueil de Curiositez. Band I, 1684.
17. DEZEIMERIS, JEAN, Les aphorismes classés systématiquement. Paris 1836.
18. DIDELOT, NICOLAS, Instructions pour les sages-femmes. Nancy 1770.

19. DIONIS, PIERRE, Traité général des accouchemens. Paris 1718, 1743.
20. DROUILLET, JEAN, Folklore du Nivernais et du Morvan. Band I, Luzy 1979².
21. DUVAL, JACQUES, Des hermaphrodits, accouchements des femmes et traitement qui est requis pour les relever en santé, et bien élever leurs enfants. Rouen 1612.
22. FLEURY, ÉDOUARD, Antiquités et monuments du département de l'Aisne. Band I, Paris 1877.
23. FOUQUET, MADAME, Les remèdes charitables. Lyon 1681.
24. FROGER, CURÉ, Instructions de morale, d'agriculture et d'économie pour les habitans de campagne. Paris 1769.
25. GIRON, RENÉ, Attitudes des parturientes. Diss. Paris 1906–1907.
26. GODEAU, ANTOINE, Instructions et prières chrétiennes. 1646.
27. GOUBELLY, CLAUDE-ANDRÉ, Connaissances nécessaires sur la grossesse, sur les maladies laiteuses et sur la cessation. Paris 1785.
28. GOULIN, JEAN, Le médecin des dames, ou l'Art de les conserver en santé. Paris 1771.
29. GUILLEMEAU, JACQUES, De l'heureux accouchement des femmes. Paris 1609.
30. HÉLIAZ, PIERRE-JAKEZ, Le cheval d'orgeuil. Mémoires d'un Breton du pays bigoudin. Paris 1975.
31. JOUBERT, LAURENT, Erreurs populaires et propos vulgaires touchant la médecine et le régime de santé. Bordeaux 1579.
32. LE BOURSIER DU COUDRAY, M. A., Abrégé de l'art des accouchemens. Paris 1785⁶.
33. LECLREC, HENRI, La médecine des signatures magiques, in: Janus, 1918.
34. LE GOFF, JACQUES, La civilisation de l'Occident médiéval. Paris 1982.
35. LÉMERY, NICOLAS, Dictionnaire des drogues. Paris 1697.
36. LIÉGARD, H., Les saints protecteurs de la Basse-Bretagne. Med. Diss. Paris 1902–1903.
37. MAUQUEST DE LA MOTTE, GUILLAUME, Traité complet des accouchements naturels, non naturels et contre nature. Paris 1765.
38. MAURICEAU, FRANÇOIS, Traité des maladies des femmes grosses et accouchés. Paris 1681.

39. MAURY, ALFRED, Croyances et légendes du Moyen Age. Paris 1896.
40. MEGNIEN, PAUL, Notre-Dame chez nous. Joigny 1958.
41. MONTAIGNE, Essais, Band I, Kapitel XX.
42. MORIN, A. S., Le prêtre et le sorcier. Paris 1872.
43. MUNARET, DR., Le médecin de campagne. Paris 1837.
44. NICAISE, E., Chirurgie de Maitre de Mondeville (1306–1320). Paris 1893.
45. NICOLAS, PIERRE-FRANÇOIS, Le cri de la nature, en faveur des enfants nouveau-nés. Grenoble 1775.
46. PANCKOUCKE, Dictionnaire des Sciences médicales. Paris 1815, Teil 13, Artikel Erreurs populaires.
47. PARÉ, AMBROISE, De la génération, in: Oeuvres, Band XXIV. Paris 1614.
48. PERRIN, OLIVIER EN ALEXANDRE BOUET, Breiz Izel ou la vie des Bretons de l'Armorique. 1835.
49. PEU, PHILIPPE, La pratique des accouchements. Paris 1694.
50. PILOT DE THOREY, Usages, fêtes et coutumes existant ou ayant exité en Dauphné. Grenoble 1882.
51. PLANQUE, Observations rares de médecine. Paris 1758.
52. POMAIRE, DR., Le pélerinage d'Orcival, in: L'Homme, 1886, Teil III.
53. PORTAL, PAUL, La pratique des accouchements. Paris 1682.
54. POUCHELLE, MARIE-CHRISTINE, Corps et chirurgie à l'apogée du Moyen Age. Paris 1983.
55. PRIMEROSE, JACQUES, De vulgi erroribus in medicina. Amsterdam 1639.
56. QUILET, CLAUDE, La Callipédie ou l'Art de faire de beaux enfants. Paris 1749.
57. RESTIF DE LA BRETONNE, NICOLAS-EDMÉ, Monsieur Nicolas. 1794.
58. RIGAL, J. J., Mémoire sur la matière des accouchements, 1787. Archiv Departement Hérault, D. 179.
59. ROCAL, GEORGES, Le vieux Périgord; folklore. Paris 1927.
60. ROONHUYSE, HENDRIK VAN, Heel-konstige aanmerkkingen betreffende de gebreekken der vrouwen. Amsterdam 1672^2.
61. ROUSSIER, JULES, La durée normale de la grossesse, in: Mélanges Henri Lévy-Bruhl. Paris 1867.
62. SAINTYVES, PIERRE, En marge de la légende dorée. Paris 1930.
63. SALGUES, J. B., Des erreurs et des préjugés répandus dans la société. Paris 1811.

64. SARG, FREDDY, En Alsace, du berceau à la tombe. Straßburg 1977.
65. SAUCEROTTE, NICOLAS, Examen de plusieurs préjugés et usages abusifs concernant les femmes enceintes. Straßburg 1777.
66. SÉBILLOT, PAUL, Le monde minéral, in: Revue des traditions populaires, 1901.
67. SOUCHÉ, B., Croyances, présages et traditions diverses. Niort 1880.
68. THIERS, ABBÉ J. B., Traité des superstitions. Paris 1679, 1704.
69. VAN GENNEP, A., Le folklore du Dauphné. Band I, Paris 1932.
70. –, Le folklore de l'Auvergne et du Velay. Paris 1942.
71. VIARDEL, COSME, Observations sur la practique des accouchements naturels, contre nature et monstrueux. Paris 1674.
72. Vieux remèdes du pays nantais, in: La France médicale, 1900.
73. VIREY, JEAN-JACQUES, Artikel Nature, in: Panckoucke, Dictionnaire des Sciences médicales. Paris 1819, Teil 35.
74. VOLTAIRE, Artikel Influence, in: Dictionnaire philosophique. Paris 1764.

Bildnachweis

Jacques Gélis (Fotos): S. 59, 67, 115, 223, 321;
Musée de la ville de Strasbourg: S. 103, 202;
Lauros-Giraudon (Foto): S. 120;
Musée de Bretagne, Rennes: S. 282;
Musée de Saint-Brieuc: S. 291;
Bernard Picard, »Cérémonies et Coutumes religieuses de tous les peuples du monde«, Band 2, Amsterdam 1723-43: S. 265.

DIE KULTURGESCHICHTE DES BADEALLTAGS

Alfred Martin
DEUTSCHES BADEWESEN IN VERGANGENEN TAGEN
Nebst einem Beitrag zur Geschichte der Deutschen Wasserheilkunde

Mit 159 Abbildungen nach alten Holzschnitten und Kupferstichen.
Vorwort von Hans-Dieter Hentschel
448 Seiten, Halbleinen
Nachdruck der Ausgabe Jena 1906

Der Gesundbrunnen im Frühbarock, die Mineralbäder seit dem Dreißigjährigen Krieg, die Geschichte der Wasserheilkunde allgemein, sind nur drei aus dem Dutzend hochinteressanter sozialgeschichtlicher Querschnitte, die Alfred Martin (1874–1939) zu einer Kulturgeschichte des Badealltags zusammengefügt hat. Mit Tacitus beginnen in den deutschsprachigen Ländern die geschriebenen, in der Karolingerzeit die in Zeichnungen wiedergegebenen Nachrichten des deutschen Badewesens, die bis in das 19. Jahrhundert fortgeführt sind. Die „alte deutsche Badeherrlichkeit" des Spät- und Nachmittelalters nimmt dabei einen besonderen Platz ein. Badebräuche und Badegewerbe, eheliche Badestuben, private und öffentliche Bäder, Verenakult, Jungbrunnen, sittenüberwachende Badgerichte, Hochzeitsbäder, Schwefelbäder, Seelenbadstiftungen, all das wird in diesem Standardwerk, das 700 Quellen heranzieht, berücksichtigt.

Die erste Sozialgeschichte des Badewesens in allen deutschsprachigen Ländern, heute noch erfrischend zu lesen: nicht nur über Schwimmapparate, Singbäder, schottische Duschen und das Baden der Kinder in Wein und Bier wird berichtet, sondern über das ganze Gesundheitswesen und über die Badebräuche vergangener Jahrhunderte.

Eugen Diederichs Verlag